中國禮教思想史

蔡尚思 著
李光虎 譯

法仁文化社

역자 서문

　채상사(蔡尙思)는 1905년 복건성(福建省)의 덕화(德化)에서 태어나 지금도 생존하고 있는 중국 전통사상에 대한 비판적 연구의 대학자이다. 그는 『중국사상연구법』『중국전통사상총비판』『중국문화사요론』『공자사상체계』『왕선산사상체계』『중국학술사상사론』등 20편 이상의 저술을 낸 정열적인 대학자이다. 그 가운데 하나인 이 책은 1989년에 탈고·출판된 그의 후기 저작으로서, 그의 사상을 대표하기에 손색이 없다. 『중국사상연구법』(1939년 출판)에서 시작된 그의 중국 전통사상 연구는 이 책을 통하여 막을 내렸다고 볼 수 있다. 그는 자서에서 이렇게 기술하고 있다.
　"나는 처음『중국사상사통론』을 쓰고자 하였다. 1938년부터 늘 밤을 새워 공부하며 글 쓰는 시간을 내어 1968년까지 만 30년이 되어 비로소 초고를 완성하였다. 그런데 불행히도, '문화대혁명' 시기에 지식인을 대상으로 이른바 '혁명행동'을 조사하는 수난을 겪어 나 자신도 10여 차례에 걸친 '가택수색'을 통해 해당원고의 대부분을 분실하였다. 현재는 잠시『중국예교사상사』로『중국사상사통론』의 중요한 내용을 대신하고 있다. 따라서 이 책의 완성은 나의 입장에서 보면 불행 중 다행이라고 하겠다."
　그의 초기 저작인『중국사상연구법』이 출판되기 1년 전부터『중국사상사통론』의 집필이 이미 시작되었는데, 30년의 공을 들인 그 원고는 문화대혁명 기간 중의 가택수색 과정에서 분실하였으며,『중국예교사상사』는 그 30년 동안의 노력을 대신하는 그의 학문의 총집적이요 총결산이라는 것이다.
　진(秦)나라의 분서갱유는 춘추·전국시대 이래 극성하던 학문과 학자들을 강권으로 폭압하기 위하여 서적을 불사르고 학자들을 학살한 중국문화 최대의 불행한 사건이었다. 이는 학문적 자유에 기초한 합리적 정신에 바탕하여 정치와 사회질서가 유지되는 시대가 지나가고, 힘을 통한 지배와 피지배의 강권적 전제정치가 시작됨을 의미한다.

한나라 고조(高祖)가 천하를 통일하였지만, 그는 학문이 무엇인지를 아는 사람이 아니었다. 한무제가 "백가(百家)를 몰아내고 육경만을 드러낸다"고 하여 유학만을 존숭하기 시작한 것은, 한편 유학을 학술의 정파로 인정한 것이지만, 이 때의 유학이란 정치를 넘어서서 정치의 원리가 되는 도(道)를 추구하여 정치의 방향을 바로잡는 유학이 아니라, 정치를 합리화하고 모든 것을 정치질서 아래로 끌어 내리는 어용유학이었다.

현실의 왕에게 굽히지 아니하고 자신의 이상을 실현하며, 그렇게 함으로써 왕과 천하에 삶과 정치의 방향을 제시하던 공자(孔子)와 맹자(孟子)의 삶이 아니라, 전제정치의 합리화에 적합한 부분만 강조하여 지배와 피지배의 논리만 강화하게 되었다. 이후 중국의 학술사는 유가경전연구의 역사라고 할 수 있을 정도로 경직되어 버렸으며, 모든 전제정치는 유학과 공자의 이름을 빌어 시행되었다. 이때 그들이 주로 이용한 것이 유학의 예교(禮敎)였으며, 이러한 예교의 중심사상은 종법사상에 기초한 "임금은 신하의 벼리가 되고, 아버지는 아들의 벼리가 되며, 남편은 아내의 벼리가 된다."는 삼강(三綱)이었다.

유가의 예교사상에 기초한 왕권 전제정치는 근대에 들어와 중국 내부로부터 반성과 자각에 의하여 흔들리기 시작하고, 한편 과학기술 문명과 선진적 사회사상으로 무장한 서양세력의 동진과 함께 무너지기 시작하였다. 중국은 아편전쟁에서 패배하여 영국과 굴욕적인 남경조약을 체결한 1842년 이후 사실상 서구열강의 반식민지 상태가 되었다. 1894년 청일전쟁에서의 패배로 일본에 대해서도 서양열강이 중국에서 소유한 특권을 인정하게 되면서부터, 중국의 자존심은 완전히 무너졌다.

이를 계기로 중국의 지식인들은 서양의 학문을 본격적으로 연구하고 배우기 시작하였으며, 한편 국내에서는 강유위(康有爲:1858~1927)와 양계초(梁啓超:1873~1929)를 중심으로 변법운동이 전개되기 시작하였다.

그들은 '중국의 학문을 본질적 원리로 삼고 서양학문을 실제적 용도로 삼는다'는 '중체서용(中體西用)'의 사상을 표방하며, 1898년 광서제(光緖帝)의 인정을 받고 과감한 개혁정책을 실천하려고 하였으나 백일천하로 막을 내리고 망명 길에 오름을 마지막으로, 더이상 중국의 전통사상이 개혁의 주류사상으로 되지 못하였다.

이후 청조(淸朝) 치하의 구질서는 무너지기 시작하여 1911년 신해혁명과 함께 중화민국정부가 수립되었다. 군벌과 국민당이 이끈 민국정부시대는 혼란의 시기이기도 했지만, 또 한편 창조의 시기였다. 특히 1919년 5·4운동을 전후로 마르크스주의 사상이 수입되고, 북경대학을 중심으로 하여 전개되기 시작한 신문화운동은 중국에 있어서 문화와 사상의 혁명을 불러 일으켰다.

유교가 대표하는 윤리와 가치관에 기초한 전문명은 근본적으로 비판받기 시작하였다. 민주주의와 과학주의라는 두 사상을 중심으로 이와 어긋나는 일체의 전통사상을 신랄하게 비판하기 시작하였다. 노신의 『광인일기』에서처럼 인의도덕은 '사람을 잡아먹는' 사상으로까지 비판받게 되었다.

5·4운동 이후, 중국문화 자체에 대하여 긍정적으로 이해하는 입장과 부정적으로 이해하는 입장은 첨예하게 대립되었다. 양계초와 양수명(梁漱溟:1893~1988)은 중국사상의 독자성과 우수성을 역설하였으나, 새롭게 밀려드는 마르크스-레닌주의의 혁명적 열기를 감당할 수 없었다. 1920년에는 중국공산당이 창립되고, 그 뒤 중국공산당과 국민당은 일본과 싸우며 협상을 통하여 합작하기도 하였으나 협상과 합작에는 한계가 있었다.

끝내 내전의 결과 국민당정부군이 패배하여 대만으로 물러나며 1949년 중화인민공화국이 수립되었다. 중국 전통문화에 대한 비판주의적 입장의 승리와 함께, 그들은 중국 전통사상을 마르크스주의의 입장에서 비판하고 재평가하기 시작하였다.

채상사는 중국 전통사상에 대하여 철저하게 비판적인 입장을 취하는 학자 중의 한 사람이다. 그는 '옛 전통을 타파함을 표준'으로 삼고, 이 책을 저술한다고 밝히고 있다. 이 책은 『중국예교사상사』이므로, 공자로부터 시작하여 현대에 이르기까지의 예교와 관련된 전 사상을 대상으로 삼고 있지만, 저자의 입장에 기초하여 전통에 비판적인 사상에 대한 소개가 비교적 자세하고, 긍정적인 사상에 대해서는 비판의 재료로서만 이용하고 있다.

공자의 예교사상 부분은 가장 자세한데, 이는 비판의 자료를 확보하기 위한 것이지, 공자사상의 진수를 이해하기 위한 것이라고 보기는 힘들다.

그는 자신이 비판하고자 하는 중국 전통사상의 큰 틀을 종법사상에 기초한 예교로 파악하며, 이러한 예교사상은 3단계의 변화과정을 거쳐 종교화되었다고 한다.

"첫째는 선진(先秦) 유가가 예교를 종교에 대신하는 것으로 만든 것이며, 둘째는 한(漢)대에 예교를 천신화(天神化)한 것이며, 셋째로는 송(宋)·원(元)·명(明)·청(淸)대에 예교를 천리화(天理化)한 것이다. 이것이 곧 중국예교가 종교로 형성된 과정이다."

선진시대에서 시작하여 한·송·원·명·청이라는 거의 전 시대를 통해서 종교화된 예교는, 중국 고대의 귀족혈연통치의 엄격한 신분제도인 종법(宗法)제도를 기초로 하여 형성되었다고 한다. 그러므로 예교를 이해하기 위해서는 종법제도에 대한 이해가 선행되어야 한다고 하였다.

"종법은 바로 예교의 기원이다. 종법예제는 고대에 남자중심사회의 귀족혈연통치의 엄격한 신분제도를 유지하기 위한 것으로, 적서·노소·친소의 관계에 따라 귀천·존비·고하의 지위를 결정하여, 나라 전체를 부계가장의 통치로부터 시작하여 귀족세습통치로까지 확대하려 한 제도이다."

"족장, 가장으로부터 미루어 나가 천자국군에 이르는, 천자국군의 가장화이다. 천자는 천하를 집안으로 삼아 천하일가의 최대 가장이 되고, 제후는 국가를 집안으로 삼아 한 나라의 가장이 되며, 경대부는 봉토를 집안으로 삼아 한 봉토의 가장이 된다. 가장이 조금 커지면 바로 족장이 된다. 선비〔士〕에 이르러 이러한 제도의 적용은 끝나며, 평민은 여기에 포함되지 않는다. 뒤집어 말한다면, 천자국군으로부터 미루어 나가 가장에 이르는 가장의 천자화·국군화이다."

가부장제에 기초하여 국군과 천자에 이르기까지 모두를 가장화하여 이를 엄격한 신분제도로 만들어 이들을 지배하기 위하여 만들어진 사상의 주된 내용은 공자에 의한 삼정(三正)과 한비(韓非)에 의한 삼순(三順)과 동중서(董仲舒)에 의한 삼강(三綱)이라고 하였다.

『대대예기(大戴禮記)』의 기록에 의하면, 공자는 일찍이 노나라 애공의 정치에 관한 질문에 대해 '삼정(三正)'의 중요성을 강조하여, '부부는 구분이 있어야 하고, 부자는 친해야 하며, 군신은 엄해야 한다. 삼자의 관계가 바르면 서민들이 그를 따를 것이다'라고 말하였다. 『소대예기(小戴禮記)』에 의하면, 애공이 '인도에는 무엇이 가장 중요한가?'라고 묻자, 공자가 '세 가지가 바르게 되면 모든 사람이 따를 것입니다'라고 대답하고 있다. 정치와 인도를 막론하고 모두가 '삼정'을 최대로 여기고 있다. 순자를 스승으로 삼았던 한비가 유가의 도에 관해 '신하는 임금을 섬기고, 자식은 아버지를 섬기고, 아내는 남편을 섬기니, 이 세 가지가 순조로우면[三者順] 천하가 다스려지고, 이 세 가지를 거스르게 되면 천하가 어지러워지니, 이것이 천하의 상도(常道)이다'라고 들은 것도 괴이할 것이 없다. '삼정'은 바로 '삼순'이다. 선진유가의 삼정설과 삼순설은 서한의 동중서(董仲舒)에 이르러 삼강(三綱)설로 이름이 바뀌었다. 세 가지 설은 모두 같은 내용이다. 삼정에서 삼순, 삼강으로의 과정은 매우 자연적인 발전과정이다.

어떤 사람은 중국 봉건사회에 신(神), 군(君), 부(父), 부(夫)의 네 개 특권이 있다고 하였다. 사실대로 말한다면 특권은 단지 세개가 있을 뿐이다. 신권은 군주가 멋대로 자기 자신을 존귀하게 높여 하늘의 이름을 빌려 스스로를 드높인 것이다. 군주는 천자라고 자칭하였는데 천하에 오직 그만이 하늘의 아들로서, 유일하게 하늘을 대신하여 신민을 통치할 자격을 가지고 있었다. 임금·아버지·남편의 삼권은 실제 존재한 것이다. 신하와 인민은 모두 천자 일인의 통치 아래 있었다. 삼정·삼순·삼강은 임금·아버지·남편을, 신하·자식·아내의 하늘로 삼는 것이다. 하늘은 가장 높은 신이다. 임금으로 천을 삼은 것은 임금의 신격화이며, 아버지로 천을 삼은 것은 아버지의 신격화이며, 남편으로 천을 삼은 것은 남편의 신격화이다. 동중서는 선진유가의 삼정·삼순을 신학화하였고, 주희는 한걸음 더 나아가 동중서의 삼강을 이학화하였다.

삼정·삼순·삼강 사상을 통하여 임금과 아버지와 남편은 신격화되었으며 그 가운데서도 임금은 아버지와 남편을 넘어 절대 신격화됨으로써, 모든 아버지와 남편에 대하여 통치권을 행사할 수 있는 최고로 존귀한 지위를 얻었다. 임금 외에 아버지와 남편도 자식과 아내에 대하여 절대적 지위를 지니므로, 모든 남자는 나름의 지배 범위를 소유한다.

소유의 범위가 전혀 없는 자는 여자이다. 모든 여자는 여자라는 이름 하나 때문에 태어나서 죽을 때까지 노예적 삶을 살아야 한다.

"신하는 임금의 노예이고, 자식은 아버지의 노예이며, 처첩은 남편의 노예인 것이다. 임금의 지위는 가장 높아서, 오직 신하와 백성들을 노예로 삼을 뿐, 신하와 백성들의 노예가 되지 않는다. 아버지의 지위는 조금 달라서, 위로는 임금의 노예인 반면에 아래로는 자식을 노예로 삼는다. 남편의 지위도 조금 더 달라서, 위로는 아버지의 노예인 반면에 아래로는 처첩을 노예로 삼는다. 오직 처첩의 지위가 가장 낮아, 위로는 임금·아버지·남편의 노예인 반면에 아래로는 어느 누구도 노예로 삼지 못하였다. 여자는 시집가기 전에는 아버지를 따르고, 시집간 뒤에는 남편을 따르며, 남편이 죽으면 자식을 따랐다. 자식 또한 어머니보다 위에 있었으니, 어머니의 일생은 단지 다른 사람을 따른 것 뿐이다. 어찌하여 위에 대해서나 아래에 대해서나 모두 노예가 되어야만 하는가? 문제는 바로 태어날 때 모·녀·처첩은 모두 불행히도 여자로 태어난 반면, 군·부·부자는 다행히도 남자로 태어났다는 데 있다."

"그래서 중국 역사에서 아녀자의 생명은 털끝만한 값어치도 없었다. …… 아녀자 자신의 생명은 단지 부차적인 생명에 불과했고, 정절이 그들의 제일 생명이었다."

채상사는 "고래의 불행한 자들을 위해서 그들의 불평을 말하여 역사에 대해 새로운 평가를 내리는 것이 나 자신의 가장 신성하고 또한 가장 어려운 책무"라고 하였다. 예교 때문에 중국역사에서 가장 불행했던 자는 여성이었다. 여자는 여성이라는 이유 하나 때문에 태어나서는 아버지, 시집가서는 남편, 남편이 죽은 뒤에는 자식을 주인으로 삼아 섬겨야 하는 영원한 노예라고 하였다. 저자가 여성해방을 특히 강조한 것은 이상할 것이 없다. 그래서 이 책에서는 특히 여성해방에 관한 문제가 자세하여, 여성의 권익을 옹호한 남자사상가는 물론이요, 무측천(武則天)·추근(秋瑾)·송경령(宋慶齡)·반옥량(潘玉良) 등 여러 여성 반예교가들의 사상도 실려 있다. 그래서 이 책의 제목을 『중국여성핍박사』 내지는 『중국여성해방사』라고 붙이면 어떨까라고 생각해 본 적도 있다. 하지만 이렇게 할 경우, 중국예교사상의 전모를 이해하는 데 도움이 되지 못할 듯하여 그만두었다.

예교에 대한 이와 같은 비판적 관점을 바탕으로, 채상사는 예교와 반예교의 대표적 인물 170여 명의 주장을 나열하고 있다. 그는 이들을 크게는 예교를 적극적으로 찬성한 자와 반대한 자로 나누었으며, 보다 구체적으로는 군권, 부권, 남권을 강조한 자와 반대한 자로 나누었다.

각 진영을 대표하는 자들을 소개하므로, 이 책에서는 일반 사상사와 철학사에서는 이름도 접할 수 없는 참신한 인물들을 많이 만나게 되며, 그의 압축된 표현으로 말미암아 지리함을 느낄 여지가 없다.

공자·맹자·순자·묵자·노자·장자로부터, 동중서·사마천을 거쳐, 위진·원·명·청대의 쟁쟁한 철학자들의 예교와 반예교관을 볼 수 있고, 청대 말기부터 시작된 남녀평등사상의 도도한 흐름과 5·4 신문화운동 이후의 예교사상 극복을 위한 중국의 지성사를 읽을 수 있다.

봉건 가부장권의 반대에서 시작하여, 정치·경제·문화·교육의 각 방면에서 남녀평등을 실현할 것을 강조한 추근, 『여계종(女界鍾)』을 통하여 '20세기는 여권혁명의 시대임을 선언한 김일(金一), 공자를 여권 말살의 시조라고 비판한 유인권(柳人權), 유가의 학술은 남존여비를 종지로 삼아 사람을 죽이는 것이라고 비판한 하진(何震), 중국의 가정은 가정이 아니라 어두운 감옥이라고 하며 성(姓)까지 버린 무정부주의자 사복(師復) 등을 만나며, 중국예교사상이 붕괴로 치달은 시기인 5·4운동시기에 5·4 반공 반예교사상의 총사령관인 진독수(陳獨秀), 공자주의는 곧 강상명교라고 비판한 중국 마르크스-레닌주의의 선구자이며 중국공산당의 창립인인 이대초

(李大釗), 예교는 사람을 잡아 먹는다고 하여 공자의 상점을 무너뜨린 노영웅으로 추앙받는 오우(吳虞), 백화문의 사용을 적극적으로 주장하여 문학혁명의 선구가 된 호적(胡適) 등 수많은 사상가들을 만날 수 있다.

반이학적 정감주의에 기초하여 반예교사상을 표방한 원매(袁枚)에 대해서는 공자에 다음가는 지면을 할애함으로써, 이지의 남녀이원론, 대진의 반이학사상과 함께 반예교사상의 원류로서 인정하여 특별히 강조하였다.

이 책은 중국사상사를 존예교(尊禮敎)와 반예교(反禮敎)의 갈등과 투쟁의 관점에서 서술하여, 예교사상에 대한 역사적·전체적 조망을 얻도록 도와 주며, 특히 중국역사에서 여성이 받은 억압과 핍박, 이를 극복하기 위한 이론전개와 투쟁의 역사를 자세히 알려 주는 장점이 있다. 따라서 이 책은 예교의 문제점과 중국 봉건사회가 지녔던 모순, 그리고 이러한 모순을 극복하기 위한 노력에 대한 많은 가르침을 준다. 그러나 사서삼경(四書三經)을 비롯한 유가경전을 읽으며 유학사상의 위대성과 그 진리성을 인정하는 본인으로서는, 채상사의 관점에 동의하지 않는 면도 많이 있다.

채상사는 예교를 처음부터 끝까지 지배와 피지배의 논리로만 보지만, 경전에 나오는 예는 그러한 논리가 아니라 도덕의 논리이다. 예는 인간의 본성과 인간의 사회성에 기초하여, 일차적으로는 자아완성과 자아실현을 목표로 하며, 한편 사회 속에서 타자와의 조화를 지향하는 인간의 이성적 노력의 산물이다. 다만 이러한 예가 지배·피지배의 봉건역사 과정에서 지배·피지배의 논리에 철저히 이용된 측면은 인정한다.

채상사는 예의 내용을 삼순·삼정·삼강으로 보지만, 삼순사상은 유사배(劉師培)의 주장대로 위서(緯書)에 근거한 것이며, 사서삼경 가운데는 보이지 않는다. 유가의 예의 기본은 역시 오륜(五倫)이다. 기본적인 인간관계를 중심으로 하여 자신이 처한 시간과 공간 위에서 끊임없이 지선(至善)이자 중용(中庸)인 합당한 삶을 모색하는 노력이 유학사상의 진수이다.

추기급인(推己及人)과 충서(忠恕)는 도덕정신의 기본자세로서 누구를 지배하겠다는 것도 아니며, 누구의 노예가 되기를 요구하는 것도 아니다. 자신의 가치관과 자신의 의식에 기초해서 모든 삶을 살아가라는 윤리적 삶의 대전제인 것이다.
 우리는 유학사상에서 도덕이 무엇이며 윤리가 무엇인지 근본적인 문제에 대한 해답을 찾을 수 있다고 본다. 오랜 봉건시대에서 유학이 이데올로기로서 이용된 것은 사실이지만 유학사상이 지닌 건전한 도덕정신은 새 시대에 맞는 사상으로 거듭날 수 있는 것이다. 근·현대에도 봉건적 지배·종속의 논리에 익숙한 자들이, 유학사상의 봉건적 측면을 이용하여 전근대적 봉건적 시대로의 회귀를 도모한다면, 이는 철저하게 비판받아 마땅하다.
 그러나 이대초가 본 것처럼, 유학의 윤리도덕이란 "아랫사람이 윗사람을 섬기기 위해 자신을 완전히 희생해야 한다고 가르치는 윤리"일까? 그리고 "공자가 나타나고 나서 중국은 쇠약해졌다"는 말은 사실일까? 오우가 주장하듯이 "가족주의는 전제주의의 근거"일까? "예는 사람을 잡아먹도록 가르치는 것"일까? 이성적인 삶을 거부하고 힘으로 다스리고자 하는 봉건시대의 근본적인 책임을 공자사상에다가 다 덮어씌울 수 있을까?
 역자는 그렇게 생각하지 않는다. 공자는 봉건시대 초기를 살면서 닥쳐오는 난세를 예견하며, 인간이 어떻게 하면 이성적·윤리적 삶을 살 수 있는가를 고민하며 스스로 실천하고, 실천을 통하여 얻은 것을 남에게 가르치기 위하여 노력한 대성인이다. 그러나 그의 가르침 역시 시대적인 큰 흐름을 막지 못하고 시대를 주도하는 세력들의 이용물로 전락하였다.
 역자가 보기에는, 유학의 논리는 군자의 논리요 도덕적 완성을 성취한 인격자의 논리이다. 남의 노예이기를 거부하고 남을 노예 삼으려는 의식이 전혀 없는 진리와 도덕에 입각한 자유로운 사람, 진실한 사람이 현실을 이끌어 가기를 바라는 사상이다. 이제 사상의 청소부들이 유학의 쓰레기를 다 쓸어내 버린 새롭고 참신한 마당에서, 지금이야말로 공자사상의 참 정신을 찾아 진정한 도덕과 윤리가 무엇인지를 알아서, 도덕적이고 윤리적인 미래사회의 건설을 위하여 노력할 때라고 생각한다. 유학사상 가운데 있는 봉건적 잔재와 현시대에 적합하지 않은 측면은 다 버리고 말이다.
 다년생 풀을 보라. 해묵은 덤불 아래서 봄을 맞아 새롭게 돋아나는 새싹은, 지난해의 죽은 덤불 때문에 힘겨워하면서도 새로운 싹을 틔우고 줄기와 잎을 형성한다. 하지만 자신의 새로운 모습을 이룬 힘의 원천은 지난해의 무성했던 그 뿌리에서 나왔음을 어찌 알겠는가?

사람은 그와 다르니, 과거의 시체화된 문화전통을 비판하고 부정할 줄도 알지만, 그 가운데서 문화의 원천을 발견하여 새로운 문화를 일으킬 줄도 안다. 자신의 새로운 생명의 고귀함도 알지만, 커다란 시체를 남기고 쓰러진 위대한 문화의 생명성도 이해할 줄 안다. 생명이 없으면 죽음도 없고, 죽음이 없으면 새 생명도 없으니, 중국 근대화의 진통은 주검을 거두고 새 생명을 이루기 위한 것이었으리라.

그러나 아직도 시체에 집착하거나 시체를 비판하기에만 집착한다면, 새로운 문화는 언제 꽃피우겠는가? 문화의 뿌리를 찾아 힘을 기르고, 거대한 죽음의 흔적으로부터 생명의 섭리와 질서를 배울 수 있어야 한다.

저자 채상사 역시 예의와 예교를 구별하였다. 그는 봉건예교를 반대한 것이지 도덕적·윤리적 삶으로서의 예의를 부정한 것은 아니었다. 그 역시 합리적·이성적 삶을 열망하는 현대 중국의 양심임을 나는 믿는다.

이 책은 1992년 역자가 태동고전연구소에 재직할 당시의 연구생이던 정임석, 김인석, 장동우, 문석윤, 한경덕, 엄연석, 문승룡군 등이 초역한 것인데, 역자가 그 동안 수정하고, 용인대 이동철 교수가 다듬어서 이제서야 출판하게 되었다.

함께 번역하면 보다 빨리 끝낼 수 있을 것이라고 생각하였는데, 생각대로 되지 않았다. 그동안 묵묵히 기다려 주신 법인문화사 김근중 사장께 무척 죄송스럽게 생각한다. 오역이 조금이라도 적기를 바라며, 잘못된 번역에 대한 지적이 있으면 언제나 고마운 마음으로 바로잡고자 한다.

1999년 12월
한림대학교 철학과 교수 이광호

저자 서문

　내가 『중국예교사상사』를 처음에 쓰고자 했을 때의 이러저러한 상황을 간단하게 말하고자 한다.
　40년대 초, 나는 한 대학에서 '중국 전통사상 신비판'이란 주제로 강의를 한 적이 있는데, 이때 학문을 매우 사랑하는 동학인 시경란(施景蘭)여사가 강의 내용을 필기하여 주었다.
　서로 이야기를 나누는 가운데, 그녀는 젊은 여성으로서 옛날 피압박자의 처지에 서서, 내가 옛 예교를 비평하는 전문서를 써서 여러 사람의 논점과 논쟁을 진행해 주기를 갈망하였다. 나는 당시 생계에 쪼들려 여러 대학에서 강의를 맡고 있었기 때문에, 이 생각에 찬동하여 그 자리에서 응낙하기는 했으나 줄곧 글 쓸 여유를 갖지 못하였다. 그런채로 순식간에 42년의 세월이 흘러버렸다.
　1982년 6월에 미국 캘리포니아대학 분교의 중국 근대사 교수인 유광경(劉廣京)박사의 방문을 받고, 나는 중국 학술문화에 관한 많은 이야기를 나누었다. 그 자리에서 그는 나에게 『중국예교사상사』를 쓰라고 적극적으로 권유하였다. 나 또한 마음이 동하였으나, 도무지 글을 쓸 여유를 가질 수가 없었다. 이러는 가운데 또 6년의 시간이 지났다.
　1988년 4월이 되어, 중화서국(홍콩 지사)의 종결웅(鍾潔雄)여사와 위정명(危丁明)선생이 내방하여, 이 책에 관한 이야기를 다시 끄집어 내었다. 곧 1년을 기간으로 약정하여, 중화서국에서 출판하는 『중국학술계열』의 시리즈를 위해 『중국예교사상사』를 집필하기로 하였다. 그래서 나는 어쩔 수 없이 계획하고 있던 다른 글들을 잠시 미룬 채 시간을 내어 이 글을 쓰기 시작하였다. 홍콩 중화서국과의 출판 약속이 없었다면 나는 아직까지도 이 글을 쓸 수가 없었을 것이다.
　내가 쓴 전문서적과 논문이 비록 적지않으나, 때로는 마치 달팽이가 기어가듯이 글쓰는 작업이 느리게 진행되었다. 이 책 또한, 쓰고자 마음먹은 뒤부터 진정 쓰기 시작하게 되기까지 거의 반세기가 걸렸으니, 느리게 쓴 글의 확실한 본보기이다.

이 『중국예교사상사』의 탈고에 즈음하여, 나는 이 기회를 빌어 졸저 『중국사상연구법』 출판 50주년을 기념하고자 생각하였다. 이 책은 사상·내용 등의 방면에서 본서와 밀접한 관계를 가지고 있어, 나 자신의 학술사상을 대표할 수 있다. 이 밖에 나는 1979년에 『중국문화사요론』(인물·도서)을 서둘러 집필하였는데, 출판에 이르기까지 10년이 걸렸다. 이 책도 본서와 또한 밀접한 관계를 가지고 있으므로, 여기에 한 마디 붙인다.

나는 처음 『중국사상사통론』을 쓰고자 하였다. 1938년부터 늘 밤을 새워 공부하며 글 쓰는 시간을 내었다. 1968년까지 만 30년이 되어, 비로소 초고를 완성하였다. 불행히도 '문화대혁명' 시기에 지식인을 대상으로 이른바 '혁명행동'을 조사하였다. 나 자신도 10여 차례에 걸친 '가택수색'을 통해 해당원고의 대부분을 분실하였다. 그래서 현재는 우선 『중국예교사상사』로 『중국사상사통론』의 중요한 내용을 대신하고 있다. 따라서 이 책의 완성은 나의 입장에서 보면 불행 중 다행이라고 하겠다.

본서는 일종의 사상사이다. 원문을 인용하지 않으면 증거가 결여되어 독자를 믿게 하기가 어렵게 되나, 원문을 인용하고 이에 해석을 첨가하면 글자수가 많아져서, 독자로 하여금 읽는 부담을 느끼게 할 것이다. 여러 번 생각한 끝에 짧은 단락을 인용하거나 요점을 발췌하여 전체 내용을 몇 가지로 개괄하기로 하였다.

인용해도 괜찮고 하지 않아도 괜찮은 것은 인용하지 않았으며, 말해도 괜찮고 하지 않아도 괜찮은 것은 말하지 않았다. 옛사람과 동시대인들의 연구에 대해, 나는 부화뇌동하여 옛것을 그대로 답습하기를 원하지 않기 때문에, 나의 견해를 많이 발표하고자 하고, 다른 사람이 충분히 설명하지 못한 부분에 대해서는 상세하게 설명하고자 하였고, 반대로 다른 사람이 충분히 설명한 부분에 대해서는 간략하게 설명하고자 하였다.

필자 자신이 다른 저작에서 이미 상세하게 언급한 부분에 대해서는 본서에서 간략하게 설명하려고 노력하였다. 그러나 중국 예교사상사는 기간이 전후 수천 년에 이르고, 내용도 극히 풍부하고 복잡하며, 등장하는 인물도 이루 다 헤아릴 수가 없다.

본서에는 총론 및 각론 부분을 제외하더라도 각 방면의 대표인물이 모두 대략 160여 명이 수록되어 있다. 그 중에 공자(孔子)와 원매(袁枚) 두 절은 이 책의 가장 중요한 두 부분이므로 비교적 지면을 많이 할애하였으나, 나머지 대부분은 겨우 천 자 정도이며 어떤 부분은 수백 자에 지나지 않는다. 그러나 나는 이 책을 아주 농축되어 있는 원고를 가지고 썼기 때문에, 최후의 한 글자도 여전히 볼 만할 것이다. 이 점에 대하여 독자 여러분께서 밝게 살펴 아량을 베풀어 주기 바란다.

이 책을 완성하기까지 유광경 교수와 종결웅 여사가 나에게 보내준 격려·지원에 감사를 드리며, 그 밖에 시오(施悟), 이묘근(李妙根)부교수가 나를 도와 원고를 정리해 준데 대하여 감사드린다. 그리고 진림영(陳琳英)·오운(吳芸)여사가 나를 도와 초고를 정서하여 주었다. 나는 또한 고인이 된 시경란 여사의 나에 대한 기대를 결코 잊을 수가 없다.

책 가운데 부족하고 잘못된 점은 학계의 동료와 독자 제현께서 지적하여 주실 것을 충심으로 간청하는 바이다.

채 상 사(蔡尙思)
상해(上海)의 복단대학(復旦大學)에서
1989년 8월에 씀

- 차 례 -

역자 서문 …………………………………………………… 3

저자 서문 …………………………………………………… 13

서 론……………………………………………………27

제 1 장 중국 예교의 출현 및 형성·다툼의 시대 — 춘추·전국 / 44

제1절 유가(儒家)의 창시자 공자(孔子)가 확립한 종법예교(宗法禮敎) 이론 … 44
  공자의 예학 체계 ………………………………………… 44
  부록:『좌전』의 "예이다"와 "예가 아니다"라는 평가어 ………………… 63
제2절 유가의 종사(宗師)인 맹자와 순자가 널리 떨친 종법예교 이론 ……… 64
  맹자의 임금·아버지·남편 삼자의 특권사상 ………………… 64
  순자의 유례주의(唯禮主義) —— 군신·부자·부부의 세 가지 윤리는
  비할 바 없이 중요하다 ………………………………… 72
제3절 겸애주의(兼愛主義)로 유가의 종법예교를 반대한 묵자 ……………… 80
제4절 자연주의의 입장에서 유가의 종법예교를 반대한『노자』·장자………… 89
  『노자』 ………………………………………………… 89
  장자 …………………………………………………… 92
제5절 군주가 백성과 함께 농사지을 것을 주장한 농가(農家) 허행(許行) …… 96
제6절 '식색(食色)은 천성'임을 주장한 고자 ……………………………… 98
  부제: 양사본(楊思本) 등의 식색에 관한 주장 …………………… 98
제7절 전기 법가인 상앙(商鞅)은 법치로써 유가의 예치를 반대하였다 ……… 99
제8절 유가의 삼순(三順)주의를 찬양한 후기 법가 한비(韓非) …………… 101
  부록: 유가의 예교를 중시한 진시황(秦始皇) …………………… 106

제 2 장 중국 유가예교사상의 독존적인 시대— 한·당 / 108

제1절 예교가 구체화된 대소대(大小戴)『예기』·『효경』·『역전』 ············ 108
제2절 삼강(三綱)으로 예교를 신학화한 동중서(董仲舒) ················ 110
    부록: 앞사람들의 예교설을 답습한 반고(班固) ······················ 114
제3절 종법·혈통관념을 타파한 사마천(司馬遷) ························· 117
제4절 조조(曹操)·노수(路粹)의 비효론 ································· 118
    부록: 부모가 뜻이 있어 자식을 낳는다는 것을 부인한 왕충(王充) ······ 119
제5절 한대(漢代)에 여자에게 고압적이었던 세 권의 책 ·················· 120
제6절 예교를 현학적으로 만든 하안(何晏)·왕필(王弼) 등 ··············· 121
제7절 예교를 통렬히 책망한 완적(阮籍)·혜강(嵇康)·포경언(鮑敬言) ····· 123
    백성의 해독인 예교를 통렬히 책망한 완적 ························· 123
    "명교를 초월하여 자연에 맡긴" 혜강 ······························ 126
    예교가 재앙을 더 심화시킨다고 생각한 포경언 ····················· 127
제8절 일방적인 예교를 반대한 사안(謝安)부인과 산음(山陰)공주········· 129
    주공이 만든 남성위주의 예를 반대한 사안의 부인 ··················· 129
    대담하게 많은 남자를 요구한 산음공주 ···························· 130
    부록: 하이손(賀貽孫)의 남자 비빈(妃嬪)설 ························· 130
제9절 '자손은 나와 무관하다'는 논설을 편 안지추(顏之推) ············· 131
제10절 불교 대사(大師)의 예속(禮俗)을 반대하는 논설 ················· 131
    남녀 애정과 연령 관계를 거론한 한산(寒山) ······················· 132
    부록: '노인과 소녀의 결혼'을 반대한 풍시가(馮時可)·송생(宋生) ···· 133
          출가인도 똑같이 욕정이 있음을 인정한 지선(智銑) ········· 133
제11절 조정과 재야에서 과감히 예교에 반기를 든 여자황제 ——
    진석진(陳碩眞)과 무측천(武則天) ································· 135
제12절 한유(韓愈)의 절대군주론 ······································ 137
제13절 예교와 불교의 합일을 주장한 유종원(柳宗元)·종밀(宗密) 등 ······· 138

제14절 당대(唐代)의 여자로서 여자를 압박한 세 권의 책 ·············· 140

제 3 장 중국 예교사상이 변질·강화된 시대 —
   송·원·명·청(宋元明清) / 141

제1절 예교를 불학화한 지원(智圓)·계숭(契嵩) 등 ················ 141
제2절 환관제도를 반대한 하송(夏竦) ························· 143
제3절 예의 중요성을 논한 이구(李覯)·사마광(司馬光) ············· 144
       이구의 비교적 개명한 예교사상 — 사람에게는 모두 짝이 있다는 주장 ··· 144
       사마광(司馬光)의 완고(頑固)한 예교사상 —— 예 중에 명분이 가장 중요
       하다 ··· 149
제4절 예교를 이학화(理學化)한 장재(張載)·정이(程頤)·주희(朱熹) 등 ······ 151
       장재의 구예론(舊禮論) ·· 151
       정이(程頤)의 절부관(節婦觀)과 출처관(出妻觀) ························· 152
       부록: '부녀자가 절개를 잃는 것은 큰 일'이라는 주장의 나쁜 영향 ······ 155
            예교를 집대성한 주희(朱熹) ···································· 157
       부록: 부녀자의 수절(守節)과 전족(纏足)의 관계 ······················· 159
제5절 허형(許衡)·오징(吳澄)의 진부하고 신화화된 삼강설(三綱說) ········ 162
제6절 만물은 욕망을 절제해야 한다는 주장을 배척한 한방기(韓邦奇) ········ 164
제7절 임조은(林兆恩)의 '삼일교(三一敎)'와 삼강주의(三綱主義) ··········· 165
제8절 공개적으로 공자와 예교를 반대한 이지(李贄) ——
       남녀이원론(男女二元論) ·· 170
       부록: 탁문군이 사마상여와 달아난 것은 상책이었다고 주장한
            담원춘(譚元春) ··· 176
제9절 '절개를 잃는 것이 큰일'이라는 주장을 통렬하게 비판한 서윤록(徐允祿)
       ··· 176
       부록: 아버지를 중시하고 어머니를 경시하는 상복을 반대한
            왕문록(王文祿) ··· 178

제10절 군권(君權)을 크게 반대한 황종희(黃宗羲)·당견(唐甄) ·············· 179
    황종희의 전대미문(前代未聞)의 군권 반대 사상 ················· 179
    부록: 폭군과 탐관오리를 반대한 등목(鄧牧) ···················· 181
    군권을 반대하고 남녀 평등을 주장한 당견(唐甄) ················ 181
제11절 노비 학대를 반대한 장리상(張履祥) ································ 183
제12절 전통예교를 사수(死守)한 왕선산(王船山)·안원(顏元) ············· 187
    왕선산(王船山)의 극도로 완고한 예교사상 ···················· 187
    안원(顏元)의 학문은 예학이다 ······························ 189
제13절 승려와 도사를 비구니와 기생과 짝지어 줄 것을 주장한 왕원(王源)·
    이공(李塨) ··· 192
제14절 역사적 인물들이 여러번 혼인했다고 추론한 정우문(程羽文) ········· 195
제15절 남녀관계가 천연의 자연적인 감정이라고 생각한 황중견(黃中堅)·
    육규훈(陸奎勳) ·· 196
    남녀의 정은 막을 수 없다고 주장한 황중견 ····················· 196
    남녀가 있으면 곧 정조와 음란함이 있다고 주장한 육규훈 ··········· 197
제16절 원매(袁枚)의 반예교(反禮敎)·반이학(反理學)의 정감주의(情感主義) ·· 198
    부록: 이학은 반대하면서 예교는 반대하지 않은 대진(戴震)의 정감주의 217
    부록: 예는 이치보다 크다고 주장한 초순 ······················· 221
제17절 이 시기 전후의 정감의 중요성을 강조한 사람들 ····················· 222
    오영(吳泳)의 정욕철학 ·· 222
    천리(天理)가 인욕(人欲)에 지나지 않음을 주장한 오여우(吳如愚) ····· 224
    인정(人情)에 가깝지 않은 예제(禮制)를 반대한 나벽(羅璧) ·········· 225
    정을 없애는 것은 모든 것을 없애는 것이라고 주장한 주건(朱健) ······ 226
    예교는 사람들이 진정을 따르는 것을 금한다고 주장한 홍량길 ········ 227
    그 밖의 십여 인 ··· 228
제18절 공자의 도는 다만 예일 뿐이라고 주장한 능정감(凌廷堪) ············· 228
    부록: 오륜(五倫)은 모두 예라고 주장한 완원(阮元) ················ 232
제19절 남녀 지위의 교체를 주장한 이여진(李汝珍) ························ 233
제20절 여성의 처지를 극히 동정한 유정섭(俞正燮) ························ 236

제21절 명·청시대의 『여사서 女四書』 ································· 238
제22절 명·청시대의 비교적 개명한 사람들의 여성문제에 대한 논의 ······· 238
　　　　예교의 일방성을 반대한 사조제(謝肇淛)——
　　　　"남자는 모두 남편이다"라는 격언 ······································ 238
　　　　남편이 아내를 위하여 절개 지킬 것을 주장한 위희(魏禧) ············· 240
　　　　남녀는 모두 중요하며 어느 쪽도 없어서는 안된다고 주장한
　　　　고병증(高炳曾) ··· 241
　　　　정절을 지키는 사람이 많을수록 풍속은 천박해진다고 주장한
　　　　이신전(李愼傳) ··· 241
　　　　근친간의 혼례 금지를 주장한 유진(劉榛) ······························· 242
　　　　조혼을 반대한 유소반(劉紹攽) ··· 243
　　　　전대흔(錢大昕)의 '재가는 절개를 온전하게 한다'는 시폐를 구제하는
　　　　명론 ·· 244
제23절 명·청시대(明淸時代) 부녀자의 핍박을 고취(鼓吹)한 사람들 ········ 245
　　　　음란죄를 범한 여자의 처형을 주장한 조단(曹端) ······················· 245
　　　　예교의 완고한 태도를 견지한 여곤(呂坤)——
　　　　"종법이 서면, 백가지 선이 흥기한다" ································· 245
　　　　여자의 재주가 덕보다 많은 것은 화근(禍根)이라고 주장한 방붕(方鵬) · 247
　　　　도둑도 재가(再嫁)한 부인을 경시한다고 주장한 남정원(藍鼎元) ······· 248
　　　　부녀자는 문맹인 것이 가장 좋다고 주장한 주량공(周亮工) ············· 249
　　　　유가 예교를 지극히 믿어 청조의 "예교가 정교하고 엄격함"을 찬양한
　　　　장학성(章學誠) ·· 250
　　　　남편과 아내는 군주와 신하의 관계와 같다고 주장한 진재(陳梓) ······· 251
　　　　남편과 아내는 아버지와 아들의 관계와 같다고 주장한 구중용(瞿中溶) 252
　　　　부록: 마찬가지 주장을 한 이원도(李元度) ······························ 253
　　　　여자는 아름다울수록 화근(禍根)이 된다고 주장한 김문조(金門詔) ····· 254
　　　　부녀에게 미모가 있는 것은 덕이 있는 것만 못하다고 주장한 이백(李柏) 254
　　　　하형(夏炯)의 숭례론(崇禮論)—— 부인이 개가하는 것은 그 마음씀을
　　　　비난해야 한다 ·· 255

제24절 부녀의 작은 발의 아름다움을 찬미한 이어(李漁)·방현(方絢) …… 257
제25절 기타(其他) 예론(禮論) ………………………………………… 258
　　　　삼강(三綱)은 일체라고 주장한 등정라(鄧廷羅) ………………… 258
　　　　상하의 각 계급이 모두 군신의 관계라고 주장한 모선서(毛先舒) ……… 258
　　　　부모가 자애롭지 않더라도 자식은 효도해야 한다는 오지록(吳之騄) …… 259

제 4 장 중국유가 예교사상이 충격을 받기 시작한 시기 ── 청말·민초(淸末民初) / 261

제1절　태평천국 농민혁명과 예교문제 ……………………………… 261
제2절　왕사탁(汪士鐸)의 귀남천녀(貴男賤女)에 근거한 인구론과 우생학 …… 266
　　　　부록: 보전(莆田) 주석량(周石梁)의 「계살녀가(戒殺女歌)」 ………… 268
제3절　중체서용(中體西用)파의 유가 예교 선양 ……………………… 269
　　　　예가 없이는 도덕도 정치도 없다고 주장한 증국번(曾國藩) ………… 269
　　　　삼강(三綱)의 윤리는 바꿀 수 없다고 주장한 장지동(張之洞) ……… 270
제4절　"『논어』의 내용은 모두 예에 관한 것"이라고 주장한 진례(陳澧) …… 271
제5절　예(禮) 이외에는 배울 것이 없다고 주장한 왕선겸(王先謙) …… 274
제6절　대동세계(大同世界)는 반드시 남녀평등, 각자 독립에서 출발해야 한다고
　　　　주장한 강유위(康有爲) ……………………………………… 275
제7절　전기(前期) 엄복(嚴復)과 양계초(梁啓超)의 반공(反孔), 반예교(反禮敎) …… 276
　　　　예교와 군주권의 관계를 논한 전기(前期)의 엄복 ──
　　　　　종법사회(宗法社會)와 종법성인(宗法聖人) ………………………… 277
　　　　전기(前期) 양계초의 급소를 찌른 반공(反孔), 반예교(反禮敎) …… 282
　　　　부록: 역대 왕조가 공자와 예교를 높인 원인을 지적한 청말의 각종
　　　　　서적과 간행물 ……………………………………………… 286
제8절　예교에는 반대했지만 공자의 학문은 높인 담사동(譚嗣同) ……… 290
　　　　부록: 송서(宋恕)의 예교에 대한 모순된 태도 ……………………… 298
제9절　유신파(維新派)의 전족(纏足) 반대운동 ……………………… 299

제10절　섭덕휘(葉德輝)의 여권운동에 대한 비판 ················· 300
제11절　남녀평등을 일관되게 주장하고 실천한 채원배(蔡元培) ········ 301
제12절　시종 예교진영(禮敎陣營)을 고수한 장태염(章太炎) ········· 303
제13절　추근(秋瑾)의 "남녀평등〔男女平權〕" 사상 —
　　　　 "여자는 필경 소와 말과 같다" ······················· 305
제14절　여권(女權) 만세를 높이 외친 김일(金一) ················ 310
　　　　부록: 여권을 맨 처음 말살하기 시작한 사람을 성토한 유인권(柳人權) · 314
제15절　무정부주의자들의 반공(反孔), 반예교(反禮敎) ············· 315
　　　　무정부주의 역사 개괄 ···························· 315
　　　　삼강예교에 반대한 이석증(李石曾) ····················· 316
　　　　남녀불평등과 삼강의 잘못을 지적한 유사배(劉師培)와 하진(何震) ····· 319
　　　　혼인가족 제도와 정치 경제에서의 강권주의의 폐지를 제안한 사복(師復)
　　　　 ·· 330
　　　　부록: 오경항(吳敬恒)의 혼인관(婚姻觀) ·················· 333
제16절　신해혁명(辛亥革命) 십년 전에 시작된 반공(反孔), 반예교(反禮敎) 운동··· 333
제17절　존공(尊孔), 존예교(尊禮敎), 존고문(尊古文)을 배척한
　　　　황원용(黃遠庸) ································ 334
제18절　공자를 교주(敎主)로 높인 진환장(陳煥章) —
　　　　공자 최현대화설(孔子最現代化說) ···················· 336
제19절　예교(禮敎)가 사람을 금수로부터 구별시켜 준다고 주장한 요평(蓼平) ········ 338
제20절　신문화운동 이전의 존공(尊孔), 독경(讀經), 충군(忠君) 운동 ··········· 338

제 5 장　중국유가 예교사상이 붕괴로 치달은 시대 —
　　　　　오사(五四)시기 / 340

제1절　'오사(五四)' 시기 반공(反孔), 반예교(反禮敎)운동의 '총사령관' 이었던
　　　 진독수(陳獨秀) ································· 340
제2절　"공자주의(孔子主義)는 곧 강상명교(綱常名敎)임"을 지적한 이대초

(李大釗) ………………………………………………………… 345
제3절 "공자의 상점을 타도한 노영웅(老英雄)"으로 이름 높던 오우(吳虞) …… 351
제4절 '공자 상점(孔家店)'과 사람 잡아먹는 예교 타도에 찬동한 호적(胡適) · 358
제5절 반공(反孔), 반도교(反道敎)가 "민주와 과학"의 범주에 속한다고 생각한
      전현동(錢玄同) ………………………………………………… 359
제6절 여자도 독립된 인격을 갖추어야 함을 논한 섭소균(葉紹鈞)…………… 361

제 6 장 '오사' 이후 공자와 예교를 높이는 진영과 반대하는 진영의 끝없는 투쟁 (上) / 364

제1절 앞으로의 세계에서 유가의 예악을 완전히 고쳐 쓸 수 있다고 긍정한
      양수명(梁漱溟) ― "공자는 실로 모든 것을 조감할 수 있었다." ……… 364
제2절 자유롭게 혼인하고 이혼하는 여성을 '공공의 아내'라고 비방한
      노신(盧信) ……………………………………………………… 366
제3절 동서고금을 통해 예교는 반드시 있어야 한다고 주장한 대계도(戴季陶)
      ……………………………………………………………… 368
제4절 『전국책』파의 파쇼 여성관 ………………………………………… 369
제5절 세계문화중 육예(六藝)가 최고라는 마부(馬浮)의 이론 ……………… 371
제6절 "사람을 잡아먹는 예교"라는 구호를 반대한 사유위(謝幼偉)
      ― "모든 것이 예를 근거로 한다"는 이론 ………………………… 372
제7절 시종일관 유가의 예교를 찬양한 전목 ― 예교가 사람을 잡아먹는 것은
      연애가 사람을 잡아먹는 것과 같다는 설 ………………………… 373
제8절 구식의 예교가 규범을 쇄신시킨다는 하린(賀麟)의 주장 ―
      삼강은 실로 오륜의 핵심이다 ……………………………………… 375
제9절 공자와 중국사학은 예를 핵심으로 한다는 유이징(柳詒徵)의 이론 …… 378
      (부록: 주나라 정치의 핵심이 차별적인 예제에 있었다고 생각한 왕국유)

제 7 장 '오사' 이후 공자와 예교를 높이는 진영과 반대하는 진영의 끝없는 투쟁 (中) / 383

제1절 여성 중심사회를 제창한 장경생(張競生), 유인항(劉仁航) ……… 383
      장경생의 프랑스화, 미국화된 여성중심 사회 ………………… 383
      유인항의 동양화되고 불교화된 여성중심 사회 ……………… 385
제2절 고홍명(辜鴻銘), 반광단(潘光旦)의 남성우월주의 …………… 389
      고홍명의 봉건예교사상 ― 삼강주의가 삼민주의보다 우수하다는 주장 ·· 389
      반광단의 봉건예교사상 ― '여성은 사람이 아니다'는 주장 ………… 396

제 8 장 '오사' 이후 공자와 예교를 높이는 진영과 반대하는 진영의 끝없는 투쟁 (下) / 401

제1절 시종일관 공자와 예교에 반대하는 투쟁을 한 노신(魯迅) ……… 401
제2절 봉건예교에 대해 폭로한 역백사(易白沙) ………………… 408
제3절 여자 자신이 권리를 지키고 외쳐야 한다고 주장한 풍비(馮飛), 만박(萬璞) ……………………………………… 411
      예교와 종교가 여성의 적이라고 지적한 풍비 ……………… 411
      여자가 '인간으로서의 지위'를 쟁취해야 한다고 주장한 만박 ………… 412
제4절 상경여(向警予)의 여성해방사상 ── 종법예교의 여성박해 ……… 413
제5절 도행지(陶行知)와 양현강(楊賢江)의 반예교적(反禮敎的) 교육사상 …… 420
      도행지 ……………………………………………… 420
      양현강 ……………………………………………… 425
제6절 중국 여권운동사의 최고봉 송경령(宋慶齡) ―
      중국은 공자의 예교사상을 깨끗이 쓸어 버려야 한다 ………… 428
제7절 예교화된 중국미술계의 문을 깨부순 반옥량(潘玉良) ………… 433
제8절 예교문화를 다시 일으키는 것에 반대한 두국상(杜國庠) ……… 435
제9절 공자사상체계의 여러 덕목이 모두 예에 종속되어 있다고 주장한 조기빈

　　　　(趙紀彬) ··· 437
제10절　그 밖의 주장들 ··· 437
　　　제국주의가 중국인들에게 '공자를 존중하고 경서를 익힐 것'을
　　　강요한다고 주장한 소초녀(蕭楚女) ································ 438
　　　고홍명(辜鴻銘)의 '동양의 문화로 서양의 문화를 바로잡아야 한다'는
　　　주장을 반박한 당월(唐越) ······································· 438
　　　공자의 '여인네 같다'거나 '소인배 같다'는 말 때문에 중국인이 멍청하게
　　　되었다고 주장한 탕제창(湯濟蒼) ································· 439

부　　록 ··· 441

서 론

1. 중국 예교의 특수성과 중요성

예교(禮敎)는 바로 예로써 가르침을 삼는 것이다. 고대에는 명교(名敎)로 불리기도 했는데, 곧 명분으로써 가르침을 삼는다는 것이다. 이것은 종교와 같은 작용을 하나, 종교적인 형식과는 다르다.

예교는 윤리학 또는 도덕철학으로 순수철학과는 다르다. 이는 윤리와 정치의 양자를 하나로 설립하여 결합시키며 윤리와 정치를 구분하지 않는다. 예를 들어 채원배(蔡元培)가 주장한 "예술로써 종교를 대신한다"는 말을 빌어 말한다면, 유가(儒家)는 "예교로써 종교를 대신"하여 예교를 종교로 삼았다. 엄복(嚴復)은 일찍이 "서양의 종교는 중국의 예이다"[1]라고 생각하여 이 둘을 함께 논하였다. 중국은 이천여 년 이상 예교가 성행하고 종교는 비교적 박약했는데, 그 주요한 원인은 바로 여기에 있다.

어떤 학자는 이렇게 말한다. "정절 관념은 명대(明代)를 거쳐 한 번 열렬하게 제창되어, 매우 좁은 뜻으로 변하여 거의 종교가 되었다. 비단 남편이 죽으면 수절하는 것이 당연한 것으로 여겨졌을 뿐만 아니라, 식을 올리기 전에 남편될 자가 죽더라도 정절을 끝까지 지켜야 했으며, 어쩌다가 다른 남정네에게 희롱을 받기라도 하면 스스로 목숨을 끊어야 하였다. 아녀자의 생명은 털끝만한 값어치도 없었다. … 아녀자 자신의 생명은 단지 부차적인 생명에 불과했고, 정절이 그들의 제일 생명이었기 때문에 이렇게 해야만 할 뿐이었다."[2]

중국의 예교에는 비교적 명확하게 3단계의 변화과정이 있었다고 나는 생

---

1) 『法意』 147.
2) 陳登原, 『中國婦女生活史』 241~246.

각한다. 첫째는 선진유가가 예교로 종교를 대신한 것이며, 둘째는 한대(漢代)에 예교를 천신화(天神化)한 것이며, 셋째로는 송·원·명·청대에 예교를 천리화(天理化)한 것이다. 이것은 곧 중국 예교가 종교로 형성된 과정이다. '열렬한 제창'은 송대(宋代)의 이학가(理學家)에 의해 시작된 것이며, 명대에 시작된 것은 아니다. 예교는 이미 일찍감치 종교화되었던 것으로, '거의 종교가 되었다'라는 표현으로는 부족하다.

예교는 단지 부녀자의 정절에만 제한된 것이 아니라, 남자에게 강요되는 충신·효자라는 관념과도 관련되어 있다. 부녀자가 지아비에 대해 반드시 불합리한 정절을 지켜야 했듯이, 실은 남자들도 죽도록 임금에 대하여 불합리한 충성을 다해야만 하였고, 아버지께 대하여는 불합리한 효도를 다해야 했던 것은 지아비에 대한 부녀자의 정절과 마찬가지다.

충신·효자·절부·정녀의 본질은 모두 이름만 다를 뿐 내용은 같다. 신하·자식·부인은 모두 임금·어버이·남편을 반드시 '하늘[天]'로 받드니 완전히 서로 같은 양상이 아니겠는가? 예교 통치 아래에서 "아녀자 자신의 생명은 단지 부차적인 생명에 불과했고, 정절이 그들의 제일 생명이었다." 또한 신하와 자식의 생명은 한갓 그들의 부차적인 생명에 불과하였고, 충과 효가 곧 그들의 제일 생명이었다. 중국의 봉건사회는 지금까지도 개인의 인격을 존중하지 않고 있으니, 군주 이외에는 모두 정도의 차이는 있으나 자기자신의 생명은 없었다고 하겠다.

중국인이 말하는 '하늘[天]'은 바로 '하나님[上帝]'이다. 상제는 이름만 있는 공허한 것이지만, '살아 있는 상제'(임금과 어버이와 남편)는 도리어 진실로 존재하는 자이다. '살아 있는 상제'는 '상제'에 비하여 너무나 엄해서 조금도 대강대강 하는 일이 없다.

예교제도와 예교사상은 중국 봉건사상 문화의 중심으로, 정치·법률·교육·도덕·철학·사학·문학·예술 등을 막론하고 어느 하나도 예교의 영향을 받지 않은 것이 없다. 중국 주위의 아시아 국가들 중에서 어떤 나라는 중국으로부터 예교를 받아들였으나 중국과 같이 고도로 예교를 발달시키지는 못했으며, 어떤 나라는 중국 예교의 내용을 일부분 가지고는 있으나 중국 예교의 온전한 모습을 가지고 있지는 못하다.

예교는 세계적으로 중국 특유의 것으로, 그밖의 다른 나라, 특히 서양의 각국은 가지고 있지 않는 것이다. 이것은 중국의 한족(漢族)이 다스린 지역에서 영향력이 아주 컸으며, 오래도록 근본적인 변화가 발생하지 않았다. 단지 신해혁명(辛亥革命)을 전후한 신문화운동과 5·4운동을 경과하여 1940년대 말에 이르기까지 여러 차례 비판에 직면하였으나 철저하게 파괴될 수 없었다.

봉건전통의 토지제도는 개혁하기 쉬우나, 봉건전통의 사상의식은 결코 타파하기 쉽지 않다. 따라서 중국 예교사상사를 깊이 파악하는 것은 역사적 의의가 있을 뿐 아니라 현실적 의의도 있다. 그러나 이러한 중대문제에 대하여 중국에서는 아직까지 이에 대한 전문적인 연구서가 없다. 중국 예교사상사와 같은 전문적인 사상사 분야 또한 아직까지 없었다.

그 내용에 있어서 비슷하고 또한 밀접한 관계가 있는 중국 윤리학사, 중국철학사, 중국사상사, 중국 정치사상사 및 중국 사회사상사 등도 상세하지가 못하다. 따라서 중국 예교사상사를 써서 이러한 공백을 메우는 것은 매우 필요한 일이다.

2. 중국 예교사상의 관련 범위

중국 예교사상의 범위는, 학문영역의 측면에서 말한다면 철학·윤리학·정치학·법률학·경제학·교육학·심리학·사회학·풍속학·역사학·문학·예술·종교 등과 관련되며, 내용의 측면에서 이야기한다면 인예(仁禮)관계·예교·예제(禮制)·군권·부권(父權)·부권(夫權)·남권·여권·참정(參政)·종법·남계(男系)·혈통·친척·친소·별애(別愛)·겸애(兼愛)·혼인·연애·다처·다부·정녀·절부·충신·효자·여재(女才)·여학(女學)·상복·전족(纒足)·노비·기녀·환관·인욕·천리·생리·정감·가정·유산·인격·인도·인권 등에 관련되어 있다. 또 인물의 측면에서 말한다면 관련되는 범위가 더욱 넓을 것이다.

나는 과거의 전통적 선택기준을 근본적으로 타파하고서, 창의성·집성성(集成性)·질량성·가치성 등 그 대표성의 유무만을 논하였다. 또한 남녀·노소·귀천·명예의 크고 작음, 자격의 높고 낮음, 방면의 넓고 좁음, 재료의 많고 적음 및 학파·교파·당파 등을 논하지 아니하고, 단지 단락의 전체를 차지하는 것과 부분을 차지하는 차이를 두었을 뿐이다.

고대 역사가 및 그 저서— 예를 들면 사마천(司馬遷)의 『사기(史記)』와 이지(李贄)의 『장서(藏書)』에서는 남녀·귀천을 따지지 아니하며, 이름 없는 병졸조차 제왕과 함께 전기가 있었다. 이것은 비교적 평등한 관점으로 뒷사람들이 배울 만한 가치가 있다. 고대 역사가들조차도 이와 같이 하였는데, 하물며 다행히 오늘날 태어난 우리들이 그것을 따져야 되겠는가?

나는 스스로, 고래의 불행한 자들을 위하여 그들의 불평을 반영함으로써 역사에 대해서 새로운 평가를 내리는 것을 나 자신의 가장 신성하고 또한 가장 어려운 책무로 여기고 있다. 위에서 말한 각 방면을 살펴 본다면, 본서의 내용은 매우 광범위하고 관련되는 문제도 매우 많다. 그러나 이야기의 중심은 대단히 뚜렷하니, 예교를 견지하려는 편과 예교를 반대하는 편의 매우 격렬한 투쟁, 바로 그것이다.

3. 중국 종법제도의 기원 및 장기 존속

예교사상을 이해하기 위해서는, 먼저 반드시 종법제도(宗法制度)를 이해하여야 한다. 종법은 바로 예교의 기원이다. 종법제도는 고대 남자중심사회의 귀족 혈연통치의 엄격한 신분제도를 유지하기 위한 것으로, 적서(嫡庶)·노소·친소의 관계에 따라 귀천·존비·고하의 지위를 결정하여, 나라 전체를 부계 가장의 통치로부터 시작하여 귀족 세습통치로까지 확대하려 한 제도이다.

은(殷)나라는 형이 죽으면 동생이 그 뒤를 잇는 '아우에게 전하는 제도'를 시행하였다. 주(周)나라는 아버지가 죽으면 아들이 그 지위를 계승하는 '아들에게 전하는 제도'를 시행하였다. 삼대(하·은·주)시대에 천자는

'왕'이라고 불렸다. 그 처는 아주 많았는데 처에는 후(后)와 비(妃)의 구분이 있었으며, 후는 적처로서 왕후라고 존칭되었다. 왕후가 낳은 자식은 적자(嫡子)가 되고, 왕비가 낳은 자식은 서자(庶子)가 되었다. 적자 또한 나이의 많고 적은 구별이 있었다. 왕위는 적자의 장남이 계승하였다.3)

 천자는 대종(大宗)이라고도 하였으니, 바로 천하의 주인을 말한다. 천자의 적소자와 서자들은 한 등급 감해져 봉토를 받고 제후가 되어 한 나라[國]의 주인이 되었다.

 제후는 천자에 대하여 소종(小宗)이라고 불리어졌으나 자기 나라에서는 여전히 대종이라 칭해졌다. 예를 들면, 주공(周公)은 주나라 문왕(文王)의 적소자로 노(魯)나라에 봉해져 제후가 되었으니, 주나라에서는 소종이나 노나라에서는 대종인 것이다. 제후의 지위도 적장자가 계승하였다.

 제후의 적소자와 서자들은 한 등급 감하여져 봉토를 받고 경대부(卿大夫)가 되었다. 이들 역시 제후에 대해서는 단지 소종으로 칭해졌으나 그 가족에 대해서는 여전히 대종이라 칭해졌다. 예를 들면, 삼환(三桓)은 노나라에서는 소종이나 본족에서는 대종이다.

 소종은 대종에게 지배를 받는다. 경대부에서 일반 선비(士)에 이르기까지 마찬가지로 대종과 소종의 상하 양면을 갖추고 있는데, 단지 지위가 낮으면 낮을수록 권력이 점점 줄어드는 것이다. 곧바로 말한다면 족장·가장으로부터 미루어 나가 천자·국군(國君)에 이르는 천자·국군의 가장화이다. 예를 들면 천자는 천하를 집안으로 삼아 천하 일가의 최대 가장이 되고, 제후는 국가를 집안으로 삼아 한 나라의 가장이 되며, 경대부는 봉토를 집안으로 삼아 한 봉토의 가장이 된다. 가장이 조금 커지면 바로 족장이 된다. 선비에 이르러 이러한 제도는 그치고, 서인은 여기에 포함되지 않는다.

 뒤집어 말한다면 천자·국군으로부터 미루어 나가 가장에 이르는 가장의

---

3) 호배휘(胡培翬)는 이를 다르게 해석하였으니, 그는 『의례(儀禮)·상복(喪服)』의 해석에서 장자는 단지 적장자 한 사람만을 가리키며, 그 나머지 적소자들은 모두 서인으로 풀이하고 있다.

천자화·국군화이다. 예를 들면 집안 사람들이 가장을 국군에 비유하여 '가군(家君)'이라 칭하고, 죽은 뒤에는 '선군(先君)'·'부군(府君)'·'선부군(先府君)'이라 칭하는 것과 같은 것이다. 처와 첩은 남편을 국군에 비유하여 '부군(夫君)'·'부주(夫主)'라고 불렀다. 첩은 남편의 본처를 '여군(女君)'이라고 칭하였다. 서자들은 적모를 '군모(君母)'라고 불렀다. 『주역·가인괘(家人卦)』에서 "집안 사람들에게 엄한 군주가 있으니 바로 부모를 말한다"라고 하였으며, 『이아(爾雅)』에서는 또한 '군구(君舅)'·'군고(君姑)'라고 말하고 있으니, 부모와 장인·시어머니가 평등한 관계였던 것 같다. 그러나 실제로는 어머니는 아버지에 비해 한 등급 낮았다.

상복과 상기에 관한 고대 예제의 구체적인 규정은, 한 집안 내에서 오직 아버지가 죽었을 때만 참최(斬衰) 상복을 입고 삼년상을 지냈다. 어머니가 죽었을 때는 단지 자최(齊衰) 상복을 입고 일년상을 지냈을 뿐이다. 천하와 국가의 경우에 "하늘에 해가 둘일 수 없듯이, 백성에게도 두 임금이 없다"는 말처럼, 한 집안 내에서도 두 어른이 존숭되는 법이 없었다. 자식들은 평등하게 부모를 모실 수가 없었다. 이 때문에 공자는 늘 임금과 아버지를 함께 칭하였다. 『의례(儀禮)·상복(喪服)』에서는, 자식은 아버지를 위해, 제후는 천자를 위해, 신하는 임금을 위해, 처첩은 남편을 위해서 모두 참최 상복을 입고 삼년상을 지내야 한다고 일찍부터 규정하고 있다.

『백호통(白虎通)·상복(喪服)』에서도 "신하의 임금에 대한 것은 마치 자식이 아버지에 대한 것과 같아 지극히 존중하는 것이 신하와 자식된 자의 도리이다"라고 말하고 있다. 단지 부자의 관계만 군신의 관계와 같을 뿐 아니라 '부부의 관계도 군신의 관계와 비슷하고'[청대 진재(陳梓)의 말], '남편과 아내의 관계도 부자와 같다'[청대 구중용(瞿中容)의 말]. '남편은 임금과 아버지 같고, 아내는 신하나 자식과 같다'는 말은 이와 같은 상황을 가장 잘 묘사하고 있다. 두 구절로 요약하면 '위에서 아래에까지 모든 관계는 군신의 관계이다'[청대 모선서(毛先舒)의 말]. 인간 사회의 모든 관계는 통치와 피통치의 관계라는 것이다.

「상복전(喪服傳)」에는 "천자는 지극히 높다." "군주는 지극히 높다." "아버지는 지극히 높다." "남편은 지극히 높다"라고 해석하였다. 임금·아버지·남편은 모두 동일하게 '지극히 높은 존재'인 반면에 신하·자식·아내는 모두 동일하게 '지극히 낮은 존재'이다. 임금·아버지·남편은 엄연히 대군·중군·소군의 구별이 있으나 삼자는 모두 군(君)으로, 자기에게 주어진 범위 내를 통치하는 주인이다. 그러나 또 다른 측면은 어떠한가? 신하는 임금의 노예이고, 자식은 아버지의 노예이며, 처첩은 남편의 노예인 것이다.

임금의 지위는 가장 높아 오직 신하와 백성들을 노예로 삼을 뿐 신하와 백성들의 노예가 되지 않는다. 아버지의 지위는 조금 달라서 위로는 임금의 노예인 반면에 아래로는 자식을 노예로 삼는다. 지아비의 지위는 조금 더 달라서 위로는 아버지의 노예인 반면에 아래로는 처첩을 노예로 삼는다. 오직 처첩의 지위가 가장 낮아 위로는 임금·아버지·지아비의 노예인 반면에 아래로는 어느 누구도 노예로 삼지 못하였다. 여자는 시집가기 전에는 아버지를 따르고, 시집간 뒤에는 지아비를 따르며, 지아비가 죽으면 자식을 따랐다.

자식 또한 어머니보다 위에 있었으니, 어머니의 일생은 단지 다른 사람을 따르는 것 뿐이다. 어찌하여 위에 대해서나 아래에 대해서나 모두 노예가 되어야만 하는가? 문제는 바로 태어날 때 어머니·딸·처첩은 모두 불행히도 여자로 태어난 반면, 임금·아버지·지아비 및 아들은 다행히도 남자로 태어났다는 데 있다. 예교학자들은 남녀의 존비는 하늘이 낳은 것으로 평등할 수 없다고 한다. 등정라(鄧廷羅)는 이를 다음과 같이 잘 설명하고 있다. 임금·아버지·지아비에 대한 충·효·절개는 삼강(三綱)으로서 일체를 이룬다. 삼강은 남녀의 구별만 있을 뿐 성질의 차이가 있는 것은 아니다.4)

하·은·주 삼대에 지위가 가장 높은 천자는 왕으로 불리었고, 진·한 이후에는 황제(皇帝)로 바꾸어 불렀는데 간단히 제(帝)라고도 하였다. 임금

---

4) 『二遠堂文集·沈母節壽序』.

의 명칭은 비록 시대에 따라 달랐으나 임금의 지위는 시종일관 차이가 없었다. 진시황은 장자를 좌천시켜 지방으로 내보낸 적이 있었으나, 장자가 돌아와서 지위를 계승하게 하라고 유언을 남겼다. 당고조는 장자를 태자로 삼을 것을 견지하여 현명하고 큰 공이 있는 둘째 아들을 고려하지 않았다. 명태조는 적장자가 일찍 죽자 왕위를 적장손에게 물려주고, 성조(成祖) 이하의 여러 아들들을 고려하지 않았다. 민국시대에 이르기까지 지주(地主) 집안들은 모두 장자・장손으로 하여금 가산을 잇게 하였고, 장자・장손은 다른 자손에 비해 더 많은 유산을 차지하였다.

종법예제는 혈연(곧 혈통)에 따라 한계를 정하고 있다. 전통적으로 중시한 인애와 도덕을 시행하는 데 있어서도 예외없이 그 영향이 미치고 있다. 예를 들면 공자는 자기가 생각하는 '인애'의 개념으로 자로의 '인애'를 반대하여 다음과 같이 말했다. "예에 따르면 천자는 천하를 사랑하고, 제후는 경내(한 나라의 안)를 사랑하고, 대부는 관직을 사랑하고, 선비는 자기 집안을 사랑하여야 하니, 그 사랑해야 할 범위를 지나치는 것을 침범이라 한다. 지금 노나라 백성들을 네가 멋대로 사랑한다면 그대가 침범하는 것이 된다."[5] 이것은 바로, 천자는 천하의 주인이며, 제후는 한 나라의 주인이며, 경대부는 봉토로 받은 땅의 주인이며, 선비는 한 집안의 주인으로서 대종・소종이 각각 구체적으로 규정된 범위가 있어 그 범위를 넘지 못한다는 것이다.

종법예제 아래에서는 모든 것에 등급이 있어 사람들은 모두 명칭에 따라 의리를 생각하여 자기의 분수를 지켰다. 공자는 "반드시 이름을 바르게 할 것"과 "극기복례"를 강조하였고, 장자(莊子)는 "『춘추(春秋)』는 명분을 말하였다"라고 지적하였는데, 바로 이러한 사실들을 증명하는 것이다. 공자의 인애는 예에 맞으며 예의 제약을 받는 인애인 반면, 자로의 인애는 예에 맞지 않고 예의 제약을 받지 않는 인애이다.

공자의 인애는 바로 유가의 인애이며, 자로의 인애는 이미 묵가가 겸애

---

5) 『韓非子・外儲說 右上』.

를 인이라고 한 것에 가깝다. 그러므로 차별적 사랑을 주장하는 공자는 이러한 생각을 크게 옳지 않게 여긴 것이다.

여기에서 다음과 같은 사실을 반드시 지적해야 한다. 고대 왕조의 종실과 외척의 관계는, 민국시대에는 가족관계와 처가의 세력을 중심으로 형성된 파벌관계[종법 혈연관계와 마찬가지이다]로 변하였으며, 세습제는 종신제로 변하였다. 이와 같은 예들은 이루 다 헤아릴 수 없다.

봉건전통의 종법예제는 인사관계와 풍속·습관 등등으로부터 시작하여 영향을 미치지 않은 것이 없이 지금까지 이삼천년 동안 실시되어 왔다. 진·한에서 송(宋)까지와 송에서 청까지의 두단계에서 뒤로 오면 올수록 여러 방면에서 더욱더 엄중해졌다. 민국 이후 형식적으로는 어느 정도 완화되었으나 실제적으로는 여전히 깊이 뿌리 박혀 있다. "봉건"이란 큰 산을 철저히 밀어 넘어뜨리기에는 아직 어려움이 많은 것이다.

4. 중국 예교이론의 집대성 및 그 변화

유가의 조사(祖師)인 공자는 서주(西周)시대의 예제에 근거하여 춘추시기 예론을 집대성하고 또한 한걸음 더 발전시켜, 예로써 마음을 바로잡고, 예로써 몸을 닦고, 예로써 집안을 다스리며, 예로써 나라를 다스리고, 예로써 천하를 평정하며, 예로써 가르침을 삼고, 예로써 역사를 바로잡는 등등의 작업을 하였다.

공자는 임금에게 충성할 것을 매우 강조하였으며, 또한 아버지에 대한 효도를 제창하였으나 여자와 소인을 아울러 말할 뿐 주나라 무왕(武王)으로 하여금 나라를 잘 다스리게 한 열 사람의 신하 가운데 한 사람이 여인이었다는 사실을 인정하지 않았다. 『논어(論語)』 가운데 비록 '세 가지 순종[三順]'이나 '세 가지 벼리[三綱]'의 명칭은 없다 할지라도, 삼순과 삼강의 실제 내용은 이미 그 가운데 존재하고 있다. 이 때문에 공자는 유가 예교사상의 조사가 되어 다른 사상가들로부터 반대를 당했다.

공자는 왜 스스로 "나는 주례(周禮)를 배웠고, 지금 시대가 주례를 사용하니 나도 주례를 따르겠다"고 말하며, 또 늘 꿈에도 주공(周公)을 만났다고 말하였을까? 이것은 바로 "낮에 생각하면 밤에 꿈을 꾼다"는 것이다.

후인들이 이 때문에 '주공'과 '공자'를 병칭하고, '선성(先聖)'·'선사(先師)'의 지위와 칭호를 서로 바꾸어 가며 사용하였다. 장학성(章學誠)만이 공자보다 주공을 높였다. 이 문제에 관해서 실사구시의 정신으로 말해야 할 것이다. 삼대의 예는 서로 계승되어 주나라의 예제(禮制)는 주공에 이르러 하나라와 상나라에 비해 일보전진하여 체계화되었다. 공자에 이르러 비로소 주공의 예제가 발전하여 예에 대한 이론이 되었다. 공자 이전에도 예에 관한 약간의 이론이 있었으나 산만하여 체계를 이루지 못하였다. 따라서 나는 주공은 예제(禮制)의 조사이고, 공자는 예론(禮論)의 조사라고 생각한다. 선후로써 말한다면 주공이 먼저이고, 경중으로 말한다면 공자가 중요하다.

방이지(方以智)는 이전에 "하나의 예는 반드시 하나의 뜻을 가지고 있으니, 예는 주공에게서 비롯되고 뜻은 공자에게서 비롯되었다."[6]라고 말하였다. 이 말의 뜻도 예에 관한 제도는 대부분 주공으로부터 말미암지만, 예에 관한 이론은 대부분 공자에게서 나왔다는 것을 의미한다. 총괄하여 말한다면 주공과 공자가 성인이라는 것은 다만 그들이 예교의 성인이라는 것이지 다른 방면의 성인이라는 것은 아니다. "주공과 공자는 종법사회의 성인이다."[7]

공자의 사상에 의해 삼순과 삼강은 이미 예교의 중심이 되었다. 『대대예기(大戴禮記)』의 기록에 의하면, 공자는 일찍이 노나라 애공의 정치에 관한 질문에 대해 '삼정(三正)'의 중요성을 강조하여, "부부는 구분이 있어야 하고, 부자는 친해야 하며, 군신은 엄해야 한다. 삼자의 관계가 바르면 서민들이 그를 따를 것이다."[8]라고 말하였다. 『소대예기(小戴禮記)』에 의하면 애공이 "인간의 도리중 무엇이 가장 중요한가?"라고 묻자, 공자가

---

6) 『通雅·禮儀』
7) 嚴復, 『社會通詮』 주.
8) 「哀公問於孔子」.

"세 가지가 바르게 되면 모든 사람이 따를 것입니다"라고 대답하고 있다.[9]

 정치와 인간의 도리를 막론하고 모두 '삼정'을 최대로 여기고 있다. 순자(荀子)를 스승으로 삼은 한비(韓非)가 유가의 도에 관해, "신하는 임금을 섬기고, 자식은 아버지를 섬기고, 아내는 남편을 섬기니 이 세 가지가 순조로우면 천하가 다스려지고, 이 세 가지를 거스리게 되면 천하가 어지러워지니, 이것이 천하의 떳떳한 도리이다"[10]라고 말한 것도 괴이할 것이 없다.

 삼정은 바로 삼순이다. 선진유가의 삼정설과 삼순설은 서한의 동중서(董仲舒)에 이르러 삼강설로 이름이 바뀌었다. 세 가지 설은 모두 같은 내용이다. 삼정에서 삼순·삼강으로의 과정은 매우 자연적인 발전과정이다.

 어떤 사람은 중국 봉건사회에 신(神)·군(君)·부(父)·부(夫)의 네개 특권이 있다고 하였다. 사실대로 말한다면 특권은 단지 세 가지가 있을 뿐이다. 신권은 군주가 멋대로 자기 자신을 존귀하게 하고 천의 이름을 빌려 스스로를 높인 것이다. 군주는 천자라고 자칭하였는데 천하에 오직 그만이 하늘의 아들로서 유일하게 하늘을 대신하여 신민을 통치할 자격을 가지고 있었다. 임금·아버지·지아비의 삼권은 실제 존재한 것이다. 신하와 인민은 모두 천자 일인의 통치 아래 있었다.

 삼정·삼순·삼강은 임금·아버지·지아비를 신하·자식·지어미의 하늘로 삼는 것이다. 하늘은 가장 높은 신이다. 임금으로 천을 삼은 것은 임금의 신격화이며, 아버지로 천을 삼은 것은 아버지의 신격화이며, 지아비로 천을 삼은 것은 지아비의 신격화이다. 동중서는 선진유가의 삼정·삼순을 신학화 하였고, 주희는 한걸음 더 나아가 동중서의 삼강을 이학화하였다. 천신화와 천리화를 통하여 변한 것은 천일 뿐이다.

 근대에 이르러 어떤 이는 삼강을 영구한 것으로 보았는데, 이는 삼강의 합리화이다. 이학화와 합리화는 모두 삼강설을 영원한 진리로 만들었다.

---

9) 「哀公問」.
10) 『韓非子·忠孝』.

중국 문화사와 사상사가 유가에 국한된 것은 아니지만 유가가 중심이란 것은 부인할 수 없고, 유가사상이 예교에 국한된 것은 아니나 예교가 그 중심이란 것은 부인할 수 없으며, 예교사상이 삼강에 국한된 것은 아니나 삼강이 중심이란 것은 부인할 수 없다. 오륜·오상 등은 모두 예의 제약을 받으며, 예의 범위는 포괄하지 않는 것이 없다. 이러한 점에 대해서는 『논어(論語)』·『순자(荀子)』·『예기(禮記)』·이구(李覯)·왕선산(王船山)·능정감(凌廷堪)·증국번(曾國藩)·진례(陳澧)·진독수(陳獨秀)·이대초(李大釗)·유이징(柳詒徵)·조기빈(趙紀彬)[11], 장순휘(張舜徽)[12] 등 여러 사람과 학파에서 모두 지적하고 상세하게 서술하였다.

5. 중국 예교사상 투쟁사에 있어서 두 방향의 대표인물

중국의 예교와 반예교의 사상투쟁은 한번도 정지한 적이 없었으며, 앞으로도 단기간에 철저하게 해결하기는 어려운 중대한 문제이다. 1949년까지를 하한선으로 하여 양 진영의 대표적인 인물을 아래에 간략하게 열거해 보자. 종법예교의 내용은 매우 많지만, 임금·아버지·남편의 세 특권 부분에 가장 집중적으로 표현되어 있다. 예교 또는 공자학을 대단히 강조하는 학파 또는 학자로는 공자·안회·『좌전』·맹자·순자·『예기』·『효경』·동중서·반고(班固)·이구(李覯)·사마광(司馬光)·장재(張載)·정이(程頤)·주희(朱熹)·허형(許衡)·오징(吳澄)·임조은(林兆恩)·여곤(呂坤)·왕선산(王船山)·안원(顏元)·능정감(凌廷堪)·완원(阮元)·하형(夏炯)·진례(陳澧)·증국번(曾國藩)·장지동(張之洞)·왕선겸(王先謙)·섭덕휘(葉德輝)·고홍명(辜鴻銘)·강유위(康有爲)·진환장(陳煥章)·유이징(柳詒徵)·대계도(戴季陶)·양수명(梁漱溟)·장군려(張君勵)·반광단(潘光旦)·하린(賀麟)·전목(錢穆) 등이 있다.

---

11) 『論語新探』 1976년 인민출판사 3판.
12) 『中華人民通史』 중책, 7. 종법제도. 1989년 호북인민출판사.

군권을 매우 강조한 학자는 공자·순자·한비·동중서·반고·한유로부터 아래로 임금남(林琴南), 정효서(鄭孝胥) 등이 있다. 이 방면의 사람은 가장 많으나 여기서는 단지 대표적인 인물만을 들었다.

부(父)권 또는 군과 부 양쪽을 매우 강조한 학자는 공자,『효경』등 이후 아주 많아 모두다 열거할 수 없다.

부(夫)권과 남권을 매우 강조하여 여성을 무시한 학자로는 공자·맹자·순자·한비·『공양전』·『역전』·『예기』·정이·주희·조단(曹端)·여곤·왕선산·주량공(周亮工)·남정원(藍鼎元)·진재(陳梓)·구중용(瞿中容)·장학성(章學誠)·이어(李漁)·방현(方絢)·하형(夏炯)·왕사택(汪士澤)·섭덕휘·고홍명·노신(盧信)·장사초(章士釗)·진전(陳銓)·반광단(潘光旦) 등의 남자와 반소(班昭)·송약화(宋若華) 등의 여인이 있다. 이 방면의 사람도 매우 많아 모두 다 열거할 수 없다. 남녀 불평등은 불교가 유교보다도 심하다.13)

상술한 대표 인물 중에서 공자·순자·한비·『예기』·『효경』·동중서·이구·주희·임조은·왕선산·능정감·왕사택·증국번·장지동·고홍명·노신·대계도·양수명·유이징·반광단 및 반소·송약화 등이 가장 대표적이다.

반대로 유교 또는 공자학을 매우 비판한 학자는 묵자·노자·장자·완적(阮籍)·혜강(嵇康)·이지(李贄)·원매(袁枚:때로는 어쩔 수 없이 공자를 존숭한다고 가장함)·담사동(譚嗣同)·송서(宋恕)(두 사람 모두 예교에는 반대하였으나 공자는 높이 받들었음)·엄복(嚴復)·양계초(두 사람 모두에 한함)·영조원(寧調元)·군연(君衍:『법고 法古』)·진맹(秦猛:『說奴隸』), 김일(金一)·유인권(柳人權:亞子)·이석증(李石曾:전기)·사복(師復)·진독수·이대초(李大釗)·노신·오우(吳虞)·역백사(易白沙)·양현강(楊賢江:李浩吾)·두국상(杜國庠)·조기빈(趙紀彬) 등이다.

군권을 매우 반대한 학자는 노자·장자·완적·포경언(鮑敬言)·등목(鄧牧)·황종희(黃宗羲)·당견(唐甄)·엄복[前期]·손중산(孫中山)·추용(鄒

---

13) 더욱 자세한 내용은 졸저『論佛敎的三綱思想』을 참조할 것.

容)·유인권·이석증·사복 등이다.
 부권에 반대하거나 아버지의 은혜보다 어머니의 은혜를 더 인정한 학자는 완적, 사조제(謝肇淛) 등을 제외하고는 공개적으로 말한 이가 거의 없다. 이외에 조조(曹操), 노수(路粹)가 구실을 붙여 효를 비난한 것과 정초아(丁初娥)의 『여자가정혁명설』 등이 있다.
 남자가 여성을 모욕한 것에 대해 매우 반대한 입장으로는, 『노자』, 완적, 이지, 사조제, 당견, 위희(魏禧), 고병증(高炳曾), 이신전(李愼傳), 이여진(李汝珍), 유정섭(兪正燮), 엄복, 채원배(蔡元培), 김일, 유인권, 사복, 진독수, 이대초, 역백사, 노신(魯迅), 양현강, 도행지(陶行知), 유인항(劉仁航) 등의 남자가 있다. 여자는 더욱 많은데 대표적인 인물로서는 사안부인(謝安夫人), 산음공주(山陰公主), 진석진(陳碩眞), 무측천(武則天), 추근(秋瑾), 풍비(馮飛), 만박(萬璞), 상경여(向警予), 송경령(宋慶齡), 반옥량(潘玉良) 등이다. 앞에서 말한 대표인물 중에서 묵자, 장자, 완적, 이지, 황종희, 당견, 원매, 담사동, 군연, 김일, 사복, 진독수, 이대초, 노신, 오우 및 추근, 상경여, 송경령 등이 가장 대표적이다.
 이 밖에 감정우위설 또는 이욕(理欲) 합일을 주장한 자로는, 고자(告子), 『예기』, 지선(智詵), 양사본(楊思本), 당인(唐寅)과 오영(吳泳), 주건(朱健), 원매, 대진, 이대초 등이 있다. 노예 핍박을 반대한 자로는 장리상(張履祥), 정섭(鄭燮) 등이 있다. 환관제를 반대한 자로는 하송(夏竦) 등이 있다.
 다시 예교를 찬성하고 반대하는 각파의 대표 중에서 종합하여 하나로 묶어서 말한다면, 공자, 묵자, 장자, 순자, 『예기』, 동중서, 이구, 장재, 주희, 오영, 이지, 황종희, 당견, 왕선산, 안원, 원매, 대진, 능정감, 증국번, 왕사탁, 엄복, 강유위, 양계초, 담사동, 장지동, 채원배, 추근, 김일, 이석증, 사복, 진환장, 고홍명, 진동구, 이대초, 오신, 오우, 상경여, 송경령, 대계도, 반광단, 유이징, 유인항 등이 전형을 이룬 자이다. 그리고 예가 전통사상의 핵심이며 모든 것과 관련됨을 지적한 자로서 공자, 『좌전』, 순자, 동중서, 이구, 사마광, 장재, 주희, 왕선산, 안원, 등정라, 능정감,

완원, 진례, 증국번, 장지동, 대계도, 유이징, 진독수, 이대초, 노신, 오우, 상경여, 송경령, 하린 등이 있다.

본서는 중국 예교사상 투쟁사에 있어 양쪽의 대표인물 및 그 주요 주장들을 전면적으로 반영하고자 한다. 그러므로 춘추·전국시대에서 청말·민국에 이르기까지의 이 책에 수록된 인물은 약 170명에 이른다.

6. 중국 예교사상 투쟁사에 있어서의 이성(理性)문제

중국사상사에 있어서 어떤 행위가 이성적이냐 아니냐 하는 문제는 줄곧 있어 왔다. 예를 들면 남자는 혼인제도 및 정조도덕의 파괴자이다. 명나라 초기, 강영과(江盈科)의 『설도소설(雪濤小說)』에 이미 남자의 추악한 심리를 대표하기에 충분한 속담이 실려 있다. "처는 첩만 못하며, 첩은 기생만 못하며, 기생은 몰래 관계맺음만 못하고, 몰래 관계맺음은 서로 좋아서 관계맺음만 못하다"라고 한 것이다. 나는 어려서 대륙에서 다음과 같은 말들을 들은 기억이 있다. "집안의 닭은 야생의 닭만큼 좋지 못하다", "자기 아내는 남의 아내만큼 좋지 않다", "결혼은 연애보다 좋지 않다" 등 이러한 말들은 모두 남자가 "거짓된 도학"을 하며, "위선 군자"라는 것을 보여 준다. 표면상 일부일처제도이지만, 실제에 있어서는 절대로 그렇지 아니하였다. 일부일처를 규정한 글도 있고, 일부다처를 규정한 글도 있다.[대부 이상의 다처는 말할 필요도 없다. "옛날에 대부는 일처이첩이고, 선비는 일처일첩이며, 일반 백성들은 처만 있고 첩은 없었다."] 또한 명문화되지는 않았지만 다처다부나 아내가 없는 남자, 남편이 없는 여자 등에 대한 규정도 있는 셈이다.

남녀관계는 쌍방적인 것이므로 남자에게 정부가 있다면 여자에게도 정부가 없을 수 없다. 남자가 정조를 지키지 않는데 여자가 정조를 지킨다는 것은 불가능하다. 다시 말하면 남자의 정부가 미혼녀라면 이는 여자의 정조를 파괴하는 것이며, 정부가 기혼녀라면 이는 여자의 절개를 파괴하는 것이다. 이것은 반드시 남자에게 그 책임을 물어야 되는 것으로 단순히 여자에게만 책임을 물을 수는 없다.

그러므로 반드시 다음과 같이 되어야 한다. 남자가 해도 된다면 여자도 할 수 있어야 하며, 여자가 해서는 안되는 일이라면 남자도 해서는 안된다. 이것이야말로 진정한 평등이며, 진정한 정조, 진정한 일일 것이다. 첩·기녀·정부 등은 모두 남자의 일방적인 특권이다. 중국 고대의 남자중심주의와 부녀자에게만 그 책임을 지우게 하는 정절은 논리적으로 말이 되지 않는다. 이와 같은 문제에서 나는 오히려 진시황이 돌에 새겨 말한 "지아비로서 남의 아내와 통정한 자는 죽여도 죄가 되지 않는다"라는 글은 취할 만한 점이 있다. 그러나 여전히 충분하지 않으니 반드시 다음과 같은 내용도 보충해야 한다. 즉, 지아비가 첩을 들인다거나 기생과 놀아날 경우 등에도 모두 "죽여도 죄를 받지 아니한다"라고 해야 한다.

그러나 이것은 절대로 불가능한 일이다. 왜냐하면 진시황 자신의 후비와 궁녀가 1만 명이 넘어 천하의 일부 남자들이 장가들 여자가 없었으니 천하의 여자를 강점한 것과 다름이 없었다. 동시에 진시황 자신의 후비궁녀 중에 "진시황을 36년 간이나 만나 보지 못한 자가 있었다"하니 이는 천하의 일부 여자들을 남편 없이 지내게 한 것과 마찬가지다.

진시황은 최고로 부도덕한 폭군이었는데, 어떻게 솔선수범할 수 있었겠는가? 이것은 일종의 기본적인 상식이다. 그러나 공자·동중서·주희와 같은 소위 성현과 수많은 군벌·관료·부자·문인들조차 이와 같은 것에 대해 자각하지 못하기는 마찬가지였다. 그들은 항상 다른 사람이나 여자를 향해 도덕을 말했을 뿐 자기 스스로는 이러한 도덕을 실천할 줄을 몰랐다. 예로부터 이러한 점을 지적한 자가 매우 적었는데, 이것이 남성중심주의의 예교가들이 꽉 막혀 있는 첫번째 문제점이다.

중국 고대의 예교가들은 항상 다른 사람을 향해서는 자신을 미루어 남에게 미치는 충서(忠恕)의 도를 적극적으로 선전하였지만, 남이란 것이 구체적인 존재이지 추상적인 존재가 아니라는 것을 깨닫지 못하였다. 자신을 미루어 남에게 미치기 위해서는 먼저 남자의 입장을 미루어 여자에게 미치고, 아버지의 입장을 미루어 어머니에게 이르고, 남편의 입장을 미루어 부인에게 이르고, 아들의 입장을 미루어 딸에게 이르러야 한다.

예를 들면 공자가 여자를 소인이라고 하였다면 그의 어머니 또한 소인이 되지 않겠는가? 모친을 소인과 같이 보았다면 불효일 뿐만 아니라 자기 또한 "소인"에게서 태어났으니 당연히 소인이 아니겠는가? 그가 어찌 "소인"과 모자의 관계를 가질 수 있겠는가? 또한 "소인"을 아내로 맞아 결혼을 하였으니, 어찌 더욱 악질적인 "소인"이 되지 않을 수 있겠는가?

반광단(潘光旦) 교수는 민국시대에 공개적으로 "여자는 사람이 아니다."라고 선전하였는데, 이는 곧 남자만 사람이라는 의미다. 그의 어머니와 처 또한 "사람이 아닌 자"라고는 생각지 못한 것이다. 그가 이미 "사람이 아닌 자"의 태생으로, 또한 "사람이 아닌 자"와 결혼하였으니, 어찌 더욱 "사람이 아닌 자"가 아니겠는가? 이것이 남성중심주의의 예교가들이 꽉 막혀 있는 두번째 문제점이다.

만약 반드시 남자를 중시하고 여자를 경시하는 태도를 철저하게 실행한다면, 낳아서 길러야 할 아이는 남자아이에 한하고 여자아이는 버려야 하니, 아마 한두 세대가 지난 뒤에는 "남인국(男人國)"이 되어 마지막에는 인류가 없어질 것이다. 어찌 "불효에는 세 가지가 있는데, 후손이 없음이 가장 큰 불효다"라고 주장할 수 있겠는가? 남자를 중시하고 여자를 경시하여 그 결과 여아를 익사시키고 살해하는 것은 후손을 두는 것이 효도라는 입장과는 자체가 이미 모순이 된다. 이는 남성중심주의의 예교가들이 꽉 막혀 있는 세번째 문제점이다. 나는 이쯤에서 이야기를 마무리하고자 하며 더 많은 예들을 들 필요는 없을 것 같다.

중국에 예교가 있은 이래 이미 수천 년이 지났으나 어떤 사람들은 아직까지 이성(理性)이 무엇인지 알지 못하는 사상을 막무가내로 퍼뜨리고 있다. 심지어 불합리한 사상을 가장 합리적인 사상으로 여기니, 이것은 정도를 지나친 문제라고 하지 않을 수 없다. 나는 금후의 새로운 사상가들은 말 한 마디 또는 행동 하나하나가 모두 진부한 것을 그대로 답습한 그러한 모습에 다시는 만족하지 않기를 바란다.

제 1 장

중국 예교의 출현 및 형성·다툼의 시대 — 춘추·전국

제1절 유가(儒家)의 창시자 공자(孔子)가 확립한 종법예교(宗法禮敎) 이론

공자의 예학 체계

 공자가 종법예학의 조사(祖師)가 된 이후, 묵가의 묵자, 도가(道家)의 노장, 농가의 허행과 전기 법가들은 모두 앞뒤를 다투어 종법예학을 반대하였다. 묵자는 적극적으로 종법예학을 반대하였고, 노장은 소극적으로 종법예학의 존재를 부정하였으며, 허행은 종법예교에서 주요한 지위를 차지하는 임금과 신하와 백성의 불평등에 대해 반대하였다. 전기 법가는 단호히 법치(法治)를 주장하여 예치(禮治)를 반대하였고, 후기 법가인 한비는 순자를 스승으로 모셨기 때문에 유가를 비판하면서도 "삼순(三順)"의 사상을 계승하였다. 따라서 춘추·전국시대에 대해 유가예학을 둘러싸고 논쟁을 벌인 시기라고 말하는 것은 역사적 사실에서 그리 멀리 벗어난 것이 아니다.
 공자(기원전 551~479)의 이름은 구(丘)이고 자는 중니(仲尼)로, 노나라 출신이다. 노나라는 주공(周公)의 아들인 백금(伯禽)의 봉국으로 유일하게 주례를 갖추고 있던 나라였다. 공자는 어려서 예를 좋아하여, 예로써 이름을 떨쳤고 제자들을 가르쳤다. 그가 노나라 정치를 옹호한 것은 예로써 다스리는 나라의 전형이라고 보았기 때문이다. 최후에 예에 관한 교과서를 집필하였으니, 그것을 『춘추(春秋)』라 불렀다. 그의 제자들이 기록한 『논어(論語)』는 공자의 언행을 가장 잘 대표하는 것이다.

공자는 주공을 가장 숭배하였는데, 이 때문에 주공과 공자는 주공(周孔)이라고 함께 불리어졌다. 안회는 공자의 수제자여서 공안(孔顏)이라고 함께 불리어졌으며, 맹가(孟軻)는 공자를 배우기 원했으므로 이에 공맹(孔孟)이라고 함께 불리어졌다. 이것은 곧 동일한 사상의 계통에 따라 말한 것이다.

한편, 공자는 유가의 조사로, 묵가의 조사인 묵자와 더불어 공묵(孔墨)이라고 함께 불리어졌고, 도가의 조사인 노자와 더불어 공노(孔老)라고 함께 불리어졌다. 이것은 상이한 사상의 계통에 따라 말한 것이다. 공자가 예를 사상체계의 핵심으로 삼는다는 것은 어떠한 공허한 이론으로도 곡해할 수 없는 것이다. 이 편은 일반적 체제에 따르지 않고, 전체적으로 유력한 예증을 제시함으로써 공자의 예를 중심으로 한 사상을 밝히고자 한다. 대략 아래와 같이 30여 항목에서 살펴본다.

1) 예만이 다른 여러 덕보다 높다

공자는 인(仁)을 좋아하고, 지혜를 좋아하고, 신의를 좋아하고, 곧음을 좋아하고, 용기를 좋아하고, 굳세기를 좋아하는 등의 좋은 덕목(德目)도 배우기를 좋아하지 않으면 모두 각각 폐해가 있게 된다[1]고 생각하였는데 오직 예를 좋아하는 것[好禮]은 폐해가 있는 것으로 치지 않았다. 지혜가 있어도 인을 필요로 하고, 인이 있어도 장엄함을 필요로 하고, 장엄함이 있어도 "예에 맞게 행동하지 않으면" "아직 선하지 않다"[2]고 하였다. 지혜·인·장엄 등만 아니라 공손함·신중함·용기·곧음 등의 여러 덕도 모두 "예가 없으면 안된다"[3]고 하였다. 따라서 개괄하여 말하면 "도덕과 인의는 예가 없으면 이루어

---

1) 『論語·陽貨』.
2) 『論語·衛靈公』.
3) 『論語·泰伯』.

지지 않는다."⁴⁾

관중(管仲)의 현명함으로도 단지 인(仁)할 뿐, 예를 알지 못하였다. 공자의 수제자인 안회는 공자로부터 유일무이하게 "호학"자로 불리어졌고 유일하게 "3개월 동안 인을 어기지 않았다."⁵⁾ 인을 어기지 않았다는 것은 예를 어기지 않았다는 것이다. 안회는 스스로, 공자가 "예로써 나를 요약하여 주셨다"⁶⁾라고 하였다. "예로써 나를 요약하여 주셨다"는 것은 "자신을 극복하여 예로 돌아가게〔克己復禮〕"하였다는 것이다.

안회는 공자의 가르침을 그대로 좇았기에, 공자는 그를 "내 말에 대해 기뻐하지 아니하는 것이 없다"⁷⁾라고 평가하였다. 지금의 말로 표현하면, 그는 공자의 모든 것을 옳게 여긴 사람〔凡是派〕이라고 할 수 있다.

2) 예를 인(仁)의 주요 표준으로 삼음

공자는 "극기복례(克己復禮)"하여야 "인(仁)"할 수 있다고 주장하였다. "극기복례"의 주요한 내용은 "예가 아니면 보지도 말며, 예가 아니면 듣지도 말며, 예가 아니면 말하지도 말며, 예가 아니면 행동하지도 말라"⁸⁾는 것이다. 보고, 듣고, 말하고, 행동하는 것은 인간생활의 모든 것을 포괄하는 것이니, 온몸을 모두 예로써 제약해야 된다는 것이다.

어떤 학자들은, 인은 내용이고 예는 형식이며, 인은 도덕이고 예는 정치라고 생각하였다. 보고, 듣고, 말하고, 행동하는 것 모두가 형식이고 내용이 없으며, 모두가 정치이고 도덕이 아니라고 하기는 어렵지 않겠는가? 왕부지가 유일하게 "예라는 것은 인의 실질이다"⁹⁾라는 한 마디로 이를 개괄하였는데, 이 말은 맹자가 말한 "인의 실질은 어버이를 섬기는 것이다"와 비교할

---

4) 『禮記・曲禮上』.
5) 『論語・雍也』.
6) 『論語・子罕』.
7) 『論語・先進』.
8) 『論語・顏淵』.
9) 『周易外傳』 2권.

때 확실히 명쾌한 것이다.

공자는 인의(仁義)는 반드시 예의 제약을 받아야 한다고 주장하였다. 사람의 지위가 높고 낮음이 같지 않으므로, 그가 행하는 인의 범위도 넓고 좁음이 같지 않다. 오직 천자만이 천하를 사랑할 수 있고, 제후는 자기 영토 안만 사랑할 수 있고, 대부는 자기 관직만 사랑할 수 있고, 선비는 자기 집안만 사랑할 수 있으니, 만약 각자가 사랑하여야 하는 범위를 넘어선다면 이는 침범이 된다.10) 이것은 자기의 본분을 넘어 사람을 사랑하면 공이 없을 뿐 아니라 나아가 죄를 범하게 됨을 말하는 것이다. 예교는 종법제도에 연유하므로 천자를 제외한 제후·대부 등 모두는 각각 자기의 윗사람에 대해 소종(小宗)이라 칭해지고 자기의 범위 내에서는 대종이라 불리어진다. 종법예교를 가장 중시한 공자의 생각으로는 사람을 사랑하는 것도 절대로 자유를 허락하지 않는 것이었다. 이것은 종적(從的) 차별애이다. 당연히 횡적(橫的) 차별애도 있으니, 이것은 바로 먼저 자기 가족을 사랑한 뒤에야 다른 사람을 사랑하는 차별애로 맹자가 말한 "친한 이를 친한 뒤에 백성들을 사랑하며, 백성들을 사랑한 뒤에 만물을 아낀다"11)와 같은 것이다.

살아 있을 때만이 아니라 죽은 뒤의 제사도 이와 같이 해야 한다. 공자는 "자기가 제사지낼 귀신이 아닌데 제사지내는 것은 아첨이다"12)라고 분명하게 말하였다. 제사에서도 똑같이, 자기의 조상에게는 제사를 드리지 않고 다른 사람의 조상에 제사를 드리는 것은 아첨으로 보았다. 산 사람과 죽은 사람에 대해서 유가와 묵가는 모두 별애(別愛)와 겸애의 대립된 견해를 가졌다. 만약 가깝고 멀거나 타인과 자기의 한계를 타파하여 겸애·평등애를 실행하고자 한다면, 이는 맹자와 왕부지 등 유자로부터 '새와 짐승 같은 자'13)라고 통렬하게 배척을 받는다. "자기의 가족을 사랑하지 아니하고 다른 사람을 사랑한다"면 유학자로부터 '덕을 어기는 자'14)로 배척당할 것이다.

---

10) 『韓非子·外儲說右上』.
11) 『孟子·盡心』.
12) 『論語·爲政』.
13) 『孟子』 및 저자의 「王船山思想體系」에 자세하게 나옴.
14) 『孝經』.

'덕을 어기는 자'와 '새와 짐승과 같은 자'는 하늘처럼 큰 죄악이니, 어찌 그렇게 할 수 있겠는가!

3) 예를 효(孝)의 주요 표준으로 삼음

"효도와 공경〔悌〕은 인을 행하는 근본이다."15) 옛사람들은 늘 인과 효를 병칭했다. 또 한편 '효자는 부모님이 살아 계실 때의 생활과 돌아가신 뒤의 장례와 제사를 모두 예에 맞게 하여야 효를 행한 것'16)이라고 공자는 생각하였다.

4) 예를 충의 주요 표준으로 삼음

공자는 군주를 살아 있는 신선 내지 상제로 간주하여 예배하는 모습을 여러 군데서 보여주고 있다. 그는 "백성들에게 두 임금이 없음"을 "하늘에 두 해가 없음"17)에 비유하였다. "삼개월 동안 모실 임금이 없는 것"18)은 안된다고 생각하였다. 그가 궁궐에 한 걸음씩 한 계단씩 들어 갈 때의 동작은 모두 수시로 변화하여, "몸을 굽힌 듯이 하며", "숨을 참아 마치 호흡하지 않는 듯이 하는" 태도를 취하였다. 임금이 날고기를 내리시면 반드시 익혀서 조상에게 제사지내 그 영광됨을 나타냈으며, 임금이 산 짐승을 내리시면 반드시 죽이지 아니하고 길러 임금의 인자함과 은혜로움을 표시하였고, 임금이 병문안을 오시면 일어나 관복을 입고 띠를 매었으며, 임금이 그를 부르시면 마차를 타고 출발하는 관례를 깨트리고 걸어서 미리 출발하였다.19) 임금에게 절을 올리는 예도 반드시 "당 아래에서" 절하는 옛날의 예를 따르고, "당 위에

---

15) 『論語・學而』.
16) 『論語・爲政』.
17) 『孟子・萬章上』.
18) 『孟子・滕文公下』.
19) 『論語・鄕黨』.

서 절하는" '오늘날'의 예를 따르지 아니하였다.[20]

공자는 국군인 소공(昭公)의 무례함에 대하여 지적하기를 피하여 "예를 안다"고 말하고, 다른 사람으로부터 지적을 받고 나서야 어쩔 수 없이 잘못을 인정하였다.[21]

그는 "신하는 충성으로 임금을 섬겨야 한다"고 주장하였다. 그런데 자기가 "예를 다하여 임금을 섬김"에 대하여 다른 사람들로부터 "아첨한다"는 놀림을 당하였다.[22] 그러자 그는 "백성들로 하여금 아랫사람에게 비위를 맞추기보다 차라리 윗사람의 비위를 맞출 것"을 주장하였다.[23]

임금을 죽이는 것은 마치 아버지를 죽이는 것과 같은 커다란 죄악이라 하여 더욱이 따르지 않았다.[24] 강대한 제(齊)나라에서 임금을 시해한 사건이 발생하자, 공자는 바로 목욕하고 입궐하여 약소한 노나라 군주에게 군대를 보내어 제나라의 난신을 토벌할 것을 청하였다.[25]

근대에 이르기까지 사람들이 "공자를 존경하는 것과 임금께 충성하는 것"을 연결하여 함께 말하는 것은 이상할 것이 없다.

5) 예를 중화(中和)의 주요 표준으로 삼음

유자(有子)는 "예를 사용함에는 조화가 귀중하다. 선왕(先王)의 도는 이를 아름답게 여겨 모든 일을 이렇게 행하였다. 행하여서 안될 것은 조화의 귀중함만을 알아 조화롭게만 하고 예로써 조절하지 않는 것이니, 또한 이렇게 하면 안된다"[26]라고 말하였다. 이는 바로 "예를 행할진저, 예란 중용(中庸)을 이루는 것이다"[27]라는 뜻과 같다.

---

20) 『論語·子罕』.
21) 『論語·述而』.
22) 『論語·八佾』.
23) 『韓非子·外儲說』.
24) 『論語·先進』.
25) 『論語·憲問』.
26) 『論語·學而』.
27) 『禮記·仲尼燕居』.

"공자는 낚시질을 하되 줄낚시를 하지 아니하였고, 주살로 새를 잡되 잠자는 새는 쏘지 않았다."28) 이것도 중용을 이루는 예이다. 줄낚시로 물고기를 잡고 잠자는 새를 잡는 것은 너무 지나침을 면하지 못하고, 물고기도 먹지 않고 새도 잡지 않는 것은 또한 중용에 미치지 못함을 면하지 못한다. 낚시를 하고 새를 잡되, 줄낚시로써 잡지 않고 잠자는 새를 잡지 않는 것, 이것이 바로 중용이며 예에 맞는 것이다.

6) 예를 나라다스림의 주요 표준으로 삼음

공자는 법치는 단지 백성들로 하여금 "죄를 면하려고 노력하지만 부끄러워하는 마음이 없게 하는 것"인 데 반하여, 예치는 백성들로 하여금 "부끄러움을 알고 또 바르게 만드는 것"이라고 생각하였다.29)

예치는 법치보다 뛰어나다. 다음과 같은 아주 좋은 설명이 있다. "예는 어떤 일이 일어나기 전에 금하는 것인 반면, 법은 일어난 뒤에 금하는 것이다. … 예라는 것은 악을 싹트기 이전에 없애고, 경건함을 미묘한 가운데 일으키는 것을 귀하게 여겨, 백성들로 하여금 자신도 알지 못하는 사이에 나날이 선으로 나아가고 죄를 멀리하게 한다."30)

그는 또 정치를 함에 있어서는 반드시 먼저 "이름을 바르게 할 것〔正名〕"31)을 주장하였다. 정명은 바로 "임금은 임금답게, 신하는 신하답게, 아버지는 아버지답게, 아들은 아들답게 행동하는 것"32)으로, 이는 귀천·상하가 각각 자기의 명분이 있으며, 이 명분에 따라 의(義)를 생각해야 한다는 것이다. 예를 들어 진(晉)나라에서 형벌의 내용을 새긴 솥을 주조하고 형법이 기록된 책을 만든 것에 대해 공자는 "귀하고 천한 사람이 자신의 명분을 어기지 않

---

28) 『論語·述而』.
29) 『論語·爲政』.
30) 『大戴禮·禮察』, 『小戴禮·經解』.
31) 『論語·子路』.
32) 『論語·顔淵』.

는 것이 법도라는 것이다. … 이제 법도를 버리고 대신 형벌을 새긴 솥을 만드니, … 귀천의 질서가 없어질 것이니, 어찌 나라를 제대로 다스릴 수 있겠는가?"33)라고 비판하였다.

귀천의 질서가 없어지면 바로 나라가 망한다고 생각하였다. "계씨(季氏)도 공실(公室: 노나라 侯를 가리킴)에 참람한 짓을 하여, 신하가 국정을 맡아 행하니, 이에 노나라는 대부 이하 모두 참람하여 정도(正道)를 이탈한 것이다. 이 때문에 공자가 벼슬을 하지 않았다."34)

"정도"는 바로 예를 가리킨다. 노나라가 예를 어겼기 때문에, 공자는 관리가 되기를 원하지 않았다.

공자는 모든 것이 천자의 명령에 따라 결정되고, 백성들이 아무런 논란 없이 이를 따라야 천하가 비로소 태평할 수 있다고 하였다. "예악(禮樂)과 정벌(征伐)이 천자로부터 나오고", "일반 백성들은 이에 대해 논의하지 말아야" 비로소 "천하에 도가 있게 된다."35)

"일반 백성들이 논의하지 못함"은, 곧 "백성들은 이것을 따르게 할 수는 있어도 알게 할 수는 없다"36)라는 것이다. "군신(君臣) 사이의 의리"는 "커다란 윤리"이기 때문에, 군자가 "벼슬을 살지 않는 것은 의리를 무시하는 것"이 된다.37)

7) 예를 법률의 주요 표준으로 삼음

공자는 예가 먼저이고 법은 나중이라고 주장하였다. 그의 말에 따른다면, "예악이 흥하지 않으면 형벌이 들어맞지 않게 된다"38)는 순서로 된다. 그는 초(楚)나라의 직궁(直躬)이란 자가 "자기 아버지가 양을 훔치자 관청에 알

---

33) 『春秋左氏傳』 소공(昭公) 29년.
34) 『史記·孔子世家』.
35) 『論語·季氏』.
36) 『論語·泰伯』.
37) 『論語·微子』.
38) 『論語·子路』.

린"것에 반대하였다. 아버지가 다른 사람의 양을 훔치자 그 자식이 고발하였다는 것은, 공적인 법만 있고 사사로운 정이 없는 것이다. 이것은 얼마나 법치정신에 합당한가! 그러나 종법의 사사로운 정을 중시하는 공자는 도리어 그렇게 여기지 않아, "우리 마을의 정직한 자는 아버지는 자식을 위해 숨겨 주고, 자식은 아버지를 위해 숨겨 준다"[39]고 주장하였다. 이는 바로 아버지와 자식이 설사 도둑이라 하더라도 응당 서로 숨겨 주어 모른 척하고 부인해야 한다는 것이다. 공자를 가장 잘 계승한 맹자도, 만약 순(舜)임금이 천자가 되고 그 아버지인 고수(瞽瞍)가 살인을 했을 때 법관 고요(皐陶)가 법을 집행해 살인범을 잡으려고 하면, 순임금은 국법은 뒤로 하고 몰래 아버지를 업고 멀리 도망갈 것이라고 하였다.

순임금은 아버지와 자식 사이의 개인적 감정으로 공적인 법을 어겼다. 이와 비슷한 사정을 공자의 『춘추(春秋)』에서는 "어버이를 위해서 피함"이라고 불렀다. 유가는 친함을 따르고 법을 따르지 아니하여 굽은 것을 바르게 여기니, 묵가나 법가가 공법을 좇아 친함을 따르지 않는 것과는 정반대다. 공맹의 주장은 모두, 친함이 있음만 알고 법이 있다는 것을 알지 못하는 전형적인 이론이다.

8) 예를 외교의 주요 표준으로 삼음

노나라 정공(定公)과 제나라 경공(景公)이 협곡(夾谷)에서 만났을 때, 만남의 예로써 서로 만났는데 공자가 재상의 일을 겸하여 맡았다. 당시 제나라가 "오랑캐를 접대하는 음악을 연주"하는가 하면, "배우와 광대들이 유희하며 앞으로 나아왔다." 공자는 나아가서 "필부로서 제후를 미혹케 하는 자는 죽여야 한다"고 말하여, 제나라의 형벌을 담당한 관리가 어쩔 수 없이 법을 집행하였다.[40]

---

39) 『論語·子路』.
40) 『史記·孔子世家』.

9) 예를 군사의 주요 표준으로 삼음

군대와 관련된 일은 용감해야 하지만, 공자는 용감함도 반드시 예를 선결조건으로 해야 한다고 생각하였다. 그는 "용맹스러우면서 예가 없으면 어지럽게 된다"[41]는 것을 강조하고, "용감하면서 예에 맞지 않는 것은 거역이라고 하였다."[42]

따라서 반드시 예로써 군대를 다스리는 것이 그의 군사노선이다. 그는 "군대에 예가 있어야 싸움에서 이길 수 있다"고 말하며, 반대로 예가 없으면 "군대에서는 무공이 법통제를 잃게 된다"[43]라고 하였다. 『주례(周禮)·춘관종백(春官宗伯)』에도 "군례로써 이웃나라와 회동한다"라는 말이 있다. 이것은 당시 병가의 군사사상과 서로 반대되는 것이다.

10) 예를 경제의 주요 표준으로 삼음

공자는 노나라 대부인 "계씨가 주공보다 부유"한 것은 주례에 맞지 않는 큰 사건이라고 하였다. 곧 계씨는 주공이 세운 등급예제(等級禮制)를 파괴하여, 마침내 일개 제후국의 대부로서 주나라 천자의 총재(冢宰)보다 부유하게 되었다고 생각하였다. 그리고 자기의 제자인 염구(冉求)가 계씨의 재산 축적을 도와 그의 재산을 증가시켜 주자 공자는 화를 내며 염구는 자기의 제자가 아니라고 하며, 다른 제자들로 하여금 그에 대해 "북을 치며 잘못을 성토"[44]하게 하였다.

근대의 어떤 학자는 공자가 말한 "균등히 하면 가난한 자가 없게 됨"을 최초의 사회주의로 오인하였지만, 이는 공자가 제후와 경대부를 위하여 생각한 것임을 알지 못한 것이다. 상하가 서로 안주하여 각각 그 본분을 지키게 하

---

41) 『論語·泰伯』.
42) 『禮記·仲尼燕居』.
43) 위와 같음.
44) 『論語·先進』.

고자 한 것이지, 결코 근본적으로 빈부의 대립계급을 소멸시키고자 한 것이 아니다.45)

공자는 또한 "가난하면서도 즐거워하고, 부자이면서 예를 좋아해야 한다"46)라고 주장하였다. 이는 바로, 가난한 자는 가난한 것에 만족하여야 하고 부자들은 예를 좋아해야 한다는 뜻으로, 등급예제에 비추어 가난한 자나 부자가 모두 자기의 분수를 지켜 만족해야 한다는 것이다.

11) 예를 교육의 주요 표준으로 삼음

공자는 자기의 유일한 아들에게조차 거듭하여 "예를 배우지 않으면 바르게 설 수 없다"47)고 말하였다. 그는 항상 그러한 종류의 말을 하였다. 또 "예를 지킬〔執禮〕"48)것도 그가 항상 한 말이다. 공자는 예를 교육의 주요 내용으로 삼는다.

12) 예를 사학의 주요 표준으로 삼음

공자가 저술한 『춘추』에는 포폄(褒貶)과 휘민(諱閔) 등이 그 가운데 서술되어 있으므로 예의 교과서이지 믿을 만한 사실을 기록한 책이 아니다. 장자(莊子)는 일찍이 이 점을 지적하여 『춘추』는 "명분을 말하였다"고 하였다.

13) 예를 시가의 주요 표준으로 삼음

공자는 "사특함이 없음〔無邪〕"으로 『시(詩)』 삼백편의 내용을 개괄하였다.49) 사특함이 없음은 바름이며, 바름은 곧 예에 맞는 것이다.

---

45) 荀子·董仲舒·何晏·朱熹·俞樾·鄭浩·趙紀彬 등의 해석과 언론에 자세하게 보임.
46) 『論語·爲政』.
47) 『論語·季氏』.
48) 『論語·述而』.
49) 『論語·爲政』.

14) 예를 음악의 주요 표준으로 삼음

공자는 음악도 '바름'에 근거해야 한다고 생각하였다. 그는 당시의 정(鄭)나라 음악을 "음란"하다 하여 배척하였다.50) 이것은 곧 정나라 음악은 지금의 음악이어서 옛날의 예법에 의한 아악(雅樂)과 맞지 않음을 말한다.

15) 예를 미인의 주요 표준으로 삼음

공자는 그림을 그릴 때 흰 바탕이 먼저 필요하듯이, 사람됨에 있어 예가 가장 먼저 필요하다고 생각하였다. 당시의 사람들은 단지 "아름다운 눈"이나 "교태로운 웃음"만을 가지고 미인으로 여겨 예를 뒤로 여긴다고 비평하였다. 이처럼 예와 미의 관계를 전도시켜 생각하였다.51)

16) 예를 귀신 존경의 주요 표준으로 삼음

공자는 빠른 천둥이 치고 맹렬한 바람이 불 때는 반드시 조심스러운 얼굴빛을 하였다.52) 조상에 제사지낼 때에도, "내가 제사에 참여하지 않으면 제사를 드리지 않은 것과 같다"53)고 생각하였다. 이와 같은 것들은 모두 자기가 특별히 경건하고 정성스러움을 나타내는 것이다. 예에서 가장 주요한 것은 등급명분의 사상과 제도이다. 종교상에 있어서도 결코 예외가 아니다.
 첫째는 멀고 가까움의 구분을 두는 것이다. 공자가 오직 자기 조상의 귀신에게만 제사를 지내고, 다른 조상의 귀신에게는 제사를 드리지 않았다는 것은 이미 앞에서 자세히 말했다.
 둘째로는 귀하고 낮음을 구별짓는 것이다. 노예사회시대의 예제에 따를 것

---

50) 『論語・衛靈公』.
51) 『論語・八佾』. 대부분의 주석자들은 이 장의 본뜻이 예보다 예의 근본 내지는 바탕을 강조한 것으로 풀이한다. 채상사의 해석은 '내 논에 물 끌어대기' 식이다고 하였다.
52) 『論語・鄕黨』.
53) 『論語・八佾』.

같으면, 태산의 신은 오직 천자와 제후만이 제사지낼 수 있는 대상이다. 계씨는 노나라의 대부임에도 불구하고 태산에 제사지내려고 하였다. 공자는 대부가 제후의 예를 행하는 것은 신분을 참월한 행위로 간주하여, '어찌 설마 태산의 신이 예를 아는 임방(林放)보다 못하여 계씨의 제사를 받아들이겠는가?'[54]라고 탄식하였다.

순자의 「예론(禮論)」에서는 이를 매우 명료하게 설명하여, 천자·제후·사대부가 제사지내는 신에는 각각 그 범위가 있으며, 노동을 하고 사는 백성은 종묘를 세울 수 없다고 하였다.

17) 먹고 마심도 반드시 예에 맞아야 한다

4)항에서 말한 것과 같은 임금과 특별한 관계가 있는 음식 이외에도, 『한비자』에 다음과 같은 이야기가 있다. 노나라 애공이 공자에게 복숭아와 기장을 내렸는데, 이때의 기장은 먹는 것이 아니라 복숭아를 깨끗하게 닦는 것이었다. 공자는 도리어 먼저 기장을 먹은 뒤에 복숭아를 먹었다. 그는 그 이유에 대해서 기장은 귀하고 복숭아는 천한 것으로 생각하여 "군자는 천한 것으로 귀한 것을 닦지, 귀한 것으로 천한 것을 닦는다는 것은 들어 보지 못했다"고 말하였다. "위의 것으로 아래의 것을 닦는다면" 곧 "의로움을 방해하는 것"이 된다고 말하여, 좌우 사람들의 웃음을 샀다.[55]

공자는 고기류를 먹을 때에도 반듯하게 잘라지지 않은 것은 모두 먹지 않았다. "반듯하지 않은 것"은 예에 맞지 않기 때문이다. 공자는 먹고 마시는 데에도 예를 적용하였다.

18) 의복도 예에 맞아야 한다

---

54) 『論語·八佾』.
55) 『韓非子·外儲說』左下.

어떤 사람은 공자를 '미식가(美食家)'라고 부르기도 하였는데, 사실 그는 동시에 '의상가(衣裳家)'이기도 하였다.

공자는 복식(服飾)에 대하여 깊은 연구를 하였다. 우선 관복과 일상복을 나누었고, 일상복은 다시 좋은 일에 입는 옷과 나쁜 일에 입는 옷, 추울 때 입는 옷[예를 들면 여우 갖옷, 사슴 갖옷, 검은 양 갖옷 등]과 더울 때 입는 옷, 낮에 입는 옷, 잠잘 때 입는 옷 등 그리고 겉옷과 속옷, 길이의 짧고 긺 등등으로 나누었으며, 각종 색깔을 서로 조화시키고자 하였다.[56]

그는 임금께 조회할 때 입는 옷인 조복(朝服)을 대례복(大禮服)이라 하여 가장 중요시하였다.

19) 수레를 타는 데도 반드시 예에 맞아야 한다

공자는 수레를 탈 때 "반드시 바로 서서 고삐를 잡고, 수레 안에서는 안을 두리번거리지 않았으며, 말[言]을 빠르게 하지도 않았고, 직접 손가락으로 가리키지 않았다." 그는 관직이 낮았을 때에는 직접 걸어 다녔으나 대부가 된 이후로 나들이할 때는 반드시 수레를 탔다.

각각의 지위에는 그에 맞는 등급의 예제에 따르는 생활규범이 있었다. 심지어 가장 아끼던 수제자 안회가 죽었을 때에, 그 아버지가 공자의 수레로 안회의 관을 만들기를 간청하였으나 공자는 절대로 허락하지 않았다.[57]

20) 마차를 모는 것도 반드시 예에 맞아야 한다

번지·염유 등은 모두 공자의 제자로서 공자의 수레를 몰았던 사람이다. 무억(武億)의 말대로라면 "마차와 말을 돌보며, 신중하게 말을 부렸다. 제자가 스승을 섬기는 옛날의 예법이 이와 같았다"

---

56) 『論語·鄕黨』.
57) 『論語·先進』.

21) 잠자는 것도 반드시 예에 맞아야 한다

공자가 "잘 때 말하지 않았다"는 것은 잠잘 때 이야기하지 않은 것으로, "먹을 때 말하지 않았다"는 것과 같다.

22) 자리에 앉는 것도 반드시 예에 맞아야 한다

무릇 "자리가 반듯하지 않으면" 공자는 "앉지 않았다." 예는 '바름'을 옳게 여기니 '바르지 않은 것'은 예에 맞지 않는 것이다.

23) 귀부인을 만나는 것도 반드시 예에 맞아야 한다

위령공의 부인인 남자(南子)가 공자를 만나려고 하였다. 공자는 사양하다가 어쩔 수 없이 그녀를 만났는데, 부인은 갈포로 만든 휘장 뒤에 있었다.
공자는 문으로 들어가서 북쪽을 향해 고개를 숙였다. 공자는 "내가 지금까지 만나지 않다가 보게 된 것은 부인의 예에 답해서이다"[58]라고 말하였다.

24) 관리를 만나 이야기를 나누는 것도 반드시 예에 맞아야 한다

공자가 여러 곳에서 이야기하는 내용에는 등급에 따라 예제를 갖추는 색채가 농후하다. 대부에게 대해서조차 상대부(上大夫)와 하대부(下大夫)로 나누어 대하는 태도를 두 가지로 나누어 취하였다.

25) 벗을 만날 때에도 반드시 예에 맞아야 한다

공자의 옛 친구인 원양(原壤)이 오만하게 걸터앉아 공자를 대하자, 공자는

---

58) 『史記·孔子世家』.

그가 무례하다고 생각하여 "어려서는 공손하지 못하였고, 나이 들어서는 내세울 만한 것도 없으며, 늙어서 죽지도 않으니 이는 바로 도적이다"라고 엄하게 배척하고 책망하였다. 그리고서 손에 들고 있던 지팡이로 그의 정강이를 때렸다.[59]

26) 남녀의 구별은 예의 중대한 문제다

공자는 노나라의 정치를 담당하여, 남녀가 길거리에서 반드시 떨어져 다니도록 명을 내렸다. 이것은 그의 정치적 업적 중의 하나였다.

27) 남녀 불평등은 귀천의 등급에 의한 중대한 문제다

나누어 말하여 보자.

첫째, 공자는 삼대가 아내를 쫓아냈다. 아내를 내쫓음은 일방적으로 아내를 가문에서 내보낸 것이다. 증자와 맹자도 대수롭지 않은 일로 아내를 쫓아냈다. 남자는 수시로 아내를 내보낼 수 있었으나 아내는 남편과 평등한 관계를 가지지 못했다.

둘째, 여자는 반드시 일방적으로 남자를 위해 정절을 지켜야 했다. 백희(伯姬)는 부모(傅母)와 보모(保母)가 없어서 밤에 감히 당을 내려가지 못하여 끝내는 큰 화재로 불에 타 죽게 되었다. 공자는 『춘추』에서 이 사실을 가리켜 "아녀자는 정절을 실행규범으로 삼아야 하니", "백희는 아녀자의 도를 다하였다"고 하고, 그 일을 크게 기록하여 그녀의 어짊을 기리고 있다.

아녀자에게는 아녀자의 도가 있으나 남자는 남자의 도를 필요로 하지 않으니, 이야말로 정말 불평등한 것이다!

28) 남녀 성의 차별은 품성의 우열에 관한 중대한 문제다

---

[59] 『論語·憲問』.

공자는 남자의 입장에서 여자를 경시하는 여러가지 표현을 사용하였다.

첫째, 공자는 여자와 소인을 같은 부류로 여겨, 모두가 선천적으로 '상대하기 어려운' 존재로 파악하였다.[60] 여자는 도저히 군자가 될 수 없으며, 군자는 남자만이 될 수 있는 것이다. 남녀 가운데서는 남자가 여자를 돌보고, 남자들 사이에서는 군자가 소인을 돌본다. 여자와 소인은 모두 보호를 받는 대상으로서 가축과 같이 사람에게 양육되는 존재였다.

둘째, 주나라 무왕에게는 어진 신하〔亂臣〕열 명이 있었으나 단지 아홉만을 지칭하였다.[61] 여기에서의 '난(어지럽다)'자는 통상 '치(다스리다)'자로 풀이되어, 난신은 곧 '치신(治臣:나라를 잘 다스리는 신하)'이다. 열 명의 '치신' 중에 한 명의 부인(邑姜을 말함)이 있었으나, 부인의 현명함은 거론되지 않았고 또한 남자와 같이 사람으로 간주될 수도 없었다. 이천여 년 뒤의 반광단(潘光旦) 교수는 다시 공개적으로 "여자는 사람이 아니다"라고 주장하였다.

공자에서 반광단 교수에 이르는 문화인들이 만약 인도(仁道)와 충서의 도를 실행하여 조금이라도 자신을 미루어 남에게 미치고, 남자의 입장을 미루어 여자에게 미치고, 아버지의 입장을 미루어 어머니에게 미치고, 남편의 입장을 미루어 부인에게 미칠 수 있었다면 결코 인류의 반수를 차지하는 여자를 소인과 똑같이 다루거나, 심지어 여자들을 같은 사람이라고 여기지도 않는 데 이르지는 않았을 것이다.

이와 같이 전혀 '인서(仁恕)'에 어긋난 예교가 이천여 년 동안이나 실행되어 왔기에, 완전히 없앤다는 것은 종내 매우 어렵다. 이는 우리들 각자가 깊이 생각해야 할 큰 문제임에 틀림없다.

29) 예의 주된 것과 부차적인 것

공자는 "'예' '예'하는 것이 어찌 옥이나 비단을 말하는 것이리오? '음악'

---

60) 『論語・陽貨』.
61) 『論語・泰伯』.

'음악'하는 것이 어찌 종이나 쇠북을 말하는 것이리오?"62)라고 말하였다. 이 말은 물질형식은 단지 부차적이고 정신내용이 중요하다는 것이다.

전자는 옥이나 비단, 종이나 쇠북 등과 같은 것을 말하며, 후자는 가깝고 멀음, 귀하고 천함, 나이의 많고 적음, 남자와 여자의 등급 등을 말한다. 전자는 말단이고 후자는 근본이니, 주된 것과 부차적인 것, 근본과 말단을 명확히 구분해야 한다는 것이다.

30) 예의 광범한 내용

예의 중요성은 다른 여러가지 덕목에 비해 높을 뿐 아니라, 그 범위도 포함하지 않는 것이 거의 없을 정도로 광대하다.

공자는 "예는 사직을 안정시키고, 백성을 차례지우며, 후대의 임금을 이롭게 한다."63) "인민의 삶에 있어서 예는 중요하다. 예가 없으면 절도에 맞게 천지의 신명을 섬길 수 없으며, 예가 아니면 군신·상하·장유의 지위를 판별할 수 없으며, 예가 없으면 남녀·부자·형제의 가까움에 따른 구별과 혼인에 따른 멀고 가까움의 교분을 할 수 없다"64)고 말하였다.

이와 같은 말은 순자, 『예기』, 이구, 사마광, 주희, 왕부지, 능정감(凌廷堪), 완원, 증국번, 장지동, 진례, 양수명, 대계도, 유이징, 사유위(謝幼偉) 등도 모두 천명하였다.

31) 사람과 동물의 구별은 예가 있고 없음에 있다

공자는 일찍이 "공경함[敬]"이 있고 없음으로써 사람과 개와 말을 구분하였다.65) "공경함"은 예와 가까운 것이며, 개와 말은 동물의 하나이다.

---

62) 『論語·陽貨』.
63) 『左傳』 은공(隱公) 11년.
64) 『大戴禮記·哀公問於孔子』.
65) 『論語·爲政』.

공자는 이미 부모님이 살아계실 때 반드시 "예로 섬기는" '효경(孝敬)'으로써 사람과 개나 말을 구분하였고, 맹자, 순자, 「곡례(曲禮)」· 왕부지 · 장건(張謇) 등도 제각기 예가 있고 없음에 따라 사람과 동물을 구별한다고 공언하였다.

32) 크나큰 예는 바꿀 수 없으나 조그만 예는 바꿀 수 있다

공자는 예를 크고 작은 것으로 나누어, 큰 예는 서로 계승해야 되지만 작은 예는 증감할 수 있다고 보았다. 어떤 사람은 이를 하나로 묶어 말하여, 두 가지 예가 모두 증감이 있다고 보고, 서로 계승되는 것은 말하지 않고 있는데, 이것은 사실과 맞지 않는다.

"자장(子張)이 '10세 뒤의 세상을 알 수 있느냐?'라고 묻자, 공자는 '은나라는 하나라의 예를 계승하였으니 그 덜고 보탠 것을 알 수 있으며, 주나라는 은나라의 예를 계승하였으니 그 덜고 보탠 것을 알 수 있다. 어떤 나라가 주나라를 계승한다면 100세 뒤의 세상도 알 수 있다'라고 답하였다."[66]

『예기(禮記)·대전(大傳)』에서 이것에 대하여 정확하게 해석하고 있다. "도량형을 확립하고 문장을 살피며 월력을 바로 잡고 의복의 색을 바꾸며 휘호(徽號)를 달리하며 기계를 바꾸고 의복을 구분시키는 따위의 것은 백성들과 함께 바꿀 수 있는 것이다. 바꿀 수 없는 것도 있다. 어버이를 친애하는 것, 귀한 이를 높이 받드는 것, 어른을 공경하는 것, 남녀가 서로 구별이 있는 것 등은 바뀔 수 없는 것이다." 후대의 마융(馬融), 하안, 주희, 고염무, 왕부지, 장지동 등은 모두 "바뀔 수 없는 것"을 삼강·오상과 같은 것이라고 생각하였다. 장지동은 이러한 내용을 매우 자세하게 설명하고 있다. 여기에서도 공자의 말로 증명을 삼고 있다.

공자는 모자와 같은 것은 그 시대에 따라 바꿀 수 있듯이 작은 예는 바꿀 수가 있으나, 임금께 절을 올리는 것과 같은 것은 반드시 옛 법도를 따라야

---

66) 『論語·爲政』.

하듯 큰 예는 바뀔 수가 없다고 생각하였다.[67]

　이상 살펴본 바에 따르면 공자의 예학은 큰 것에서 작은 것에 이르기까지 모든 면을 구비하고 있다. 그는 예교이론의 기초를 다졌고, 예교계통을 완성한 창시자다.
　예교는 비록 동중서를 거쳐 신학화되었고, 주희에 의해 이학화되었지만 여전히 예교이지 종교가 아니며, 종교의 작용을 가졌을 뿐 종교의 성질을 가지고 있지는 않다. 채원배의 "미학으로 종교를 대신함"이라는 글귀를 모방하여 말한다면, "예교로써 종교를 대신함"이라 할 수 있다.
　중국에 있어서는 어떠한 종교라도 모두 공자의 예교를 당해낼 수 없다. 강유위와 진환장(陳煥章) 등은 공자교를 다른 큰 종교와 같이 취급하여 견강부회하였는데 결코 세계의 공인을 받지 못했다. 이는 중국 한족지역에서는 예교의 분위기가 아주 진한 반면에 종교의 분위기는 아주 약한 것이 하나의 특징을 이루기 때문이다.
　고대에 유가와 공자를 숭배한 사람은 모두 공개적으로 예학과 공자의 밀접한 관계를 부르짖었는데 근세와 현대에 들어와 서양의 민주주의나 사회주의와 같은 사상이 들어온 뒤부터, 유가와 공자를 숭배하는 사람들은 오히려 몸을 사려 공자의 예학에 대해 이야기하지 않으며, 심지어는 공자가 삼강을 반대하였고, 신하의 권리를 주장하였으며, 여권을 존중하였다고 선전한다. 이는 유가와 공자를 숭배하는 데 있어서 옛날과 오늘날의 다른 점이다.

부록: 『좌전』의 "예이다"와 "예가 아니다"라는 평가어

　『좌전』의 지은이가 과연 누구인가에 대해서는 아직까지 정설이 없다. 이 책은 "예이다"와 "예가 아니다"로써 옳고 그름의 표준으로 삼고 있는데 이같은 평가하는 말이 『좌전』 전체에 일백여 곳이나 나온다.

---

67) 『論語・子罕』.

또 "군자가 말하기를"이라는 말이 자주 나온다. 이것도 예를 논하는 것인데, 어떤 사람은 이것이 유흠의 말이라고 하며, 또 많은 사람들은 공자를 가리킨다고 생각하고 있다. 내가 보기에 후자의 설이 정확한 것 같다.

『좌전』에는 공자 이전의 예론에 관한 것이 많이 기록되어 있는데, 지금 모두 인용하지 않는다. 『공양전』과 『곡량전』의 두 전에도 "예이다"와 "예가 아니다"라는 평가어와 관련 있는 것들이 약간 있다.

제2절 유가의 종사(宗師)인 맹자와 순자가 널리 떨친 종법예교 이론

맹자의 임금·아버지·남편 삼자의 특권사상

맹자(孟子)의 이름은 가(軻)로 전국시대 중엽에 태어났으니, 장자(莊子)와 비슷한 시기다. 산동(山東)의 추현(鄒縣) 사람이다. 자사(子思)의 문인으로부터 가르침을 받았으며, 한 평생 오직 공자를 배우기를 소망하여 공자의 가르침을 전파하였다. 후대에 '공맹(孔孟)'으로 함께 불리어졌다.

일찍이 제나라 선왕(宣王)의 객경(客卿)이 되었으며, 『맹자』란 책을 지었다. 맹자는 순자에 비해 비교적 인을 중시하였으나 그가 말하는 인은 또한 예와 효를 주요 내용으로 삼고 있다.

1) 예는 식, 색보다 중하다

어떤 사람이 옥려자에게 "예와 먹는 것 중 어느 것이 더 소중합니까?"라고 묻자, 옥려자는 "예가 더 소중하다"고 대답하였다. 이 사람이 맹자에게 달려와서 그 까닭을 물었다. 맹자는 식색 중에 중요한 것을 취하여 예 중에서 긴요하지 않은 것과 비교하는 것은 "그 근본을 내버려 두고 끝만을 같게 한 것이다"68)라 하였다.

똑같은 측면에서 비교한다면 역시 예가 식색보다 중요한 것이니, "예가 없으면 상하가 어지럽게 된다."69) 이것은 바로 맹자의 관점에서 볼 때 예란 인생에서 비할 바 없이 중요한 것임을 말한다.

2) 임금 · 아버지 · 지아비를 주요 내용으로 하는 도덕 인의

맹자는 완전히 공자를 계승하여 늘 군(君)과 부(父)를 아울러 중시하였다. 그가 가장 즐겨 말하였던 인의(仁義)는 또한 임금 · 아버지 · 지아비를 주요 내용으로 삼고 있다. 예를 들면 "어질면서 어버이를 버리는 자는 없으며, 의로우면서 임금을 경시하는 자는 없다."70) "부자 사이에 어질고, 군신 사이에 의롭다."71) 반대로 "아버지와 임금을 무시하면 바로 금수이다"72) 등과 같은 것이다.

원래 사람이 금수와 다른 점은 바로 아버지와 임금이 있는 것이다. 맹자는 아버지에 대하여 더욱 강조하여 "인의 실질은 어버이를 섬기는 것이다." "섬김 가운데 무엇이 가장 큰가? 어버이를 섬김이 가장 큰 것이다 … . 무엇인들 섬김이 아니겠는가 마는 어버이를 섬김이 섬김의 근본이다." "모든 사람들이 그 어버이를 친히 모시고 어른을 공경히 받들면, 천하는 태평해질 것이다"라고 말하였다.

이 의미는 곧 모두가 각자 자기 어버이에게 효도를 다하면 온 세계를 태평스럽게 만들 수 있다는 것으로, 어버이에게 효도를 다하는 것이 궁극적으로 나라를 다스리고 온 세상을 평화롭게 만드는 것과 관련이 있다는 것이다.

이와 같을 뿐만 아니라 "어버이로부터 사랑을 받지 못하면 사람이 될 수

---

68) 『孟子 · 告子下』.
69) 『孟子 · 盡心下』.
70) 『孟子 · 梁惠王上』.
71) 『孟子 · 盡心下』.
72) 『孟子 · 滕文公下』.

없고, 어버이에게 공손하지 않으면 자식이라 할 수 없다"73)라고 하였으니, 만일 어버이에게 효도하지 않으면 자식 구실도 할 수 없을 뿐만 아니라 사람 구실도 할 수 없는 것이다. 유가의 종법예교는 어버이에 대한 효도인 효친을 도덕윤리에 있어서 최고의 위치로 간주하였다. 만약 양자(楊子)를 위아주의자로, 묵자를 애인(겸애)주의자로 부른다면 유가의 공맹 등은 곧 효친주의자 내지 애친주의자다. 유가의 공맹은 중용을 주장하는데 중용은 바로 지나침과 모자람 사이의 가운데이다. 그들의 생각에 위아주의는 모자람을 벗어나지 못한 것이고, 애인주의는 지나침을 벗어나지 못한 것으로, 모자람과 지나침이 비록 서로 크게 상반되나 지아비를 친애하지 않는다는 점에서는 도리어 서로가 같은 것이다. 따라서 그들은 중용의 애친으로 양극단인 양자와 묵자를 반대하였다.

    맹자는 효친이 가장 중대하다고 여기며, 또한 "요·순의 인은 두루 사람을 사랑한 것이 아니라, 어버이와 현자를 우선으로 하였다"74)라는 허구의 이야기로 이를 증명하였다. 무엇을 "두루 사람을 사랑하는 것"이라고 하는가? "두루 사람을 사랑하는 것"은 묵자 등이 요·순의 차등애를 위반하는 것을 가리키는 것으로, 어버이를 친애함을 가장 다급한 일로 여기지 않는 것이다. 그리고서 "어버이를 친애한 뒤에 백성들을 인애하며, 백성들을 인애한 뒤에 모든 사물을 사랑한다"는 차등애가 요·순의 차등애와 부합하는 것이라고 스스로도 인정하였다. 맹자는 또한 "나는 오늘날 이후 다른 사람의 어버이를 죽이는 것이 얼마나 큰 죄인가를 알겠다. 만약 어떤 사람이 다른 사람의 아버지를 죽인다면 다른 사람 역시 그의 아버지를 죽일 것이다. 어떤 사람이 다른 사람의 형을 죽인다면 다른 사람 역시 그의 형을 죽일 것이다. 따라서 자기가 자신의 아버지나 형을 죽이는 것과 무슨 큰 차이가 있겠는가"75)라고 말하였다. 여기서 보면 맹자는 단지 다른 사람의 부형을 죽이면 다른 사람

---

73) 『孟子·離婁上』.
74) 『孟子·盡心上』. 이 구절을 일반적으로는 "현자를 친애하기를 급하게 여겼다"고 본다. 채상사는 "어버이를 급하게 여긴"것을 강조하고자 '親'자와 '賢'자 사이에 사이쉼표를 찍었다.
75) 『孟子·盡心下』.

역시 자기의 부형을 죽여 보복할 것이므로 이는 자기가 스스로 자기의 부형을 죽이는 것과 매 한가지라는 것만을 알았지, 묵자처럼 다른 사람의 부형을 겸애하면 다른 사람 또한 겸애로써 자기의 부형에게 보답할 것이므로 이는 자기가 스스로 자기의 부형을 사랑함과 마찬가지라는 것을 몰랐던 것이다. 묵자는 이렇게 말하지 않았던가. "『대아』에서 말하기를 '보답이 없는 말은 없으며, 보답이 없는 덕은 없다. 나에게 복숭아를 던져 주면 나는 오얏으로 보답할 것이다'라 하였는데 이 말은 사람을 사랑하면 반드시 그 사람으로부터 사랑을 받고, 사람을 미워하면 반드시 그 사람에게서 미움을 사는 것을 말한다."76)

맹자는 왜 고의로 묵자가 아버지를 무시하는 금수라고 통렬히 비판하였을까? 여기에서 묵자의 정확성과 맹자의 부정확성을 볼 수가 있다. 맹자는 "효자의 지극함은 어버이를 높이 받드는 것보다 큰 것이 없다"77)라고 주장하여 효친이 모든 것보다 가장 중요하다고 생각한 것이다. 만약 순임금이 천하를 포기하여 천자가 되지 않고 살인범인 자기 아버지 고수를 업고 도망쳐 바닷가에서 살았다고 해보자.78)

이것은 바로 공자가 주장한 아버지는 중요하고 법은 무시해도 된다는 생각에서 굽은 것을 바른 것으로 삼는 입장과 같으며, 직궁이 "자기 아버지가 양을 훔치자 그 아들이 이 사실을 고발한" 관점과 반대가 된다. 공맹이 주장하는 효도에 관한 이야기는 참으로 옛날과 오늘날의 사람들이 실천할 수가 없는 것이다. 공맹은 아버지와 아들을 우선하여 법률을 무시하였고, 묵가는 법률을 우선하여 아버지와 아들을 안중에 두지 않았으니, 이 두 학파는 실로 하늘과 땅만큼 차이가 나는 것이다.

맹자는 부자유친, 군신유의, 부부유별, 장유유서, 붕우유신의 "오륜"을 주장하였다.79) 여기의 장유는 곧 형제를 말하는 것인데, 유가는 오륜 가운데서

---

76) 『墨子・兼愛下』.
77) 『孟子・萬章上』.
78) 『孟子・盡心上』.
79) 『孟子・滕文公上』.

임금과 아버지를 가장 으뜸으로 여겼다.

　맹자는 임금에 대하여 궁극적으로 어떤 태도를 가지고 있었을까? 일반인들은 대부분 맹자가 민주주의자로서 임금을 높이 받들어 모시지 않았다고 생각한다. 이같은 문제를 보다 구체적으로 분석하여 보자.

　위에서 말한 맹자가 임금과 아버지를 함께 중하게 여겨 임금 보기를 아버지 같이 하며, 아버지 보기를 임금 같이 하라고 한 것으로 보면 이것은 모순되는 것이 아닐까? 또 그는 이미 임금을 무시하면 금수가 된다고 통렬히 배척하였고, 또한 걸주와 같은 폭군도 통렬히 비난하였다. 내 생각에 그는 현명한 군주를 주장하였기 때문에 폭군을 통렬히 배척한 것이다.

　또한 반드시 임금이 있어야 한다고 주장한 것은 임금이 모든 것과 관계되는 것으로 보았기 때문이다. "임금이 어질면 어질지 않은 사람이 없으며, 임금이 의로우면 의롭지 않은 사람이 없으며, 임금이 올바르면 올바르지 않은 사람이 없으니, 임금이 올바르면 나라가 안정된다."80) 따라서 맹자는 임금을 무시하는 것을 통렬히 배척하였다.

　그는 현명하지 못했다가 현명하게 변한 태갑과 같은 임금과, 임금을 내쳤다가 다시 임금의 지위로 복귀시킨 이윤과 같은 대신을 지적하였다. 그러나 대신이 임금의 지위를 빼앗을 수는 없으니, 이에 말하기를 "이윤과 같은 마음가짐을 가진 대신은 괜찮지만, 이윤과 같은 마음가짐을 가지고 있지 않은 대신은 찬탈이다."81) 임금의 지위는 대신이 빼앗을 수 없는 것이다. 맹자의 목적은 단지 임금으로 하여금 "백성들의 부모가 되어 백성들이 굶주리거나 추위에 떨지 않게" 하는 것일 뿐이다.82)

　그는 일찍이 "백성이 가장 귀하며 사직이 그 다음이고 임금은 가볍다. 따라서 일반 백성들로부터 인정을 받으면 천자가 되고, 천자에게 인정을 받으면 제후가 되며, 제후에게 인정을 받으면 대부가 될 수 있다. 제후가 사직을 위태롭게 하면 갈아치워야 한다. 제물용 가축을 갖추고, 제물용 기장 또한

---

80) 『孟子・離婁上・下』.
81) 『孟子・盡心上』.
82) 『孟子・梁惠王上』.

준비하여 때에 맞추어 제사를 지냈는데도 불구하고 가뭄과 장마가 지면 사직을 바꾸어야 한다."[83] 사직은 땅과 곡식의 신을 말한다. 명나라 태조는 "백성이 귀하고 임금은 가볍다"는 설만 보고 크게 맹자에 반대하였으며, 오늘날의 사람들도 이 말을 인용하여 맹자가 민주주의자임을 증명하기를 좋아한다. 그러나 사실 이것은 오해이며, 견강부회인 것이다.

반드시 알아야 할 점은, 맹자가 감히 "백성이 귀하고 임금은 가볍다"는 설을 내놓은 것은, 확실히 매우 값어치가 있는 것으로 긍정해야 할 것이다. 그러나 이것은 한 면일 뿐 다른 측면에서 우리는 반드시 맹자의 근본적인 의도를 구체적으로 분석해 보아야 한다.

그는 단지 이렇게 말한 것일 뿐이다. 만일 토지와 곡식의 신을 위태롭게 하였다면 그 허물은 제후에게 있으니 제후를 갈아 치울 수 있다. 만약에 제례를 잘 갖추어 제때에 제사를 드림에도 불구하고 재해를 입는다면, 그 허물은 사직에 있으니 사직을 갈아치울 수 있다는 것이다. 다시 위로 한걸음 더 나아가면, 바로 가장 높은 천자인데, 맹자는 감히 다음과 같이 말하지는 못했던 것이다. 만약 천하에 큰 난리가 있고 백성의 마음을 얻지 못하면 그 허물은 천자에게 있으니 천자를 갈아치울 수 있다고 한다. 맹자에게 있어 임금은 귀한 것으로, 임금은 제후나 사직보다도 귀하다는 것을 볼 수 있다. 그는 단지 제후와 사직의 권위는 뒤흔들어 놓았으나 천자는 그렇게 하지 못했다. 이것이 첫째 지적해야 할 점이다.

맹자는 비록 일반 백성의 환심을 얻어야 천자가 될 수 있다고 말하였으나, 천자 아래는 오히려 천자의 환심을 얻는 자만이 제후가 될 수 있었으며, 제후의 환심을 얻어야 비로소 대부가 될 수 있었다. 이것은 바로 제후나 대부 등은 자기보다 높은 자의 환심만을 사면 그만이었을 뿐, 일반 백성들의 환심을 살 필요가 없었다는 것을 말하고 있다. 맹자는 여전히 임금의 권위를 중시할 뿐, 백성의 권위는 중시하지 않았던 것이다. 이것이 둘째로 지적해야 할 점이다.

---

83) 『孟子・盡心下』.

군권과 부권(父權) 이외에 부권(夫權)을 살펴보아야 한다. 맹자는 "그대는 아직 예를 배우지 아니하였는가? …… 여자가 시집갈 때에는 그 어머니가 명하여 문까지 따라나와 배웅하면서 그 딸에게 경계하여 이르기를, '너의 시집에 가서는 반드시 공경하고 삼갈 것이며, 항상 지아비[夫子]의 뜻에 어긋나지 마라'고 하였으니 순종을 올바름으로 삼는 것은 아낙네의 도리다"[84]라고 하였다.

여기서의 부자는 곧 남편을 말하는 것으로, "무위부자(無違夫子)"란 곧 남편의 뜻을 어기지 말라는 것이다. 순종을 원칙으로 삼아 자기 남편에게 순종하는 것이 바로 부녀자가 지녀야 할 예이다. 이것은 단지 부녀자의 예일 뿐만이 아니니 임금에 대한 신하, 아버지에 대한 아들도 모두 순종을 올바름으로 삼고 있는 것이 아니겠는가? 신하가 임금에 대하여 순종하고, 아들이 아버지에게 순종하는 것은 지어미가 지아비에게 순종하는 것과 매 한가지이다. 한쪽으로 치우친 편면적(片面的)인 예교에서 가장 중요하게 생각하는 것이 바로 순종이다. 한비의 시대에 이르러 유가의 "삼순설"이 가장 성행하였기에 한비마저도 이러한 설을 내놓았다.

3) 부모가 자녀의 혼인을 결정한다

맹자는 말하기를, 자녀의 혼인은 반드시 "부모의 명과 중매장이의 중매"에 따라 결정되어야 하며, 만약 서로 몰래 만나서 맺는다면 "부모와 온 나라 사람들이 그를 천하게 여기게 된다"[85]라고 하였다.

4) 남자는 후사가 있어야 하며 여러 명의 아내를 둘 수 있다

맹자는 후손을 남김이 효라고 여겨 "불효에는 세 가지가 있는데 자식이 없

---

84) 『孟子·滕文公下』.
85) 『孟子·滕文公下』.

는 것이 가장 큰 불효다."86)라고 하였는데, 여기서의 "후손을 남김"은 남자 쪽에 한정된 것이다.

남자는 반드시 사내아이로 후대를 이어야 하는데 이것은 중국에 있어 아주 나쁜 영향을 끼쳤다. 첫째로 사내아이를 낳지 못하는 모든 이유를 여자에게 돌려 남자는 아무 책임도 지지 아니하였다.

둘째로, 여자아이를 낳으면 자식으로 보지 아니하고, 남자아이를 낳아야 비로소 자식으로 간주하여, 아내가 여자아이만을 낳고 남자아이를 낳지 못하는 것을 책망하여 여자들이 괴로워도 말도 못하게 하였다.

셋째로, 남자는 후사를 이을 사내아이가 없다는 것을 핑계로 삼아 여러 명의 첩을 받아들여 일부다처제를 이루었다.

넷째로, 여자아이로 후사를 이을 수가 없다 하여 자주 여자아이가 태어나면 물에 빠뜨려 죽이는 일이 발생하였다.

다섯째로, 이와 같이 남존여비로 인하여 남자는 많아지고 여자는 적어진다면 남자 부랑아들이 나타나는 괴이한 현상이 생길 것이다. 사물은 극한에 이르면 반드시 반전하여 드문 것이 귀하게 될 것이니, 처음에는 남존여비로 시작하였으나 나중에는 여존남비가 됨이 틀림이 없다.

총괄하여 말하면, 효도하는 것과 불효하는 것은 하나의 일이며, 후사가 있고 없고는 또 다른 일이다. 맹자는 불효와 후사가 없음을 같은 것으로 간주하였는데, 이는 실로 서로가 통할 수 없는 이론이다. 만약에 오직 남자만 있고 여자가 없다면 인류는 일찍감치 없어졌을 것이다.

5) 남녀·부부·처첩은 모두 구별이 있다

맹자는 "남녀가 주고받는 것을 직접 하지 않는 것이 예다. 형수가 물에 빠졌을 때 손을 내밀어 구하는 것은 권도이다"87)라고 하였다. 맹자는 "남녀가 주고 받는 것을 직접하지 않는 것"으로 공자의 가르침을 굳건히 계승하였다.

---
86) 『孟子·離婁上』.
87) 『孟子·離婁上』.

일반 남녀만 구별이 있는 것이 아니라 부부 또한 구별이 있었다. 부부만 구별이 있는 것이 아니라 동시에 여자인 처와 첩에도 또한 구별이 있어 "첩으로 처를 대신할 수 없었다".88)

순자의 유례주의(唯禮主義) ― 군신·부자·부부의 세 가지 윤리는 비할 바 없이 중요하다

순자의 이름은 황(況)으로 당시 사람들은 순경(荀卿)이라 불렀다. 전국 말 조(趙)나라 사람이다.

제나라에 유학하였고, 세 번이나 좨주(祭酒:제사를 맡아보던 관리)가 되었다. 뒤에 초나라로 가서 춘신군(春申君)에게 기용되어 난릉령(蘭陵令)이 되었고, 거기에서 일생을 마쳤다. 『시』·『서』·『역』·『춘추』에 밝았으며, 이사(李斯)와 한비는 모두 그의 제자이다. 평생 공자를 가장 숭배하였고, 맹자와 함께 유명하여 전국시대 두 명의 큰 유자였다.

유가의 예교를 주로 삼고 법을 대략 겸하였으나 결코 법가는 아니었다. 그러므로 예는 이름 뿐이고 법이 실질인 경우는 아니었으며, 유와 법을 함께 중요시하지도 않았다. 『순자』라는 책을 지었다.

순자의 예론에 관하여 다음과 같이 몇 가지 문제로 개괄하여 살펴보자.

1) 예는 지극히 높고 끝이 없으며 광대하여 모든 것을 다 갖추었다

순자는 예의 중요성을, 무게를 다는 저울과 곡직(曲直)을 재는 승묵(繩墨)에 비교하여, "사람이 예가 없으면 살아갈 수 없고, 일에 예가 없으면 이루어질 수 없으며, 국가에 예가 없으면 안정될 수 없다"89)라고 말하였다.

반드시 예로 사람의 몸가짐을 바로잡아야 하고, 사람의 삶과 죽음이 모두 예에서 떨어질 수가 없으니, "끝과 처음이 모두 선하면 사람의 도리를 다한

---

88) 『孟子·告子下』.
89) 『墨子·修身』, 『荀子·大略』, 『荀子·王覇』.

것이다."90) "예가 어찌 지극하지 않으리요! 우뚝한 것을 세워 표준으로 삼으니, 천하의 어떤 것도 덜거나 더하지 못한다. 예란 사람 도리의 표준이다". 그는 세상에 예보다 더 높거나 중요한 것은 없다고 여겼다. 공자는 세부적인 예는 덜거나 더할 수 있다 하였으나, 순자는 도리어 "천하의 어떤 것도 덜거나 더하지 못한다"라고 생각하였다.

순자의 사상은 예 지상주의라고 말할 수 있으니, 아래에서 보듯이 모든 것이 예에서 벗어나지 않는다.

첫째 예의 우주관 또는 자연관이다. 예를 들어 "하늘과 땅이 예로써 합하고, 해와 달이 예로써 밝고, 사계절이 예로써 차례를 지키며, 별들이 예로써 운행하고, 강들이 예로써 흐르며, 만물이 예로써 번창하고, 좋아하고 미워함은 예로써 들어맞고, 즐거움과 노함은 예로써 마땅하며, 아래가 되어서는 예로써 순하고, 위가 되어서는 예로써 밝으며, 온갖 변화가 어지럽지 아니하나, 예가 어찌 지극하지 않으리오"91)라고 하였다.

둘째 예의 도덕관 또는 윤리관이다. 말하자면 사람의 도리에 예보다 더 큰 것이 없다92)는 것이며, "예란 바꿀 수 없는 이치이다."93)

셋째 예의 교육관이다. "학문은 어디에서 시작해서 어디에서 끝나는가? 그 차례는 경을 암송하는 데서 시작하여 예를 읽음에서 마친다 … 이에 배움은 예에서 그친다"94)라고 하였다.

넷째 예의 정치관이다. 예는 "나라를 다스리는 근본이다."95) "나라의 명운은 예에 있다"96)라고 하여 반드시 예로 나라를 다스림을 정치로 삼았다.

다섯째 예의 역사관이다. 그는 앞선 왕을 본받아야 한다고 주장했을 뿐 아니라, 또한 뒤에 올 왕을 본받아야 한다고도 주장했는데, 이는 모순같이 보

---

90) 『荀子・禮論』.
91) 『荀子・禮論』.
92) 『荀子・非相』.
93) 『荀子・樂論』.
94) 『荀子・勸學』.
95) 『荀子・議兵』.
96) 『荀子・天論』.

이나 사실은 모순이 아니니, 이것은 고금·선후의 문제다. 즉 선왕은 업적이 너무 많기 때문에 마땅히 먼저 그 중에서 가장 뛰어난 것을 살펴보아야 한다. 뛰어난 것에는 두 가지가 있는데 첫째는 후대의 임금이 "전대를 알고자 한다면 주나라의 도를 살펴라"는 것이며, 둘째는 현재의 상황에서 "천년 뒤의 세상을 알고자 하면 오늘을 헤아려라"는 것이다. 이것은 바로 "가까운 것으로 먼 것을 아는 것"으로 "전하여 내려온 것이 오래되면 소략하고 가까우면 상세하다. 소략한 것은 그 대강을 들고, 상세한 것은 그 세목을 들어야 한다"97)는 것이다. 이것은 역사학에 있어서 오늘날을 후하게 하고 옛 것을 박하게 하는 문제이다.

여섯째 예의 경제관이다. 그는 "귀천에는 등급이 있고, 장유에도 차이가 있으니 빈부·경중은 모두 그 해당 사항이 있는 것이다"라고 하였다. 이것은 바로 "예란 긴 것을 잘라 짧은 것을 이어주며, 풍부한 것을 덜어서 부족한 것에 보태주는 것으로, … 이러한 것이 예의 주된 흐름이다."98)

일곱째로 그는 비록 늘 예와 법을 함께 들어 "예법의 으뜸"99) "예를 융성하게 하고 법을 지극히 하면 나라가 항상될 것이다."100)라는 등의 말을 하였으나, 실은 예를 위주로 하고 법은 예를 보충하는 것으로 생각하였다. 어떤 때는 심지어 예를 법으로 간주하여, "예를 부인하면 이는 법이 없는 것이다"101)라고 하였다.

여덟째로 예의 종교관이다. 그는 "위로는 하늘을 모시고, 아래로는 땅을 받들며, 선조를 존중하고 군주와 스승을 높이 받드는 것이 예의 세 가지 바탕이다"102)라고 하였다. 천자는 하늘에 제사지냈으며, 제후는 단지 땅에만 제사지낼 수 있었고, 사대부는 오직 선조에게만 제사를 지낼 수가 있었다. 이것은 제사지내는 예의 제도이다.

---

97) 『荀子·非相』.
98) 『荀子·禮論』.
99) 『荀子·王覇』.
100) 『荀子·君道』.
101) 『墨子·修身』.
102) 『墨子·禮論』.

중국 예교사상사에 있어서 순자야말로 가장 앞서 공자를 계승하여 예에 관해 많은 이야기를 한 사람이라 할 수 있다.

2) 모든 구별은 예가 있고 없음에 있다

우선 사람과 짐승의 구별은 예가 있고 없음에 달려 있다. "아마 짐승에게도 아버지와 자식은 있으나 아버지와 자식간의 친애하는 도리는 없으며, 암수는 있으나 남녀간의 구별은 없다. 이에 인도는 변별이 없을 수가 없고, 변별은 명분보다 큰 것이 없고, 명분은 예보다 큰 것이 없다."[103] 사람이 만약 자기자신과 어버이와 임금을 잊는다면 개만도 못하게 된다.[104] 이것은 맹자가 '아버지를 무시하고 임금을 무시하면 금수이다'고 한 것보다도 심하다.

다음으로 사람의 경우 나라의 잘 다스려짐과 어지러움의 구별, 왕자와 패자의 구별, 경상(卿相)·사대부와 일반 서인의 구별은 모두 예의 있고 없음에 달려 있다. 또 그 다음으로 군자와 소인, 선비와 일반 백성의 구별 또한 예가 있고 없음에 달려 있다.[105]

3) 예의 발생 원인과 성격은 계급성과 등급성에 있다

예가 군신, 상하, 귀천, 장유, 빈부, 경중, 현명함과 불초함 등을 엄격히 구별하는 이유는 모든 사람들로 하여금 이름을 돌아보아 의리를 생각하고, 자기의 분수를 지키며, 질서를 유지하게 하여 다스리는데 편하게 하기 위함이다. 순자는 다음과 같이 명확히 말한다. 선왕은 사람들의 공통적인 요구에 의하여 "귀하게는 천자가 되고 부유함은 천하를 차지하였다." 따라서 예의를 제정하여 수많은 등급으로 나누어 이에 "아주 공평하게"되니, 이는 공평하지

---

103) 『荀子·非相』.
104) 『荀子·榮辱』.
105) 『荀子·君道』, 『荀子·臣道』, 『荀子·禮論』, 『荀子·王制』, 『荀子·儒效』.

않게 함으로써 공평하게 하는 것이다.106) 이는 또 가지런하지 않게 함으로써 가지런하게 하는 것이다.

"똑같이 나누면 다스려지지 않고, 세력이 비슷하면 하나로 되지 않으며, 다수가 동등하면 부릴 수가 없다 … . 세력과 지위가 비슷하면 바라고 싫어하는 것이 같게 된다. 사물이 넉넉하지 않으면 반드시 서로 다투게 되며, 다투면 난리가 나게 되고, 난리가 나면 모두가 궁핍하여진다. 선왕께서 그 난리를 미워하여 예의로써 구분하여 빈부·귀천의 차등이 있게 하였다. … 『서』에서 말한 '가지런하지 않게 함이 오직 가지런하게 함'이란 이것을 두고 하는 말이다."107) "임금이 신하를 제어할 수가 없고, 윗사람이 아랫사람을 제어할 수가 없으면 천하 사람들이 욕심을 따라 화를 불러일으킬 것이고, 사물에 욕심을 내니 욕심은 많고 물건은 적게 된다. 적으면 반드시 다투게 될 것이다. … 싸운다는 것은 재난이다. 근심을 없애고 재난을 없애는 방법으로 명분을 밝혀 사람들을 부리는 것보다 나은 것이 없다."108) 따라서 그는 등급으로 나누는 것을 "천하에 통하는 의리이다"109)라고 하였다.

예의 주요 원칙은 따름이니, 예를 들면 아랫사람은 윗사람을 따르고, 신분이 낮은 자는 신분이 높은 자를 따르며, 가난한 사람은 부자를 따르고, 여자는 남자를 따르는 것과 같은 것이다. 순자는 순순히 따르는 것의 중요성을 강조하여 "예란 근본에서 말단까지 서로 순순히 따름이다."110) "윗사람을 모실 수 있음을 순순히 따름이라 한다."111) "아랫사람이 되어서는 순순히 따라야 한다"112)라고 하였다. 공자만이 유일하게 "지극한 순종의 도리로 사람들을 가르칠"113)수 있었다. 반대로 "예의에 따르지 않음"은 곧 "간사함"이

---

106) 『荀子·榮辱』.
107) 『荀子·王制』.
108) 『荀子·富國』.
109) 『荀子·仲尼』.
110) 『荀子·大略』.
111) 『荀子·王制』.
112) 『荀子·王制』.
113) 『荀子·非十二子』.

다.114) "사람을 섬기면서 따르지 않는 자는 힘쓰지 않는 자이며, 힘쓰면서 따르지 않는 자는 공경하지 않는 자이고, 공경하면서 따르지 않는 자는 충성하지 않는 자이며, 충성하면서 따르지 않는 자는 공이 없는 자이고, 공은 있는데 따르지 않는 자는 덕이 없는 자이다. 그러므로 덕이 없는 도는 … 군자가 하지 않는다."115) 따르지 않음은 등급이 나누어지지 않음과 마찬가지인 것이다.

4) 임금의 권한을 가지고 있으면 바로 모든 것을 가지고 있는 것이다

순자는 임금의 권위를 신격화, 천제화, 부모화하였다. 그는 "천자는 세력과 지위가 가장 높은 자로 세상에 대적할 만한 자가 없다." "존귀하여 더이상 위에 아무도 없다"116)고 생각하였다. 따라서 임금의 귀, 눈, 입, 마음 등을 모두 비할 바 없이 편안하게 하고자 하였다.

임금을 존대하는 것은 바로 천하의 근본을 존대하는 것이며, 임금을 편안하게 하는 것은 바로 천하의 근본을 편안하게 하는 것이고, 임금을 귀하게 모시는 것은 바로 천하의 근본을 귀하게 모시는 것이다. 참으로 이는 "고귀함은 천자이며, 부함은 천하를 가진 것"으로 "하늘에 두 해가 없듯이, 백성에게 두 임금이 없다"라는 것이다. 순자는 그러므로 묵자의 "천하를 위해 부족함을 근심한다"는 생각에 반대하였는데, 그는 "부족함은 천하의 공통된 근심거리가 아니다"라고 여겼다. 그 이유는 바로 "천지가 만물을 낳으니 사람들을 먹이기에 충분하며, 마포・갈포・모시와 새와 짐승의 털가죽들은 남아돌아 사람을 기르기에 충분하다"117)라는 것이다. 그는 사람의 생활은 완전히 천지자연계가 선사하는 것에 의존할 수 있으며, 생산의 노력을 할 필요가 없

---

114) 『荀子・非十二子』.
115) 『荀子・臣道』.
116) 『荀子・正論』, 『荀子・君子』.
117) 『荀子・富國』.

다고 생각하였다. 이는 매우 이치에 어긋나고 사람을 해치는 이론이다.

오히려 묵자의 주장이 정확하다. 인류는 자기의 생산노력에 의거하여야만 비로소 입고 먹을 수가 있으니, 금수 곤충 등의 동물처럼 원래의 가죽이 있어 베를 짤 필요가 없거나, 또는 자연에서 주어진 음식을 먹어 경작을 할 필요가 없는 것과 같을 수 없다. 순자가 주장한 '군주는 비할 바 없이 모든 것을 누려야 한다'는 것은 실로 순자 이전의 맹자나 이후의 한비 등이 언급하지 않은 것이다. 중국 역사상 확실한 것은 누가 임금의 지위에 있거나, 누가 임금의 권력을 가지거나, 그가 바로 모든 것을 가졌다는 것이다. 항상 다투어온 문제가 바로 이것 아닌 것이 없었다.

5) 여자로 태어난 자는 독립된 인격을 갖지 못했다

순자는 가장 예를 중시하였으나 지아비로서 지어미에 대해서는 도리어 예를 논의하지 않았다. 지어미된 자는 지아비에 대하여 단지 허물을 자기에게만 돌려야 했다. "지아비가 예를 갖추면 유순하게 따르며 순종하여 모시고, 지아비가 예를 갖추지 않으면 두려워하면서 스스로 삼가해야 한다."[118]

6) 인애는 반드시 효친으로 으뜸을 삼아야 한다

순자는 말하기를 "친한 이를 친애하며 오래된 벗을 사귐은 … 인의 차별〔殺〕이다."[119] "쇄(殺)한 뒤에 인이 될 수 있다"[120]라고 하였다. '殺'의 독음은 '쇄(曬)'로서 차이라는 뜻이다. 순자와 공맹은 모두 인애를 차등적인 것으로 간주하여 먼저 가족을 사랑하고, 그 다음에 다른 사람을 사랑하며, 마지막으로 만물을 사랑하는 것이라고 생각하였다. 유가에서 주장하는 인은 바로 차등애로서 묵가가 주장하는 평등애로서의 인과는 정반대이다.

---

118) 『荀子・君道』.
119) 『荀子・大略』.
120) 『荀子・臣道』.

7) 세 가지 윤리는 비할 바 없이 중요하다

순자는 인간의 윤리에 대해 항상 네 가지 윤리를 연속하여 말했다. "군신·부자·형제·부부는 … 천지와 이치를 같이하며, 만세토록 영원할 것이니 대저 이것을 큰 근본이라 한다."121) "군신은 서로 존경하지 않을 수 없고, 부자는 서로 친애하지 않을 수 없으며, 형제는 서로 순순히 따르지 않을 수 없고, 부부는 서로 기뻐하지 않을 수 없다"122)라고 하였다.

사륜 가운데서 군신·부자·부부의 삼륜을 가장 중요하게 여겨 "군신간의 의로움, 부자간의 친함, 부부간의 구별됨은 날마다 닦아 쉬지 않아야 한다"123)라고 말하였다.

순자는 또한 "군신·부자·부부는 처음이자 끝이고, 끝이자 처음인 것으로 천지와 이치를 같이하며, 만세와 함께 영원한 것이니 이를 큰 근본이라 한다"124)고 말하기도 하였다. 순자는 이미 공자만이 "지극한 순종의 도리로 사람들을 가르칠 수 있었다"고 하며, 또한 삼륜의 중요성을 강조하였다. 한비의 삼순설은 이 스승에게서 말미암아 세운 것이며, 동중서의 삼강설 또한 이에 근거하고 있음을 알 수가 있다.

8) 예와 형벌을 같이 중시하나 시행 범위가 다르다

공맹은 예를 주로 하여 법을 반대하였으나 순자에 이르러서는 예와 형벌을 아울러 중시하게 되었다. 순자는 "다스림의 근본은 예와 형이다"125)라고 이야기하였는데 여기서 형은 법에 속한다. 그러나 결국은 그도 유가이기 때문에 여전히 법보다 예를 중시하여 말하기를 "예를 중시하여 현자를 높이 받들

---

121) 『荀子·王制』.
122) 『荀子·大略』.
123) 『荀子·天論』.
124) 『荀子·王制』.
125) 『荀子·成相』.

면 왕자가 되고, 법을 중시하며 백성을 사랑하면 패자가 된다"[126]라고 하였다. 예를 높이면 왕자가 될 수 있으나, 법을 중시하면 단지 패자가 될 수 있을 뿐이다. 그는 또한 "선비 이상은 반드시 예악으로 다듬어야 하며, 일반 백성들은 법으로 다스려야 한다"[127]라고 하였는데 이는 이른바 "예는 아래로 일반 백성에게 미치지 아니하며, 형벌은 위로 대부에 이르지 않는다"는 것이다. 사대부는 일반 백성들보다 높고, 예도 법보다 높으니 따라서 예와 법은 반드시 서로 다르게 시행되어야 한다. 이것은 예와 형을 나누어 귀하고 천한 것에 대하여 각각 시행하는 것이다. 그는 "선함으로 오는 자는 예로써 받들며, 불선함으로 오는 자는 형으로써 대한다"[128]라고 말하였다. 이것은 예와 형을 나누어서 그가 말한 선악에 대응시킨 것이다.

제3절 겸애주의(兼愛主義)로 유가의
종법예교를 반대한 묵자

묵자의 이름은 적(翟)으로 묵가의 창시자다. 춘추전국시대 노나라 사람으로 공자보다 조금 후대 사람이나 맹자보다는 빠르다. 원래는 수공업 기술자로서 '위로는 군자의 일을 하지 않으며, 아래로는 농사짓는 어려움이 없다'는 천인에 속했다. 때문에 순자로부터 "노동자의 도"라고 배척받기도 했는데, 묵가와 유가의 사상을 서로 비교하면 평민과 귀족의 차이가 있다.

묵자는 겸애주의로써 유가의 종법예교를 타파하고자 했는데, 그가 종법예교에 반대한 주요 논지는 다음과 같다.

1) 겸애 곧 평등애로 종법예제에서 친소·귀천의 등급을 엄격하게 나누는 것을 타파한다

---

126) 『荀子·大略』.
127) 『荀子·富國』.
128) 『荀子·王制』.

묵자는 "친한 이를 친애하는데 차별이 있고, 현명한 사람을 높이 받드는 데도 등급이 있으니, 친소·존비의 차이를 말함이다"[129]와 같은 유자의 주장에 반대하였다.

유가는 가까울수록 사랑하고 멀수록 사랑하지 않는다. "나는 월나라 사람보다는 추나라 사람을 사랑하며, 추나라 사람보다는 노나라 사람을 사랑하며, 노나라 사람보다는 내 고향 사람을 사랑하며, 고향사람보다는 집안 사람을 사랑하며, 집안 사람보다는 내 가족을 사랑하며, 내 가족보다는 나 자신을 사랑하니, 이는 나에게 가깝기 때문이다. 내가 맞으면 아프나 다른 사람이 맞으면 내가 아픔을 느끼지 못하는 것이다."[130] 이것은 맹자가 말한 "친한 이를 친애한 뒤에 백성을 사랑하고, 백성을 사랑한 뒤에야 만물을 사랑한다"라는 것이다. 유가와 묵가 두 학파가 모두 인에 관해서 이야기하나 그 내용은 오히려 서로 반대가 된다. 유가는 차등애를 인으로 보았으나 묵가는 평등애를 인으로 보기 때문이다.

묵자는 군주·부자·형제·제후·대부 등이 모두 반드시 서로 사랑할 것을 주장하여 "천하 사람들을 서로 서로 사랑하게 하여, 다른 사람을 사랑하는 것을 자기 자신을 사랑하는 것과 같이 한다." "다른 사람의 집안을 자기 자신의 집안처럼 본다." "다른 나라를 자신의 나라처럼 간주한다." "이와 같이 하면 천하가 잘 다스려질 것이다"[131]라고 하였다. 그는 겸애야말로 온 세상 사람들의 공동의 목표로, 어느 시대 누구를 막론하고 모두 겸애를 종지로 삼아야 한다고 생각하였다. 다음에 구체적 예들이 있다.

겸애는 하늘 뜻 : "하늘이 천자에게 정치를 맡기니 하늘의 뜻을 따르는 자는 모두 서로 사랑하고 서로 이롭게 해야 한다."[132] 하늘의 뜻이란 "사람으로 하여금 능력이 있으면 함께 경영하고, 도가 있으면 서로 가르치고, 재산이 있으면 서로 나누기를 바란다"는 것이다. "하늘은 천하를 모두 사랑하여 모

---

129) 『墨子·非儒下』.
130) 『墨子·耕柱』.
131) 『墨子·兼愛上』.
132) 『墨子·天志』上·中·下.

든 만물을 이롭게 한다."133)

겸애의 천자 : '겸군'이라 부르기도 한다. 겸군은 "반드시 만민의 몸을 먼저 위하고 난 다음 자기자신의 몸을 위한다." 이와 반대되는 자는 '별군(別君)'이라고 부른다.134)

겸애의 선비 : '겸사'라고 부르며, 이와 반대되는 자는 '별사(別士)'라 부른다.135)

공자가 주장한 별애(別愛)는 차등애로 친소·귀천의 구별이 있기 때문에, 유가들은 묵자에게 '별사' 136)로 불리었다.

겸애의 구체적 표현은 주로 묵자가 늘 말하고 있는 '삼상(三相)'과 '양상(兩相:兼相愛, 交相利)'이다.

묵자는 겸애하지 않는 것이 난리의 원인이라 여겼다.

2) 세습제를 반대하다

묵자는 천자·삼공·제후·국군 및 좌우장군·대부에서 마을의 장에 이르기까지 모두를 현명하고 능력 있는 사람으로 뽑을 것을 주장하여, 전통적인 천자세습제에 반대하였다. 또한 장인과 농부를 등용해야 한다고 주장하여 "성왕께서 정치를 하실 때 덕 있는 자를 높이고 현명한 자를 숭상하여 비록 농사나 대장장이 일을 하는 사람이라도 능력이 있으면 등용하고 높여 벼슬을 주고, 많은 녹을 주어 일을 맡겨 우두머리로 삼았다.… 따라서 관리라고 항상 귀하지 아니하고, 일반 백성이라 하여 늘 천한 것이 아니었다"137)라고 말하였다. 귀하고 천한 지위는 고정적이지 않다. 일반 백성들은 천하지만 귀해질 수 있으며, 관리 또한 귀하지만 천하여질 수도 있는 것이다. 이러한 관점은 유가나 법가의 관점과는 정반대이다.

---

133) 『墨子·天志中』.
134) 『墨子·兼愛下』.
135) 『墨子·兼愛下』.
136) 『墨子·兼愛下』.
137) 『墨子·尚賢上』.

3) 사람과 금수의 구별

유가는 예교의 있고 없음에 따라 사람과 금수를 구별하였으나, 묵자는 서로 사랑하고 서로 이롭게 하는 것과 생산을 위한 노력을 할 수 있느냐 없느냐에 따라 구별하였다. 첫째는 '삼상(三相)'이니, "남는 힘이 있는데도 함께 (相) 노력하지 않고, 재산이 남아돌아 썩어도 서로〔相〕나누어주지 않고, 좋은 도를 숨겨 서로〔相〕가르치지 않는다면 천하가 어지러워 금수와 같아질 것이다."138) 둘째는 노동을 숭상하며 운명을 믿지 않는 것이다. 인류가 금수와 다른 점은 금수는 깃과 털로 옷을 삼으며, 발굽과 손톱으로 바지나 신을 삼고 물풀로 음식을 삼아서 수컷은 밭을 갈아 곡식을 심을 필요가 없고, 암컷 또한 실을 짜서 옷감을 만들 필요가 없으니 옷과 먹을 것이 이미 족하기 때문이다. 인류는 이러한 금수와 달라 "자기의 힘에 의지하는 자는 살아남으나, 자기의 힘에 의지하지 않는 자는 살아남을 수가 없다. 군자가 힘써 정치를 하지 않으면 형정이 어지러워지며, 천한 사람들이 힘써 일하지 않으면 재물이 부족해진다."139) 또한 인류는 자연을 정복할 수 있으니, 노력을 숭상하고 운명을 믿지 말아야 한다. "어찌 운명이라 하겠는가? 노력 때문이라 하겠다.… 운명이란 포악한 왕이 만든 것이며, 궁핍한 사람들의 넋두리로 인자의 말이 아니다"라고 하였다.

천명론자는 사람의 빈부, 귀천, 현명하고 어리석음, 수명의 장단 등이 모두 운명으로 결정되는 것으로 사람의 힘으로 바꿀 수 없는 것이라고 한다. 이것은 왕조가 백성을 통치하는데 유리하기 때문에 포악한 왕이 힘써 제창하였고, 궁핍한 사람들도 그것을 극도로 당연하게 여겨 미신화한 것이다. 묵자는 「비악상(非樂上)」편과 비교하여 「비명하(非命下)」편에서 더욱 상세하게 말하고 있다. 그는 먹기만 하고 일하지 않는 것을 가장 반대하여 "음식을 탐내고 맡은 일을 태만히 하는" 사람은 앞에서 말한 금수와 벌레로 변할 것이라 했다.

---

138) 『墨子・尙同上』.
139) 『墨子・非命上』.

4) 남녀 모두 인간의 감정을 가지고 있음을 인정하였다

묵자는 "궁궐 내에 갇힌 여인이 없고" "밖으로는 홀아비가 없어" "부부가 절개를 갖추니 천지가 화합"할 것의 실현을 주장하였다. 당시의 임금들이 애첩을 많이 두는 것을 반대한 것은 바로 당시 임금의 다처제를 반대한 것이다.140) 소수의 남자들이 여러 명의 처를 거느리니 이에 많은 남자들이 아내를 둘 수가 없었다. 또한 일부다처제를 실행하니 여자들 또한 대부분 지아비가 없는 것과 마찬가지였다. 후대에 진시황 같은 이는 후궁이 만여 명이나 되었으니 "후궁들이 진시황을 만나보지 못한 세월이 36년이나 되었다"는 결과를 초래했다.

이같은 여자들은 지아비가 없는 것과 다를 바가 없지 않는가? 진시황도 이랬는데, 당현종의 후궁은 6만여 명이나 되었다고 하니(원매의 주장) 다시 말할 필요가 있겠는가!

5) 가장 저급한 평민생활로 유가의 번문욕례(繁文縟禮)와 후장구상(厚葬久喪)을 반대하였다

이러한 내용은 『묵자』의 「사과(辭過)」, 「절용(節用)」, 「절장(節葬)」, 「비악(非樂)」, 「비유(非儒)」, 「공맹(公孟)」, 「공수(公輸)」 및 『장자·천하』 등의 편에 상세히 나타나나 여기서는 간략히 이야기하겠다. 순자는 묵자가 예악설에 반대한 것을 비난하여 "또한 음악이란 조화로움 가운데 바뀔 수가 없는 것이며, 예란 이치 가운데 바꿀 수가 없는 것이다. 음악은 같도록 합치며 예란 다르도록 다스리니 예악의 계통은 사람의 마음과 관련된다. 근본을 궁구하여 변화를 극진하게 하는 것은 음악의 실정이며, 성실함을 들어내고 거짓됨을 물리치는 것은 예의 상도이다. 묵자는 이를 비난하니 형벌을 받아야 할 것인데, 현명한 왕들이 이미 죽었으니 바로 잡을 자가 없구나"141)라고

---

140) 『墨子·辭過』.
141) 『墨子·樂論』.

한탄하였다.

유가는 예악을 가장 중시하였으나 묵자는 이에 반대하였다. 어떤 학자는 묵자도 예를 중시하였다고 주장했는데 이는 아주 잘못된 것이다. 묵자는 "예에 관해서는 하나라를 본받고 주나라를 배척하였으며, 음악은 또한 비난하였다."(孫詒讓 설) "우임금과 묵적의 가르침은 자기자신을 잊고서 남을 구하고자 하였다."(張湛 설) 하나라를 본받는다는 것은 하나라 우임금이 크게 공평하여 사사로움이 없음을 본받는다는 것이지 옛것을 본받는다는 뜻은 아니다. 순자에서 양계초, 곽말약 등에 이르기까지 모두 묵자가 음악을 비난한 것을 비판하였으나 그러나 그들은 묵자 자신의 신분이 '천인'이며 '노동자'임을 몰랐다. 온 세상에 궁핍한 사람은 많고 부자는 적으니 어찌 돈을 들여서 악기를 구입하며, 또한 어찌 한가한 시간이 있어 음악을 즐길 수가 있었겠는가?

6) 땅이 하늘보다 어질다는 독창적인 견해

유가는 하늘을 귀하게 여기고 땅을 천하게 여겼으나 묵자는 반대로 땅이 하늘보다 어질다고 생각하였다. "금자(禽子)가 물었다. '하늘과 땅 가운데 어느 것이 더 어집니까?' 묵자가 대답하였다. '나는 땅이 어질다고 생각한다.'" 그 이유는 바로 "태산의 꼭대기에서 천자가 제사를 드리며, 작은 무덤 곁에는 소나무와 잣나무가 자라고, 낮은 곳에는 기장·벼·골풀·부들이 자라나며, 물에서는 자라·악어·거북·물고기가 자라며, 백성들이 그곳에서 먹고 죽지만 땅은 끝내 덕을 내세우지 않기 때문이다."[142] 지금까지 학자들은 묵자가 「천지 天志」편을 지어 하늘을 존중하였다고만 말하였지 땅을 더욱 존중하였다고는 말하지 않았다.

이상에서 간략하게 서술하였는데, 다음에 이에 대해 다시 한번 간단하게

---

142) 『藝文類聚』 等書引.

요약하여 보자. 묵자가 종법예제, 군신의 세습, 숙명에 대한 미신, 번문욕례, 후장구상 등에 반대한 것은 모두 중국의 가장 훌륭한 문화유산으로 마땅히 계승했어야 할 것들이다. 그러나 애석하게도 봉건왕조들은 자신의 권익을 유지하기 위하여 공자의 학문을 가장 존중하고, 반대로 묵자의 학문을 가장 큰 적으로 간주하여 결국은 공자의 학문이 가장 번성하였고 묵자의 학문은 유독 쇠퇴하였다. 그러나 공자의 학문이 왕조에서 번성한 것이 공개적이었다면, 묵자의 학문이 일반 대중들 사이에서 행하여진 것은 비밀스러운 것이라고 말할 수 있다.

묵자처럼 단지 괴로움과 즐거움, 옳음과 그름만을 이야기하였을 뿐 친소·귀천을 논하지 않은 공정한 태도, 사람과 세상에 이로움이 되는 일이라면 자신의 죽음도 즐거움으로 여기는 고상한 정신은 단지 중국 사상사와 문화사에서 더이상 이와 같은 유형을 발견할 수 없을 뿐만 아니라 전 세계적으로도 찾기 어려운 견해다. 반대의 관점에서 말한다면 유가의 맹자는 "묵자는 겸애를 주장하여 머리끝에서 발끝까지 다 닳도록 세상에 이로움이 된다면 하는 자"이니 "애비를 무시하는 자"로 "금수이다"라고 하였으며, 순자는 묵자가 말한 "모든 백성들이 일을 골고루 하여 공로를 균등하게 나누어 가진다." "차별을 대수롭지 않게 여긴다." "가지런함에서는 볼 것이 있으나 기이한 것에는 볼 것이 없다" 등의 주장을 "노동자의 도"라고 여겼다. 사마담은 묵가가 "귀하고 천함을 구별하지 않았다"고 반대하였으며, 반고는 "겸애의 뜻을 미루어 살펴보면 가깝고 먼 것의 구별을 알지 못한 것이다"고 하여 묵가를 반대하였다. 한대 이후에는 공자의 차등적인 종법등급에 따라 종법등급을 반대한 묵가를 비난하였는데, 이는 모두 옳고 그름이 뒤바뀐 것으로 중국의 치욕이 되었다.

묵자는 많은 용사들을 배출하였는데, 이들은 불 속이나 끓는 물 속도 두려워하지 않았다. 후대 묵가에 한 거자(巨子:묵자의 도를 계승한 묵자학파의 스승)의 아들이 살인죄를 지었는데, 그 거자는 임금의 사면을 거절하고 자기 아들을 자기 손으로 죽여버렸다.

서한의 협객들 사이에도 묵자의 유풍이 남아 있었다. 그들은 『묵경』의 "임무란 선비가 자기자신을 희생하여 위하는 자를 이롭게 함을 말한다." "임무란 자신이 싫어하는 것을 하여 남의 급한 일을 성취시켜 주는 것이다"와 같은 내용을 가르침으로 삼았기 때문에 임협(任俠)이라고 불렀다. 임협들은 "넉넉하지 못한 사람을 구할 때 먼저 가난하고 천한 자로부터 시작한다." "사람들이 꼭 필요로 하는 일에는 전념하되 자기의 사사로움에는 엄격하였다." 묵가가 종법예제를 가장 잘 타파하였음을 알 수 있으니 이 어찌 갸륵한 것이 아니겠는가! 유가의 공자가 아버지와 자식이 서로 양을 훔치면 숨겨주는 것을 가치 있는 것으로 여겼기 때문에, 맹자는 묵자가 자기를 희생하여 천하를 두루 사랑하는 것을 금수라고 보았으니, 이는 옳고 그름을 무시하고 시비를 뒤바꾼 것이다. 순자는 사람을 성인(聖人)·사군자(士君子)·소인(小人)·역부(役夫)의 네 등급으로 나누었는데, 묵자는 그 중 역부의 도를 행한다고 하였다. 순자의 관점에서 볼 때 묵자는 소인보다도 못한 것이다.

　장자의 후학들은 한편으로는 묵자를 칭찬하여, 묵자가 자신을 희생하여 세상의 급한 일에 대처함을 "참으로 천하에서 훌륭한 사람이니 장차 이러한 사람을 얻지 못하리라"고 하였으나, 또 다른 한편으로는 그들이 "선왕들과 같지 않다", "왕도와의 거리가 멀다" 또는 "그들의 행동은 행하기 어렵다"[143]고 하여 배척하였다. 이는 어렵고 쉬움도 하나의 문제이지만 좋고 나쁨도 또한 하나의 문제임을 전혀 모르는 것이다. 나쁜 일은 대부분 하기 쉬우나, 좋은 일은 하기 어렵다. 묵자는 다른 사람들은 어렵다고 생각한 좋은 일을 하려 하였으니, 이것이 바로 묵자가 다른 사람과 달리 위대하게 보이는 첫번째 이유다. 묵자는 감히 옛 법도에 반대하여 선왕들의 가르침과 노선을 달리하였는데, 이것이 바로 묵자가 특별히 유가와 달리 위대하게 보이는 두번째 이유다. 장자의 후학들은 어렵고 쉬움만을 이야기하고 좋고 나쁨에 관해서는 말하지 않아, 어렵고 쉬움을 좋고 나쁨으로 보았다.

　이는 유가에서 가깝고 먼 관계만을 말하고 굽어짐과 곧음에 관해서는 이야기하지 않고, 가깝고 먼 것을 굽어짐과 곧음으로 간주한 내용과 비교가 되는

---

143) 『莊子·天下篇』.

것으로 모두 극도로 잘못된 것이다. 청말의 양계초와 장태염 등은 비교적 진보적인 인사로서, 한 사람은 묵자를 흠모하여 공경했기 때문에 『묵경』에 근거하여 스스로를 '임공(任公)'이라 불렀고, 다른 한 사람은 "묵자의 가르침은 공자와 노자가 감히 엿보지 못한 것"이라며 칭송하였다. 이 두 사람의 평가야말로 바뀔 수 없는 바른 주장이다.

결어: 유가와 묵가 두 학파의 대비

유가와 묵가 두 학파는 근본적으로 종법예교 문제에서 대립하고 있다.

종법예교의 특징은 반드시 등급관념과 등급제도에 큰 비중을 둔다는 것이다. 정치에 있어서는 군주세습제로 개인적으로 현명하고 재주 있는 자를 등용하는 것이고, 경제에서는 엄격하게 나누어진 등급에 따라 생활하는 것이며, 윤리도덕에서는 효친을 중시하고 효제를 인의 근본으로 삼아 친한 이를 친히 함을 인으로 삼고 예를 인이라 하여, 귀천·빈부·현명함과 어리석음은 모두 하늘에서 결정된 것으로 간주하였다. 따라서 유가는 전통적인 군자학파가 되었다.

종법예교를 반대하는 이론의 특징은 반드시 등급관념과 등급제도를 타파하는 데 있다. 정치에 있어서는 공적으로 군주를 선발하여, 항상 귀한 관리도 없고 항상 천한 백성도 없다. 공인이나 농부도 관리가 될 수 있어 모든 관리는 현자를 선발해야 하니, 빈부·귀천·현명함과 어리석음은 사람에 의해 결정되는 것이지 하늘이 결정하여 준 것이 아니다. 경제에서는 서로 이롭게 하고, 재산을 나누며, 생산을 많이 하는 대신 소비를 적게 하여 백성들의 생활을 균등하게 하는 것이며, 윤리도덕에서는 겸애하여 가깝고 먼 관계와 나와 남의 구분을 없애는 것으로 인은 곧 겸애를 말하는 것이었고, 친한 이를 위해 후하게 장사지내거나 오래 상복을 입는 것에 반대하였다. 따라서 묵가는 평민들의 소인학파가 되었다.

제4절 자연주의의 입장에서 유가의 종법예교를 반대한 『노자』· 장자

『노자』

노자는 전설 속의 노담(老聃)으로 성은 이(李)요, 이름은 이(耳)다. 춘추 말 초나라 고현(苦縣: 지금의 하남 녹읍 동쪽) 여향(厲鄕) 곡인(曲仁) 출신이며, 주(周)의 도서관을 관리하던 사관을 역임하였다. 그는 도가의 시조로서, 그의 학문은 양주· 장자 등에게 계승 발전되었기에, 일반적으로 '노장'이라 부른다.

모든 사물은 정과 반의 양면이 대립· 전화(轉化)한다는 주장은 변증법적 요소를 많이 포함하고 있다. 다만 '유와 무가 서로를 낳는다'는 순환 왕복의 순환론에 빠져 있다. 그리고 '무'를 위주로 일체를 '무'화함으로써 형이상학에서 벗어나지 못하였다. 가장 중요하게 생각한 것은 '도', '도법자연(道法自然)'이다. 노자가 『노자』라는 책을 쓴 것 같지는 않지만, 『노자』는 노장사상의 근거로 삼을 수 있다.

1) 예교는 퇴화의 산물이다

노자는 시비 선악의 기준으로 자연의 도덕을 가장 높이 받들었으며, 인위적인 예교를 가장 낮게 생각했다. 인의로부터 예에 이르기까지 하나하나가 별개의 것이다. 예컨대 "도를 상실한 후에 덕이 생기며, 덕을 상실한 후에 인이 생기며, 인을 상실한 후에 의가 생기며, 의를 상실한 후에 예가 생겼다. 예는 충신이 없기 때문에 생기며, 매우 혼란스럽기 때문에 생긴 것이다"라고 하였다. 또 "참된 도가 없어지자 인의가 생겼고, 지혜를 내세우자 간교함이 생겼고, 육친(六親)이 화목하지 않으니 효성과 자애가 생겼고, 국가가 혼란하니 충신이 생겼다." 인의· 간교함· 효성과 자애· 충신 등은 모두 퇴화의 산물인 것이다. 이 때문에 그는 "성인을 잊고 지식을 버리면 백성의 이익은 백 배가 되고, 인을 잊고 의를 버리면 백성은 다시 효성스러우며 자애롭게 된다. 간교를 부리지 않고 이익을 생각하지 않으면 도적이 없어진다. …… 소박함을 수용하고 사욕을 줄여야 하니 학문을 없애면 근심이 없을 것이다"라고 강력하게 주장하였다. 이러한 주장은 공자가 예교의 중요성을 강조한 데에서 비롯했을 것이다. 그래서 『노자』에서는 반대로 예교의 죄악성을 지적한 것이다.

2) 원시시대로의 복귀와 무정부주의

『노자』에서는 정치도 시대마다 다르다고 본다. 예컨대 "가장 좋은 것은 백성들이 정부가 존재한다는 사실만을 아는 것이다. 그 다음은 친근하게 느껴서 정부를 찬양하는 것이다. 그 다음은 정부를 두려워하는 것이다. 그 다음은 정부를 비방하는 것이다." 최상은 아무것도 하지 않는 정부이다. 백성들은 다만 정부가 존재한다는 사실만을 알 뿐이다. "백성들이 정부가 존재한다는 것을 안다〔下知有之〕"라는 구절을 어떤 책은 "백성들이 정부가 있다는 것을 모른다〔下不知有之〕"로 되어 있다. 이것은 곧 정부가 있다 하여도 정부가 없는 것과 같아서 백성들까지도 모른다는 것이다.

『노자』에서 유토피아는 "작은 나라에 적은 국민으로 …… 백성들이 다시 새끼줄을 매어서 의사를 소통케 하고, …… 이웃나라가 서로 바라다 보이고 닭과 개의 소리가 서로 들려올 만큼 가까워도 백성들은 늙어 죽도록 서로 왕래하지 않는다"는 것이다. 국가는 노예제 사회시대에야 비로소 출현한다. 노예제 사회시대에도 이미 문자가 있었기에 다시 새끼줄을 매어 사용할 수는 없다. '다시 새끼를 매어 사용한다'면 국가라고 할 수 없다. 장자의 인용과 해석에 의하면, 이 구절은 덕이 풍성했던 시대 즉 헌원씨·혁서씨·축융씨·복희씨·신농씨 등의 원시사회 시대를 가리킨다. 그래서 "당시에 백성들은 새끼를 매어서 사용했으니," "이와 같은 시대라면 매우 잘 다스려졌을 것"144)

---

144)『莊子, 胠篋』.

이라고 말한 것이다.

『노자』에서는 확실히 태고로의 복귀를 주장한다. 가령 "옛 도를 가지고 지금 세상을 다스린다면 근원을 알 수 있으니, 이것을 도의 다스림이라 한다." "무극(無極)으로 돌아간다." "소박함으로 돌아간다." "사물이 많고 성대하지만 각각은 그 근원으로 돌아간다"는 것이다.

3) 유일하게 여성화를 강조함

선진 제자백가와 중국 고대사상사 가운데에서 『노자』만큼 여성과 여성화를 주장한 것은 없다. 원시사회 시대는 여성중심 사회였다. 노예사회에 와서야 남성중심의 사회가 되었다. 여성은 어머니(母) · 암소(牡) · 암컷(雌) 등을, 여성화는 유약(柔弱) · 자(慈) · 정(靜) 등을 말한다.

어머니를 말한 경우: "이름이 있는 것은 만물의 어머니이다." "내가 유독 남과 다른 것은 어머니에게 양육되기를 바라는 것이다." "천하에는 시원이 있으니 천지 만물의 어머니가 된다." "나라를 얻는 어머니는 영원할 수 있다." "두루 행하여도 위태롭지 않으니 천하의 어머니라 할 수 있고 종신토록 위태롭지 않다." "그 어머니를 알면 그 아들을 알게 되고, 이미 그 아들을 알면 다시 그 어머니를 지킬 수 있으니, 종신토록 위태롭지 않다."

암소를 말한 경우: "암소는 늘 순종으로써 수소를 이기고, 순종으로써 낮은 곳에 자리한다." "현묘한 암컷의 문을 천지의 근본이라 한다."

암컷을 말한 경우: "수컷을 알고 암컷을 지킨다." "하늘의 문이 열리고 닫히는데 암컷으로 머물 수 있겠는가?."

유약(柔弱)을 말한 경우: "부드럽고 약한 것은 단단하고 강한 것을 이긴다." "부드러우면 강하다." "부드러움은 도의 작용이다." "천하에서 가장 부드러운 것이 천하에서 가장 강한 것을 마음대로 부린다." "단단하고 강한 것은 죽음의 무리요, 부드럽고 약한 것은 삶의 무리다.…… 강대한 것은 아래로 처지고, 부드럽고 약한 것은 위로 올라간다." "약한 것이 강한 것을 이기고, 부드러운 것이 단단한 것을 이긴다는 것을 모르는 사람은 없지만, 어느 누구도 행하지는 못한다.""(갓난애의) 뼈는 약하고 근육은 부드럽지만 움켜쥔 손은 단단하다."

자애로움을 말한 경우: "자애롭기 때문에 기를 수 있다." "자애로움으로 전쟁에 임하면 이기고, 지키면 견고하다. 하늘이 백성을 구할 때, 자애로움으로써 보호한다."

침착함을 말한 경우: "침착함은 조급함을 다스린다." "침착함은 성급함을 이긴다."

이상은 유가사상과 뚜렷하게 대비되는 것이다. 유가와 도가를 함께 말하거나 또는 『역전(易傳)』을 노자사상이라고 생각하는 사람들은 종종 이러한 면을 주의하지 않은 것이다.

장자

장자는 이름이 주(周)이고, 송나라 몽(蒙: 지금의 하남 상구의 동북쪽) 출신이다.

전국시대 중기에 태어났으므로 대략 맹자와 같은 시대이나 서로가 알지 못했다. 일찍이 칠원(漆園)의 관리를 지냈고, 초나라 위왕이 값진 폐백을 갖추어 재상으로 불렀지만 그의 제의를 받아들이지 않았다. 노자와 더불어 노자의 자연주의와 상대주의를 발전시켰고, 유가의 종법예교사상을 반대하였다.

1) 인의예악의 한계성을 지적하다.

첫째, 시간성. 고금의 차이는 마치 바다와 육지의 차이와 같으며, 주왕조와 노나라의 차이는 마치 배와 수레와 같다. 노나라에서 주왕조의 제도를 시행하는 것은 마치 땅 위에서 배를 가게 하는 것과 같다. "제왕들은 선양에 있어서 그 방법을 달리하였고, 삼대의 왕들은 계승에 있어서 그 방법을 달리했다. 그 시대와 세속을 역행하는 사람을 찬탈자라 하고, 그 시대와 세속을 따르는 사람을 의로운 사람이라 한다." "옛날 요와 순은 선양을 통하여 제왕이 되었지만, 자지(子之)와 자쾌(子噲)는 선양을 하다가 왕위를 잇지 못하였다. 탕왕과 무왕은 각각 전쟁으로 왕이 되었지만 초나라의 백공은 왕위를 다투다가 죽었다. 이것으로 본다면, 선양 또는 쟁탈의 예법, 요(堯) 또는 걸(桀)의 행위 등에 대한 가치 평가는 시대에 따라 변하는 것이지 결코 불변하는 것이 아니다."145)

둘째, 공간성. 예컨대 송나라 사람이 월나라에 가서 모자를 판다고 하여도 월나라 사람들은 머리를 자르고 몸에 문신을 하였기 때문에 그것이 소용 없다.

셋째, 신분적 차별성. "허리띠를 훔친 자는 사형을 당하고, 나라를 훔친 자는 제후가 된다. 그러나 그 제후의 집안에는 인의가 존재한다."146) 나라를 훔친 큰 도둑은 제후가 되어 인의를 사칭하고, 허리띠를 훔친 좀도둑은 사형을 당하면서 악명을 뒤집어 쓰니, 시비의 전도가 너무도 불공평하지 않은가!.

넷째, 미추의 차별성. 예컨대 서시(西施)가 가슴앓이로 얼굴을 찡그리면서 다니자, 그 마을의 추녀가 서시의 찡그린 모습을 보고 아름답게 여겨 집에 돌아와서는 가슴을 부여잡고 찡그리고 다녔다. 그러나 마을 사람들은 그녀가 너무 추해서 차마 쳐다보지 못했다.147)

다섯째, 종족의 차별성. 예컨대, 비록 미인이 사람들의 사랑을 받는다 하더라도 물고기나 새·사슴에게는 사랑을 받지 못한다. "이 넷 가운데 누가 참된 아름다움을 아는가?" 사람들은 가축의 고기를 먹고, 사슴은 풀을 먹고, 지네는 뱀을 즐겨 먹고, 올빼미는 쥐를 즐겨 먹는다. "이 네 가지 가운데 어느 누가 올바른 맛을 알까?"148)

원숭이는 주공의 옷을 입지 않고, 바닷새는 노나라 제후의 음식을 먹지 않는다. 장자는 이러한 몇 가지 예들을 제시하여 모든 것이 한계성을 가지며 보편적인 기준이 없다는 것을 증명하였다.

---

145) 『莊子·秋水』.
146) 『莊子·胠篋』, 『莊子·盜跖』.
147) 『莊子·天運』.
148) 『莊子·齊物論』.

2) 자연적인 도덕을 요구하고 인위적인 인·의·예·악을 배제함

장자는 태고 시대의 도덕은 자연적인 것이었으나, 황제·요·순 이후, 더욱이 삼대 이후의 인·의·예·악은 모두가 인위적인 것으로 사람들로 하여금 자유롭지 못하게 하는데 사용되었다고 생각하였다.

앞의 것은 '진성(眞性)'으로 '그 성명(性命)의 정(情)에 맡기는' 것이고, 뒤의 것은 '사물로써 그 본성을 바꾸는' 것이고 '생명과 본성을 해치는' 것이다. 만약 이러한 척도로써 말한다면, 도와 덕은 최상이 되고, 인·의·예·악은 아래가 되며, 그중 예가 가장 낮은 것이 된다. "도란 언어로써 얻을 수 있는 것이 아니며, 덕이란 인위적인 노력으로 얻어지는 것이 아니다. 그런데 인이란 인위적으로 할 수 있고, 의란 인륜을 훼상하고, 예란 서로 속이는 것이다. 그래서 옛말에 '도가 상실된 뒤에 덕이 생기고, 덕이 상실된 뒤에 인이 생기고, 인이 상실된 뒤에 의가 생기고, 의가 상실된 뒤에 예가 생겼다' 하였으니 예란 도의 꾸밈이요, 혼란의 근원이다."[149]

예는 왜 가장 낮게 평가 되는가? 그것은 예가 아주 엄밀하게 등급을 구분하기 때문이다. 반면 도는 귀천을 구분하지 않기 때문이다. "지나치게 가까이하는 것도 없고, 지나치게 멀리하는 것도 없이 오직 자신의 덕을 지키고 온화한 자세로 천하에 순응하니 이것을 일러 진인(眞人)이라 한다."[150]

"예란 세속적인 행위이며, 진(眞)이란 하늘로부터 받은 것이다."[151] 이 두 가지는 근본적으로 대립된다. "도와 덕이 있는데 인의가 무슨 소용이며, 타고난 성정이 있는데 예악이 무슨 소용이 있겠는가?" 따라서 그는 이른바 후대의 성인에게 그 죄를 돌린다. "도와 덕을 해쳐서 인의로 만든 것은 성인의 잘못이다." "예악으로써 몸을 굽혀 천하 사람들을 바로잡으려 했고, 인의를 높이 추켜 세워서 천하 사람들의 마음을 달랬으니, 그로부터 순박했던 백성들은 비로소 자신을 과장하면서 지혜를 즐겼다. 결국은 앞을 다투어 이익을

---

149) 『莊子·知北遊』.
150) 『莊子·徐无鬼』.
151) 『莊子·漁父』.

추구하느라 아무도 제지할 수 없는 혼란에 이르고 말았으니 이것 또한 성인의 죄이다." '성인'과 '도척'은 똑같이 성(聖)·용(勇)·지(知)·인(仁)과 같은 도를 가지고 있다. "성인이 천하를 이롭게 한 것은 적고, 천하를 해친 것이 많을"뿐만 아니라 "성인이 죽지 않는 한 큰 도둑은 그치지 않고, 성인을 의지하여 천하를 다스린다 하여도 이것은 곧 '도척'과 같은 큰 도둑을 이롭게 하는 것이다." "천하가 흐리멍텅하여 어지러운 것은 지혜를 즐기는데 그 죄가 있으니," "성인과 지혜를 버려야 천하가 잘 다스려진다."152)

3) 어떠한 차별적 명분과 의리도 모두 그 반대로 나아갈 수 있다

장자는 지극히 잘 다스려진 세상에는 어떠한 명분과 의리의 차별도 없다고 생각했다. "지극히 잘 다스려진 세상에서는 현자를 떠받들지도 않고, 유능한 사람을 부리지도 않으며, 위에 있는 군주는 높은 나뭇가지처럼 영화에 무심하고, 백성들은 들에 사는 사슴처럼 제풀로 자란다. 사람들은 행위가 단정해도 그것이 의인지 모르고, 서로 사랑하면서도 그것이 인인지도 모르고, 성실하면서도 그것이 충인지 모르고, 진실하면서도 그것이 믿음인지 모르고, 잠자코 서로 도우면서도 그것이 은혜인지 모른다."153) 이것이 바로 "지극한 인은 어질지 않고,"154) "지극한 인은 친함이 없다"는 것이다. 부자가 서로 친하다면 호랑이나 여우와 같을 것이다. "일반적으로 효제·인의·충신·정렴(貞廉) 따위는 억지로 인성을 교정하여 그 타고난 본래의 덕성을 수고롭게 하는 것이기 때문에 결코 권장할 것이 못된다."155) 심지어 "지극한 즐거움이란 즐거움이 없는 것이요, 지극한 영예란 영예가 없는 것이니," "사심이 없다는 것은 사심이 있기 때문이다"156)라고 말할 수 있다. "백성을 사랑하는 것이 백성을 해치는 시원이고, 의를 위해 전쟁을 중지하는 것이 전쟁을 일으키는 근

---
152) 『莊子』의 「騈拇」, 「馬蹄」, 「在宥」, 「繕性」, 「盜跖」 등에서 볼 수 있다.
153) 『莊子·天地』. 아울러 『莊子·庚桑楚』를 참조하시오.
154) 『莊子·齊物論』.
155) 『莊子·天運』.
156) 『莊子·天道』.

본이다." 세상에는 근본적으로 '보편적인 옳음'이 없으니, 그것은 단지 '각각 그 옳다고 여기는 것을 옳다'고 하는 것일 뿐이다.

4) 시세에 맞추어 변화하는 것과 태고로 복귀하는 것의 모순

장자는 "변화는 한결 같고, 옛것을 고집하지 않는 까닭에 일정"하며, "예의나 법도는 때에 합당하게 변하는 것."이라고 말한다. 예의와 법도 뿐만 아니라 만물의 삶 역시 "말이 달리는 것처럼 변하지 않는 것이 없으며, 때에 따라 이동하지 않는 것이 없다."[157] 장자는 모든 것이 변화하므로 옛것을 고집한다는 것이 옳지 않다는 것을 알면서도, 왜 정작 자신은 원시시대의 회복을 일방적으로 강조하면서 모든 것이 '덕이 점점 쇠퇴하듯' 시대가 갈수록 잘못되고 있다고 한탄하는가? 이것이 장자사상 자체의 모순이요, 또 변증법과 형이상학의 모순이기도 하다.

제5절 군주가 백성과 함께 농사 지을 것을 주장한 농가(農家) 허행(許行)

허행은 전국시대의 농가로서 맹자와 같은 시대 사람이다. 전설에 의하면 고대의 성왕인 신농씨는 최초의 중농(重農)주의자인데, 허행은 신농씨의 말을 자신의 가치기준으로 삼았다. 그와 그의 무리 수십명은 모두 거친 옷을 입고 짚신과 자리를 만들어 생활을 유지하였다. 그들은 직접 농사를 지어서 밥을 먹고, 의복·관·솥·농기구 등은 모두 곡식으로 바꾸어 마련하였다. 그들은 교환하는 물품에 있어 그 수량만을 헤아리고 그 질은 따지지 않았는데, 이는 원시시대적인 것이었다. 허행의 저작은 전하지 않고, 그의 행적은 『맹자·등문공상』·『한서·예문지』 등에만 보이는데, 그 글 역시 많지 않다.

허행의 가장 중요한 사상은 무군(無君)주의로 군주와 백성이 함께 농사를

---
157) 『莊子·秋水』.

지어서 각자 자신의 힘으로 살아야 한다는 것이다. 군주는 백성과 절대 평등하고 같이 생활한다. 그래서 개개인 모두는 군주와 평등하기에 군주라 부를 것도 없으며, 근본적으로 어떠한 귀천·빈부의 불평등도 발생할 수가 없다. 이것이 곧 그의 최대 이상이다.

대략 허행의 사상이 유가·묵가·도가·법가와 다른 점을 지적해 보겠다.

1) 긍정성

① 허행은 농가의 창시자로서 몸소 모범을 보였다. ② 유일하게 육체노동에 종사하였다. ③ 스승과 제자가 함께 어려움을 감내하며 단체생활을 하였다. ④ 실제로 스스로 노동하여 생활하였다. ⑤ 물가를 책정할 때 양을 논하고 질은 논하지 않았다. 이것의 긍정적인 면은 빈부의 불평등에 이르지 않는다는 것이다. 예컨대 금·은과 농산물을 교환할 경우, 무게가 같으면 그 가격은 같다. 금·은은 식용이 될 수 없지만 농산물은 식용이 될 수 있으니, 결국 금·은은 농산물만 못하다. 이것은 농민의 천진난만한 생각으로, 귀족인 지주로서는 생각할 수 없는 것이다.

2) 부정성

① 분업이 없다. ② 물건으로 물건을 교환한다. ③ 물가 책정에 있어 양을 논하고 질은 논하지 않음으로 결과적으로 모든 사람으로 하여금 쉬운 일, 중요한 일, 좋은 일만 하게 하고 어려운 일, 사소한 일, 나쁜 일은 꺼리도록 한다. 이러한 사회는 오랫동안 존속하거나 발전할 수 없다.

허행은 유일무이한 그리고 더할나위 없는 농민 평등주의이며 무군주의자이다. 계급과 등급에서 최고인 군주권조차도 소멸되어야 한다고 생각하였으니 그밖에 귀천·빈부·친소·남여 등의 차별이 있을 수 있겠는가? 그가 비록 드러내놓고 종법예교를 통렬하게 비난하지는 않았지만, 실제로는 선진과 한대 이후 종법예교의 사상을 반대한 사람 가운데 그보다 뛰어난 사람은 없다.

제6절 '식색(食色)은 천성'임을 주장한 고자

부제: 양사본(楊思本) 등의 식색에 관한 주장

"타고난 것이 본성이다." "식색은 본성이다." 고자는 중국사상사에서 가장 먼저 "식색은 사람의 천성"이라고 말하였다. 그는 위선적인 군자나 도학자, 예교가, 청교도에 비하여 성실하고 격이 높다. 『예기』에서 "음식과 남녀 관계, 바로 그것에 인간의 근본적인 욕망이 있다"라고 말한 것은 바로 고자가 간단히 말한 것을 자세히 말한 것이다. 명대의 양사본은 다시 해석하여 말하기를 "식색에는 가르침이 필요 없다. 가르침이 필요 없는 것은 자연이다. …… 천하에 여색을 얻지 않고자 하는 사람은 없고, 또한 여색을 보고 기뻐하지 않는 자도 없으니 기뻐하는 것은 생명 있는 것이 태어나면서부터 가지고 있는 것이다. 기뻐하지 않는 사람도 있지만 그것은 잘못된 것이 아니면 쇠약하기 때문이다"[158]라고 하였다.

당인(唐寅) 역시 "식색은 본성이라고 옛 사람들은 말하였는데, 지금 사람들은 바로 이것을 부끄럽게 생각한다"[159]라고 말하였다. 내가 생각하건대 '색'이란 인류에게는 바로 남녀의 관계이며 결혼이고, 동물에서 짐승에게는 빈모(牝牡)요, 새와 곤충에게는 자웅(雌雄)이며, 식물에게는 암술과 수술이다. 이성간의 결합과 교배는 생물계에서는 예외가 없다. 인간도 생물 가운데 하나이다. '절욕'·'무욕' 등의 설은 모두 자기와 남을 기만하는 거짓말이다. 이러한 상식마저도 없다면 다시 어떤 이치가 있겠는가? 단지 고자와 맹자가 모두 스스로 '부동심'에 이를 수 있다고 하지만 이것은 자기 모순이다. 인간은 손발이나 신체를 움직이지 않을 수 있을 뿐, 마음이 동요되지 않을 수는 없다. 단지 욕심을 적게 하거나 절제할 수는 있어도 욕심을 끊거나 없앨 수는 없다. 홀아비나 과부 그리고 독신주의의 남녀 및 불교의 승려 등도 모두 예외가 될 수 없다. 위선적인 도학자와 군자들만이 자신과 남을 속일 수 있다.

---

158) 楊思本『榴館初函集選』.
159) 唐演『六如居士全集』권1.

서양은 중국에 비하여 상황이 좋다고 하지만 그 회화와 조각을 보면 역시 여자가 많고 남자는 적다. 이것은 남자가 여체를 감상하고 싶어하듯 여자 역시 인체를 감상하고 싶어한다는 사실을 아직 모르는 것이다. 인체 미술에서 보면, 인욕이 천성으로부터 나오는 것은 남녀가 똑같다. 중국의 예교에서는 남자가 성욕을 말하는 것은 허용하지만 여자가 성욕을 말하는 것은 허용하지 않는다. 이것은 실로 매우 야만적이고 비합리적인 것이다.

제7절 전기 법가인 상앙(商鞅)은 법치로써 유가의 예치를 반대하였다

상앙은 대표적인 전기 법가이다. 그는 전국시대 중기에 태어났고, 위공(衛公)과 동족이기에 위앙(衛鞅) 또는 공손앙(公孫鞅)이라 불리웠다. 그는 진(秦)나라에 가서 효공(孝公)을 도와 21년 동안 정치를 하였고, 변법(變法)을 실행하여 진나라가 노예사회로부터 봉건사회가 되도록 하였으며, 나라와 군대를 부강하게 하여 6국을 통일하는 기반을 닦았다.

그는 상군(商君)에 봉해졌기 때문에 상앙이라 불린다. 효공이 죽은 뒤에 피살되었다. 저서에는 『상군서(商君書)』가 있다. 한비는 그를 관중(管仲)과 함께 '상관의 법'이라 불렀다. 『상군서』가 반드시 상앙의 저서는 아니지만 『관중(管子)』에 비하면 믿을 만하고, 한비의 사상에 비해서 단순하기도 하여 현존하는 법가의 전형적인 저작이다.

상앙은 법치로써 예치를 반대하였는데, 주요 내용은 다음과 같다.

1. 전통적인 예교를 폐지함

『상군서』는 전통예교를 반대하여 곳곳에서 유가의 예악을 통렬히 비난하고 있다. 「근령(靳令)」편은 예·악·『시』·『서』·수선(修善)·효제·성신(誠信)·정렴(貞廉)·인·의·비병(非兵)·수전(羞戰)을 '육슬(六蝨)'이라 비판하였다. 「거강(去强)」편은 예·악·『시』·『서』·선(善)·수(修)·효·제·염(廉)·변(辯) 10항을 반대하였다. 「농전(農戰)」편도 10항인데 다만 '효제'가 없고 '인혜(仁慧)'가 있다. 「상형(賞刑)」편은 단지 박문(博聞)·변혜(辯慧)·신렴(信廉)·예악·수행·군당(群黨)·임예(任譽)·청탁(淸濁) 8항으로 되어있다. 고형(高亨)은 '수선'은 하나인데, 「거강」한 편에서만 다른 것과 달리 원문을 나누어 둘로 한 것은 옮겨 적을 때의 잘못이라고 하였다. 그러나 현재로서는 고증할 방법이 없다. 이러한 것들은 모두 유가에서는 미덕이지만, 상앙은 이것에 대하여 심하게 불만을 표시했다. 그는 말했다. "앞 세대의 가르침이 같지 않으니 어떤 옛법을 따르겠는가? 제왕이 서로 같은 예를 반복하지 않았으니 어떤 예를 따르겠는가? 복희·신농은 가르쳤지만 죽이지는 않았고, 요·순은 죽였지만 처·자식을 노예로 삼지는 않았다.

문·무왕은 각각 시대에 맞게 법을 세우고, 사건에 따라 예를 제정하였다. 예법은 시대에 따라 결정되고, 법령도 각 시대의 마땅함에 따라 제정되며, 병기와 갑옷과 기물과 비품도 각기 자기네 것을 편리하게 여긴다. 따라서 나는 '세상을 다스리는 방법은 한결같지 않으니 나라를 다스림에 반드시 옛것을 본받을 필요가 없다'고 말한다. 탕왕이나 무왕의 경우 옛것을 따르지 않았지만 흥기하였고, 은나라와 하나라는 예를 바꾸지 않았기 때문에 망한 것이다. 그래서 옛것을 따르지 않는다 하여 반드시 잘못은 아니며, 예를 따르는 것은 대단한 것은 아니다."[160]

2. 귀족의 각종 특권을 폐지함

상앙의 변법은 그 당시로는 매우 철저한 것이었다. 아래에 열거한 몇 가지 문제는 더욱 그렇다.
① 공로없이 귀족에게 땅 주는 것을 폐지한다. 종실에게 군사적 공적이 없다면 혈통관계라고 하여도 봉록을 줄 수 없다.

---

[160] 『商君書·更法』.

② 귀족의 자제 세습을 폐지한다. 다만 군주의 적통은 예외로 한다.
③ 귀족이 죄를 짓더라도 형벌을 면제하던 제도를 폐지한다. 예컨대 "예는 일반백성에게 미치지 않고, 형벌은 군사적 대부에게 적용하지 않는다"와 같은 것을 폐지한다. 태자가 죄를 지었을 경우에도 그 스승이 형벌을 받아야 한다. 진정 군주를 계승할 사람을 제외하고는 모든 사람이 평등해졌다.
④ 대가족 제도를 폐지한다. "한 집안에 두 명 이상의 남자가 있을 경우 분가하지 않으면 세금을 두배로 물린다." 이것은 유가가 주장하는 삼강·오상의 예교에서 보면 불리한 것이다.

총괄하면, 법가인 상앙이 진나라를 다스린 정치적인 업적은 유가인 공구가 노나라를 다스린 정치적 업적과 비교할 수 없다. 상군은 나라를 크게 변혁시켜 부강하게 하였지만, 공자는 단지 모든 일에 예를 지켜서 옛 질서를 지켰을 뿐이다.

제8절 유가의 삼순(三順)주의를 찬양한 후기 법가 한비(韓非)

한비는 전국 말기 한(韓)나라 공자다. 이사(李斯)와 함께 순경(荀卿:荀子)에게 배웠는데, 이사는 스스로 한비만 못한 것을 부끄럽게 여겼다. 한비는 한나라가 쇠약해지는 것을 보고 늘 한왕에게 글을 올렸지만 한왕은 그를 등용하지 않았고, 이 때문에 한비는 책을 써서 그의 학설을 완성하였다. 어떤 사람이 그 책을 진(秦)나라에 전하자 왕이 그 책을 보고는 그를 만날 수 없음을 유감으로 생각하였다. 진나라는 한비를 얻고자 한나라를 기습하였고, 그리하여 한나라가 한비를 진나라에 사신으로 파견하였지만 결국 한비는 이사의 음모로 피살되었다.

1. 전대를 계승하고 후대를 계도한 삼순설

한비는 "내가 듣기로 '신하는 군주를 섬기고, 아들은 아버지를 섬기며, 아내는 남편을 섬긴다'고 하였다. 이 세 가지가 순조로우면 천하는 다스려질 것이고, 이 세 가지가 어긋나면 천하가 혼란스러울 것이다. 이것은 천하의 상도이니, 명철한 군주와 현명한 신하라 하더라도 바꾸지 못할 것이다"[161]라고 말하였다. 이것은 한비가 유가인 순자에게서 들은 것이다. 이 삼순설(三順說)은 위로는 공자의 삼정(三正)을 이은 것이고, 아래로는 동중서의 삼강(三綱)을 계도한 것이다. 삼정·삼순·삼강은 이름은 다르지만 내용은 같다. 이 삼순설로써 한비와 공자 그리고 동중서를 비교하면 같은 것이 대부분이고 다른 것은 적다. 다른 점은 유가는 충효를 함께 중시하였지만 한비는 효보다 충을 중시하였다는 것이다.

2. 절대왕권의 관권론

한비는 모든 것이 권력과 세력에 달려 있고, 현명하고 어리석음에 있지 않다고 생각한다. 그는 "군주가 존중받는 까닭은 권력이고,"[162] "세력은 군중을 제압하는 근거이며,"[163] "위세(威勢)란 군주의 근본적인 힘이다"[164]라고 말한다. 예컨대 걸(桀)이 권력과 세력을 얻는다면 천하를 다스릴 수 있는 것이고, 요(堯)라 하더라도 권력과 세력이 없다면 제 집안조차도 바로 잡을 수 없는 것이다.[165]

공자는 성인이지만 그를 따른 자는 70명 뿐이었고, 그나마 인의가 있는 사람은 한명 뿐이었다. 노나라 애공은 시원찮은 임금이었지만 남쪽을 향해 앉아 나라를 다스렸기 때문에 국경 안의 백성 가운데 신하 아닌 자가 없었다. 그래서 공자는 오히려 그의 신하에 지나지 않았지만 애공은 군주였다.

---

161) 『韓非子, 忠孝』.
162) 『韓非子, 心度』.
163) 『韓非子, 八經』.
164) 『韓非子, 人主』.
165) 『韓非子, 功名』 及 『韓非子, 難一』, 『韓非子, 難勢』.

이것은 바로 요즘 사람들이 말하는 "정권을 잡으면 곧 모든 것을 가지게 된다"는 것과 같다.

한비는 '임금을 옳게 여겨야 하며 군주에게 반대해서도 안되고, 군주를 전복시켜서도 안된다'라고 주장한다. "요·순·탕·무왕은 군주와 신하의 올바른 관계를 해쳐서 후세의 가르침을 어지럽게 하였다. 요는 군주로서 그 신하를 군주로 삼았고, 순은 신하로서 그 군주를 신하로 삼았다. 탕왕과 무왕은 신하로서 그 군주를 죽이고 그 시체에 형벌을 가했지만 천하가 그들을 칭송했다. 이러한 사실들이 천하가 지금까지 다스려지지 못한 까닭이다."[166]

한비는 천하가 다스려지지 못한 까닭이 모두 군주와 신하의 지위가 유지될 수 없었기 때문이라고 하였다. 그래서 군주라면 그가 평범한 군주든, 괜찮은 군주든, 형편없는 군주든 모든 신하와 백성은 반드시 그에게 충성을 다해야 한다고 생각한다.

한비는 군주와 신하와 백성의 지위를 군주는 수레에, 신하는 말에, 백성은 수레바퀴에 비유하였다. 즉 군주는 수레를 탄 사람이고, 신하는 수레를 끄는 말이고, 백성은 수레 아래 있는 바퀴이다. 군주를 항아리에, 백성을 물로 비유한 적도 있다. "항아리가 네모나면 물도 네모나고, 항아리가 둥글면 물도 둥글다."[167] 이것은 바로 '군주는 배와 같고, 백성은 물과 같다. 물은 배를 띄울 수도 있지만 엎을 수도 있다'는 상식과는 상반되는 것으로 진실로 편협한 군권론자의 이치에 닿지 않는 말일 뿐이다.

또 그는 군주를 연못에, 신하를 물고기에 비유하여 "물고기가 연못으로부터 벗어나면 다시 돌아갈 수 없다"[168]라고 한 적이 있는데, 이것 역시 이치에 어긋나는 말로써 군주가 연못이고 신하가 물고기라는 이 비유는 서로 전도된 것이다.

한비는 군주와 신하를 두 명의 능숙한 마부로서 비유한 적도 있다. "왕량과 조부의 재주로도 함께 고삐를 잡고 말을 몰면 말을 부릴 수가 없다. 군주

---

166) 『韓非子. 忠孝』.
167) 『韓非子. 外儲說左上』「壺」作「盂」是孔子說的.
168) 『韓非子. 內儲說下』.

가 어찌 권력을 그 신하와 함께 하여 다스릴 수 있겠는가?"[169]

3. 남편과 남성의 절대권론

한비는 절대군주권을 주장했을 뿐 아니라 나아가 절대군주권 아래에서 다시 절대남권과 절대부권을 주장하였다. 개괄하면 그는 남녀의 차별을 강력히 주장한다. 자연적인 측면에서 볼 때, 여자는 남자보다 쉽게 노쇠하고 노동력도 역시 상대적으로 열등하기 때문에 남녀는 평등할 수 없다. 제도적인 측면에서 보면, 정치에서 여자는 국정에 참여할 수 없고, 경제에서 여자는 재산을 가질 수 없다. 다만 개인적으로 조금씩 모을 수 있을 뿐이다. 도덕적으로는 신하가 군주를, 자식이 아버지를 섬기는 것처럼 아내는 남편을 섬겨야 한다. 뿐만 아니라 남편은 아내를 내쫓을 수도 있다. 이러한 면에 관하여 나는 『중국고대학술사상사론』에서 이미 그것을 언급한 바 있다.

4. 처와 첩, 적자와 서자를 엄밀히 구별함

한비는 여자들과 자식들 가운데에서도 등급을 엄격히 구분하였다. "본처와 애첩에 등급이 없다면 반드시 적자가 위태롭게 된다."[170]
"서자 가운데 적자에 필적하는 자식이 있고, 배필 가운데 본처에 필적하는 첩이 있고, 조정에서 재상에 필적하는 신하가 있고, 신하들 가운데 임금에 필적하는 총애받는 신하가 있는 것, 이 네 가지는 나라를 위태롭게 하는 경우들이다. 그러므로 옛말에도 '애첩이 왕비에 비견되고, 총애받는 신하가 집정자와 권력을 함께 하며, 서자가 적자에 짝하고, 대신이 임금에 견주는 것은 혼란의 근원이다' 라고 하였다. 그러므로 『주기(周記)』에서 '첩을 높임으로써 본처를 천대하지 말 것이며, 적자를 서자 취급함으로써 서자를 높이지 말 것이며, 총애하는 신하를 높여 대신과 같은 격으로 대하지 말 것이며, 대

---
169) 『韓非子, 外儲說右下』.
170) 『韓非子, 愛臣』.

신을 높여 그 임금과 비슷하게 해서는 안된다'고 하였다."171)

비(婢) 역시 애첩에 포함되는데, 만약 비첩의 지위를 올려서 그들의 말을 듣는다면 나라를 망칠 수 있는 것이다.

5. 귀천과 현우를 엄격히 구별함

한비는 "귀한 신분과 천한 신분이 서로 그 분수를 넘지 않고, 어리석은 자와 지혜로운 자가 동등하면 훌륭한 정치이다"172)라고 생각하였다.

군주가 신하를 등용하는 것이 마치 "닭에게 밤을 지키게 하고, 삵괭이에게 쥐를 잡도록 하는 것처럼 모두 그 능력에 따라 기용한다면 군주는 할 일이 없다."173)

"신하는 월권하여 공을 세울 수 없다.…… 월권하면 사형에 처한다"174)고 하였다. 이것은 본직과 본분을 넘어서면 공적이 있더라도 사형에 처한다는 것이다. 심지어 모든 신하들은 업무를 정확히 수행하여 과오를 범하지 않아야만 살아남을 수 있다고 생각하였다. "사리를 충분히 알지도 못하면서 말하는 것은 지혜롭지 못한 것이요, 알면서 말하지 않는 것은 충성스럽지 못한 것이다. 신하로서 충성스럽지 못하면 마땅히 사형에 처해야 하며, 또 말한 것이 합당치 못하면 역시 사형에 처해야 한다"175)라고 말하였으니, 극단적인 군주의 통치 아래에서 신하가 목을 보존하다 죽는 것도 쉬운 일이 아니다.

6. 집안과 나라, 효와 충이 양립하지 않음

한비는 때로 유가처럼 충과 효를 함께 거론한다. 예컨대 "자식으로서 언제나 남의 아버지를 항상 칭송하는 것은 …… 그 아버지를 비방하는 것이다.

---

171) 『韓非子, 說疑』.
172) 『韓非子, 有度』.
173) 『韓非子, 揚權』.
174) 『韓非子, 二柄』.
175) 『韓非子, 二柄』.

신하로서 언제나 선왕의 후덕함을 칭송하며 그렇기를 바라는 것은 …… 그 임금을 비방하는 것이다." "그렇기 때문에 오늘날 아들들 가운데에는 그 아버지의 집안을 훔치는 자가 있고, 신하들 가운데에는 그 임금의 나라를 훔치는 자가 있다. 아버지가 아들에게 양보하고, 군주가 신하에게 양보한다면, 이것은 지위를 정립하고 교화를 통일하는 방법이 아니다."176)

그러나 이것이 그의 취지는 아니다. 그의 취지는 임금에게 충성하는 것과 아버지에게 효도하는 것이 양립할 수 없다는 것이다. "임금에게 정직한 신하가 아버지에게는 못된 자식이 될 수 있고, …… 아버지에게 효성스러운 자식이 임금에게는 배신하는 신하가 될 수 있다."177)

한비가 생각하기에 나라는 공적인 것으로 각각의 집안에 공통되는 것이며, 나라 전체에는 오직 한 임금이 있을 뿐이다. 집안이란 사적인 것이고 각각의 집안에는 모두 그 아버지가 있으니, 온 나라에는 무수한 아버지가 있다. 그렇기 때문에 반드시 임금에게 충성하는 것이 아버지에게 효도하는 것보다 중요하고, 나라를 사랑하는 것이 집안을 사랑하는 것보다 중요하다. 따라서 유가에서 주장하는 것처럼 임금과 아버지가 함께 중요하며 효성이 곧 충성일 수는 없다.

부록: 유가의 예교를 중시한 진시황(秦始皇)

진시황과 한비는 비록 유가를 반대했지만 유가의 예교는 중시하였다. 진동원(陳東原)은 '진나라는 예법을 매우 중시하였다'는 것을 논하면서 "어떤 사람은 진시황이 법가의 지대한 영향을 받아 남녀간의 구별을 중시하는 윤리를 알지 못하였다고 말한다. 이는 유가의 관념으로 법가는 이것을 도리어 매우 경시하였다"178)라고 말하였는데, 이것은 사실이 아니다.

군주・남자・남편・적자・어른을 높이고 신하・여자・아내・서자・아이를

---

176) 『韓非子, 初見秦』.
177) 『韓非子, 忠孝』.
178) 『韓非子, 五蠹』.

낮추는 것은 한비와 유가인 공자와 맹자가 완전히 일치하는 것이지만, 한비가 나라를 중시하며 집안을 가볍게 여기고, 임금을 중시하며 아버지를 가볍게 여긴 점이 유가에서 나라와 집안을, 군주와 아버지를 함께 중시하는 점과 다르다는 것을 모르고 한 말이다. 진시황도 한비와 같이 생각하였다. 그가 수많은 후궁을 거느린 것은 남자를 높이고 여자를 낮추어 본 것이 아닌가? 죽음에 임하여서 장자 부소(扶蘇)를 불러 자리를 계승시키고자 하였으니 적자를 높이고 서자를 낮추며, 어른을 높이고 아이를 낮춘 것이 아닌가? '안과 밖의 경계를 긋고 거리를 두는 것'이 남녀를 차별하는 것이 아닌가?

'남녀차별의 윤리'는 유가와 법가가 일치한다. '자식이 있다 해도 시집을 갈 수 있다. 죽은 자를 저버리는 것은 바르지 않다.' '남편이 하는 일없이 놀면 죽여도 죄가 되지 않는다.' 이와 같이 일반 백성들의 부부에 대해서는 진시황이 유가와 한비에 비하여 조금은 평등하게 양쪽을 함께 고려하였다.

진인각(陳寅恪) 역시 "유가는 본래 고대에 전장(典章)과 학술을 맡았던 전문가였다. 이사는 순경의 학문을 전수받아 진나라의 정치를 도왔다. 진나라의 법제는 실제로는 유가 일파의 학설을 따른 것이다.…… 한 왕조는 진나라의 문화제도를 이어 받아서 그 관직 제도·법률을 답습하였다. 진(晉) 왕조 이후에는 법률과 예경(禮經)을 같이 지칭하였으니, 유가의 『주관(周官)』의 학설이 모두 법전에 편입되었다"고 말하였다.

제 2 장

중국 유가예교사상의 독존적인 시대 — 한·당

제1절 예교가 구체화된 대소대(大小戴)
『예기』·『효경』·『역전』

지금의 『예기(禮記)』에는 대대(大戴)와 소대(小戴) 두 종류가 전하는데, 그 내용의 대부분은 같다. 『효경』은 『예기』 가운데 한 편으로 볼 수 있다고 말하는 사람이 있는데, 내가 볼 때, 『역전』 역시 『예기』의 일부분으로 볼 수 있다. 남녀간의 차별을 분명히 하고, 등급을 엄격히 한 것들이 똑같다.

『예기』의 내용은 그 대부분이 공자의 유가를 근본으로 하고, 거기에 다시 구체화된 예교의 논조를 덧붙인 것이다. 대개 공자는 백성들이 예를 가장 중요하게 생각하여야 하며, 모든 신명(神明)·형정(刑政)·사회·가정 등은 예 없이는 이루어질 수 없으며, 사람이 짐승과 다른 이유도 예에 있다고 생각하였다고 한다.

『예기』는 주로 군권·부(父)권·부(夫)권 등 여러가지 조항을 규정한 것이다. 나누어 말하면, 군주는 모든 신민의 주인이며, 아버지는 아들의 유체(遺體)이고,[1] 남편은 아내의 주체(主體)이다.

달리 말하면 군주는 온 나라의 가장 큰 주인이고, 아버지는 온 집안의 중간 주인이며, 남편은 처첩의 작은 주인이다. 윗계층은 아랫계층을 통치하고,

---

1) 아들은 아버지의 유체(遺體)라고 해야 함.

아랫계층은 윗계층의 통치를 받는다. 군주는 천·지·아버지·스승을 겸하며, 다른 사람을 지배할 뿐이지 지배받지는 않는다. 아버지는 위로 군주의 지배를 받지만 아래로는 온 집안을 지배한다. 그래서 가군(家君)이라고 부른다. 남편은 위로는 군주와 아버지에게 지배를 받지만 아래로는 그 처첩을 지배할 수 있다. 그래서 남편을 부군(夫君) 또는 부주(夫主)라고 부른다.

처첩은 군주와 아버지와 남편에게 지배만 받고 다른 사람을 지배할 수는 없다. 물론 처첩이 있고 노비가 있는 집안에서는 당연히 아내도 첩을 지배할 수 있고, 첩도 노비를 지배할 수 있다. 총괄하면 봉건사회에서 군주·아버지·남편 등은 '지배계층'이고, 신하·자식·아내는 어떤 의미에서는 '피지배계층'이다. 앞의 세 계층은 천당에 오른 것이고, 뒤의 세 계층은 지옥에 떨어진 것이다. 군주·아버지·남편 삼자는 모두 남자다. 따라서 『예기』와 『역전』은 남자가 여자를 통치하는 교본이 되었다. 자연히 많은 남자들은 소수의 남자들에 의해 통치를 받는다. 그러나 이것은 으레 일시적인 일에 지나지 않는다. 아버지가 아들일 때에는 지배를 받지만, 아들도 아버지가 되어서는 남을 지배할 수 있기 때문이다. 남자에게는 종종 번복되는 기회가 있지만, 여자에게는 전혀 번복되는 기회가 없다.

여자는 남자가 규정한 예교 즉, "집에서는 아버지를 따르고, 출가해서는 남편을 따르며, 남편이 죽은 뒤에는 아들을 따른다"는 이른바 '삼종(三從)'의 규정을 받는다. 여자는 태어날 때부터 죽을 때까지 남자의 부속품이다. 수천년 동안, 여자로 태어난 얼마나 많은 사람들이 불행하였겠는가! 더욱이 중국은 유교적인 예교의 나라이니, 중국 여자로 태어난 것은 더욱 불행 중 불행이 아니었겠는가!

『예기』는 한편으로는 '먹고 마시는 것과 남녀관계는 인간의 근본적인 욕구'라고 인정한다. 이것은 매우 타당한 것이다. 그러나 다른 한편으로 '천리를 없애고, 인욕을 다한다'는 것을 통렬히 비판하여, 후세 이학가들이 즐겨 말하는 바가 되었으니, 자기모순을 면치 못한다.[2]

---

2) 졸저 『중국전통사상총비판』·『중국고대학술사상사론』 등을 참고하기 바란다.

제2절 삼강(三綱)으로 예교를 신학화한
동중서(董仲舒)

동중서(기원전 179~104)는 광천(廣川:지금의 하북 景縣) 출신이다. 서한의 사상가로 공자학파의 대표이다. 『춘추공양전(春秋公羊傳)』을 연구하여 금문경학의 대사(大師)가 되었다. 일찍이 박사를 역임하고, 강도(江都)의 재상, 교서왕(膠西王)의 재상에 이르렀다. 한무제를 위하여 '제자백가를 축출하여' '오로지 유술만을 존숭'할 것을 계책하였고, 아울러 종교신학을 제창하여 "도의 참된 근원은 하늘에서 나온다. 하늘은 불변하니 도 역시 '불변한다'"는 그릇된 주장과 '천인감응' 등 그릇된 설이 있다. 주요 저작으로 『춘추번로(春秋繁露)』가 있다.

동중서의 예교사상의 최대 가치는, 아래와 같은 점들을 제시한 데 있다.

1) 삼강과 삼정(三正)·삼순(三順)의 계승관계

『대대예기』는 공자의 삼정설을, 『한비자』는 유가의 삼순설을 기술하고 있는데, 동중서는 여기에 근본하여 삼강설을 제시하였다. 여기에서 '삼'이란 다같이 군신·부자·부부 사이의 높고 낮은 등급을 가리킨다.

선진유가의 '삼순'설을, 동중서는 「순명(順命)」이라는 편명으로 다시 만들었다. 「순명」편에서는 "천자는 하늘에서 명을 받고, 제후는 천자에게서 명을 받고, 아들은 아버지에게서 명을 받으며, 신하와 첩은 군주에게서 명을 받고, 아내는 남편에게서 명을 받는다. 명을 받는 자들은 그 존숭하는 바가 모두 하늘이다. 그러므로 하늘에서 명을 받았다고 말해도 된다. …… 공자는 '천명(天命)을 두려워하고, 대인(大人)을 두려워하며, 성인(聖人)의 말을 두려워한다'고 하였으니, …… 이렇게 본다면, 두려워할 만한 것은 오직 천명과 대인일 것이다!"라고 하였다.

여기서 명을 받는다는 것은 명을 따른다는 것으로 신하가 군주의 명을, 아들이 아버지의 명을, 아내가 남편의 명을 따르는 것이다. 군주가 하늘의 명을 따른다는 데까지 이르면, 그것은 완전한 가탁(假託)이다.

2) 삼강의 신격화

동중서는 "왕도(王道)의 삼강은 하늘에서 구할 수 있다"3)고 말한다. 하늘은 최고의 신이니, 삼강을 하늘에서 구할 수 있다는 것은 "도의 참된 근원이 하늘이며, 하늘은 불변하니도 역시 변하지 않는다"는 것이다.
삼강의 왕도는 하늘처럼 영원히 변치 않는 것이다.

3) 삼강 가운데 군권(君權)이 가장 중요함

동중서는 신권(神權)을 가탁하여 군권에 대한 복종을 주장하였다. "『춘추』의 법은 평민으로서 군주를 따르는 것이고, 군주로서 하늘을 따르는 것이다. '백성과 신하의 마음에는 하루라도 임금이 없어서는 안되기 때문이다.' …… 그렇기 때문에 백성을 낮추어서 군주를 높이고, 군주를 낮추어서 하늘을 높인다."4)
이것은 신민이 군주를 따르는 것은 군주가 하늘을 따르는 것과 같다는 것을 말한다. 하늘은 허구이고, 군주는 실재이다. 군주가 하늘을 따른다 함은 곧 군명이 바로 천명이고, 군주는 바로 살아 있는 신이라는 것이다.
그는 또, 몸이 마음을 따르듯이 백성은 반드시 군주를 따라야 한다고 생각한다. "『전(傳)』에 '하늘은 낳고, 땅은 싣고, 성인은 가르친다'고 하였다. 군주는 백성의 마음이요, 백성은 군주의 몸이다. 마음이 좋아하는 것을 몸이 반드시 편안히 여기듯이, 군주가 좋아하는 것을 백성들은 반드시 따른다"5)
아울러 군주만이 천·지·인(天地人)을 통달할 수 있다고 강조한다. "옛날에 글자를 만든 사람은 세 개의 획을 긋고 그 가운데를 연결시킨 것을 왕

---

3) 「基義」.
4) 「玉杯」.
5) 「爲人者天」.

(王)이라고 하였다. 여기에서 세 개의 획은 천·지·인이고, 그 가운데를 연결한 것은 그 도(道)를 통달한 것이다. 천·지, 그리고 인의 가운데를 관통하여 참여할 수 있는 것을, 왕이 아니면 누가 할 수 있겠는가?"6)

따라서 군·신은 천·지와 같기 때문에 군주는 선을 도맡아 하고, 신하는 악을 도맡아 한다. 이런 까닭에, 『춘추』는 군주에게는 악을 거론하지 않고 신하에게는 선을 거론하지 않는다. 선은 모두 군주에게 돌아가고, 악은 모두 신하에게 돌아간다. 신하의 의리는 땅에 비유되는 까닭에, 신하는 땅이 하늘을 떠받들 듯이 군주를 섬겨야 한다고 생각한다. 동중서가 이렇듯 더할 나위 없이 군주를 존숭하였으니, 역대 제왕들이 유가와 동중서를 높이 떠받든 것도 이상하지 않다.

동중서는 군·신 뿐만 아니라 부자에게도 상하의 구분을 요구한다. "이런 까닭에 효자의 행실과 충신의 의리는 모두 땅을 모범으로 삼는다. 땅이 하늘을 떠받드는 것은 아랫사람이 윗사람을 섬기는 것과 같다."7)

공자 이후의 모든 유가는 군부주의(君父主義) 또는 충효주의(忠孝主義)이다. 또한 군신·부자 뿐만 아니라 부부에게도 상하의 구분을 요구한다.

4) 삼강을 선양함에 있어서의 자기모순

마지막으로 다음과 같은 것을 지적할 수 있다.

동중서의 사상은 매우 혼란스럽다. 그는 단지 삼강의 중요성을 강조하는 것만 알 뿐, 이 이야기 저 이야기 하는 사이에 자기 자신도 흐리멍텅해져서 자신이 말하는 바를 알지 못하였다. 이것은 옛날 식으로 말하면 도리를 모르는 것이고, 지금 식으로 말하면 전혀 논리를 모르는 것이다.

예컨대 가장 중요한 「기의(基義)」편 첫 머리에서, 그는 "모든 사물에는 반드시 짝이 있다. 짝에는 위가 있으면 반드시 아래가 있고, 좌가 있으면 반드시 우가 있으며, 앞이 있으면 반드시 뒤가 있고, 겉이 있으면 반드시 속이

---

6)「王道通三」.
7)「王道通三」.

있고, 아름다움이 있으면 반드시 추함이 있고, 순리가 있으면 반드시 역행이 있으며, 기쁨이 있으면 반드시 노함이 있고, 추위가 있으면 반드시 더위가 있으며, 낮이 있으면 반드시 밤이 있으니, 이러한 모든 것은 공통된 것이다. …… 사물에는 짝이 없는 것이 없고, 짝에는 각기 음·양(陰陽)이 있다. 양은 음에 겸비되어 있고, 음은 양에 겸비되어 있다. 남편은 아내에 겸비되어 있고 아내는 남편에 겸비되어 있으며, 아버지는 아들에 겸비되어 있고 아들은 아버지에 겸비되어 있다. 군주는 신하에 겸비되어 있고, 신하는 군주에 겸비되어 있다. 군신·부자·부부의 의리는 모두 음양의 도[陰陽之道]에서 취한 것이다"라고 말하고 있다.

이 글은 양 쪽이 서로 평등하다는 합리적인 주장으로 생각될 수도 있는데, 중간에 서로 모순된 내용이 삽입되어 있기도 하다. "음은 양의 짝이고, 남편은 아내의 짝이고,[8] 아들은 아버지의 짝이며, 신하는 군주의 짝이다"라고 한 것이다. 여기에서 '짝[合]'은 보조적인 짝을 가리키는 듯하니, 음은 양의 짝이고, 아들은 아버지의 짝이고, 신하는 군주의 짝이다. 그런데 이미 양·아버지·군주를 중심으로 생각하면서 중간에 '남편은 아내의 짝'이라고 하였다. 그의 말에 따른다면 '남편'은 양이지 음이 아닌데, 남편이 아내의 짝이라고 하였으니, 어찌 아내가 양이면서 남편의 주인으로 돼 버리는 것이 아니겠는가? 이것이 첫째 모순이다.

더욱 중요한 것은 다음과 같이 말하는 데 있다.

"군주는 양이고, 신하는 음이다. 아버지는 양이고, 아들은 음이다. 남편은 양이고, 아내는 음이다. 음의 도는 홀로 운행될 수 없으니, 시초에는 홀로 시작할 수 없고, 나중에는 공을 나누어 가질 수 없다. 겸하는 의리가 있어, 신하는 군주의 공을 겸하고, 아들은 아버지의 공을 겸하고, 아내는 남편의 공을 겸하고, 음은 양의 공을 겸하며, 땅은 하늘의 공을 겸하니, 하나를 추켜 올리면 다른 하나는 눌리어 낮아진다." 앞에서는 양자의 완벽한 평등을 강조하는 듯하더니, 뒤에서는 양자의 절대 불평등을 결론으로 말하고 있지

---

8) '아내는 남편의 짝[妻者夫之合]'이 '남편은 아내의 짝'이라고 잘못 기록된 것일 수도 있다.

않은가? 이것이 둘째 모순이다.

옛부터 수많은 교감학자(校勘學者)와 논리학자(論理學者)가 있었지만, 이런 문제를 주목하여 언급하지는 못했다.

5) 삼강이란 이름을 만들다

동중서의 삼강예교는 중국에서 이천여 년동안 정론이 되었다. 한대의 위서(緯書)와 반고의 『백호통의(白虎通義)』등이 이 명사를 통용했을 뿐만 아니라 주희·왕부지·고홍명(辜鴻銘) 등도 마찬가지였다. 역대 왕조가 지나오면 올수록 옛 것을 그대로 답습한 것은 말할 필요도 없다.

부록: 앞사람들의 예교설을 답습한 반고(班固)

반고(32~92)는 자가 맹견(孟堅)이고, 후한의 문학가이자 사학가이다. 부풍(扶風) 안릉(安陵:지금의 섬서 함양) 출신이다. 그는 『한서(漢書)』와 『백호통의』의 주요 작자이다. 그는 공자를 존숭하고 유가를 숭배하였으니 후한의 동중서라 할 수 있다.

그는 『백호통의』, 특히 「삼강육기(三綱六紀)」한편을 써서 삼강의 도를 강조하였다. 곧 "삼강이란 무엇인가. 군신·부자·부부를 말한다.…… 그러므로 「함문가(含文嘉)」에서, '군주는 신하의 벼리요, 아버지는 아들의 벼리요, 남편은 아내의 벼리이다'라고 말하였다."

반고는, 삼강은 세 가지 상대되는 음·양이라고 하였다. "군·신·부(父)·자(子)·부(夫)·부(婦)는 여섯 사람이다. 그런데 삼강이라고 부르는 까닭은 무엇인가? 한 번은 음이고 한 번은 양인 것이 도이며, 양은 음을 얻어서 이루어지고, 음은 양을 얻어서 질서를 이루니, 강함과 부드러움이 짝을 이루는 까닭에, 여섯 사람은 삼강이 되는 것이다." 군주·아버지·남편은 양이고, 신하·아들·아내는 음이다.

또, 삼강을 천·지·인으로 나누어서 말한다. "삼강은 천지(天地)를 법으로 삼는다.······ 군신은 하늘을 본받아 일월굴신(日月屈伸)의 모습을 취하고, 공적은 하늘에 돌린다. 부자는 땅을 본받아 오행(五行)의 모습을 취해서 서로를 낳는다. 부부는 사람을 본받아 사람의 모습을 취하니 음양이 합하여 변화의 단서를 베푼다." 군신은 양이고, 부자는 음이며, 부부는 음양을 합한 것이라고 하니, 위·아래 문장이 서로 모순된다.

왜 군신·부자·부부를 삼강이라고 하는가? 반고는 다음과 같이 풀이한다. "군신이란 무엇인가? 군(君)이란 무리(群)이니, 아랫무리들의 마음이 귀착하는 곳이다. 신(臣)이란 견고함(堅)이니, 뜻을 엄하게 하여 스스로 견고히 하는 것이다. ······ 부자란 무엇인가? 부(父)란 법도〔矩〕이니, 법도로써 아들을 가르치는 것이다. 자(子)란 부지런히 힘쓰는 것〔孳〕이니, 부지런히 힘을 써서 그침이 없는 것이다. ······ 부부란 무엇인가? 부(夫)란 돕는 것〔扶〕이니, 도로써 돕는 것이다. 부(婦)란 따르는 것〔服〕이니, 예로써 따르는 것이다." 진실로 이것은 매우 완고한 예교가의 천착(穿鑿)과 억지가 아닌가!

유가의 음양은 평등이 아니고 불평등이다. 모든 선은 양에게 귀착되고, 모든 악은 음에 귀착된다. 그래서 "양기(陽氣)는 어질고, 음기(陰氣)는 음험하다"고 말한다. 한결음 양보한다 해도 양은 주인이고, 음은 종이다. "양이 부르면 음은 화답한다. 남자가 앞서 가면 여자는 뒤따른다."

1) 예의 중요성

반고와 그 이전의 유가는 모두 한결같이 먼저 음·양의 높고 낮음을 긍정하고, 그런 후에 예교의 등급을 음양의 속성으로 만든다. "예란 음양의 만남〔際〕이요, 온갖 일의 경계이다. 그래서 천지를 높이고, 귀신을 공경하고, 상하(上下)를 세우며, 인도(人道)를 바로잡는다."

이것은 예교가의 예의 중요성에 대한 언급이다.

2) 부녀자는 절대로 바깥일을 할 수 없다

반고가 볼 때, 부녀자가 바깥일을 할 수 없는 이유는 첫째로 부인은 음에 속하여 스스로 주인이 될 수 없기 때문이다.
"부인에게 작위(爵位)가 없는 것은 무슨 까닭인가? 음은 비천해서 일할 것이 없기 때문이다. 이런 까닭에 삼종지의(三從之義)가 있다. 아직 출가하지 않았을 때는 아버지를 따르고, 출가하고서는 남편을 따르며, 남편이 죽은 뒤에는 아들을 따른다. 그러므로 남편이 조정에서 존귀하게 되면 아내는 집안에서 영화롭게 된다. 그러므로 남편을 따른다." "부인에게 시호(諡號)가 없는 것은 무슨 까닭인가? 작위가 없기 때문에 시호가 없다."
둘째는 부인의 음란한 행위를 방지하기 위해서다. "부인이 경계를 벗어나 조문하지 않는 것은 부인에게는 바깥일이 없어 음란한 행위를 방지하기 위해서다. 『예기·잡기』에서 '부인이 경계를 벗어나서 나아가면 예가 아니다'라고 하였다. 부인의 음란한 행위를 방지하기만 하면, 방지해야 하는 남자의 음란한 행위가 없어질까? 이것 역시 예교의 편협한 면을 증명하는 것이다.

3) 부녀자는 절대로 이혼할 수 없다

반고는 이렇게 말한다. "남편에게 나쁜 행위가 있더라도 아내가 떠날 수 없는 것은, 땅이 하늘을 떠날 수 없는 것과 같다. 남편에게 비록 나쁜 행위가 있다 해도 떠날 수 없는 것이다. 그러기에 『예기·교특생』에서 '일단 혼례를 올리면 종신토록 바꾸지 못한다'고 하였다."
남자는 마음대로 많은 부인을 두기도 하고 아내를 내쫓기도 하지만, 여자는 남자에게 설령 악행이 있다 해도 떠날 수 없다.

4) 남녀 간에 절대로 자유연애를 할 수 없다

반고는 이렇게 말한다. "남자는 자기 멋대로 아내를 취하지 못하고, 여자는 자기 멋대로 시집갈 수 없다. 반드시 부모의 뜻에 따르고 중매를 통해야 한다. 이는 무엇 때문인가? 그것은 수치를 멀리하고 음란한 행위를 막기 위해서다."
 내가 보기에, 반고는 한낱 고루한 유가일 뿐이다. 『백호통의(白虎通義)·오행(五行)』에 "아들은 아버지를 따르고, 신하는 군주를 따르고, 아내는 남편을 따르는 것은 무엇을 본받는 것인가? 땅이 하늘을 따르는 것을 본받는 것이다"라는 말이 있다. 여기에서 세 가지의 따름〔三順〕은 한비의 삼순설을 표절한 것이고, 삼강을 천지에 비유한 것은 『역전』과 동중서를 표절한 것이다. 더욱 공개적으로 표절한 것을 지적하면, 그의 『한서』는 사마천의 『사기(史記)』를 많이 베꼈다. 반고는 매우 분명한 표절 작가일 뿐이다.

제3절 종법·혈통 관념을 타파한 사마천(司馬遷)

 사마천은 중국 제일의 역사서를 만들어 '사성(史聖)'이 되었다. 그가 편찬한 『사기』는 그 이전의 『상서』·『춘추』·『좌전』 등의 책을 뛰어넘고, 그 이후에 나오는 정사(正史)들과 유지기(劉知幾)·사마광 등을 뛰어넘었다.
 예컨대 유방과 항우를 함께 「본기」에 열거했는데, 이것은 성패로써 인물을 논하지 않은 것이다. 진승(陳勝)·오광(吳廣) 등 농민 봉기자를 주공·소공 등 여러 공(公)이나 진(晉)·초(楚) 등 여러 나라와 함께 「세가」에 열거하고, 화식(貨殖)·골계(滑稽) 등을 맹자·순경·노자·한비자 등과 함께 「열전」에 열거한 것은 귀천으로써 인물을 논하지 않은 것이다.
 더욱이 여후(呂后)를 고제(高帝)와 함께 「본기」에 열거한 것은 성별로써 인물을 논하지 않은 것이니, 구양수의 무리들이 무측천황제를 후비로 폄하한 것과는 커다란 차이가 있다. 가령 묵가학파는 서한에 이르러 협객의 무리로 변해 봉건왕조의 적대자가 되었으며, 문제·경제의 탄압을 받고 무제에게 소멸되었는데, 사마천은 그들의 전기를 통해 크게 찬미하고 특별히 지적하였다. 협객은 자신을 희생하여 남을 이롭게 하니, "남의 넉넉하지 못함을 구할 때 먼저 빈천한 자로부터 시작한다." 그러므로 유가의 "가까운 사람은 친하게 대하고 백성은 어질게 대한다", "부모를 사랑하지 않고 다른 사람을 사랑하는 것을 패덕이라 한다"는 주장과는 다르다.
 협객은 단지 사리의 옳고 그름만 물을 뿐, 상대가 자신과 가까운 사이인지 먼지 따지지 않으니, 공자가 '부모를 위해 피하며', 아버지와 아들이 서로 감싸준다는 것과는 다르다. 사마천의 특색은 별도로 졸저『중국고대학술사상사론』에서 상세히 다루었다.

제4절 조조(曹操)·노수(路粹)의 비효론

 조조(155~220)는 위나라 무제로 자는 맹덕(孟德)이며, 초(譙:지금의 안휘성 박현(亳縣) 출신으로, 법가·도가와 유가를 함께 수용하였다. 그는 사람을 죽이려고 없는 죄상을 날조하기도 했다.
 『후한서(後漢書)·공융전(孔融傳)』에 의하면, 조조는 노수(路粹)에게 명하여 공융을 거짓으로 고발케 하였다. "(공융이) 전에 백의(白衣) 예형(禰衡)에게 멋대로 이렇게 지껄였다. '아버지가 자식과 친해야만 하는가? 사실을 말하면 정욕이 발한 것일 뿐이다. 자식이 어머니에게 또 무엇을 해야 하는가? 비유하자면 병 속에 있던 물건이 나오면 떨어지는 것과 같다.'" 이것은 곧 부모는 정욕 때문에 관계를 맺은 것이고, 관계를 맺었기 때문에 자식을 낳았을 뿐이니, 관계한 것은 의도적이지만 자식을 낳은 것은 의도에 없던 것이다. 그러니 자식은 부모에게 반드시 효도할 필요가 없다는 뜻이었다.
 나는 조조와 노수가 이러한 비효론(非孝論)으로 공융을 모함하기보다는 차라리 그들 스스로가 감당하는 것이 나았겠다고 생각한다. 적어도 세 가지 점에서 이를 반증할 수 있기 때문이다.
 첫째, 공융전 속에서 융은 "13세에 아버지를 잃고 상심한 것이 지나쳐 도와주어야 일어났으니 동리에서 효자라 일컬었다"라고 분명히 말하고 있다. 공융이 효자였는데, 어떻게 효를 부정하는 비효론을 주장했겠는가?
 둘째, 공융은 관추양(管秋陽)이 "선인의 유체인 자기 몸을 사랑"하여 자신과 동생이 동료를 잡아먹은 사건에 대하여 그것이 부모에 대한 효도라고 생각했으며, 동료를 잡아먹은 것을 개가 삵괭이를 잡아 먹고 또는 삵괭이가 앵무새를 잡아 먹는 것과 같이 조금도 이상하지 않은 것으로 여겼다.9)

셋째, 공융이 북해의 재상으로 있을 때, 어떤 사람이 부친상을 맞아 묘 옆에서 곡하고 눈물을 흘리되 얼굴에 초췌한 빛을 보이지 않는 것을 보고 그 사람을 잡아다가 죽였다. 그 죄목은 형색은 슬픈 듯이 하였지만 마음은 슬퍼하지 않았다는 것이다.10)

유가에서 '의도를 단죄하는 다스림'으로써 법을 왜곡하여 사람을 죽이는 것은 폭군이나 혹리가 '마음속으로 비난한다〔'心非'·'腹誹'〕'하여 법을 왜곡하여 사람을 죽이는 것과 똑같다. 그런데 예교로써 사람을 죽이는 것은 법률로써 사람을 죽이는 것보다 더욱 잔혹하다. 이것은 대진(戴震)이 "형법에 걸려 죽으면 그래도 애석하게 여기는 사람이 있지만, 예교에 저촉되어 죽으면 그 누가 그를 애석히 여기겠는가!"라고 말한 것과 같다.

부록: 부모가 뜻이 있어 자식을 낳는다는 것을 부인한 왕충(王充)

조조·노수의 이와 같은 비효론은 사실 왕충이 "부모가 뜻이 있어 자녀를 낳는 것처럼 천지가 뜻이 있어 만물을 낳는다"는 논점을 부인하는 데에서 근원한다.

왕충(27~대략 97)의 자는 중임(仲任)이고, 회계군 상우현(上虞縣: 지금의 절강) 출신이다. 일찍이 반표(班彪)를 스승으로 모셨고, 군공조(郡功曹)와 치중(治中)을 역임하였다. 나중에는 관직을 그만두고 은거하여 저술에만 힘썼는데 그 저술로는 『논형(論衡)』이 있다.

왕충은 말한다. "천지의 기(氣)가 합하여 저절로 만물이 생긴 것은 부부가 기를 합하여 저절로 자식이 생긴 것과 같다."11) "부부가 기를 합하는 것은 그 당시에 자식을 얻고자 해서가 아니라 정욕이 발동하여 합하였고 합하여서

---

9) 「傅子補遺」에 그 일이 실려 있다.
10) 「秦子」에 그 일이 보인다.
11) 『論衡·自然篇』.

자식을 얻은 것이다. 그러므로 부부가 자식을 낳는 것은 고의가 아니니, 천지가 사람을 낳은 것이 고의가 아님을 알겠다. 그러니 사람이 천지 사이에서 생긴 것은 물고기가 연못에서 생긴 것이나, 이〔蝨〕가 사람에게서 생긴 것과 같다. 기로 인하여 생기고, 같은 종류끼리 서로 생산하며, 만물이 천지 사이에서 생기는 것은 모두 한결같은 것이다. …… 천지가 고의로 사람을 낳을 수 없듯이 만물을 낳은 것 역시 고의로 할 수 없다. 천지가 기를 합하면 만물은 우연히 저절로 생긴다."12)

천지가 기를 합하여 만물이 우연히 생긴 것 그리고 부모가 결혼하여 자녀가 우연히 생긴 것은 동일한 사실이다. 그렇다면 자녀가 반드시 부모에게 효도할 필요가 없고, 사람과 만물이 반드시 천지를 공경할 필요도 없다. 이것이 조조와 노수가 말한, 부모가 정욕이 충동했기 때문이지 자식을 얻고자 한 것이 아니니, 자식이 반드시 부모에게 효도할 필요가 없다는 것이다.

제5절 한대(漢代)에 여자에게 고압적이었던 세 권의 책

한대에 처음으로 여자를 핍박한 세 권의 책이 나왔다.

첫째 것은 서한 말에 유향(劉向)이 지은 『열녀전(列女傳)』이고, 둘째 것은 동한 초에 반소(班昭)가 지은 『여계(女誡)』이며, 셋째 것은 채옹(蔡邕)이 지은 『여훈(女訓)』이다.

『열녀전』과 『여계』는 남자의 편견으로 일방적으로 여자를 핍박한 것이고, 『여훈』은 여자의 입장에서 여성을 핍박한 것으로 여자가 자원해서 남자를 위해 여자를 핍박하는 계책을 제시한 것이다.

반소는 여자로서 여성을 핍박한 최초의 여자 변절자다. 다만 이것을 다른 측면으로 볼 필요가 있는데, 그것인즉 그녀가 남자 중심의 봉건사회의 초기에 살았다는 것이다. 유가의 『예기』・『역전』 그리고 동중서・유향・반고와

---

12) 『論衡・物勢篇』.

같은 편협한 예교의 크나큰 해독에 중독되어 남자에게 핍박 받고도 스스로 깨우치지 못한 가련한 미물이 되어버린 것이다. 예를 들어, '삼종(三從)'·'사덕(四德)'은 모두 『예기』에서 온 것이다.

'남편은 하늘이다. 하늘은 진정 어길 수 없다. …… 그러니 남편을 하늘 섬기듯이 하라. 효자가 아버지를 섬기는 것이나 충신이 군주를 섬기는 것처럼.' 이것은 모두 동중서의 『춘추번로(春秋繁露)』에서 온 것이다.

어떤 사람은 "반소가 더욱 어리석은 점은, 남편과 아내의 관계를 '은혜〔恩〕'의 관계로 생각한 것이다. 이러한 그릇된 사상이 진실로 얼마나 많은 여자에게 해가 되었는지 모른다. 남편의 환심을 얻지 못한 여자가 여전히 남편에 대한 정을 잊지 못하는 까닭은, 모두가 종전에 받았던 그 '은혜' 때문이다"13)라고 하였다. 이것은 분명 '매우 괴이한 것'이다!

그러나 알아야 할 것은 아내들이 남편을 하늘처럼 여기고 살아 있는 상제(上帝)로 간주하고자 한다면 필연적으로 이러한 지경에까지 이를 것이다.

모든 죄악은 유가의 예악에 있는 것이다.

제6절 예교를 현학적으로 만든 하안(何晏)·왕필(王弼) 등

이 일파는 도가의 자연과 유가의 명교(名敎)를 합하여 예교를 현학화 하였고, 또한 현학을 예교화시켰다.

대표적 인물인 하안(190~249)의 자는 평숙(平叔)이고, 남양(南陽) 완(宛:지금의 하남 남양) 출신이다. 관직은 상서에 이르고 사마의에게 죽임을 당했다. 노장을 좋아했고, 저서로는 『도론(道論)』·『무명론(無名論)』·『논어집해(論語集解)』가 있다.

그는 공자의 "도에 뜻을 둔다〔志於道〕"를 "도는 형체가 없으니 그것에 뜻을 둘 뿐이다"라고 주석하였다. 『논어』의 "안회는 도에 가까웠으나 자주 가

---

13) 진동원 『中國婦女生活史』 49~50쪽.

난하였다〔回也其庶乎屢空〕"의 "공은 허중과 같다〔空猶虛中也〕"고 주석하였다. 그는 도가사상으로써 유가사상을 해석한 최초의 사람이었다.

왕필(王弼:226~249)은 자는 보사(輔嗣)이고 산양(山陽:지금의 하남 焦作) 출신으로 하안과 명성을 같이 하였다. 그는 『노자』와 『역』 그리고 『논어』에 모두 주석을 달았다.

그는 말한다. "풍속을 바꾸어 다시 하나에 돌아가게 한다." "처음 관직을 만든 자는 명분을 세워 존비를 정하지 않을 수 없었다." 이것은 『노자』의 주석을 통해 유교의 예치가 풍속을 바꾼다는 것을 말한 것이다.

그는 말한다. "하늘을 본받아 변화를 이루니 도는 자연과 같다. …… 백성들은 날마다 쓰면서도 그 까닭을 모르니, 또 어찌 이름을 말할 수 있겠는가!"[14] 이것은 『논어』의 주석을 통해 도가의 무위자연을 말한 것이다.

상수(向秀:대략 227~272)와 곽상(郭象:252~312)이 『장자』를 주석하는 데 이르면, 다시 자연에도 인위가 필요함을 명확히 인식하게 된다. "자연의 이치 역시 담금질을 통해 그릇이 된다."[15] 이것은 명교가 자연에 부합됨을 인식한 것이다. 유가의 『역전』처럼 군주와 신하를 하늘의 높음과 땅의 낮음으로 비유하여 이렇게 말한다. "시대가 현자로 여기는 자는 군주가 되고, 재능이 시세를 따르지 못한 자는 신하가 된다. 하늘은 높고 땅은 낮은 것과 같고, 머리는 위에 발은 아래에 있는 것과 같으니, 어찌 서로 뒤바뀔 수 있겠는가?"[16] 따라서 모든 현실은 빠뜨릴 수도 뒤집을 수도 없는 것이다. "그렇기 때문에 모든 천지 만물들은 하루라도 없어서는 안된다."[17]

이것이 어찌 당시의 왕족들의 특권에 봉사하는 것이 아니겠는가! 그들은 명교가 인간의 성정에 부합되지만 노장의 학설은 그렇지 않다고 생각하였다. "인의(仁義)가 인간의 성정이니, 마땅히 그것에 맡길 뿐이다. 인의가 인정이 아니라 하여 그것을 우려하는 자는 진실로 걱정이 많은 자이다."[18]

---

14) 황간의 『論語義疏』에 인용된 왕필의 『論語釋疑』 참고.
15) 『莊子・大宗師』 주석.
16) 『莊子・齊物論』 주석.
17) 『莊子・大宗師』 주석.
18) 『莊子・駢拇』 주석.

명교와 자연은 신발과 발자국의 관계와 같아서 빈틈없이 일치할 수 있다. "자연은 신발이고 『육경(六經)』은 자취이다." 명교의 문제는 단지 시대의 적합 여부에 있다. "선왕(先王)의 전례(典禮)는 시대의 쓸모에 맞추기 위한 것이었다." "시대가 바뀌면 세태도 다르고, 예 역시 마땅하게 바뀐다." "예의는 시대에 맞게 쓰면 서시(西施)처럼 되고, 시대가 지나갔는 데도 버리지 않으면 추녀처럼 된다."19)

장담(張湛:동진의 학자로 현학가)은 『열자(列子)』를 주석함에, 다시 유가의 명교는 '세상을 다스리는 방법'이고 '폐단을 구하는 법도'라고 긍정하면서 "시·서·예·악은 세상을 다스리는 도구이니, 성인은 그것을 사용하여 한 시대의 폐단을 구하였다. …… 세상을 다스리는 방법은 실로 인의이다"라고 말하였다. "그러기 때문에 예악은 버릴 수 없다. 만약 『시(詩)』·『서(書)』·『역(易)』에 나오는 세상을 다스리는 법도를 배제한다면, 어찌 폐단을 구하는 법도이겠는가?"20)라고 하였다.

향수·곽상은 자연과 명교의 대립을 타파하여 도가와 유가의 대립을 없앴다. 단지 배위(裴頠:267~300)가 이 방면에서 명교를 적극적으로 주장하고 자연을 철저히 반대하여, 진정한 유가 대표자로서의 면모를 잃지 않았다.

제7절 예교를 통렬히 책망한
완적(阮籍)·혜강(嵇康)·포경언(鮑敬言)

백성의 해독인 예교를 통렬히 책망한 완적

완적(210~263)의 자는 사종(嗣宗)이며, 진류 위씨(陳留尉氏:지금의 하남 진류) 출신이다. 일찍이 보병교위를 지냈기에 사람들이 완보병(阮步兵)이라고 불렀다. 혜강과 명성을 같이한 죽림칠현(竹林七賢)의 한 사람이다.

---

19) 이상 모두 『莊子·天運』 주석.
20) 『列子·仲尼』 주석.

본래는 정치에 뜻을 두었지만, 위(魏)와 진(晉)이 교차하는 시기는 세상이 어지러웠던 까닭에 명사들 가운데 목숨을 온전히 보존한 자들이 적었다. 이 때문에 세상 일에 관여하지 않고 마침내는 술마시는 것을 일로 삼아 재난을 피하였다. 비록 예법을 숭배하지는 않았지만 성품이 지극히 효성스러웠다. 입으로는 인물을 품평하지 않았지만 사람을 대하는 태도가 분명하였기 때문에 예법만을 준수하는 사족들은 그를 원수처럼 여겼다.

많은 책을 보았고 노자의 사상을 좋아했다. 그는 시문으로 사상을 논하였는데 『대인선생전(大人先生傳)』・『달장론(達莊論)』이 가장 주요 저서다. 문집으로는 『완보병집(阮步兵集)』이 있다.

나는 완적의 사상사에서의 지위가 문학사에서의 지위보다 오히려 높다고 생각한다. 그가 예교를 반대한 내용은 다음과 같다.

1) 유가의 예교가 백성에게 크게 해가 됨을 통렬히 배척함

완적은 『대인선생전』을 통해 유학자들을 조롱했다. "주공과 공자의 가르침을 암송하고, 요임금과 순임금의 도덕을 칭찬한다. 법을 지키고 예를 잘 지킨다." "군왕에게 봉사하며 백성을 거둬 기르고, 집으로 물러나서는 집안을 다스리고 처자를 기른다." "그러나 너희 군자들이 세상에서 처신하는 것이 이가 옷 속에서 사는 것과 무엇이 다른가?"

유학자들이 단지 예만을 지킬 줄 아는 것을 이가 옷 속에서 사는 것에 비유하여 통렬하게 조롱하였다. 조롱한 뒤엔 다시 그 정신을 통렬히 책망했다. "너희 군자들의 예법은 진실로 천하 사람들을 해치고 위태롭게 하고 죽이는 술책일 뿐이다. 그런데도 이것을 가리켜 훌륭한 행위요 불변의 도라고 하니 지나치지 않은가?"

완적은 다음과 같이 말하였다. "예전에 천지가 개벽했을 때, 만물이 다함께 생겼다." "군주는 없었지만 만물은 안정되었고, 신하는 없었지만 만사는 잘 다스려졌다." "귀함이 없다면 천한 자가 원망하지 않고, 부유함이 없다면 가난한 자가 다투지 않는다."

이와 같이 일체가 평등해야만 비로소 '영원할 수 있다'. 예교는 등급을 중시할 뿐만 아니라, 군주의 권력을 인정하고 중시한다. "군주가 존재하면 그릇된 세력이 생기고, 신하가 존재하면 도적이 생긴다. 앉아서 예법을 만들어 백성들을 속박한다."

군주가 있으면 신하가 있고, 군주와 신하가 있으면 반드시 각종 예법을 규정하여 인민들을 통치한다. 온갖 불합리한 일이 모두 여기에서 끊임없이 발생한다. 유가의 예교와 군주의 권력이 불가분의 것임을 알 수 있다.

2) 아버지를 중시하고 어머니를 경시하는 것이 금수보다 못함을 지적함

완적이 대장군의 종사랑중(從事郞中)에 종사했을 때, 아들이 어머니를 살해한 사건이 있었다. 완적이 그 사실을 알고, "아! 아버지라면 살해할 수도 있지만 어머니를 살해할 수도 있는가?"라고 탄식하니, 곁에 있던 사람이 그 이상한 말을 듣고 두려워하였다.

황제가 "아버지를 죽이는 것은 세상에서 가장 악독한 것인데, 그럴 수 있다고 생각하는가?"고 물었다. 황제는 남자로서 남자의 입장에서 책문한 것이니, 오히려 그럴 수도 있다.

이에 완적은 조용히 대답하였다. "금수는 어미를 알아도 아비는 모른다. 아비를 죽이는 것은 금수와 같지만, 그러나 어미를 죽이는 것은 금수만도 못하다." 이것은 원시공산사회를 기준으로 대답한 것이다. 이것에 근거한다면, 남자중심 사회만을 알았던 유가인 맹자는 묵자의 겸애가 아버지를 무시한 것이고, 아버지를 무시하면 짐승이라는 것을 알았을 뿐, 자신이 주장한 차별애와 아버지를 중시하고 어머니를 경시하는 것이 "결국은 짐승만도 못하다"는 것을 몰랐던 것이, 맹자는 묵자에 비하여 격이 더욱 낮은 것이다.

이렇게 남성의 우월권을 반대하고 유가의 예교를 반대해도 군주와 신하들은 탄복만 할 뿐 달리 반박할 수가 없었고, 더욱이 그를 처벌할 수도 없었다. 그는 담력과 식견을 겸비하여 사람들로 하여금 탄복케 하였던 것이다.

위에서 기술한 것에 근거하면 완적은 전형적인 노장 현학파다. 다만 때때로 철저하지 못하다는 비난을 면치 못하였다.

그는 『악론(樂論)』에서 여전히 유가식 주장을 하였다. 예컨대 "윗사람을 따르지 않으면 군주와 신하가 서로 거스르고, 친한 이를 저버리면 부자가 어긋난다. 어긋나고 거스르며 서로 다투면 우환과 재난이 일어난다." "예가 그 제도를 벗어나면 존비(尊卑)가 서로 어긋난다"든가, 이와 반대로 "귀하고 천함에 구분이 있고, 높고 낮음에 등급이 있는 것이 예이다." "예악이 바르면 세상이 평안하다"와 같은 내용이 그것이다.

"명교를 초월하여 자연에 맡긴" 혜강

혜강(嵇康:224~263)의 자는 숙야(叔夜)이고, 초군(譙郡) 질(銍:지금의 안휘성 宿縣) 출신이다. 중산대부(中散大夫)를 지내어, 혜중산이라고 불린다. 종회(鐘會)의 모함을 받아 사마소에게 살해되었다.

혜강은 "요순을 경시하고 우임금을 비웃었다."[21] "매번 탕왕과 무왕을 비난하고 주공과 공자를 하찮게 여겼다." 스스로 "노자·장자는 나의 스승"[22]이라고 일컫고, "명교를 초월하여 자연에 맡겼다."[23] 그는 "자연스러운 덕〔得〕은 『육경』과 예교와 율법에서 비롯되지 않는다. 진실로 인·의·염치·겸양은 자연의 산물이 아니다"라고 하였다. 심지어는 "명당은 병사(丙舍:죽은 자의 관을 두는 방)이고, 시·서를 읊조리는 것은 귀신의 말이며, 『육경』은 쓰레기 더미이고, 인의는 썩어 문드러진 것"[24]이라고까지 주장하였다. 혜강은 '죽림칠현' 가운데 가장 대담하였고, 가장 처참하게 죽었다. 문집에 『혜중산집』이 있다.

---

21) 『卜疑』.
22) 『與山巨源絕交書』.
23) 『釋私論』.
24) 『難自然好學論』.

예교가 재앙을 더 심화시킨다고 생각한 포경언

포경언(鮑敬言: 대략 278~342)은 동진 시대의 현학가(玄學家) 가운데 중요한 대표자이며 집대성자다. 우리들은 『포박자(抱朴子)·힐포(詰鮑)』에 근거하여 다만 그가 "노장의 책을 좋아하고 논변을 잘하며, 군주가 없었던 옛날이 오늘날보다 낫다고 생각하였음"을 알 뿐이다. 그의 중요한 논저는 갈홍(葛洪)의 『포박자』에 의해 널리 전해져 내려올 수 있었다.

포경언은 철저히 유가의 예교를 반대하였다. 그에 관련된 글은 다음에 열거한 몇 가지로 개괄할 수 있다.

1) 천지는 본래 높고 낮음의 구분이 없다

포경언은, "천지가 자리를 잡고 음양이 만물을 이룸에 …… 강하고 부드러움을 이어받아 본성으로 삼고, 사상(四象)과 팔괘(八卦)에 따라 변화·생성되어 각기 안주할 바에 기착하니, 본래 귀하고 천한 것이 없다"고 하였다. 이것은 유가들이 『역전』에서 천지와 강유(剛柔)로 군주와 신하, 남자와 여자의 귀함과 천함을 나누는 것과는 첨예하게 대립되는 것이다. 이것은 노장파 현학가가 유가의 예교를 반대한 두드러진 표현으로, 또한 위진시대의 현학가 가운데 노자·장자·『역』을 삼현으로 삼고, 예교의 근원을 자연에서 찾았던 일파와는 근본적으로 대립된다.

2) 일체의 죄악은 모두 군주와 신하가 존재하는 데서 비롯된다

포경언은 유학자들의 "하늘이 백성을 낳았고 그들을 위해 군주를 세웠다"는 설을 인정하지 않는다. 군주와 신하의 도는 "강자가 약자를 능멸해서 생긴 것"이고, "영리한 자가 우둔한 자를 속여서 생긴 것"이라고 생각하였다.

결과 주는 군주가 되었기 때문에 각종의 죄악을 저지를 수 있었다. 만약 필부였다면 달리 "방자하고 냉혹하게 천하 사람들을 도륙하고 섬멸할" 방법이 없었을 것이다. "무도한 군주가 어느 시대건 있지 않은 때는 없다." 교활한 관리·사악한 인간·간사한 신하·도적·일체의 제도 등, "이 모두는 군주가 존재함으로 인해 생긴 결과이다." "옛날에는 군주도 신하도 없었고," "영화도 욕됨도 없어"서 "만물이 한결같이 똑같았으니" 얼마나 좋았겠는가!

3) 예교를 반대하다.

포경언은 말한다. "도덕이 퇴락함에 따라 귀천의 서열이 생기고, 오르고 내리며 더하고 줄인 예를 번거롭게 행하고, 보불과 면류관과 검고 누런 옷으로 수식한다."

여기에서 도덕이란 도가에서 말하는 자연으로부터 나온 도덕으로서, "아버지 대신 군주를 섬기며, 효도는 접어두고 충성을 다한다"와 같은 유가가 규정하는 인위적·차등적인 예교에 반대되는 것이다.

그는 "천하가 혼란스러우니 충성과 의리가 드러나고, 가까운 친척들이 화목하지 않으니 효성과 자애가 빛난다." 그래서 "재앙을 구하려고 할수록 재앙이 더욱 깊어지고, 금기사항이 준엄해질수록 금지하는 것이 그치지 않는다"고 생각하였다. 이것은 예교가 많아지면 많아질수록 재앙이 더욱 심해진다는 것이니, 바로 노자가 "법령이 제정될수록 도둑은 더욱 많아진다"고 말한 것과 같다.

4) 홀아비와 과부 제도를 반대하다

포경언은 군주의 권력이 생김으로 인해서 모든 좋지 않은 것이 생겼다고 하였다. 남녀에 대해서도 역시 "안으로 빈방을 지키는 여자가 많아지고, 밖으로는 홀아비가 많아진다"고 하였다. 군주가 거느리는 여자가 많으면 홀로 빈방을 지키는 여자가 많아지고, 백성들 가운데 홀아비가 많아진다는 것이다.

그는 말한다. "인군(人君)의 후궁이 삼천 명이나 되는 것이 어찌 모두 하늘의 뜻이겠는가?" 후세에는 더욱 심해져서, 황제의 후궁이 많으면 만여 명에서 육만여 명에까지 이르렀다. 한 사람이 수 만 명을 차지하니 수 만명의 백성들이 모두 아내가 없이 홀아비가 되는 것이다.

이상의 여러가지는 모두 '유가'의 예교에 반대한 것이며, 또한 위·진의 수많은 현학가들의 이른바 '삼현(三玄)'사상이나 유·도합일(儒道合一)사상과는 철저하게 대립된다.

제8절 일방적인 예교를 반대한
사안(謝安)부인과 산음(山陰)공주

주공이 만든 남성위주의 예를 반대한 사안의 부인

동진의 태부(太傅) 사안은 기녀와 어울리고 또 첩을 들이고자 했지만 그의 아내 유(劉)부인의 경계가 매우 삼엄하였다. 형과 아들과 외질 등이 그것을 알고 모두 유부인에게 안부를 묻고는, 『시경(詩經)』「관저(關雎)」편「종사(螽斯)」편에 시기하지 않는 덕이 있음을 칭찬하였다.

부인은 자신을 풍자하는 것을 알고 물었다. "누가 이 시를 지었는가?" 대답하기를 "주공이다"하니, 부인은 "주공은 남자로서 그대들을 도운 것이다. 만약 주공의 부인이 시를 지었다면 당연히 이런 것은 없었을 것이다!"

이 고사는 유송(劉宋)의 우통(虞通)이 지은 『투부기(妬婦記)』에 보인다. '질투'를 악덕으로 여기며, 이를 부녀자가 도맡아 하는 짓으로 본 것이다. 가령 아내에게 남자 첩과 남자 기생이 있어 밖에서 만난다면 남편은 마찬가지로 질투하지 않겠는가?

다처제·기녀제 등은 모두 남자가 규정한 일방적인 예교에서 나온 것이다. 그래서 사안부인은 주공의 부인이 예를 제정한 경우를 가정한 것이다. 주공과 주공부인이 같이 예를 제정했다면, 예는 남녀가 평등하게 되었을 것이다. 사안부인만은 예로부터 부녀자들이 말하고 싶어도 감히 말하지 못했던 것을 말하면서, 남녀와 부부가 마땅히 평등해야 한다고 요구한 것이다. 천여 년 전에 이와 같은 탁견이 있을 수 있었다니 참으로 매우 어렵고 귀한 것이다.

대담하게 많은 남자를 요구한 산음공주

중국은 역사적으로 거의 일부다처제(一夫多妻制)를 실행하였다. 그런데 과감하고 대등하게 일처다부제의 실행을 요구한 여자로는 산음공주를 제일로 꼽아야 한다. 역사의 기록에는 남송의 산음공주가 황제에게 이렇게 진언했다고 한다. "첩과 폐하는 비록 남·녀의 차이는 있지만 함께 선제의 몸에서 났습니다. 폐하는 여섯 궁에 궁녀가 만여 명이고, 첩은 오직 부마 한 사람이니 일의 공평하지 않음이 어찌 이럴 수 있습니까?"

황제가 이에 공주를 위해 시중을 드는 면수(面首) 서른 명을 두었다.[25] 면수란 지금으로 말하면 남첩이다. 공주는 실로 대담했다 할 수 있고, 황제 역시 매우 개방적이었다고 할 수 있다.

부록: 하이손(賀貽孫)의 남자비빈(妃嬪)설

명조와 청조 사이에 살았던 하이손이 말하였다.

"음양의 서로 바뀜이 옛부터 지금까지 그침이 없었다. 당나라 무후는 곤룡포와 면류관을 쓰고 조정에 임하여 주 왕조의 천자라고 칭하였다. 이에 창종(昌宗)과 역지(易之)는 비빈(妃嬪)은 아니지만 몸은 천자의 침실에 오르는 총애를 입었으니, 비록 비빈의 이름을 사양하고자 한들 그럴 수 없다. 거란의 진주(陳州)에 사는 백경아(白頸鴉)라는 여자는 병사에 관한 일을 잘 주관하여 화회장군(化懷將軍)으로 임명되었다. 시중드는 남자가 백 명이었으니, 결국 이 백 명은 장군의 측실이 된 것이다. 백 명이 측실이 아니라 하여도 몸은 시부(侍夫)의 호칭을 받았으니 측실의 이름을 사양하고 싶어도 그럴 수 없을 것이다."[26]

---

25) 『宋書』.
26) 『水田居集·疑陽』.

제9절 '자손은 나와 무관하다'는 논설을 편 안지추(顏之推)

안지추(顏之推:531~대략 595)의 자는 개(介)이며, 낭야(琅邪) 임기(臨沂: 지금의 산동소재) 출신이다. 처음에 양(梁) 왕조에서 벼슬하여 산기시랑(散騎侍郎)이 되었다. 후에 북제(北齊)로 도망하여 투항했는데, 관직은 황문시랑(黃門侍郎)에 이르렀다. 제 왕조가 망하자 주(周) 왕조에서 어사대부가 되었으며 수(隋) 왕조가 일어나자 태자가 불러 학사(學士)가 되었다. 그 뒤 병으로 죽었다. 문집으로 『안씨가훈(顏氏家訓)』 등이 있다.

안지추는 '자손은 나와 아무런 관련이 없다'고 하여 사람들을 놀라게 하였다. 그는 "자손이란 천지 사이의 한갓 창조물에 지나지 않는다. 나와 무슨 상관인가? 세상 사람들은 자손을 지나치게 아끼고 애석해 하며 사랑하고 보호한다"고 말하였다. 청 왕조의 원매(袁枚)는 이것을 "훌륭하다"고 칭찬하고 "진실로 이것은 달인(達人)의 견해이니 알아주지 않으면 안된다"[27]고 말하였다. 사람들이 이렇게만 생각할 수 있다면, 맹자처럼 "불효에는 세 가지가 있는데 후손 없는 것이 가장 크다"라고 강조하지도 않았을 것이며, 아들을 낳지 못한다고 걱정하지도 않았을 것이다. 남편이 아들을 낳지 못한다고 하여 아내를 쫓아내고 아내를 학대하지도 않았을 것이며, 아들이 없다는 핑계로 첩을 맞아들여 다처제를 실행하지도 않았을 것이다.

남편이 아들을 통해 대를 잇고자 하면 아내는 자손을 두지 못하는 불효를 혼자 떠맡아야 할까? 아내에게 아이가 없는 것이 바로 남편에게 그 원인이 있을 수도 있는데, 남편이 자신은 의심하지 않고 아내만 의심하니, 진정 이런 도리가 있을 수 있는가!

제10절 불교 대사(大師)의 예속(禮俗)을 반대하는 논설

---

27) 『小倉山房盡牘·奧香亭』.

남녀 애정과 연령 관계를 거론한 한산(寒山)

한산(寒山)은 대략 당 태종 시대에 살았고, 동시에 시를 쓰는 승려로서 이름을 얻었다. 그는 불교도 중 세속을 거침없이 비평했던 시승(詩僧)이었다. 그렇게 겉으로 정색을 하고 출세간의 문제만을 큰 소리치는 용렬한 승려들과는 전혀 차원이 달랐던 것이다.

그는 혼인은 남녀의 연령이 반드시 맞아야 진정한 애정이 생길 수 있다고 주장하였다. 늙은이가 젊은 여자를 억지로 취하는 전통은 매우 불합리하다 하여 반대하고 좋아하지 않았다.

그는 시에서 이렇게 말하고 있다.

> 늙은이가 어린 여자를 취하니,
> 백발의 남편을 부인은 참지 못하네.
> 노파가 어린아이에게 시집가니,
> 누런 얼굴을 지아비는 사랑하지 않네.
> 노인이 노파를 취하니,
> 누구 하나 내버리거나 배반하지 않고,
> 젊은 여자가 젊은이에게 시집가니,
> 둘 다 서로서로 그 모습을 사랑하네.

이 밖에도 한산은 출가인들이 재물과 여자를 좋아하는 것을 기롱하였다. 예컨대 "또한 출가인들을 보면 …… 어리석게도 재물과 여자를 좋아한다"라고 말하였다. 그의 친구 습득(拾得)에게도 "출가인들에게 권하노니, 탐욕과 음란함에 물들지 말게"라는 시가 있다.

남자중심 사회 더욱이 중국고대 봉건사회에서, 남자는 여자를 학대하였고, 남편은 아내를 학대하였다. 혼인은 종종 단지 일방적인 욕망의 발산일 뿐이었다. 자식을 낳아서 대를 이을 뿐이고, 진정한 애정이라고는 없었다.

이러한 상황은 결국, 남녀의 욕망을 단절한 출가인까지도 여자를 위해 불평하게끔 만들었다.

부록: 세상에 대한 이해가 다른 '노인과 소녀의 결혼'을 반대한 풍시가(馮時可)·송생(宋生)

명말의 풍시가(馮時可)는 『풍원성집선(馮元成集選)·약설구(約說九)』에서 "노인과 소녀는 좋아하고 싫어하는 취향이 다르다. 나는 달콤한 엿을 먹는 듯하지만 저 사람은 씁쓰레한 초를 씹는 듯이 하니, 피차가 서로 어긋나 또한 화약고와 같다"라고 하였다.

청초에 송생(宋生) 역시 『요계문집(蓼溪文集)·평생수원(平生數願)』에서 "남녀는 모습이 어울리는 젊은 남녀가 배우자가 되는 것이 가장 즐거운 일이다." "가장 애석한 것은 백발의 노인이 소녀를 품어 자신의 늙은 모습으로 꽃다운 청춘을 잘못되게 하는 것이다. 마음이 편치 못한 것은 물론이요, 거울을 가져다 스스로를 비추어도 대하기 무색하지 않겠는가?"라고 말하였다.

출가인도 똑같이 욕정이 있음을 인정한 지선(智詵)

지선(智詵)이 생존했던 시대에 관해서는 두 가지 설이 있다. 진원(陳垣)은 『석씨의년록(釋氏疑年錄)』에서, 지선은 혜선(慧詵)이라고도 부르는데 당 무덕(武德) 원년에 나이 80(539~618)으로 죽었다고 하였다. 『속고승전』의 22에 보인다. 이는 지선은 당에 들어가자마자 죽었다는 것이다.

여징(呂澂)은 『중국불학원류약강(中國佛學源流略講)』에서, "선종이 널리 성행한 것은 홍인(弘忍) 이후의 일이다. 홍인은 황매(黃梅)의 쌍봉산 동쪽 풍묘산(馮墓山)에 기거하면서 제자들을 모아 강습하였다. 그의 문하에는 인재들이 많았는데, 걸출한 인물로 신수(神秀:605~706)·혜능(慧能)·혜안(慧安, 老安:582~709)·지선(611~702)·현색(玄賾) 등 열한 사람이 있었다"라고 하였다. 이것은 지선이 홍인의 제자로서 신수·혜능과 함께 공부하였고, 무측천 시대 사람임을 말해준다.

이 두 설 가운데서, 진원의 설이 틀리고 여징의 설이 옳다.

중국불교사 가운데에서 선종의 지선만이 과감하게 불교도에게도 일반인과 마찬가지로 남녀 간의 욕정이 있다고 인정하였다. 범문란(范文瀾)은 『중국통사간편』에서 다음과 같이 지적하였다. 선종은 자유자재한 삶을 주장하지만, 천축의 계율을 깨뜨리고 공개적으로 장가들어 자식을 낳지는 못하였다. 선승들은 여승을 두려워할 뿐만 아니라 심지어 죽은 여승조차 두려워한다. 속인의 집에 손님으로 갔다가 부녀자가 있으면 선승은 보기만 해도 두려워하였다. 회해(懷海)선승은 지옥을 두려워하지 않는다면서도 늙은 여승과 농가의 부녀자를 두려워하였다. 선학에서 강론한 모든 것이 한낱 부녀자조차도 감당하지 못하였으니 그 취약성이란 말할 것이 없다. 선승이 부녀자를 꺼리는 것이 이와 같았으니, 선승이 결혼에 대해 얼마나 박절했는지는 충분히 알 수 있다.

무측천이 홍인 문하의 뛰어난 제자들인 신수·현약(玄約)·혜안·현색 등을 모아 놓고 "당신들은 욕망이 있는가?"라고 물으니, 신수 등은 모두 욕망이 없다고 대답하였다. 무측천이 또 지선에게 "욕망이 있는가?"라고 물으니, 지선은 욕망이 있다고 대답하였다. 무측천이 "어떻게 욕망이 있는가?"라고 물으니, 지선은 "생명이 있으면 욕망이 있고, 죽으면 없다"라고 대답하였다. 무측천은 지선의 답변이 보다 성실하다고 하여 그에게 혜능에게서 가져온 달마의 가사를 주었다.[28]

불교도가 그 몸을 출가시키는 것은 쉽지만, 그 마음에서 남녀 간의 근본적인 욕망을 끊기는 매우 어렵다. 유가에서는 남녀가 서로 직접 주고받기를 금하지만 결혼은 허용하고 욕망을 적게 갖도록 한다. 도가의 주장은 과욕과 절욕 사이에 있는 것 같다. 불교는 철저하게 절욕을 주장하여, 남녀 관계의 단절을 주장하지만 가장 두려워하면서도 가장 미련을 가지는 것은 남녀 간의 근본적인 욕망이다.

다만 지선만이 과감하게 여황제와 불교대사들 면전에서 떳떳하게 출가인도

---

28) 『中國通史簡編』 수정본 제3편 제2책.

속인과 같이 남녀 간의 근본적인 욕망이 있음을 시인한 것이다. 이것은 참으로 일찍이 없었던 일로 한산이 대담하게 남녀의 결혼문제를 공개적으로 거론한 것과 견줄 만한 것이다.

제11절 조정과 재야에서 과감히 예교에 반기를 든 여자황제
— 진석진(陳碩眞)과 무측천(武則天)

진석진(陳碩眞: ?~653)은 목주(睦州: 지금의 浙江 建德) 출신으로 당대의 절강농민봉기군의 여자 영수였다. 그녀는 고종 영휘 4년(653)에 봉기하여 문가(文佳)황제라 자칭하였으니, 농민봉기군 가운데 유일하게 황제라 자칭하였으며, 중국 최초의 여자황제이기도 하다.

무측천(武則天: 624~705)의 이름은 조(照)이고 병주(幷州) 문수(文水: 지금의 산서 文水東) 출신이다. 655년 고종에 의해 황후가 되었고, 660년 고종을 대신하여 정사를 보았다. 683년 고종이 죽자 실권을 잡고, 중종·예종을 폐위시켰다. 690년 비로소 국호를 주(周)로 고치고 성신(聖神)황제라고 자칭하였다. 그녀는 비록 36년의 오랜 기간을 집권하였지만, 황제라고 자칭한 것은 진석진보다 37년 늦으니, 조정에서 황제라고 칭한 무측천 역시 재야에서 황제라고 칭한 진석진의 영향을 받았다고 하겠다.

이 중국의 두 여자들은 삼강의 예교가 가장 엄격했던 고대중국에서 마침내 과감하게 황제를 칭했으니, 참으로 대단하다. 행동으로써 삼강의 예교를 반대하였으니 말로만 삼강의 예교를 반대했던 그 누구보다도 강도가 높았다. 이 전후로 군주의 권한을 장악한 한대 초의 여후(呂后)와 청대 말의 서태후도 감히 황제를 자칭하지는 못했다. 반면 『여계(女誡)』를 지은 반소(班昭), 『여논어(女論語)』를 지은 송약화(宋若華), 그리고 명·청시대의 『여사서(女四書)』 등은 철저한 노예가 되기를 스스로 달게 여긴 것이다.

무측천은 자기가 일개 여인으로 천자가 되고 천하를 소유하였다는 것만 알았지, 여자들이 남자에게 박해받는다는 것은 생각하지 못했으므로 그녀의 예교에 대한 반대는 철저하지 못하였다.

첫째는 개인의 차원에 머문 것으로 여성의 권익을 위한 것은 아니었다. 가령 자신은 황제로서 많은 남자를 첩으로 두고도 왕후·소비(蕭妃)·자신이 낳은 여자아이 등을 참살한 것은 바로 여자로서 여자를 잔혹하게 다룬 것이니, 여성의 권리를 어찌 알았겠는가.

둘째는 피상적이었을 뿐 실질적으로 도움이 되는 것이 아니었다. ― 실질적인 도움이란, 여성들의 경제·정치·교육·도덕에서 어느 정도의 권익을 말한다. 무씨는 여자를 관리로 임용하지 않았고, 여자가 유산을 계승하고 교육을 받도록 명하지 않았으며, 과부가 수절하는 것 등을 폐지하지 않았다.

셋째는 약간 있다고 해도 죽은 사람을 대상으로 한 것으로 산 사람을 대상으로 한 것은 아니었다. 예컨대, 모친상을 모신다거나 여신을 받드는 것이다.

네째는 강제적이었지 공개적이 아니었다. 예컨대, 아들 단(旦)의 성을 무씨로 고쳐 왕위를 계승토록 하였지만 딸을 세워 왕위를 계승토록 하지는 못했으니, 이것은 여전히 남성중심 사상이다.

그래서 나는 남성 일변도의 봉건왕조 속에서 무측천 개인이 특별히 남자와 과감하게 투쟁하여 황제가 된 것은 상당히 대담했다고 생각한다. 그러나 부녀자의 입장에서 보면, 그녀들의 권익을 위한 투쟁에 무측천은 조금도 기여한 것이 없다. 상경여(向警予)는 1925년에 발표한 『여국민대회(女國民大會)의 3대의의』라는 글에서 이미 이렇게 지적하였다. "당조의 무측천은 일개 여자로서 의연히 남자들을 향하여 군주임을 선언하여 천자가 되고 사해를 소유하였으니 그 권위의 막대함과 그 지위의 높음은 말할 것이 없다. 그러나 그녀의 통치 아래에서도 수많은 부녀자들은 여전히 노예나 노리개로 대우받지 않았던가! 그래서 우리들은 무측천이 황제가 된 것을 결코 여권운동으로 간주할 수는 없다. 결국 오늘의 대회의 가장 중요한 의의는 전체 부녀자들의 보편적인 권익과 지위를 위한 투쟁이지 소수의 부녀자들을 위한 특별한 권익과 지위 향상을 위한 투쟁은 아니다."[29]

---

29) 『向警予文集』 198~99쪽.

제12절 한유(韓愈)의 절대군주론

한유(768~824)의 자는 퇴지(退之)이며 하남 하양(河陽:지금의 孟縣 소재) 출신이다. 스스로 창려군(昌黎郡) 내의 명망 있는 집안이라고 하였으니, 세상 사람들이 한창려라고 불렀다. 당 정원(貞元)에 진사가 되고, 관직은 이부시랑(吏部侍郞)에 이르렀다. 그의 중국문학사에서의 지위는 변려문체(駢儷文體)를 산문체(散文體)로 바꾼 데 있다. 그의 산문체 고문은 당·송의 여러 대가를 능가하였다. 그러나 유가사상사에서는 아무런 의미도 없었다. 그는 앞으로는 맹·순(孟荀)에 미치지 못했고, 뒤로는 정·주(程朱)만 못하였다.

한유의 유가예교 문제에 대한 주장 중 가장 특색 있는 점은 지고무상한 군주의 권리를 주장한 것이다. 한유는 관리와 백성을 모두 군주의 노복으로 생각하여 그들이 조금이라도 윗사람을 섬기는 데 불순하다면 마땅히 죽여야 한다고 생각하였다. 예컨대 "이런 까닭에 군주는 명령하는 자이다. 관리는 군주의 명령을 실행하여 그것이 백성에게 이르도록 하는 자이다. 백성은 곡식과 옷감을 내고, 기구와 제기를 만들고, 재화를 유통시킴으로써 그 윗사람을 섬기는 자이다. 군주가 명령하지 않으면 그 군주됨을 상실하고, 관리가 군주의 명령을 실행하여 그것이 백성에게 이르도록 하지 않으면 그 관리됨을 상실하며, 백성이 곡식과 옷감을 내고 기구와 제기를 만들고 재화를 유통시켜 그 윗사람을 섬기지 않는다면 죽게 된다"30)라고 말하였다.

백성뿐 아니라 관리도 예외 없이 죽게 된다. 그래서 "관리의 죄가 처벌되어야 천왕(天王)의 성덕이 크게 밝아진다"31)고 말하였다. 군주는 단지 관리와 백성에게 시중받을 권리만 있을 뿐 관리와 백성은 단지 군주를 모실 의무만 있어 군주와 백성은 대립하는 두 계급을 이룬다. 이야말로 천하에 옳지 않은 군주는 없으며, 옳은 신민은 없다는 것이다. 한유와 한비(韓非)를 중국사상사에서 '양한(兩韓)'이라고 부르는 것은 둘 다 절대 군권주의자로서 군주의 권한이 존재함으로써 일체가 존재한다고 주장했기 때문이다.

---
30) 『昌黎先生文集·原道』.
31) 『昌黎先生文集·琴操』.

제13절 예교와 불교의 합일을 주장한
유종원(柳宗元)·종밀(宗密) 등

유종원(773~819)의 자는 자후(子厚)이고, 하동 해현(河東 解縣:지금의 山西省 運城縣 解州鎭) 출신이니, 사람들이 유하동이라 불렀다. 당 정원(貞元:당 德宗의 연호)에 진사가 되고, 관직은 감찰어사리행(監察御史裏行), 예부원외랑(禮部員外郎)에 이르렀다. 한유 등과 고문운동을 창도하여 함께 '당·송팔대가'에 올랐다. 유종원은 유·불·도 삼교의 조화를 주장하여 삼교에는 "모두 세상을 돕는 면이 있다"[32]라고 하였다. 문집으로 『하동선생집(河東先生集)』이 있다. 그의 예교 방면에 대한 주요 관점은 다음과 같다.

1. 유교의 인의는 예와 떼어 놓을 수 없다

유종원은 "유교는 예로써 인의를 세웠으니 예가 없으면 무너진다. 불교는 율(律)로써 정혜(定慧)를 견지하니, 율을 제거하면 불교의 의미가 없다. 이런 까닭에 인의에서 예를 떼어 놓으면 유교라 할 수 없고, 정혜로부터 율을 제거하면 더불어 불교를 말할 수 없다"[33]고 하였다.

그는 공자의 "자신을 극복하고 예로 돌아가는 것이 인이다"는 말에 근거하여 "인에 가깝다는 것은 예를 회복한 것이다."[34]라고 말하였다. 또 "예의 근본은 혼란을 막는 것이다"[35]라고 말하였다.

2. 유교와 불교는 서로 통한다

유종원은 불교와 유교의 도가 서로 같다고 생각하였다.

---

32) 「送元十八山人南游序」.
33) 「南岳大明寺律和尙碑」.
34) 「送雀群書」.
35) 「駁復仇議」.

곧 "불교에는 진실로 배척할 수 없는 것이 있다. 종종 『역』과 『논어』와 합치되며 마음에 거리낌이 없으니, 공자와 도를 달리하지 않는다.…… 내가 얻은 것은 『역』·『논어』와 합치된다는 점이니, 성인이 다시 태어난다 하더라도 배척할 수 없을 것이다."[36]

유·불이 서로 통할 뿐만 아니라, 도와 법은 『반야경』·『열반경』보다 높은 것이 없다. "남아 있는 것은 부처의 말이다. 말 가운데서 뚜렷한 것이 경이 되었으며, 경을 도와 완성한 것이 논(論)이다.…… 법으로서 『반야경』 보다 높은 것이 없고, 경(다른 곳에는 '도'라고 쓰여 있다)으로서 『열반경』보다 훌륭한 것이 없다. 세상의 뛰어난 선비들이 도와 법에 들어가고자 하면서도 경과 논에서 취하지 않는다면 잘못이다."[37] 그런데 불교와 도교 역시 유교의 효성과 공경에 근본한다고 보았으니, "금선(金仙:如來의 異稱)씨의 도는 대개 효성과 공경에 근본한다"[38]고 하였다.

소식(蘇軾)은 "자후는 남쪽지방으로 좌천되면서 비로소 불교를 연구하였다. 조계(曹溪) 남악(南岳)에 속한 여러 스님의 비문을 지었는데 고금에 절묘하다. 유·불을 함께 통하고 도학을 완벽히 갖추었다. 당 왕조 이래 지금까지 조사를 칭송하여 지은 것이 많지만, 자후만큼 유창하고 분명하며 간결하고 바른 것이 없었다"고 한 논평은 매우 적절한 것이다.

종밀(宗密: 780~841)의 세속의 성은 하(何)씨이고, 과주(果州) 서충(西充:지금의 사천) 출신이다. 어려서 유가 서적에 통달하였다. 출가한 후에 섬서 규봉산(圭峯山)에 상주하였기에 '규봉대사'라고 불리었다. 그는 선·교종을 함께 공부하여 화엄종 5조의 대열에 올랐다. 저작으로는 『선원제전집도서(禪源諸詮集都序)』·『화엄원인론(華嚴原人論)』·『불설우란분경소(佛說盂蘭盆經疏)』가 있다.

종밀은 효도는 유교와 불교가 같이 존중하는 것이며, 석가나 공자 모두 훌륭한 성인이라고 생각하였다. 이것은 불교의 유학화일 뿐 아니라, 유학의 불

---

36) 「送僧浩初序」.
37) 「送琛上人南游序」.
38) 「送濬上人歸淮南覲省序」.

교화이기도 하다. 그는 유·불합일논자였다.

제14절 당대(唐代)의 여자로서 여자를 압박한 세 권의 책

반소(班昭) 후, 당 왕조의 세 여자가 여자에 대하여 고압적인 세 권의 책을 썼다. 하나는 당 태종의 장손황제의 『여칙 女則』 30권으로, 지금은 전하지 않는다.

둘째는 진막(陳邈)의 아내인 정씨의 작품으로, 『여효경(女孝經)』 18장이다.

셋째는 송정분(宋廷棻)의 장녀인 약화(若華)[39]의 작품으로 『여논어(女論語)』12장인데, 이것은 당 왕조의 가장 중요한 여자용 교과서였다.

---

39) 『新唐書』에는 약신(若莘: 627~820)으로 되어 있다.

제 3 장

중국 예교사상이 변질·강화된 시대 — 송원명청(宋元明淸)

제1절 예교를 불학화한 지원(智圓)·계숭(契嵩) 등

지원(976~1022)의 자는 무외(無外), 호는 중용자(中庸子)이다. 속세에서의 성은 서(徐)씨이며, 전당(錢唐) 사람이다. 어려서 출가하여 계를 받고, 21세 때에 천태교의(天台敎義)를 받았다. 평생 큰 사원의 주지를 담당한 적 없이, 서호(西湖) 고산(孤山)의 작고 누추한 집에 거처하였다. 그 자신은 삼십부(三十部), 칠십일권(七十一卷)을 찬술하였다고 하였지만, 현재는 『한거편(閒居編)』만이 남아 있다. 지원은 유가적 소양을 갖춘 승려였다. 스스로 "불경을 강론하는 외에 주공, 공자, 양웅, 맹자의 책 읽기를 좋아하고, 때때로 옛사람을 본받고자 함으로써 그 도를 높였다"고 하였다.

그는 유불은 반드시 합일되어야 한다고 주장하였다. "공자의 가르침이 아니면 나라가 다스려지지 못하며, 집안이 평안치 못하며, 몸이 편안치 못하니, 불교의 도가 어떻게 행해질 수 있겠는가?", "유도로 몸을 닦고, 불도로 마음을 닦는다." "유가는 몸을 꾸미는 가르침이므로 외전(外典)이라 하고, 불교는 마음을 닦는 가르침이므로 내전(內典)이라고 한다. … 유가여! 불교여! 함께 안과 밖이 되는구나!" 공자의 가르침이 있어야 불교의 도가 존재할 수 있으므로 유불 2교는 상호 의존적인 것이다.

계숭(1007~1072)의 자는 중령(仲靈), 호는 잠자(潛子). 속세에서의 성은 이(李)씨이며, 등주(藤州: 지금의 廣西 藤縣) 사람이다. 어려서 출가하여 계를 받았다. "열아홉에 사방을 유랑하여 양자강과 상강을 내려가 형산(衡山)과 여산(廬山)에 올랐다." 후에 "전당(錢唐) 영은(靈隱) 지방에 이르러 문을 걸어 잠그고 저술하였다." 그는 선승(禪僧)이면서도 문승(文僧)을 겸하였다. "백여 권 총 육십여 만언"에 이르는 저술을 하였다. 현재는 『심진문집(鐔津文集)』이 남아 있다. 계숭의 중요한 주장에는 다음과 같은 것이 있다.

1. 유불합일

"유(儒)는 성인이 유위(有爲)를 크게 실천한 것이며, 불(佛)이란 성인이 무위(無爲)를 크게 실천한 것이다. 유위로써 세상을 다스리고, 무위로써 마음을 다스린다. … 그러므로 세상을 다스리는 데는 유가가 아니면 안되고, 세상을 벗어난 것을 다스리는 데는 불교[1]가 아니면 안된다."

2. 불교의 오계와 유가의 오상은 차이가 없다.

계숭은 다음과 같이 생각하였다. "사람이 타는 수레〔人乘〕라는 것은 오계(五戒)를 말한다. … 유가의 예로 대조해 보면, 그들이 말하는 오상(五常)·인의(仁義)와는 호칭만 다를 뿐 하나다." "오계의 처음은 살인하지 말라, 그 두번째는 도둑질하지 말라, 세번째는 사악하고 음란하지 말라, 네번째는 근거없는 말은 하지 말라, 다섯번째는 술마시지 말라다. 살인하지 말라는 것은 인이며, 도둑질하지 말라는 것은 의이며, 사악하고 음란하지 말라는 것은 예이며, 술마시지 말라는 것은 지이며, 근거없는 말은 하지 말라는 것은 신이다." 오상과 오계가 "어찌 다른 것이겠는가?"

3. 유가보다 불교에서 더 효를 중시한다.

---

1) 원문의 '儒'는 '佛'의 오자이다.

계승은 또한 다음과 같이 생각하였다. "세상 사람들은 유가는 효를 중심으로 한다고 생각하지만, 불교가 효를 중심으로 한다고는 생각하지 않는다." "이것은 유가만 보고 불교를 보지 않았기 때문이다." 불교에서는 유가보다 더 효를 강조하니, "유가로서 지키고 불교로서 넓히며, 유가로서 인간에게 하고 불교로서 신에게 하면, 효는 지극하고 위대하게 될 것이다!" 효는 각 종교에서 공동으로 존중하는 것이지만, 불교에서 더욱 효를 존중함을 볼 수 있다.

4. 예악(禮樂)은 왕도의 처음과 끝이다.

계승은 또한 다음과 같이 생각하였다. "예는 왕도의 시작이며, 악은 왕도의 끝이다." "예는 왕도를 시작하는 도구이며, 악은 왕덕(王德)을 완성하는 도구이다." "군주는 예악을 시행하는 사람이며, 국민은 예악을 적용하는 대상이다. … 이 때문에 예는 위에서 잘 시행되는 것을 귀하게 여기고, 악은 아래서 본받는 것을 귀하게 여긴다." 유가는 예를 가장 중시한다. 계승은 또한 "예는 정치로 귀결되는 것"이라고 생각하였다.

제2절 환관제도를 반대한 하송(夏竦)

하송(985~1051)의 자는 자교(子喬), 강주(江州) 덕안(德安: 지금의 江西 德安縣) 사람. 추밀사(樞密使), 절도사(節度使), 봉공(封公)의 관직을 역임하였다. 저서로는 『하문장집(夏文莊集)』이 있으나 지금은 전하지 않는다. 청나라 『사고전서(四庫全書)』에 집본(輯本)이 있다.

하송은 참혹하고 비인도적인 환관제도를 폐지할 것을 주장하였다. 그 이유는 남녀 양성은 자연에서 나온 것이기 때문이다. "하늘과 땅이 교제하니 음양이 화합하고, 음양이 화합하니 만물이 생겨난다. 그러므로 암컷과 수컷으로 나뉘고, 다시 짝이 되니, 날짐승·들짐승·물고기·자라 등이 모두 그 타고난 성을 이루게 된다. 남녀가 있어야 부부가 있으며, 부부가 있어야 부자가 있으며, 부자가 있어야 군신이 있는 것이므로, 『주역(周易)』에서는 함괘(咸卦)를 역경(易經)의 첫머리에 놓았고, 『시(詩)』에서는 관저(關雎)시를 「국풍(國風)」의 처음에 놓았던 것이다." 군주는 예교를 유지하기 위해서 남자의 생식기를 제거하여 후비를 받들도록 함으로써 남녀 관계가 발생하는 것을 피하도록 하였다. 환관들은 모두 어려서 이 형(刑)을 받는데, 그들은 "모두 평민의 자손으로 어린 나이(7~8세 정도)에 양자로 들어가 죄없이 잔악한 훼손을 받아 신체의 일부를 절단하는 괴로움을 당하며, 남녀의 본성을 잃고 부부의 결합을 방해받으며, 후사를 이을 수 있는 길이 끊기어 위로 조화로운 기운을 상하게 되니 이보다 더 잔혹한 일이 어디에 있단 말인가?" 그런데도 후대의 환관은 고대에 비해서 점점 많아져서 "오늘날 환관들이 어찌옛 법도보다 많단 말인가!" 탄식하는 지경에 이르렀다. 따라서 그는 당시 군주에게 "조화의 은혜를 베풀어 비통한 기운을 순치하고 법을 준엄하게 확립하여 일체를 금할 것"을 요청하였다. 중국 고래로 가장 야만스러운 풍속에는 두 가지가 있는데, 하나는 환관제도로 남자를 여자로 만드는 것이며, 하나는 부녀자들에게 전족을 하도록 하여 본래 클 수 있는 발을 작은 발로 만드는 것이다. 이는 모두 세계의 어떤 나라에서도 없었던 것들이다.

제3절 예의 중요성을 논한 이구(李覯)·사마광(司馬光)

이구의 비교적 개명한 예교사상 — 사람에게는 모두 짝이 있다는 주장

이구(1009~1059)의 자는 태백(泰伯)이다. 강서(江西) 남성(南城) 사람. 평생 벼슬하지 않고, 글을 가르치는 것을 업으로 삼았다. 만년에 태학의 조교로 추천받고, 뒤에 직강(直講)이 되었으므로 사람들은 직강선생이라고 불렀다. 또 일찍이 고향에 우강서원(旴江書院)을 설립하였으므로 우강선생이라고 부르기도 하였다. 범중엄(范仲淹)은 그의 재주와 학식을 칭찬하여 "범상한 유자가 아니다"라고 하였다. 23세 때에 공맹의 서적에 근거하여 『잠서(潛書)』를 편집하였고, 그후 매우 많은 저술을 하였으며, 중요한 것으로는 『예론(禮論)』, 『평토서(平土書)』, 『광잠서(廣潛書)』, 『부국·강병·안민(富國强兵安民)』 삼십책(三十策), 『주례치태평론(周禮致太平論)』 등이 있는데, 모두가 그의 중심적인 사상이 표현된 것으로서 동시대의 사상가인 왕안석에게 비교적 큰 영향을 끼쳤다. 후인들이 모두 모아서 『직강이선생문집(直講李先生文集)』으로 편집하였는데, 『우강전집(旴江全集)』이라고 이름하기도 한다.

이구 자신은 "거친 시골 환경에서 성장한 대대로 가난한 집안의 선비"라고 하였지만, 송대 이학가들과 비교하면 담력과 식견이 높았다. 그가 "묵자의 겸애는 우리 성인이 말한 인이 아니다"라고 하기는 하였지만, 그의 공리주의 사상은 오히려 묵가에 가까우며, 유가에 가까운 것은 아니었다. 이구는 경제상으로는 토지와 밭을 고르게 분배할 것과, '전(田)'과 '경작자'의 합치, '노동'과 '식록'의 합치, 소비를 동일하게 할 것, 물가를 고르게 하며 세금을 풍흉에 관계없이 고르게 할 것을 주장하고, 정치상으로는 민본과 직언(直言)의 수용, 그리고 형법의 평등을 주장하였다. 이와 같은 주장들은 모두 일반적인 유자들이나 이학가들과는 다른 것이었다. 이제 예교와 관련된 그의 사상들을 뒤에 서술한다.

1) 예는 일체를 포괄한다

이구는 예를 일체를 포괄하는 것으로 여기고, 두 가지 설득력 있는 증거를 제출하였다. 서적의 측면에서 말하면, 『주례』, 『예기』, 『역상(易象)』, 『춘추』는 모두 예의 범위에 속하는 것이다. "예는 사람들이 살아가는데 중차대한 것이다. 악(樂)은 예를 통해서 이루어지며, 정치는 예를 통해 시행되며, 형은 예를 통해 맑아지며, 인(仁)은 예를 통해 폐하지 않게 되며, 의는 예를 통해 죄없는 사람을 벌하지 않게 되며, 지는 예를 통해 미혹되지 않으며, 신은 예를 통해 변함없게 되니, 성인이 만들고, 현인이 서술하며, 천자가 바르게 하고, 천하 제후가 나라를 다스리며, 경대부가 지위를 보존하며, 서인이 삶을 유지하는 바이니 그 어떤 것도 예로써 되지 않는 것이 없다."2) 고대에는 예가 확실히 일체를 포괄하는 것이었다. 오늘날 적지않은 학자들은 '인'은 내용이며 '예'는 형식이고, '인'은 도덕이며 '예'는 정치라는 관점을 견지하고 있는데, 바로 이것은 이구의 평가에 주의를 기울이지 않은 것이다.

일이라는 측면에서 보면, 예는 크고 작은 것 모두를 포함하는 것이다. "성인의 예에 관한 언급은 차이가 있지만, 큰 것을 말하면 포함되지 않는 일이 없고, 작은 것을 말하면 여러 일 가운데 하나이다."3) 종합해서 말하면, 예는 각각의 윤리와 도덕 그리고 악·정·형 등등을 포괄하며, 이른바 오륜·오상·예악·형정은 모두 예이며, 예는 일체와 관계를 가진다.

이구는 다음과 같이 말하였다. "사람이라고 말하면 손·발·근육·뼈는 그 가운데 있다. 예라고 말하면 악·형·정·인·의·지·신이 그 가운데에 있다."4)

이구는 또한 예는 인·의·지·신의 근본이며, 이를 어기면 예에서 벗어난 인·의·지·신이라고 생각하였다. 그는 다음과 같이 말하였다. "성인은 자신의 인·의·지·신의 성(性)을 따르고 모아서 예를 만들었으니, 예가 이루어진 뒤에야 인·의·지·신을 알 수가 있다. 인의지신이라는 것은 성인의 성이며, 예는 성인의 법제이다. … 세상에는 예가 아닌 인도 있고, 예 아닌 의도 있으며, 예 아닌 지도 있고, 예 아닌 신도 있는데, 이는 모두 그 근본을 잃었기 때문에 그런 것이다."5)

이구는 일찍이 예는 인을 포괄하는 것임을 지적하였지만, 인과 예를 아울러 중시하지는 않았다. 오늘날 적지않은 사람들은 공자의 사상체계는 인이 예를 포괄하는 것으로, 혹은 인과 예를 아울러 중시하는 것으로 생각하고 있다. 이구는 더 나아가 예는 정치의 근본이므로 예로써 악·정·형을 통섭할

---

2) 『禮論』第六.
3) 같은 책.
4) 『禮論』第一.
5) 『禮論』第四.

것을 주장하고, 이에 어긋나는 것은 예 아닌 악이며, 예 아닌 정치, 예 아닌 형벌이 된다고 생각하였다. "정치를 함에 예를 우선하니, 예는 정치의 근본이로구나! 제도는 예의 내용이다."[6]

일부 사람들은 예는 외재하는 것으로서 형식과 제도일 뿐이라고 생각한다. 이구는 이같은 관점을 배척하고 예(禮)와 의(儀)는 다른 것으로서 예는 내외를 포괄하는 것이며, 의(儀)는 외적인 것이어서 내를 포괄하지 못하는 것임을 지적하였다. 그는 다음과 같이 반문하고 있다. "정말로 예가 지향하는 것이 기(器)·복(服)·물(物)·색(色), 오르고 내림, 말씨에 그치는 것이고, 인·의·지·신 등의 큰 의미가 없는 것이라면 이는 자질구레한 유사(有司)의 일일 뿐인데 어찌 성인이 이처럼 존숭하였겠는가?"[7]

2) 형수가 물에 빠졌을 때 손을 잡아 건져주는 것은 예에 합치한다

맹자는 "남녀가 직접 주고 받지 않는 것"이 '예'이며, "형수가 물에 빠졌을 때 손을 잡아 건져 주는 것"은 '권(權)'이지 '예'가 아니라고 하였다. 이구는 "오늘날의 관점에서 보면, 반드시 남녀가 직접 주고 받지 않는 것은 예이며, 형수가 물에 빠졌을 때 손을 잡아 건져 주는 것 또한 예라고 반드시 말할 것이다."[8]라고 하였다. 이구는 맹자에 비교하여 한층 진보하여, 남녀가 직접 주고 받지 않는 것과 형수가 물에 빠졌을 때 손을 잡아 건져 주는 것이 모두 '예'이며, '권'이 아니라고 생각하였다. '권'이란 권도, 예외라는 의미이며, '예'는 정상·정당이라는 뜻이다. 이구는 비록 남녀가 몸소 주고 받는 것을 정당하다고 인정하지는 않았지만, 이미 과감하게도 형수가 물에 빠졌을 경우 직접 손을 잡아 구해내는 것이 권도라는 것을 부인하였다.

이구는 또한 제왕이 궁중 깊은 곳에 원망에 찬 궁녀들을 두는 것은 사람의 기본적인 욕망에 어긋나며, 승녀가 독신으로 사는 것은 음양의 조화에 어긋

---

[6] 『富國策』第三.
[7] 『禮論』第五.
[8] 『禮論』第六.

난다고 과감하게 지적하였다.9)

　봉건시대에 이러한 견해를 개진한다는 것은 매우 대담하고도 식견이 있는 일이었다.

3) 사람에게는 모두 짝이 있다

　이구는 사람에게는 모두 짝이 있음을 강조하고, 천하에 노처녀와 노총각이 없도록 할 것을 요구하며, 제왕은 여색을 좋아하는 마음을 남에게도 인정해야 한다고 강조하였다. 그는 다음과 같이 말했다.

　"군주가 여색을 탐할 줄은 알면서도 백성들이 가정을 이루지 못하는 것은 모르며, 욕망을 만족시킬 줄은 알면서도 노처녀와 노총각이 있다는 것은 알지 못한다면 옳겠는가? 천지가 화합하지 못하면 만물이 자라지 못한다. 남편과 아내가 있어야 가정을 이루어서 위로는 부모를 봉양할 수 있고, 아래로는 자손을 양육할 수 있다. 백성들을 살리는 근본은 여기에 있으니, 군주가 이를 태만히 하는 것은 바른 계책이 아니다."10)

　이같은 호소는 또한 봉건예교 통치에 대한 일종의 항의였다.

4) 공리(功利)와 정욕관(情欲觀)

　이구는 사람은 욕망을 줄일 수 있을 뿐이지, 욕망을 많게 하거나 아주 없게 할 수는 없다고 생각하였다. 그는 "'이익이란 것이 말할 만한 것인가?' 말하기를, '사람은 이익이 아니면 살 수가 없다. 그런데 어떻게 말하지 않을 수 있겠는가?' '욕망이란 것이 말할 만한 것인가?' 말하기를, '욕망은 사람의 정서이다. 그런데 어떻게 말하지 않을 수 있겠는가?' 말하되 예로 하지 않는 것은 탐욕과 음란함의 죄이다. 탐내지도 않고 음란하지도 않는데 말할 수 없다고 한다면 이는 사람의 삶을 해치며 사람의 정서와 어긋나는 것이 아

---

9) 『周禮致太平論, 內治第三, 四』, 『廣潛書』를 참조.
10) 『周禮致太平論, 內治第七』.

니겠는가. 세속의 사람들이 유교를 좋아하는 것도 이 때문이다."11) 여기에서 말한 탐내지 않고 음란하지 않는다는 것은 욕망을 줄인다는 의미이다.

이구의 저술은 논술이 매우 조리가 있고, 또한 매우 상세하다. 그의 예교사상은 '예'가 단지 외재하는 것 또는 형식이 아니라 일체를 포괄하는 것이라고 보았는데, 이는 탁월하며 대담한 것이다. 그는 남녀유별을 주장하면서 "여자는 안에 있고 남자는 밖에 있다."12) "부인은 사람을 따르는 자이다. 따르는 것은 그것을 높이는 것이다. 남편을 낮추어 보면서도 명령을 따를 수 있는 사람은 없다"13)라고 하거나, 종법을 중시하여 "주나라가 쇠퇴하자 법도가 해이해져서 이 도가 그 때문에 사라졌다"14)고 개탄하였다. 이러한 유의 논조는 당연히 옛 유자들의 상투적인 것이다.

사마광(司馬光)의 완고(頑固)한 예교사상 — 예 중에 명분이 가장 중요하다.

사마광(1019~1086)의 자는 군실(君實). 섬주(陝州) 하현(夏縣: 지금은 山西에 속한다) 속수(涑水) 지방 사람으로 세상에서는 속수 선생이라고 불렀다. 보원(寶元: 宋仁宗의 연호)에 진사가 되어 인종・영종・신종・철종의 네 대를 거쳤다. 관직은 상서좌복야겸문하시랑(尙書左僕射兼門下侍郎)에 이르렀다. 왕안석의 신법에 반대하였는데, 그는 북송 수구파의 우두머리였다. 『자치통감(資治通鑑)』을 주편(主編)하였으며, 저서로는 『사마문정공집(司馬文正公集)』 등이 있다.

1) 군신의 예는 천지를 바꿀 수 없는 것과 같다.

---

11) 『損欲』.
12) 『常識下』.
13) 『廣潛書』.
14) 『五宗圖序』.

사마광에게는 '천자는 하늘과 같다'는 논의가 있는데, 군주의 능력과 사무를 극도로 치켜올린 것이다. "천자의 직분은 예보다 큰 것이 없으며, 예는 분(分)보다 큰 것이 없고, 분은 명(名)보다 큰 것이 없다. 무엇을 예라고 하는가? 기강이 이것이다. 무엇을 분이라 하는가? 군신이 이것이다. 무엇을 명이라 하는가? 공·후·경·대부(公侯卿大夫)가 이것이다. 넓은 사해와 많은 백성이 한 사람의 통제를 받으니, 비록 뛰어난 힘과 일세에 빼어난 지혜를 가졌다 하더라도 모두 달려나와 부림을 받는 것은 예로 기강을 세웠기 때문이 아닌가? … 귀한 이는 예를 통해 천한 사람에게 군림하고, 천한 사람은 예를 통해 귀한 사람을 받드니, 윗사람이 아랫사람을 부리는 것은 심복이 수족을 움직이는 것과 지엽이 근본을 통제하는 것과 같고, 아랫사람이 윗사람을 섬기는 것은 수족이 심복을 보위하는 것과 지엽이 근본을 보호해 주는 것과 같다. 그런 뒤에 상하가 서로를 보호하니 국가는 편안하게 다스려진다. … 문왕이 『역(易)』의 순서를 정할 때 건과 곤을 첫머리에 놓았고, 공자는 거기에 덧붙여서 '하늘은 높고 땅은 낮으니 건곤이 정해진다. 낮고 높은 것으로 배열하니 귀하고 천한 것이 제자리에 놓이게 된다'고 하였다. 이는 군신의 지위는 천지가 바뀔 수 없는 것과 같음을 말한 것이다. 『춘추(春秋)』는 제후를 억제하고 왕실을 높였으니, 왕족이 미천하더라도 제후의 위에 자리매김하였으니, 이를 통해 성인이 군신의 관계에 있어서는 잠시도 진심을 다하지 않음이 없었음을 보여주는 것이다."15)

2) 남편은 모두 훌륭하고 아내는 훌륭하기도 하고 훌륭하지 않기도 하다.

사마광은 다음과 같이 말하였다. "남편은 하늘이며, 아내는 땅이다. 남편은 해이며, 아내는 달이다. 남편은 양이며, 아내는 음이다. 하늘은 존귀하니 위에 자리하고, 땅은 낮아 아래에 자리한다. 해는 차고 기울어짐이 없고, 달

---

15) 『資治通鑑』.

은 둥글어졌다가 이지러짐이 있다. 양은 앞서서 만물을 낳고, 음은 화답하면서 만물을 이룬다. 그러므로 아내는 오로지 부드럽고 순종하는 것을 덕으로 하며, 애써 논변하는 것을 아름답게 여기지 않는다."16)

이같은 관점은『역전(易傳)』,『춘추번로(春秋繁露)』등의 책을 베낀 것으로 조금도 새로운 것이 아니다. 남편을 해라고 하여 '해는 차고 기울어짐이 없다'고 하고, 아내를 달이라 하여 '달은 둥글어졌다가 이지러짐이 있다'고 말한 것은 곧 남편은 모두 훌륭하여 훌륭하지 않은 것이 없으나, 아내는 훌륭하기도 하고 훌륭하지 않기도 하다는 것이다. 이는 진실로 터무니 없는 비교이다.

3) 충신과 절부(節婦)는 하늘의 법도이다.

사마광은 "충신은 두 임금을 섬기지 않고, 현명한 여자는 두 남편을 섬기지 않는다. 신하로서 관리 대장에 이름을 올리고, 부인으로서 남편에게 폐백을 올렸으니, 죽어도 두 마음을 품지 않는 것은 하늘의 법도이다"17)라고 생각하였다.

제4절 예교를 이학화(理學化)한
장재(張載)・정이(程頤)・주희(朱熹) 등

장재의 구예론(舊禮論)

장재(1020~1077)의 자는 자후(子厚), 풍상(風翔) 미현(郿縣: 지금의 陝西 眉縣 橫渠鎭) 사람으로 사람들은 횡거 선생이라고 불렀다. 관중(關中)에서 강학하였기에 관학이라고 불리며 송대 이학 사대파의 하나다.『장자전서

---
16)『訓子孫文』.
17)『司馬文正公傳家集』, 卷六十七, 馮道爲四代相』.

(張子全書)』가 있다.
 장재의 사상에는 일면 유물론의 성격이 있으며, 일면 예교를 중시하는 측면이 있다. 후인들은 전자만을 말하고 후자에 대해서는 말하지 않는다. 그의 『서명(西銘)』한 편에 대해서도 사람들은 물아일체(物我一體)라는 측면만을 알 뿐, 종법 예교의 측면은 알지 못한다. 이는 모두 일면적임을 벗어나지 못한 것이다.
 장재의 예론은 먼저 다음과 같은 세 가지로 추론한다. 첫째, 예는 천도의 자연에서 나왔다. "천지의 예는 본디부터 있는 것이니 어찌 사람의 힘이 필요하겠는가? 하늘이 만물을 낳음에는 본래 존비(尊卑)·대소(大小)의 구분[象]이 있으니 사람은 이를 따를 뿐이며, 이것이 예의 근거이다. 학자들은 오로지 예가 사람에게서 나온 것이라고 보고, 예가 하늘의 자연에 근본하고 있다는 것을 알지 못한다."[18] 둘째, 일체 모든 것은 예를 벗어나지 않는다. "예의 근원은 마음에 있다. 예란 성인에 의해 이루어진 법이다. 예 이외에는 천하에 다시 도가 없다. … 백성을 다스리는데 있어서 교화와 형벌은 모두 예를 벗어나지 않는다."[19] 셋째, 아내의 도리는 남편에게 순종하는 것에 있다. "아내의 상도(常道)는 순종을 바름으로 여긴다. 이것을 하늘의 밝음이라 하고, 상제의 명령이라고도 한다. … 어떻게 순종할 것인가? 남편을 어기지 않는 것이다."[20] 이 모두가 상투적인 것이어서 조금도 특색이 없다.

정이(程頤)의 절부관(節婦觀)과 출처관(出妻觀)

 정이(1033~1107)의 자는 정숙(正叔). 낙양(洛陽: 지금의 河南 洛陽) 사람. 학자들은 이천(伊川) 선생이라고 불렀다. 그의 형 정호(程顥)와 함께 북송 이학의 기틀을 잡았고, 형과 함께 '이정(二程)'이라고 불린다. 숭정전설서(崇政殿說書)의 벼슬을 역임하였고, 왕안석의 신정에 반대하였다. 『이정유

---
18) 『張載集』, 「經學理窟」.
19) 같은 책.
20) 같은 책.

서(二程遺書)』 등이 있다.

　정이는 이학가(理學家)라고 불리는데, 실제로는 그다지 이(理)에 관해서는 강론하지 않았던 사람이다. 그는 예교방면에 있어 부녀자에 대하여 가장 악독한 두 가지의 주장을 하였다.

　하나는 수절이다. 이는 사람들이 모두 알고 있는 이른바 "굶어 죽는 것은 별일 아니지만, 절개를 잃는 것은 큰 일이다"라는 것이다. 부인이 재가하는 것은 곧 절개를 잃는 것이니, 절개를 잃는 것은 굶어 죽는 것보다 더욱 중대한 일이다. 부인이 남편을 잃으면 굶어 죽을지언정 재가해서는 안된다는 것이다. 송대 이후 피해를 받아 죽은 부인들은 셀 수가 없으며, 이는 예교가 사람을 잡아먹었다는 죄의 증거 가운데 하나다. 여기에 관해서는 뒤에 자세하게 다룬다.

　둘째는 아내를 내쫓는 것이다. 정이는 아내를 내쫓는 것은 옛사람의 충후한 도리라고 생각하였다. 남자가 아내를 쫓아내는 것은 작은 일에 지나지 않으며, 가능한한 아내를 내쫓아야 한다는 것이다. "아내를 내쫓을 수 있습니까?" "아내가 현명하지 않다면 내쫓은들 무슨 해가 있겠는가? 자사 같은 이도 이미 아내를 쫓은 적이 있다. 오늘날 시속으로는 아내를 쫓는 것이 추한 행동이라고 하여 감히 하려들지 않지만 옛사람들은 이렇지 않았다. 아내에게 잘못이 있으면 당연히 내쫓았다. 지금 사람들만이 아내를 내쫓는 것을 큰 일이라고 하여 조용히 참고 드러내지 않는다. 혹 드러나지 않은 잘못이 있으면 조용히 묻어주어 방자한 지경에까지 이르게 하여 잘못을 키워주니 어찌 일을 그르치지 않겠는가?"

　정이는 도리어 아내에게 큰 잘못이 없더라도 내쫓을 수 있으니 그것을 통해 자기의 충후함을 나타낼 수 있다고 생각하였다. "옛사람들이 아내를 쫓을 때 시부모에게 말대답하거나 개를 꾸짖거나, 음식이 제대로 익지 않은 것 등이 무슨 잘못이라고 갑자기 내쫓은 것은 무엇 때문인가? 이것은 옛사람들이 교제를 끊고 난 뒤 나쁜 소문이 나지 않게 하기 위함이었다. 군자는 큰 잘못으로 아내를 내쫓는 것을 차마 못하고 작은 잘못으로 버림으로써 자신이 지극히 충후함을 보이고자 한 것이다. 가령 면전에서 개를 꾸짖는 것이 무슨 큰 잘못된 일이겠는가! 평소 다른 이유가 있었으므로 이 일을 통해서 내쫓은 것이다."

정이의 입장에 따르면, 아내가 올바른데도 잘못 누명을 썼을 때, 자기 잘못을 그대로 받아들여야지 다른 사람에게 알아 달라고 하여 그 때문에 남편을 불리하게 해서는 안된다.[21] "저(아내)가 이 작은 일 때문에 내쫓긴다면 어찌 아무 말이 없을 수 있겠는가? 다른 사람들도 옳고 그름을 알지 못하니 어떻게 하겠는가? 말하기를, 아내는 반드시 자기의 죄를 알 것이니, 자기가 바르면 그만이다. 어찌 다른 사람이 알아주기를 요구할 필요가 있겠는가? 식견이 있는 사람은 저절로 알 것이다. 만약 아내의 잘못이 밝게 드러난 뒤에 다른 사람이 알지 못하도록 한다면 이는 미천한 장부다. 군자는 이와는 다르니, 대부분의 사람들은 남은 잘못되고 자신은 옳다고 여기려 한다. 군자라면 원래 남을 포용하려는 마음이 있다."[22]

이밖에 정이는 신하와 아들, 며느리가 절하는 예에 있어서도 귀천과 존비를 엄격하게 구분할 것을 강조하였다. "군주와 신하는 의로서 만나고 귀천의 차이가 있으므로 당(堂) 아래서 절한다. 아비와 자식은 은혜를 주로 하고 존비의 차이는 있으나 귀천의 차이는 없으므로 당 위에서 절한다. 며느리는 시아버지와 시어머니에 대해서 또한 의로서 화합하고 귀천의 차이가 있으므로 당 아래서 절하는 것이 예이다."[23]

이는 곧 신하가 군주에게, 아들이 아버지에게, 며느리가 시부모에게 절하는 것들은 모두 엄격히 귀천과 존비의 등급을 구분하여야 한다는 것인데, 귀천과 존비는 원래 어떠한 차이도 없는 것이다.

정이는 또한 인과 예는 차이가 없다고 주장하였다. "보고, 듣고, 말하고, 움직이는 것을 한결같이 예에 맞게 하는 것을 인이라 한다. 인과 예는 차이가 있는 것이 아니다."[24]

---

21) 채상사는 아래 인용문을 오해하고 있다. 남편의 입장을 서술한 전체 내용을 아내의 입장의 글로 오해하고 있다.
22) 이상은 모두 『二程語錄』卷十一에 보인다.
23) 『二程語錄』卷十一.
24) 『二程全書』卷十五.

정이는 인과 예는 다르지 않다는 것을 주장하였지만, 그의 형 정호(程顥)는 오히려 의(義)·예(禮)·지(智)·신(信)이 모두 인이라고 생각하여 "배우는 사람은 우선 인을 알아야 한다. 인이란 혼연하게 사물과 하나의 몸이 되는 것이니, 의·예·지·신은 모두 인이다"25)라고 하였다.

아내를 사람으로 보지도 않았을 뿐 아니라, 아내는 조금의 자유도 없으며, 이치를 따져 말할 자격도 없는 사람으로 간주하였다. 정이에게 있어서의 아내는 그야말로 최소한의 인간만도 못하였다.

부록: '부녀자가 절개를 잃는 것은 큰 일'이라는 주장의 나쁜 영향.

방포(方苞)는 정이를 치켜세워 다음과 같이 말하였다. "일전에 정사(正史)와 천하의 군지(郡志)·현지(縣志)를 살펴보니, 부인으로서 절개를 지키고 의롭게 죽은 사람이 주·진(周秦) 이전에는 손가락으로 헤아릴 정도였으며, 한(漢)에서 당(唐)에 이르러서는 거의 없었다. 송(宋) 이후에는 다 헤아리자니 너무 많아서 셀 수가 없다. 부부의 의리는 정자(程子)에 이른 뒤에 크게 밝아졌다. … 그가 절개를 잃은 여자를 아내로 얻는 것은 자신도 절개를 잃는 것이라고 생각하고, "굶어 죽는 것은 대수롭지 않지만 절개를 잃는 것은 큰 일"이라고 한 주장은 농촌의 아이들조차 익히 들은 것이다. 이로부터 남자는 모두 부인이 절개를 잃는 것을 부끄럽게 여겨 증오하고 천하게 생각하였다. 이것은 부인들이 스스로 긍지를 지니고 분발한 결과이다! 아아!… 정자의 한 마디가 우주에 진동하며 백세 이후의 사람들의 기강에 영향을 미친 것이 이와 같으니, 이것이 공(孔)·맹(孟)·정(程)·주(朱)의 주장의 효과가 천지의 운행에 참여하고, 요(堯)·순(舜)·탕(湯)·문(文)의 계통을 바로 잇게 되는 이유인 것이다."26)

정이는 남자가 과부를 아내로 얻는 것을 반대하고, 과부는 굶어죽더라도

---

25) 『二程語錄』卷二.
26) 『方望溪全集·巖鎮曹氏·女婦貞烈傳序』.

재가해서는 안된다고 주장하였는데, 이는 『근사록(近思錄)』에 보인다. 그는 아내가 현명하지 못하면 자사(子思)처럼 모두 내쫓을 수 있다고 주장하였는데, 이는 『성리대전(性理大全)』에 보인다. 주희는 정이가 말한 여자에게 있어서 "굶어 죽는 것은 정말 별일 아니지만, 절개를 잃는 것은 매우 큰 일"이라고 한 주장을 "바꿀 수 없는 도리"라고 생각하고, 진사중(陳師中)에게 그의 누이더러 "살아서 절부가 되는 것은 또한 인륜의 아름다운 일"이라고 권하도록 하였다. 정·주(程朱) 등 이학가의 강력한 제창을 통하여 확실하게 부녀의 정절은 그 어떤 것보다 중요한 것이 되었다. 정기(鄭綺)의 자손들이 대대로 전해 내려온 『정씨규범(鄭氏規範)』은 두드러진 예 가운데 하나다. 원대(元代)의 절부(節婦)였던 마씨는 유방에 상처가 생겼는데, 과부였기 때문에 의사에게 보이는 것이 두려워 죽을지언정 의사를 부르지 않았다.

후세에 부녀자들 역시 병이 있어도 의사에게 보이려 하지 않는 것이 왕왕 이와 같았다. 병사하는 것에 그치는 것만이 아니라 더욱 가혹한 것이 있었으니, 남편을 따라서 목을 베고 죽거나, 목을 매달거나, 강이나 우물에 투신하거나, 비구니가 되거나, 분신을 하는 것 등등 참으로 이루 다 들어 말할 수가 없다.

진등원(陳登原)의 대략적인 통계에 근거해 보면, 『이십사사(二十四史)』의 열녀는 『열녀전(列女傳)』 및 기타에 기록된 것을 합치더라도, 『원사(元史)』 이전에는 육십 명을 넘은 일이 없었다. 『송사(宋史)』가 가장 많지만 오십오 명에 지나지 않으며, 『당서(唐書)』에도 오십사 명인데, 『원사(元史)』에서는 갑자기 187명에 이른다. 명조(明朝)의 사람들은 정절(貞節)을 제창하였기 때문에 조사하여 기록한 절부(節婦)·열녀(烈女)의 자료가 아주 많다. 청조(淸朝) 사람들이 『명사(明史)』를 찬수할 때까지 발견된 절부와 열녀에 관한 전기(傳記)는 "만여 명 이상"이며, 그중 아주 심한 경우만 꼽아도 308인이다.[27]

송대 정주(程朱)가 필사적으로 부녀의 정절을 제창한 이래, 원·명·청대

---

27) 『中國婦女生活史』 180~181쪽.

는 모두 정주파의 세력이 가장 컸던 왕조였기 때문에 부녀자들이 가장 박해를 받았던 왕조이기도 했다.

예교를 집대성한 주희(朱熹)

주희(1130~1200)의 자는 원회(元晦), 호는 회암(晦庵)이다. 원적(原籍)은 안휘(安徽) 무원(婺源: 지금은 江西에 속함)이지만 민북(閩北)에서 생장하고 주로 활동했기 때문에 그의 학설은 민학이라고도 불린다. 관직은 비각수찬(秘閣修撰)에 이르고, 보통 지방관으로 있었다. 저서로는 『사서장구집주(四書章句集注)』, 『주자어류(朱子語類)』, 『주자문집(朱子文集)』 등이 있다. 주희는 송대의 이학(理學)을 집대성하여 삼대 이후의 공자라고 불리었다. 역대의 봉건왕조는 모두 주자의 학설은 백성을 통치하는 지도적인 사상으로 채택하였다. 주희의 이학체계를 먼저 아래의 두 가지 문제를 통해서 알아보기로 한다.

1) 예교는 일체를 포괄하고 일체를 결정한다

예교는 주말(周末)의 공자・맹자・순경과 한대의 동중서, 송대의 정・주 등의 세 단계로 크게 나눌 수 있는데, 삼자는 한 단계씩 고양된 것이다.

주희에 이르러 예교는 더 이상 고양될 수 없는 단계에 이르렀다. 이는 그가 예교사상을 집대성하였음을 말하는 것이며, 이것이 곧 중국 예교사상사에 있어서 주희의 위치이다.

주희의 예교에 관련한 언급은 매우 많지만, 나는 일찍이 그것을 "도덕・도리・천리가 모두 윤상(倫常) 예교이며, 윤상 예교를 어기는 것은 곧 상천(上天)을 어기는 것으로서 천지의 위치를 바꾸게 하는 것"이라고 개괄한 적이 있다. 윤상 예교는 선천적인 것으로 인류가 있기 이전부터 존재하던 것이라고 한다. 삼강・오상은 하늘과 땅의 항상된 도리이며 만고 불변의 진리이다. 사람 뿐만 아니라, 그 밖의 개・말・소・양・호랑이・이리・승냥이・수달

피·꾀꼬리·땅강아지·개미 등과 같은 동물들도 모두 사람에게 예교를 선전하기 위한 자료로 이용되었다. 주희가 기타 동물에게도 윤상 예교가 있다고 선전한 이유는 사람들이 동물만도 못해서는 안된다고 느끼게 하기 위한 것이었다.[28]

2) 천리를 밝히고 인욕을 없앰

주희는 수십년 동안 입만 열었다 하면 천리와 인욕은 양립할 수 없다고 하였다. "천리와 인욕은 병립이 용납되지 않는다." 사람에게는 천리와 인욕의 두 길만이 있으니, "천리가 아니면 곧 인욕이다." 성현들의 많은 말들은 모두 천리를 밝히고 인욕을 없앨 것을 가르치려는 것이다. "배우는 사람이 반드시 인욕을 완전히 바꾸고, 천리를 완벽하게 회복해야 비로소 학문이 된다." "인욕을 극복하고 천리를 보존하는 것을 일로 삼는다."[29]

'천리'는 궁극적으로 무엇인가? 주희의 해답은 여전히 예교다. "동일한 일에서 옳은 것은 곧 천리이며, 그른 것은 인욕이다. 보고 듣고 말하고 움직이는 것은 사람에게 공통된 것이다. 예가 아니면 보지도, 듣지도, 말하지도, 움직이지도 않는 것이 곧 천리이며, 예가 아닌데도 보고, 듣고, 말하고, 움직이는 것은 인욕이다."[30]

이런 종류의 말은 스스로를 속이고 남을 속이는 말이다. 『예기(禮記)』에는 "먹고 마시는 것과 남녀의 관계는 인간의 근본적인 욕구"라고 명백하게 말하고 있다.

이학가들은 이미 인욕을 끊어버릴 것을 요구해 놓고 무슨 이유 때문에 결혼은 했던 것일까? 불교의 고승인 징관(澄觀) 등은 여인을 쳐다보지도 못하였으니, 이는 바로 그들의 마음속에 욕망이 있다는 것을 증명하는 것이다.

---

28) 이상은 모두 원문에 근거한 것으로서 졸저인 「朱熹的書院敎育與禮敎思想」(『復旦學報(社會科學版)』, 1986, 第四期)에 자세히 실려 있다.
29) 이상은 『朱子語類』, 『孟子章句集注』에 산발적으로 보인다.
30) 『朱子語類』 卷四.

불학의 대사도 이와 같은데, 하물며 누가 유가 신도인 주희 등의 말을 믿을 수 있겠는가?

부록: 부녀자의 수절(守節)과 전족(纏足)의 관계

부녀자의 전족이 언제 누구로부터 나온 것인가는 고증하기 어려운 문제이다. 그러나 비교적 긍정할 수 있는 주장은, 고대의 남자들은 부녀자의 발이 작은 것을 아름답게 여기는 미의식을 가지고 있었다는 것이다. 남제(南齊)의 동혼후(東昏侯)가 금으로 만든 연꽃을 땅 위에 붙이게 한 뒤, 반비(潘妃)에게 그 위를 걷도록 하고는 "걸음 걸음 연꽃이 피어난다"고 칭찬하였다고 하는데, 이는 금으로 만든 연꽃 위를 걸어가는 여인의 발을 가리키는 것이지, 후대의 이른바 '세 촌(寸)의 금련(金蓮)'이라고 한 것처럼 여인의 발이 곧 금련이라고 한 것은 아니었다. "느릿느릿 활모양 밑을 댄 수놓은 비단신을 옮긴다〔慢移弓底繡羅鞋〕"라는 문장에서, 유정섭(兪正燮)의 고증에 따르면, 궁혜(弓鞋)는 전족이 아니다. 원매(袁枚)는 궁혜를 무용할 때 신는 신이라고 주장하였다. 사료에 따르면, 부녀의 전족은 대개 오대 때 시작되었다. 남당(南唐)의 이후주(李後主)는 궁빈인 요낭(窅娘)에게 금련을 만들도록 하였다. 비단으로 발을 꽉 싸서 위를 구부려 초승달 모양으로 만들었고, 무련(舞蓮)을 시행하던 중에는 흰 양말을 신었다. 북송 이학이 성립된 뒤에는 이미 전족이 점점 성행하였다. 남송의 주희가 장주(漳州)의 지방관이 되었을 때는, 부녀의 전족이 걷기에는 불편하지만 부녀들의 정절 관념에는 크게 유익한 작용을 하였기 때문에 부녀자들에게 전족을 할 것을 엄하게 명령하였다. 전족을 하면 대나무 지팡이에 의지해서 걸어야 하기 때문에 '죽림(竹林)'이라고도 불렀다. 미의식에서 변화하여 예교로 성립된 것인데, 어떤 이는 미의식과 예교가 결합된 것으로, 중요한 것은 예교라고 주장하기도 하였다. 예를 들면 이세진(伊世珍)의 주장 같은 것이다. 이로부터 곧바로 이십세기 중기에 이르기까지, 부녀자는 여전히 전족을 해 왔으며, 전족을 한 늙은 부녀자들을 현재에도 볼 수 있다.

청말 강유위(康有爲) 등은 부녀자의 전족을 반대하였으며, 또한 자신의 여식에게도 전족을 허용하지 않았지만 별 효과는 없었다. 중국은 이십세기 오십 년대 이후에 이르러서야 부녀자들이 천연의 발을 보존할 수 있었다. 부녀자의 전족은 가장 야만적이며, 사람의 도리가 아닌 일 중의 하나다. 예로부터 전세계의 어떤 국가에서도 없었던 일이다. 일본은 고대에 가장 중국화되어 있었지만, 중국의 전족은 배우지 않았다. 지금 사람들은 부녀자의 전족이 미의식에서 나온 것이라는 점만을 알며, 송대 이후 부녀자의 전족에서 오히려 더 중요했던 것이 예교적 요인이라는 것은 알지 못한다. 왜냐하면 송대 이후 봉건통치가 강화되고, 예교적인 미신이 강화되자 필연적으로 부녀자의 전족이 강화되었기 때문이다.[31]

전족에 관해서는 『여아경(女兒經)』의 주장이 사실에 가장 부합한다. "왜 전족을 하는가? 활처럼 휜 모양이 보기 좋아서가 아니라 여자가 쉽게 도망칠까 두려워하여 천번 만번 잡아매고 싸서 구속하였다." 이것은 주희 같은 이학가들의 속마음을 말해 준 것이다. 진등원은 "원대에는 돈 있는 집안의 여자만이 전족을 하였다"고 생각했는데, 실제로 모두 그런 것은 아니다. 내가 보건대, 부녀자가 발을 싸서 작게 하는 가장 큰 원인은 두 가지다. 첫째는 예교의 영향이다. 송대 이학가들은 일방적으로 예교를 강조하고 제창하였다. 일반 독서인들은 또한 사인(士人)이라고 불렸는데, 그들 집안의 부녀자는 거의 모두 발을 싸서 작게 하고 있었다. 작은 발을 옳다 하고, 천연의 발을 그르다고 여겼다. 이는 또한 이른바 "책을 읽고 이(理)를 밝히는 것" 중의 하나였다. 둘째는 노동의 문제다. 사인 집안의 부녀자는 모두 육체 노동에 종사할 필요가 없었기 때문에 모두 발을 싸서 작게 하였다. 농민 집안의 부녀자는 모두 밭에 나가거나 산에 올라야 하므로, 발을 싸서 작게 하는 것은 불편하였다. 당연히 농민 집안도 사인 집안의 영향을 받아 발을 싸서 작게 한 경우가 있지만 그것은 매우 적었다. '표면상'으로 농민은 사인에 비교하여 예교를 중시하는 경우가 적었고, 사인은 농민과 비교할 때 예교를 중시하는

---

31) 伊世珍의 『瑯嬛記』와 『女兒經』 및 陳登原의 『中國婦女生活史』, 蔡尚思의 『中國傳統思想總批判』 등의 책을 참조.

경우가 많았다. 이것은 내가 어렸을 때 농촌에서 직접 보고 들은 것이다. 나는 무엇 때문에 '표면상'이라고 하는가? 실제로는 사인 중에는 슬며시 농민의 부녀자를 잡아가는 경우가 있었기 때문이다. 그 때문에 사람들은 사인을 거짓 도학자, 거짓 군자라고 말하였지만 농민을 거짓 도학자, 거짓 군자라고 하는 일은 없었다.

여기에서 지적해야 하는 것은 복건 지방의 부녀자들의 정절은 민파(閩波) 이학가들의 박해를 가장 많이 받았다는 것이다. 부녀자에게 깊은 동정을 표명한 유정섭은 일찍이 다음과 같은 시를 보았다고 말하였다.

"민의 풍속은 딸을 낳으면 반은 버렸으며,
자라난 뒤에는 열녀로 만들고자 하였네.
사위가 죽으면 까닭없이 딸도 잃었으니,
짐주(鴆酒)가 잔에 있고 밧줄이 대들보에 걸려 있네.
딸이 살고자 하면 얼마나 핍박하였든지,
창자가 끊어지는 듯한 깊은 원망이 가슴에 가득했다네.
가족들은 딸이 죽는 것을 웃으며 기뻐하고,
정려적에 이름 올려 가문을 전하려고 청하였네.
3장(丈)의 화려한 정려문 아침에 세워지니,
밤에는 새로운 귀신이 혼을 돌려 달라하네."

복건의 부녀자들은 중국에서 예교의 박해를 가장 심하게 받았다. 진등원은 다음과 같이 생각하였다. 이는 "명대(明代) 초기 본가(本家)의 노역(勞役)을 면제하여 정절(貞節)을 장려한 이후로 정절을 본족의 영광으로 생각하는 심리가 보편화"되었기 때문이라고 생각하였다. 나는 이것은 원인 가운데 하나일 뿐이며, 그 이외에도 다른 원인이 있다고 생각한다. 이는 전국적인 보편적 문제였지 복건성의 특별한 문제는 아니었다. 다만 복건성의 부녀자들이 특별히 박해를 받은 이유는 주희의 민학이 나왔기 때문이다. 민학은 이학을 집대성하였다. 주희는 예교를 가장 중시했고, 복건의 부녀자는 가장 먼저 그

피해를 보았다. 정절은 부녀자의 마음이 박해를 받은 것이며, 전족을 엄하게 명령한 것은 부녀자의 외형이 박해를 받은 것이다. 내가 어렸을 때 궁벽한 마을인 덕화현(德化縣)에 머문 적이 있는데, 부녀자의 전족이 다른 성에 비해 더 작아서 모두가 걷는데 어려움을 겪는 것을 보았다. 적지 않은 젊은 과부들이, 한낮에는 애써 집안일을 하느라고 이성을 생각할 겨를이 없지만 밤에 잠들지 못할 때 욕망을 줄이고, 금지하기 위해 가장 일상적으로 사용하는 방법은 칠흑 같은 밤에 자기 방 안에 몇 백개의 동전을 먼저 사방에 던져둔 뒤 방 안의 동전을 하나 하나 주우면서 헤아려가다가 세기를 마치면 그만두는 것이란 말을 들었다. 이처럼 하여 한 번 마치면 다시 시작하여 날이 밝기에 이르니, 정력은 피폐하고 비몽사몽한 상태에 이른다. 이러한 수절과부의 생활에 근거해서 말하면, 그 생활이 생지옥보다 낫다고 하기 어렵다. 넘길 수 있으면 오랜 기간 이처럼 지내고, 그렇지 않으면 곧 죽게 된다. 남자들은 집안에서 절부가 나오는 것이 매우 영광스럽다는 것만 알았지, 절부 생활의 비교할 수 없는 고통은 알지 못했다. 내가 어렸을 때 현성의 도처에서 '성지(聖旨)'에 의해 정해진 절부방(節婦坊)과 열녀사(烈女祠)가 있는 것을 보았는데, 진실로 사람들에게 형체없는 예교가 사람을 잡아 먹는다는 것을 생각하게 하였다. 남자의 입장을 미루어 여자를 생각하는 충서의 도를 실천하는 사람들은 모두 공자·주자의 발 아래 절하려 하지 않는다. 고래로 부녀자에게 절부·정녀가 될 것과 여자들에게 전족을 하도록 압박한 사람들은 모두 충서의 도가 가장 결핍되고, 가장 양심이 없는 어리석은 남자다.

제5절 허형(許衡)·오징(吳澄)의 진부하고 신화화된 삼강설(三綱說)

원대(元代) 정주학파 이학가의 대표인 허형(許衡)·오징(吳澄)은 모두 삼강을 신화한 것 이외에는 별다른 특징이 없다. 허형(1209~1282)의 자는 중평(仲平), 사람들은 그를 노재(魯齋)선생이라고 불렀다. 회경(懷慶) 하내(河

內: 지금의 河南 沁陽) 사람. 오징과 함께 이름이 높았으므로, 당시에 '남오 북허(南吳北許)'라고 불렸다. 『노재유서(魯齋遺書)』가 있다.

허형은 다음과 같이 생각하였다. "예로부터 지금까지 천하국가에는 삼강·오상이 있을 뿐이다. 군주가 군도를 알고, 신하가 신도를 알면 군주와 신하가 각각 바른 도리를 얻는다. 아버지가 아버지의 도리를 알고, 자식이 자식의 도리를 알면 아버지와 자식이 각각 자신의 바른 도리를 얻는다. 남편이 남편의 도리를 알고, 아내가 아내의 도리를 알면 부부가 각각 자신의 바른 도리를 얻는다. 세 가지가 바르면 다른 일들은 모두 잘될 수 있다. 이 일에 바르지 못한 것이 있으면 예측할 수 없는 변고가 있게 되니 어느 겨를에 다른 일을 하겠는가?"32)

이 글의 앞부분은 삼강(君爲臣綱, 父爲子綱, 夫爲妻綱)의 불평등을 논한 것이므로, 뒤에서 군신, 부자, 부부가 '각각 바른 도리를 얻는다'는 것도 불평등한 것임을 알 수 있다. 그리고 '세 가지가 이미 바르다'고 한 것은, 『예기(禮記)』에 기록된 공자의 '삼정(三正)'에서부터 베낀 것이다. 허형은 이밖에도 "만물은 모두 음양에 근본하니, 한 쪽이라도 버릴 수가 없는 것이다. 하늘은 땅에 의지하고 땅은 하늘에 붙어 있으니, 군신, 부자, 부부도 모두 마찬가지다"라고 하였는데, 이는 모두 유가의 진부한 음양론이다.

오징(1243~1313)의 자는 유청(幼淸), 무주(撫州) 숭인(崇仁: 지금은 江西에 속함) 사람. 사람들은 초려(草廬)선생이라고 불렀다. 일찍이 국자사업(國子司業), 한림학사(翰林學士), 경연강관(經筵講官)에 임명되었다. 『초려오문정공전집(草廬吳文正公全集)』이 있다. 오상과 오륜을 음양 오행에 배당하여 "사람이 태어날 때는 음양 오행의 기를 통해서 형체를 가지게 되고, 형체 가운데 다시 음양 오행의 이(理)를 갖추어서 건순(健順)하게 된다. 오상의 성(性)을 살펴보면, 인·예는 건(健)의 성으로 양에 속하며, 의·지는 순(順)의 성으로서 음에 속한다. 신이란 진실하게 있는 것으로 양건·음순의 성이다. 이 성을 따라서 행하는 것이 인(仁)·예(禮) 양건(陽健)의 도이며,

---

32) 『魯齋遺書』 卷一 語錄上.

의(義)·지(智) 음순(陰順)의 도이다.

오륜에 있어서는 부자 형제의 인·예는 혈연적인 결속으로서 양에 속하는 것이며, 군신 부부의 의·지는 인위적인 결합으로서 음에 속하는 것이다. 또한 자세하게 나누면, 부자의 인은 양의 양이며, 형제의 예는 양의 음이며, 군신의 의는 음의 음이며, 부부의 구별은 음의 양이다. 더 세분하면 아버지의 사랑은 양이며, 자식의 순종은 음이다. 형의 나이듦은 양이며, 아우의 어림은 음이다. 군주의 존귀함은 양이며, 신하의 낮음은 음이다. 남편의 앞섬은 양이며, 아내의 따름은 음이다. 사물을 열어 힘쓸 바를 알게 하며, 나라를 다스리고 천하를 평화롭게 하는 도리가 과연 오상 오륜에서 벗어나는 것이 있겠는가? 음양변역의 도가 아니라고 말할 수 있겠는가?"[33]

금방 알 수 있듯이 이것은 완전히 허튼소리이고, 조금의 조리도 없으며, 심지어 자기 자신도 무엇을 말하려는지 모르고 있음을 알 수 있다. 동중서로부터 오징에 이르기까지 이른바 이학가라는 사람들은 모두 이와 같았다.

제6절 만물은 욕망을 절제해야 한다는 주장을 배척한 한방기(韓邦奇)

한방기(1479~1555)의 자는 여절(汝節), 호는 원락(苑洛)이다. 조읍(朝邑: 지금의 陝西 大荔縣 朝邑鎭) 사람. 정덕(正德)년에 진사가 되었다. 관직에 자주 나갔다가 파직당하고, 남병부상서(南兵部尙書)를 지내다가 벼슬을 그만두었다. 그의 자취는 천하에 두루 미쳐서 사방의 풍속과 민정에 대하여 알지 못하는 것이 없었다. 저서로는 『원락집(苑洛集)』 등이 있다.

한방기는 절대로 불가능한 절욕과 산아제한 사상을 반대하였다. "불씨(佛氏)는 죽는 것을 돌아간다 하고, 참된 삶을 환상이라고 하였다. … 이는 육체와 기성(氣性)이 누(累)가 되지 않도록 하려는 것인데, 이를 위해서는 반

---

33) 『草廬吳文正公全集』 卷三.

드시 남녀의 결합을 끊어야 한다. 남녀의 결합이 끊기면 백년이 못돼서 사람과 만물이 모두 사라져 없어지게 되는데 이것이 참되고 성실한 도리라는 것이다. 이는 정말로 하늘이 하늘된 까닭이 작용이 그침이 없기 때문이라는 것을 알지 못한 것이다. 가령 혼돈된 하나의 기운덩어리일 뿐이라면 무엇에 쓰겠는가? 이것은 자연의 이치이다. … 불씨가 어떻게 끌어다 돌려 놓을 수 있겠는가. 지금 사람들은 줄줄이 불씨에게 나아가지만 불씨의 가르침을 실천하는 사람은 천하에 한 사람도 없다. 가령 사람의 영묘함은 불자들이 유혹하여 죽일 수는 있다 하더라도 부부의 교제와 동물의 암수관계를 모두 없애는 것은 불자들도 어찌할 수가 없는 것이다. 이는 진실로 끝내 돌아갈 수 없는 것이니, 불자들의 가르침도 막힘이 있다."34)

한방기가 불교의 가장 중요한 해독을 비판한 것은 정확하고 또한 통쾌한 것이었다. 근대의 장태염(章太炎)에 이르러서도 전혀 이 설을 알지못했던 듯한데, 알았다 해도 반박할 수가 없었을 것이다. 장태염은 『오무론(五無論)』을 써서, 불교식의 사상을 크게 선전하여, 인류가 욕망과 출산을 끊을 것을 주장했을 뿐만 아니라 만물에게도 같은 것을 주장하였는데, 이는 중생이 모두 소멸하는 세계를 실현하려는 환상으로서, 세계 사상사에 있어서 공상중의 공상이며 절대로 실현될 수 있는 가능성이 없는 것이다.

제7절 임조은(林兆恩)의 '삼일교(三一敎)'와 삼강주의(三綱主義)

임조은(1517~1598)은 복건(福建) 보전(莆田)사람으로 자는 무훈(懋勛)이며 용강(龍江), 자곡자(子谷子), 삼교선생(三敎先生) 등의 칭호가 있다. 삼일교를 창립하였는데, 이는 유가를 위주로 하여 유도불의 삼교를 합일한 것으로 오랜 기간 보선(莆仙) 일대에서 성행하였다. 저서로는 『임전자집(林全

---

34) 『宛洛集・見聞隨考錄』.

子集)』,『삼교정종통론(三敎正宗統論)』등이 있다.

임조은 사상의 특징은 공자를 극히 높이고, 삼강의 예교를 힘써 주창하였다는 것이다. 그는 불교와 도가의 정미한 가르침을 공자가 모두 겸할 수 있다고 생각하였다. 따라서 그는 다음과 같이 생각하였다. "삼교의 합일은 유가로 돌아가서 공자를 높이는 것이다."[35]

공자는 부처와 노자를 넘어섰을 뿐만 아니라, "천지와 황·제·왕을 통섭해서 하나로 하였으며", "모르는 것이 없으며", "깨닫지 못한 것이 없으므로"[36] 이 때문에 "만세에 유일한 사람"[37]이 되었던 것이다. 임조은은 공자의 유교가 삼교의 핵심이며, 삼강사상은 공자 유가사상의 핵심이라고 보았다. "사람에게 삼강이 없으면 항상된 도가 없는 것이니 사람이 될 수가 없다."[38]

"도는 삼강보다 큰 것이 없다." 그러므로 사람에게는 군신·부자·부부가 있는데도 도교와 불교에는 없다. 그가 과거 공부를 포기하고 삼일교에 전심으로 종사하여 이십여 년 동안 삼강을 선전한 이유는 이러한 생각을 통해 세상과 후세를 변혁시킬 수 있으리라고 스스로 인식하였기 때문이다. 그의 주요한 논점은 다음과 같다.

1. 삼교는 유가로 귀일한다.

명대 중기와 말기에 삼교 합일을 주장하는 것이 일시적인 유행이기는 했지만, 그것들은 서로 다른 점이 있었다. 초횡(焦竑)·도륭(屠隆) 등은 불·노가 공자보다 낫다고 생각하였지만 임조은은 오히려 공자가 불·노보다 우위에 있다고 생각하였다. 그는 삼교가 유가로 귀일한다고 주장하였는데, "삼교는 어디로 돌아가는가? 유가로 귀일한다. 어째서 유가로 돌아가는가? 불교도 유가로 귀일하며, 도교도 유가로 귀일하며, 유가 역시 유가로 귀일하기 때문

---

35)『答論作聖』『非三敎』.
36)『心性直指』.
37)『論語正義上』.
38)『道業正一篇』.

이다. 이미 유가인데 어찌하여 유가로 귀일하는가? 세상의 유자들은 공자를 배운다하더라도 마음으로 배우는 것이 아니다. 그러나 군신·부자 관계의 서열이 이미 상세하므로 정말로 두 교의 무리들을 무리짓게 하여 함께 나아가게 할 수 있다. 그들로 하여금 공자로부터 벗어나지 못하게 하고, 마음을 두게 하는 곳은 이 또한 공자일 뿐이다. 이것을 일러 유자 중의 유자라고 하는 것이다."[39]

그런데 임조은은 또한 삼교가 그 드러나는 현상은 다르지만 도는 같다고 주장하였다. "유가와 불·노의 자취는 다르지만 도는 같다. 잘 이용하지 못하는 사람은 그 현상만을 이용하나, … 잘 이용하는 사람은 그 마음을 이용하니, 그 마음을 쓰면 통한다. … 도량이 넓은 사람이 쓰면 같지만 그릇이 작은 사람이 잡으면 다르다. 모두 하나의 본성 위에서 작용하는 것이니, 잘못되고 미혹되는 것은 사람 때문이지 가르침이 다르기 때문이 아니다."[40]

임조은의 삼교귀유(三教歸儒) 사상과 이지(李贄)의 삼교귀유 사상은 명칭은 같지만 실제는 다른 것이다. 임조은은 삼교 가운데 유가의 삼강사상을 위주로 하는데 반하여 이지는 삼교 가운데 불교를 위주로 한 것으로 실재는 유가의 삼강사상을 반대하였다. 이는 반드시 구별하여야 하며 동일시해서는 안 되는 것이다.

2. 공자는 천지와 처음과 끝을 이룬다.

임조은은 불교의 관점에서 공자의 사상을 견강부회하고, 공자의 가르침에도 돈오(頓悟)와 점오(漸悟)가 있다고 하였다. "하나로 관통한다는 것은 돈오의 가르침이며, 먼저 문장을 널리 익히고 예로써 검속한다는 것은 점오의 가르침이다."[41]

유가에도 피안(彼岸)에 관한 가르침이 있다. "안회는 어리석음으로서 중니

---

39) 『三教正宗』.
40) 『林子三教正宗統論』.
41) 『三教正宗』.

의 피안에 올랐고, 증삼은 노둔함으로서 중니의 피안에 올랐다." 그는 공자를 가장 존중하였다. "공자의 성스러움은 만세의 긴밤과 같을 뿐만이 아니고" 또한 "만세를 위해서 태어났으며", "천지와 서로 처음과 끝이 되어서 다함이 없다."고 하였다.42)

3. 세간의 법중 가장 큰 것은 강상(綱常)이다.

유가는 세간의 법이며, 도교와 불교는 출세간의 법이다. 임조은은 다음과 같이 말하였다. "세간의 법 가운데 가장 큰 것은 강상이다. 만일 강상의 중요성을 버리고 출세의 종지를 말한다면 어찌 속임이 아니겠는가? 이른바 머리를 자르고 신체를 훼손하면서 윤상질서를 끊어버린 사람이 과연 육체 바깥으로 초월할 수 있는가?" 임조은은 다음과 같이 생각하였다. "이것을 세간의 법으로 하여 삼강을 바로 잡는 것이 유가의 방법이다. 이것을 출세간의 법으로 하여 외물의 밖으로 초월하는 것이 석·노(釋老)의 무리이다."43)

무엇 때문에 세간의 법중 강상을 특별히 중시해야 하는가? 이는 다음과 같은 이유 때문이다.

첫째 세간의 법에 능해야 세간을 벗어날 수 있기 때문이다. "삼강 오상이라는 것은 세간의 법이다. 성과 천도는 출세간의 법이다. 안으로 성과 천도의 은미한 도리를 밝힐 수 있고, 밖으로 삼강 오상을 밝힐 수 있어야. 일가를 소유한 사람은 일가를 맡아 다스리며, 나라를 소유한 사람은 한 나라를 맡아 통치하며, 천하를 소유한 사람은 천하를 맡아 다스리니 내외를 합일하여 아울러 닦아 실재적인 공부를 하여 십여 년이 되어야 세간사를 이해할 수가 있다. 그런 뒤에야 외물을 벗어나서 세간을 벗어날 수 있으니, 이것이야 말로 만고불변의 상도이며 노·불의 무리들이 당연히 간직하고 따라야 할 것이다."고 하였다.44)

---

42) 『三敎正宗』.
43) 『林子三敎正宗統論』.
44) 같은 책.

그는 또 다음과 같이 말하였다. "혹 이삼십 년이 지나" "반드시 강상이 갖추어진" 뒤에야 "은거할 수" 있다.

둘째는 보통 사람들은 모두 조상·자손과 관계를 맺고 있으므로 윤리적인 유대를 끊어 버리고 스스로만 고결한 체해서는 안된다. "사람의 몸은 위로는 천지개벽 이래 조상의 정신이 모여 있는 곳이며, 아래로 천지가 끝날 때까지 자손의 명맥이 의존하는 곳이니 연계의 중요성이 이와 같은 것이다." "그러므로 냉정히 윤리적인 유대를 끊어버리고 스스로 고결하다고 하는 것은 아마도 (이것에 대해) 생각을 하지 않았기 때문이다."[45]

4. 남녀의 구별은 예에 합치한다.

임조은은 남녀의 구별은 예에 합치한다고 생각하였다. "불자의 성(性)에는 본래 남·녀 등의 상(相)이 없으니", "나뉨도 없고 구별도 없다." "사람의 정(情)으로 말하면, 남자가 있으며 여자가 있어서 … 나뉨과 구별이 있다. 근래 불자의 이름을 도둑질하는 사람들은 성을 이해하지도 못하고 정을 잊지도 못하면서 무상(無相)의 설을 견강부회하여, 남녀를 뒤섞어 나열하니, 예를 모독하는 것이 아니라고 할 수 있겠는가? 모독하면 예를 무너뜨리게 되어 … 똑같이 취급하게 되니, 능멸함이 없겠는가? 능멸하면 분수를 해치게 된다. 그러므로 주고 받음에 직접하지 않는 것은 예에 따른 구별이다."[46]

이는 불교에서 남녀를 엄격하게 구별하는 것이 유가에 비하여 지니칠지언정 못하지 않다는 것을 알지 못하는 것이다. 일반인에게도 구별이 있을 뿐만 아니라, 출가한 뒤의 승려에게도 고하의 엄격한 구별이 있음은 말할 필요도 없다.

나는 임조은이 유가의 삼강예교를 삼교의 중심사상과 행동의 중요한 원칙으로 삼은 그 목적이 송·명이학과 마찬가지로 '정상적인 봉건질서를 유지하

---

45) 같은 책.
46) 같은 글.

기 위한 것'이기는 하였지만, 그것이 송·명이학과 몇 가지 다른 점은 유가의 삼강예교를 불교화 내지는 도교화하여 종교적인 조직과 의식을 가지고 있었다는 것이라고 생각한다. 유가는 임조은에 이르러서 진정으로 일종의 종교로 변화되었으며, 미신의 색채로 충만하게 되었다.[47]

그가 공자를 치켜 세우고 삼강예교를 선양한 것은 완전히 전통적이며 상투적인 것이기 때문에 중국사상사에 있어서 어떠한 지위도 차지하지 못하였다.

제8절 공개적으로 공자와 예교를 반대한 이지(李贄) — 남녀이원론(男女二元論)

이지(1527~1602)의 원래 성은 임(林)이며, 이름은 재지(載贄)이고, 호는 탁오(卓吾)·독오(篤吾)·굉보(宏甫)이며, 별호는 온능거사(溫陵居士)이고, 회족(回族)이다. 복건(福建) 진강(晉江: 지금의 泉州) 사람으로 가정 년간에 향시에 합격하였다. 운남요안지부(雲南姚安知府)에 임명되었다. 54세 이후에는 몇몇 지방에서 저술과 독서 그리고 강의를 하였다. 자식이 없었는데도 첩을 두지 않고 태연자약하였다. 공맹(孔孟)과 정주(程朱) 등의 옛날 전통사상을 반대하였다. 왕양명의 학문에 근원을 두며, 왕룡계(王龍溪)·나근계(羅近溪)를 높였고, 불학을 가장 존숭하였다. 권신의 노여움을 사서 죄없이 투옥되어 죽었다. 저술은 매우 많은데, 『분서(焚書)』, 『장서(藏書)』, 『초담집(初潭集)』 등이 가장 중요 저서다.

이지는 격렬하게 공자와 예교를 반대하였는데, 그의 사상은 봉건통치자에 의해 '이단시(異端視)'되어, 그의 저작이 명·청 양대에 모두 금서로 지정되었다. 그는 대담하게 '공자를 시비(是非)로써 시비를 삼는 것'을 반대하고, 강상 명교의 봉건 윤리도덕을 첨예하게 비판하였으며, 남녀 관계 문제에 있어서는 남존여비를 반대하는 일련의 독특한 견해를 제출하였다. 그 중요한

---

47) 王國平의 조사 보고에 자세히 보인다.

것으로는 다음과 같은 것이 있다.

1. 남녀 이원론(男女二元論)

　남녀 이원론은 곧 부부 이원론이며, 그것의 사회적 기초는 양성의 절대적 평등주의이다. 이지는 다음과 같이 말하였다. "부부는 사람의 시작이다. 부부가 있어야 부자가 있고, 부자가 있어야 형제가 있으며, 형제가 있어야 상하가 있다. 부부가 바른 관계를 유지해야 만사와 만물이 모두 바른 데서 나오게 된다."
　그는 또 다음과 같이 말하였다. "극단적으로 말하면, 천지는 하나의 부부이다." "건은 남편이며 곤은 아내이므로 성명이 각각 바르니 본래 바르지 않은 것이 없다."48) 이지의 남녀 이원론은 가장 가치가 있는 것이며, 그것을 실현할 수가 있다면 사회의 모든 것이 평등해질 것이다.
　남녀 이원론에서 출발하여 이지는 나아가 남녀의 견식(見識) 또한 평등한 것이라고 생각하였다. "사람에는 남자와 여자가 있다고 하면 옳지만, 식견에도 남녀의 차이가 있다고 한다면 옳겠는가? 식견에 낫고 못한 것이 있다고 하면 옳지만, 남자의 견해는 모두 낫고 여자의 식견은 모두 못하다고 하면 또한 어찌 옳겠는가?"49)
　식견이란 곧 견해, 견식, 지력이다. 몇 백년 전에 있었던 이지의 논단은 일찍이 역사와 과학적인 실천을 통해 검증되었다.
　이지는 극단적인 여성 숭배주의자였다. 그는 남녀의 식견이 평등하다고 주장했을 뿐만 아니라 남자는 여자만 못하다고 생각하여, 여자 무용론을 비판하고 철저하게 여자가 남자만 못하다는 구관념을 타파하였다. 그는 역사상에 존재했던 재능과 지혜, 그리고 용기를 아울러 갖춘 많은 여자들을 열거하고, 마음속 깊은 곳에서 그들을 '참 남자' '남자도 그만할 수 없다'고 칭찬하였

---

48) 『初潭集・夫婦篇總論』.
49) 『答以女人學道爲見短書』.

으며 아울러 스스로 탄식하였다. "천하에 모두 남자 뿐이라면 누군들 참 남자가 아니라서 '참 남자' 운운 하겠는가? 그러나 천하의 많은 남자 중에서 또한 누가 참 남자인가? 참을 문제삼지 않는다면 천하의 남자들은 모두 자신을 남자라고 생각할 것이다. 그러므로 남자를 말할 때 반드시 '참'이라는 수사를 붙이는 것이다."50)

이지는 대장부로서 천하의 남자들이 모두 남자라고 자처하는 것을 부끄럽게 여기고, 진정으로 여자를 '칭찬하고 부러워하며', 여자를 우러르고 공경하였으니, 이렇게 한 사람은 천고에 오직 이지 한 사람 뿐이었다.

이지는 또한 여자도 사회에서 독립하여야 한다고 주장하고, 다음과 같이 말하였다. "훌륭한 여자가 있으면 집안을 일으키니, 어찌 반드시 남자라야만 하겠는가?"51) 이같은 여자 독립론은 실질적으로 여자의 인격을 존중한 것으로서 봉건사대부 중에는 결코 없었던 것이다.

2. 미색 때문에 나라가 망했다는 책임을 여자는 지지 않는다

이지는 다음과 같이 지적하였다. "심하구나! 아름다운 소리와 미색이 사람을 어지럽힘이여! 나라가 깨어지고, 집안이 망하며, 몸을 여의고, 뜻을 잃으며, 풍속이 문란해지는 것이 모두 이것 때문 아닌 것이 없으니 삼가하지 않을 수 있겠는가? 그러나 한나라 무제가 영웅의 재주로 만여 리에 이르는 땅을 개척하고, 위나라 무후가 영웅으로 중원에 할거한 것은 모두 그 동기가 여자 때문이 아니겠는가? 완적(阮籍)과 완함(阮咸)이 후세에까지 명성을 드높인 것도 정말로 이 여자 때문이다. 아마도 나라가 망함에는 스스로 이유가 있으니, 자신에게 있는 것이지 여자에게 있는 것은 아니다. 이것으로 보건대, 하나라에 말희(妹喜)가 없었고, 오나라에 서시가 없었더라도 반드시 나라가 섰다가 망했을 것이라고 생각한다."52)

---

50) 『初潭集·苦海諸媼』.
51) 『初潭集·合婚』.
52) 『初潭集·賢夫』.

이것은 정말로 사람들이 감히 말할 수 없는 것이다. 그러나 나라가 망하고 집안이 망하며 몸을 여의는 것이 여색과 전혀 관계과 없다는 것도 반드시 그렇지만은 않다. 역사상 많은 제왕들이 여색에 빠져서 나라는 망하고 백성을 잃게 된 것은 모든 사람들이 아는 사실인 것이다. 그러나 "여색이 사람을 미혹하게 하는 것이 아니라, 사람 스스로가 미혹되는 것이다." 성색 그 자체는 결코 죄라고 할 것이 없으며, 성색에 미혹된 사람 자신의 과실인 것이다. 자책하지 않고 남을 책하며, 나라를 잃고 집안 망신한 것의 책임을 한결같이 여자에게 돌리는 것은 이미 역사적인 사실과도 어긋나며 공정하지 못한 것이다. 그러므로 이지는 정중하게 다음과 같이 말하였다. "사내가 현명하지 못하면 여색에 빠지지 않았다 하더라도 나라를 소유하면 반드시 잃게 되고, 집안을 소유하면 반드시 패가하게 되며, 자신의 몸을 반드시 잃게 되는 것은 의심할 여지가 없다. 저 천한 사람들은 오직 그 잘못을 주색에 돌리고 근본적인 원인을 살피지 아니하니, 이것이 속유와 함께 나라를 다스리는 일을 논의할 수 없는 이유이구나!"[53]

한나라 고조와 같은 이는 주색을 좋아하는 것으로 이름을 날렸는데도 어떻게 끝내는 군웅을 제거하고 천하를 얻을 수 있었겠는가? "일체의 죄과는 결코 여자만의 전적인 책임이 아니다." 이지의 이 결론은 이미 완전하게 실증된 것이다.

3. 자유연애를 주장하고 수절의 강요를 반대하다

이지는 서한시대 탁문군(卓文君)과 사마상여(司馬相如)가 서로 사랑하여 도피한 아름다운 이야기를 매우 칭찬하였다. 탁문군은 탁씨 왕손의 여식이었다. 용모가 아름답고 비파를 잘 탔는데, 십칠세에 과부가 되었다. 문장가인 사마상여(자는 長卿)가 면직되어 촉(蜀)으로 돌아갔을 때 그 집안에서 연회를 열었는데, 상여에게 비파를 타주었고 둘이는 드디어 사랑하게 되어 아버

---

53) 『初潭集·俗夫』.

지를 저버리고 함께 성도(成都)로 돌아갔다. 이지는 두 사람의 행동에 크게 찬동하였고, 다음과 같이 말했다.

"만일 당시에 탁씨가 맹광(孟光: 東漢 梁鴻의 처. '擧案齊眉'고사의 주인공으로 賢妻의 전형.)과 같았다면 왕손에게 반드시 부탁하였을 것이고, 왕손은 반드시 받아들이지 않았을 것이다. 아아! 도량이 적은 사람이 어찌 일을 잘 헤아릴 수 있었겠는가? 아름다운 짝을 잃어버리고 좋은 인연은 저버렸을 것이니, 일찍 결정하여 작은 수치를 견디고 큰 일을 이룬 것만 못했을 것이다."『사마상여전(司馬相如傳)』을 보다가 "탁 왕손이 부끄러워 두문불출하였다"는 곳에 이르러 이지는 비평하여 다음과 같이 말하였다. "천하에 지금까지 탁씨 왕손이 있다는 것을 알게 된 것은 이 여자 때문이다. 크게 기뻐하는 것이 당연한데 무엇을 부끄러워 한다는 것인가?" 또한 "이제 탁문군이 이미 사마장경(司馬長卿)에게 몸을 빼앗겼다"는 말을 보고는, 다시 옆에 "바르게 몸을 지킨 것이지 몸을 잃은 것이 아니다"54)라고 비평을 하였다. 이처럼 선명한 태도를 취하였으니, 이전에는 없었던 것이다.

이지는 또한 혼례도 올리기 전에 배우자가 죽은 망문과부(望門寡婦)가 수절하는 것을 반대하였다. 그는 다음의 한 문장을 읽으면서 대단히 분개하였다. "왕융(王戎)의 아들인 수(綏)가 배둔(裵遁)의 여식을 아내로 맞이 하고자 하였다. 수가 일찍 죽자 융은 지나치게 상심하고 애통해 하면서 다른 사람이 구혼하는 것을 허락하지 않았다. 마침내 늙도록 배둔의 여식을 아내로 삼으려는 사람이 없었다."55) 이러한 인가의 성정을 무시한 폭행에 대하여, 이지는 그 문장 옆에 이렇게 매도하는 글을 써 붙였다. "왕융은 못되먹은 사람이다! 왕융은 아주 못되먹은 사람이다!"

4. 예교(禮教)와 명교(名教)가 부녀자를 박해하는 것을 반대하다

예교가 사람을 먹고 죽인다는 것은 결코 사람들을 놀라게 하려는 과장된

---

54) 『藏書・詞學儒臣傳. 司馬相如』.

55) 『初潭集・喪偶』.

이야기가 아니다. 당나라의 명장인 장순(張巡)이 안사(安史)의 난(亂) 때, 태수(太守) 허원(許遠)과 함께 수양(睢陽: 지금의 河南 商丘)을 사수하면서 안록산의 반군에 저항하였다. 식량이 떨어지고 원군이 끊어지자 장순은 애첩을 죽여서 군사들을 먹였고, 허원은 어린 여자 노비를 죽여서 사졸들에게 먹게 하였다. 이지는 여인을 죽이는 예교를 결단코 반대하였고, 독서를 하다가 역사의 이러한 부분에 이르면 "이곳은 매우 추악하구나! 매우 혐오스럽구나! 공명심이 심하구나!"56)라고 옆에 비판하여 적어 놓았다.

이지는 국가에 무익한 명교를 날카롭게 비판하여 다음과 같이 지적하였다. "이것은 인정에 근본하고 저것은 예교에 합치한다면 (이 둘은) 정말로 당연히 서로 용납될 수가 없는 것이다. 그러나 또한 오로지 명교를 지켜온 사람들이 평생에 과연 삼방 오실의 많은 축첩을 하지 않고, 사사로이 규방을 드나드는 일이 없었다는 것을 어찌 알 수 있겠는가? 나는 또한 그들이 군주의 명철함에 대해서는 책망하면서도 자신의 우매함은 너그럽게 용서하는 잘못을 면치못할까 근심한다. 심하구나! 수신제가(修身齊家)라는 주장이 천하에 화가 될 수 있음이."57)

이지는 부녀의 문제를 다루면서 잘못하기도 하였는데, 여자의 생명을 경시한 것이 그 하나이다. 『초담집』에서 이지는 서진(西晉)의 부호인 석숭(石崇)이 아무 이유없이 여인을 함부로 살해한 것을 '어질다'고 칭찬하였다. 석숭이 형주의 자사로 있을 때 객상(客商)들의 재산을 약탈하여 큰 부를 이루었는데, 사치스럽게 낭비하는 것이 습관이 되어 항상 다른 사람들과 부를 다투었다. 그는 매번 잔치에 손님을 부를 때는 아름다운 여인에게 술시중을 들도록 하였는데, 손님이 술을 다 마시지 못하면 술시중 드는 아름다운 여인의 목을 베었다. 어느 때는 끝내 계속해서 세 사람의 목을 베었다. 이지는 이를 비판하지 않았을 뿐 아니라 오히려 석숭을 현명하다고 칭찬하였다.

석숭은 여자의 생명을 어린아이의 장난감 정도로 여겼으니, 세상에서 가장 야만스런 사람이라고 할 수 있다. 이지의 칭찬이 어질지 않으며 이치에 맞지

---

56) 『藏書·大將傳張巡許遠』.
57) 『藏書·賢將傳李勣』.

않는다는 점에서는 석숭과 마찬가지이다.
 총괄하면 이지가 예교를 반대한 주장들은 매우 독특한 점이 있다. 그 자신이 자부했던 식견과 담력 그리고 재주는 매우 특출하였다. 다른 사람이 볼 수 없는 것을 볼 수 있었으며, 다른 사람이 말하지 않은 것을 말할 수 있었으며, 칠순의 나이로 진리를 위해 목숨을 바쳤다. 중국 고대 사상가 중에서, 이 사람과 비교할 수 있을 만한 사람은 없다.

부록: 탁문군이 사마상여와 달아난 것은 상책이었다고 주장한 담원춘(譚元春)

 담원춘(1586~1637)의 자는 우하(友夏), 경릉(竟陵: 지금의 湖北 天門) 사람. 종성(鍾惺)과 함께 경능파(竟陵派)의 창시자. 저서로는 『담우하합집(譚友夏合集)』이 있다.
 담원춘은 연애의 자유를 주장하였는데, "고금의 적지않은 재주있는 사람들과 아름다운 사람들이 어리석은 부모에게 대항하지 못하고 정념을 태우다 죽은"것을 알고는 매우 분개하면서 "문군이 상여와 도피한 것은 가장 좋은 묘책이었음을 깨달았다"라고 하였다. 이보다 조금 앞서, 이지는 이미 탁문군이 사마상여와 함께 도피한 것은 몸을 보호한 것이지 정절을 잃은 것이 아니라고 생각하였다. 이지와 담원춘의 시각은 같은 것이다. 담원춘은 또한 남녀의 재주와 지능은 평등하다고 주장하고, 순봉천(荀奉倩)이 "부인의 재주와 지혜는 말할 가치도 없으며, 미색을 위주로 하여야 한다"고 한 잘못된 주장을 통렬하게 배척하였다.

제9절 '절개 잃은 것이 큰일'이라는 주장을 통렬히 비판한 서윤록(徐允祿)

 서윤록은 명나라 만력(萬曆) 말기의 사람으로 자는 여렴(汝廉)이며, 호는 사면자(思勉子)다. 강소(江蘇) 가정(嘉定) 사람으로 군(郡)에서 제자원(弟子員)으로 선발되었다. 어려서 '기동(奇童)'으로 여겨졌으며, 커서는 '바야흐로 이만한 사람이 없다'고 높임을 받았다. 일찍 경조(京兆)에 임용되었다가 쫓겨났으나 시대적 운명이라고 생각하며 스스로 자족하여 끝내 한마디 말도 하지 않았다. 늙어서 여러 학자들에 의해서 비판 받았으며, 집안이 매우 가난했으나 티끌 하나도 취하지 않았다. 그는 경학을 잘했는데, 역사논문도 많이 지었다. 저서로는 『역설(易說)』, 『모시해(毛詩解)』, 『예악해(禮樂解)』, 『상서해(尙書解)』, 『사론(史論)』, 『춘추우위(春秋愚謂)』, 『소언십칠서(蘇偃十七書)』, 『사면제(思勉齊)』 등이 있다. 민경현(閔景賢)은 그의 논의 6편을 선정하여 『침여(枕餘)』라고 하고, 『쾌서(快書)』58)에 집어 넣었다.

서윤록은 부녀가 수절하고 재혼하지 않는 것을 강력히 반대하였다. 그는 정·주 이학에서 "굶어 죽는 것은 별일 아니지만, 절개를 잃는 것은 큰일이다"라고 한 잘못된 주장을 통렬하게 배척하고 다음과 같이 지적하였다.

"입론의 병폐는 이치로는 그럴 듯하지만 인정에는 맞지 않는 것보다 더 큰 것이 없다. … 부녀자의 근심이 유독 굶어 죽는 것 뿐이겠는가? 배부르게 먹고 따뜻하게 입는 사람 가운데도 애써 스스로 정욕을 참아낼 수 있는 사람은 열에 일곱도 못될 것이다. 시집가지 않는 가운데 말할 수 없는 일들이 있는 것이다. 그러나 어린 과부라고 해서 또는 남의 부인이라고 해서 또는 자세히 알 수 없는 애매한 행동이라고 해서 혹은 숨기고 혹은 말하지 않는 가운데 날로 늙고 잊어버려 죽게 되면 이를 수절이라고 한다. … 아아! 한 번의 욕됨은 참을 수 있으나 일생 동안의 욕됨은 참을 수 없다는 것을 누가 안단 말인가? … 이 때문에 옛 사람은 쫓겨난 아내와 과부는 … 그 아비도 막지 않았으며 권했다. 그 아내 역시 몸가짐을 바로해서 행동하고 거짓 행동을 하지 않았다. 또한 자식이 없는 사람만이 시집을 간 것이 아니라, 자식이 있고 거의 바랄 수 없는 사람도 간혹 시집가기도 하였다. … 옛사람들은 인정과 형세를 살펴서 이치에 맞게 처리하였다. 인정상 빠뜨릴 수 없으며, 형

---

58) 『嘉定縣志』, 『千頃堂書目』, 錢謙益 『列朝詩集·小傳』, 朱彝尊 『明詩綜』 卷六 등에 보인다.

세상 억지로 할 수 없는 경우에는 이치로 고집할 수 없는 것이다. 하물며 부부라는 것은 의로써 결합한 것임에랴. 행동이 마땅한 것을 의라고 한다. … 매우 오랜 옛날에는 아내를 맞이하는 것에 일정한 표준이 없었다. 아내를 맞고 처녀이면 좋지만, 다시 시집오는 경우라도 꺼리지 않았다. … 훌륭한 임금과 재상이 되는 것에 방해되지 않는다. 생각컨대 고인들은 의식이 관대하고 심원해서 소인들이 질투하더라도 문제가 되지 않았다. … 정자의 주장은 이치는 갖추었으나 인정과 시세를 고려하지 않았다. … 이 또한 입언의 병폐 가운데 하나이다".[59]

전문(全文)에서는 많은 역사상의 인물을 인용하여 고증하였는데, 대의는 부녀가 수절함에는 정욕을 애써 참는 것이 쉽지 않으며, 남자는 반드시 처녀만을 얻으려 하지 않았으며, 부녀자가 재가하는 것이 지혜롭고 재주있는 아내가 되는 것을 방해하지 않으며, 남자는 과부를 아내로 맞아도 명민한 임금 또는 어진 재상이 되는데 방해가 되지 않으며, 부모는 딸을 간섭해서는 안되며, 자녀는 어머니가 재가하는 것을 간섭해서는 안된다는 것이다. 그가 남녀 문제는 인정과 이치가 합일하여야 한다고 주장한 것은 원칙상 정확한 것이다. 부녀의 수절을 반대하는 문제에 있어서는 서윤록의 이 논의가 가장 상세하며 가장 통쾌하다. 그러나 서윤록에게도 하나의 잘못이 있었으니 정이의 잘못된 이론을 '이치로는 그럴듯하지만 실정에 어긋난다', '이치를 고집하고 실정과 시세를 고려하지 않았다'고 생각하여, 정이의 잘못된 논의가 실정에 맞지 않을 뿐만 아니라, 가장 이치에 맞지 않는 것임을 알지 못한 것이다고 한 것이다. 정·주 이학은 오늘날의 관점에서 보면, 이치에 맞지 않는 이학(理學)이다.

부록: 아버지를 중시하고 어머니를 경시하는 상복을 반대한 왕문록(王文祿)

---

59) 『枕餘·嫁議』.

왕문록은 명나라 해염(海鹽) 사람이다. 『해기자(海沂子)』를 지었는데, 선명한 목소리로 아버지를 중시하고 어머니를 경시하는 상복을 반대하였다.

그는 다음과 같이 말하였다. "고례에 규정된 상복에 따르면, 어머니는 재최(齊衰)이며 아버지는 참최(斬衰)이니, 이는 아버지를 중시하고 어머니를 경시하는 것이다. 예를 제정한 것이 남자이므로 아버지를 중시하였다. 이는 자신을 위하는 것으로서 사사롭고 치우친 것이다. 어머니의 태에서 나오지 않은 사람이 있단 말인가? 불효가 너무 지나치다." 이에 근거해서 보면, 공자는 아버지를 높이고 어머니를 낮추었으니, 이는 불효이고 효가 아니다. 고대의 예제는 모두 남자의 손에 의해 만들어진 것이며, 여자에 의해 만들어진 것이 아니므로 남자를 중시하며 여자를 낮추고, 부모를 뒤바꾼 것이다. 명대의 왕문록은 상복만을 말했고 진(晉)대의 사부인(謝夫人)은 혼인의 제도만을 말하였다. 그러나 사실 그밖의 모든 것들도 남자에게 유리하게 만들어진 일방적인 것이다.

제10절 군권(君權)을 크게 반대한 황종희(黃宗羲)·당견(唐甄)

황종희의 전대미문(前代未聞)의 군권 반대 사상

황종희(1610~1695)의 자는 태충(太沖), 호는 남뢰(南雷), 학자들은 그를 이주(梨洲)선생이라고 불렀다. 절강(浙江) 여요(餘姚) 사람. 명말 환관과 권문귀족에 대한 반대투쟁을 굳게 견지하였고, 청나라에 대항한 무장투쟁에 참가하였다. 명이 멸망한 뒤 은거하여 저술 활동을 하면서, 청나라 조정의 부름을 거절하였다. 손기봉(孫奇逢)·이옹(李顒) 등과 함께 삼대유(三大儒)로 불리며, 고염무(顧炎武)·왕부지(王夫之)와 함께 삼대유라고 불리기도 한다. 학문이 가장 박식하며 독서량도 가장 많았다. 『명이대방록(明夷待訪錄)』, 『유서(留書)』 등의 저술은 중국사상사에 있어서 군권을 반대한 최고의 저작이며, 편저인 『명유학안(明儒學案)』, 『송원학안(宋元學案)』은 중국학술사상에 대한 가장 빠른 저술이다. 편집한 『명문해(明文海)』는 중국문학사 및 문헌학사에 있어 가장 분량이 큰 저작이다.

전체 중국사상사에서 말하거나, 아니면 삼강예교에 대해 말하거나, 가장 중요한 문제는 모두 군권 즉 군주전제의 문제였으며, 이는 또한 신민의 군주에 대한 신격화와 미신화의 문제였다. 그러나 고대의 반군권사상을 집대성할 수 있었고, 또한 새로이 발전시킨 것은 바로 황종희였다. 군권을 반대했다는 점에 있어서는 앞선 누구도 그에게 미칠 수 없었으며, 청말의 완고파인 섭덕휘(葉德輝)와 혁명파인 장태염(章太炎)에 의해서 통렬하게 배척받기도 하지만, 끝내 그들은 그를 근대 서양의 민권주의자에 비교하였다. 이것이 황씨의 대표작인 『명이대방록』이 중국사상사에서 가장 높은 지위를 차지하는 이유이기도 하다.

황종희의 전대미문의 반군권사상을 나는 예전에 17가지로 나누어 살펴본 적이 있다.[60] 그 가운데서 나는 다음과 같이 말하였다. 그가 지적하는 공과 사는 곧 군주가 직분에 밝은지 어두운지를 구별하는 것인데, 후세의 군주와 소유(小儒) 그리고 관리들은 황당하게도 군주를 지고무상한 천(天)과 혈통관계에 있어서의 아버지에 비유하였다는 것, 군주세습제는 당연히 보존되어서는 안되니, 떠나고 머무는 것은 재상과 같아야 한다는 것, 신하는 백성들을 위해야지 일성(一姓)인 군주를 위해서는 안된다는 것, 신하와 군주는 이름만 다를 뿐 실제는 같은 것으로서 신하는 군주의 분신이며 심지어 신하는 군주보다 높으니 군주의 스승이며 친구이지 군주의 노예가 아니라는 것 등이다. 황씨는 삼대 이하는 "일가의 법이며 천하의 법이 아니다"라고 생각하였다. 그는 국가의 정사는 모두 학교의 의견을 표준으로 삼아야 한다고 주장하였다. 대학교 총장의 지위는 재상과 같아야 하며, 남면하여 학문을 강의할 때는 "천자도 제자의 반열에 나간다." 이처럼 어느 점에 있어서는 대학교 총장이 나라를 다스린다는 것이니 매우 대담한 견해라고 하겠다.

---

60) 拙著인 『從中國思想史看黃宗義的反君權思想』, 1987년, 浙江古籍出版社. 『黃宗義君權思想的空前性與現實性』, 『中國史研究』 1987년, 第四期를 참조바람.

부록: 폭군과 탐관오리를 반대한 등목(鄧牧)

등목(1247~1306)의 자는 목심(牧心)이며, 절강(浙江) 전당(錢唐) 사람으로 그는 스스로를 '삼교 밖의 사람[三敎外人]'이라고 불렀지만, 실제적으로는 도가인 노장에 접근하였으며, 몇몇 도사들과 왕래하였다. 그는 송나라가 망한 뒤 은거하여 『백아금(伯牙琴)』을 저술하고, 군주의 전제를 반대하며 몽고 귀족을 반대하였다. 천하의 가장 큰 죄악은 첫째는 폭군이며, 둘째는 탐관오리라고 생각하였다. "하늘이 사람을 낳고, 그들을 위해 군주를 세웠지만, 이는 군주를 위한 것이 아니다. 어찌하여 넓은 사해를 한 사람을 만족시키는데 사용한단 말인가?" 군주는 "모든 것이 다른 사람과 동일"한데, 무슨 자격으로 홀로 백성 위에 군림하는가? 이는 순경과 한비·한유 등이 주장한 절대 군권과 날카롭게 대립하는 것이다. 군주는 주구(走狗)들을 널리 등용하여 "작고 큰 관리들이 천하에 포진"하게 되니, 마치 "호랑이와 승냥이를 끌어다 양과 돼지를 키우게 하는 것"과 같아, "천하 사람들로 하여금 원망하기는 하지만, 입 밖으로 드러내지는 못하며, 분노하게는 하지만 죽일 수는 없도록 만들었다." 천하가 크게 어지러운 것은 전적으로 폭군과 탐관오리가 책임을 져야 하므로 백성들이 봉기하여 반항하는 것은 매우 합리적인 것이다. "먹을 것을 빼앗아 가니 원망하지 않을 수 없고, 힘을 고갈시키니 분노하지 않을 수가 없다. 사람들이 어지럽게 사는 것은 먹을 것을 빼앗았기 때문이며, 사람들이 위태롭게 사는 것은 힘을 고갈시켰기 때문이다. 그러면서도 백성을 다스린다고 하는 사람들은 고갈시켜 위태롭게 하고, 빼앗아서 어지럽게 만든다." 따라서 현명한 재주가 없다면 이는 곧 군신이 없는 것만도 못하니, "유사를 폐지하며, 지방관을 쫓아내고, 천하에 맡기면 저절로 혼란은 다스려지고 위험은 편안함으로 바뀐다"고 보았다.

군권을 반대하고 남녀 평등을 주장한 당견(唐甄)

당견(1630~1704)의 자는 주만(鑄萬)이며, 호는 포정(圃亭)이고 사천(四

天) 기주(蘷州) 사람으로 청나라 순치 때 향시에 합격하였다. 산서(山西) 장자(長子)현의 수령으로 임명되어 사람들에게 뽕나무 80만 주를 심도록 권하였다. 십 개월만에 사임하고 다시 벼슬하지 않았다. 젊은 날에 촉 지방의 난을 피하여 소주(蘇州)로 피난을 갔는데, 후에 여기서 여생을 마쳤다. 왕원(王源), 위희(魏禧), 고조우(顧祖禹) 등과 친구로 지냈다. 『잠서(潛書)』를 저술하였는데, 위희(魏禧), 반뢰(潘耒) 등이 모두 호평하였다.

1) 진나라 이후의 제왕은 모두 도적이며 혼란의 원인이다

당견은 과감하게 다음과 같이 주장하였다. "진(秦)나라 이래의 제왕들은 모두 도적이다. … 살인한 것은 여러 사람의 손이지만, 천자는 실제로 그들의 우두머리였다."[61]

여기에서는 명·청의 황제까지 모두 그에 의해 통렬하게 배척받고 있다. 그는 천하의 어지러움은 백성들이 가난하고 어렵기 때문에 생기는데, 백성들이 가난하고 어려운 것은 관리가 나쁘기 때문이며, 관리가 나쁜 것은 군주의 전제 때문에 생긴다고 보았다. 군주는 물론 관리와 귀족들은 모두 지위가 높을수록 어진 사람은 드무니, 이는 생활이 그렇게 만든 것이다. 군주가 스스로를 높이면 신민이 없게 되며, 신민이 없으면 외로운 신세가 된다. 군주는 사람이지 위대한 신이 아니다. 그는 군주가 반드시 자신의 몸을 사랑하는 것처럼 백성들을 사랑할 것과 모든 관직과 모든 일들이 백성을 기르는 것을 목표로 할 것을 주장하였다.

2) 남녀와 부부의 평등과 여자를 돌보아야 함을 주장함

당견은 다음과 같이 생각하였다. "태어난 것으로 말하면, 남자와 여자는 동일하다. … 왕후의 존귀함은 천자와 동격이다. … 부모의 존귀함은 천자

---

61) 『潛書·室語』.

보다 못하지 않다."62)

남자아이와 여자아이, 천자와 왕후, 부모와 천자는 모두 평등하다. 이 뿐 아니라 그는 딸을 사랑하는 것이 아들을 사랑하는 것보다 지극해야 한다고 생각하였다. "모두 자식이나 내가 딸을 보살피는 것은 아들보다 지극하다." 그 이유는 "아내를 사랑하는 것은 미덕이 아니지만, 아내에게 난폭하게 대하는 것은 큰 악이다. 지금 아내에게 난폭하게 대하는 사람이 많으므로 더욱 딸을 보살펴야 한다."63) 또 다음과 같이 말하였다. "지금 사람 중에는 아내에게 난폭하게 하는 사람이 많은데, 밖에서는 굽신거리다가도 집안에서는 위세를 부리며, 밖에서는 참다가도 집안에서는 폭발시켜 아내를 분노를 해소하는 대상으로 생각하니, 이보다 나쁜 것은 없다. 집안 꼴이 어찌 되겠는가?"64)

아내를 우울한 기분을 푸는 대상으로 여겨 학대하는 것은 좋지 못한 일이며, 집안 꼴이 엉망이 되는 원인이다. 그는 몸소 이를 실천하였으니, 딸을 낳으면 반드시 안고 묘에 가서 조상을 뵈었다.

군권을 반대하였다는 점에서 당견은 황종희와 같고, 남녀평등을 주장하였다는 점에서는 장리상(張履祥)과 동일하다. 그는 명말 청초에 있어서 담력과 식견이 매우 높았던 사상가였다. 이 점에서 말하면 공자와 맹자, 정자와 주자, 육상산과 왕양명보다 매우 현명하였다.

제11절 노비 학대를 반대한 장리상(張履祥)

장리상(1611~1674)의 자는 고부(考夫). 거처하던 곳의 이름이 양원(楊園)이었기 때문에 학자들은 양원 선생이라고 불렀다. 절강(浙江) 동향(桐鄕) 사람으로 명나라 제생(諸生: 明·淸代 여러 생員을 통틀어 제생이라 함)이다. 몸가짐을 정직하게 가지며 영리를 바라지 않았다. 정주학파 중의 비교적

---

62) 『潛書·備孝』.
63) 『潛書·夫婦』.
64) 『潛書·內倫』.

새로운 견해를 가진 사람으로서 홀로 주경 야독하며 생활하였다. 생전에 비교적 노비를 동정하였으며 농민에 대해서도 매우 존중하였고, 배우려고 찾아오는 선비들에게 절을 받은 적이 없었다. 저서로는 『양원선생전집(楊園先生全集)』이 있다. 양계초는 그를 중시하지 못했고 일부 큰 사전에 실려 있지 않은데, 이는 모두 사실과 진실을 탐구하려는 자세가 아니다.

1) 노예 석방을 주장하다

장리상은 "하늘이 덮고 땅이 실어주며 부모에 의해 태어난 천자로부터 서인에 이르기까지" 모든 사람은 '동류'로서 평등하지만, "정전(井田)이 폐지되어 백성들의 일정한 가업이 없어지고 부자들은 왕후와 같은 생활을 누리게 되자, 가난한 사람들은 논과 밭을 팔지 않으면 안되었다. 논밭을 파는데 그치지 않고 몸을 파는 데까지 이르렀으며, 남녀를 팔았다. 파는 사람은 점점 굴욕적으로 되며 사는 사람은 점점 고자세가 되어, 처음에는 신하와 첩처럼 여기더니 계속해서는 짐승처럼 여기게 되었다"라고 생각하였다. 노예를 "짐승처럼 능멸"하고 심지어는 "그 아내와 딸에게 음란한 짓을 하였으며", "재산을 빼앗고", "마음대로 죽이고 마음대로 태웠으며", "자손 대대로 마을에서 자리잡지 못하게 하여, 평민들은 그들과 혼인하는 것을 부끄럽게 여겼으니", "어찌 바른 도리이겠는가?" "내가 보건대, 노예에 대한 주인의 행동은 사람의 도리를 벗어나는 것이다." 따라서 장리상은 "나 자신부터 남녀 노예를 사지 않을 것이며, 예전에 일하던 사람들을 놓아주고, 어쩔 수 없는 경우에는 마을에 있는 늙거나 어린 몇몇 사람에게는 의식을 주어 그 힘을 빌렸으며, 거취에 대해서는 그들의 결정을 따르고 억지로 하지 않았으니, 홀로 자신의 뜻을 실천했다고 하겠다."[65]

2) 노예에게 논밭을 나누어 준다는 구상을 주장하다.

---

65) 『楊園先生全集・義男婦』.

장리상은 위에서 서술한 상황을 거울 삼아 공전(公田)과 사전(私田)의 취지를 살려 일종의 수전법(授田法)을 고안하여, 이를 통해서 노예들에게 일정한 생산을 가능케 하는 제도를 만들었다. 이는 그들이 다시 경제적인 문제 때문에 부자의 노예가 되는 것을 막으려던 것이었다. "부부가 3묘의 논과 2묘의 밭을 받아 의식(衣食)을 충당한다. 부역은 주인이 맡는다. 농사 때를 빼앗지 않는다. 주인 대신에 논 2묘와 밭 1묘를 경작한다.(다른 부역을 진 사람은 면제해 준다.) 기강을 담당하는 노복은 두 배, 혹은 네 배(대신 경작하지 않는 경우)로 한다.

육십세 이상의 사람은 논을 돌려주고, 주인에게서 의식(衣食)을 해결한다. 논을 돌려주기 싫은 사람은 스스로 먹고 살도록하며, 떠나고자 하는 사람은 그렇게 하도록 한다. 그들의 자녀 가운데 일을 하는 사람 중에 5세 이상은 1묘, 10세 이상은 2묘, 15세 이상은 3묘 (논 2묘, 밭 1묘), 20세 이상과 20이 안됐지만 아내가 있는 사람은 5묘(논3묘, 밭2묘)를 준다. 일을 하고 싶지 않은 사람은 그렇게 하도록 한다. 매 1묘에 복 두 사람을 두고, 3백 묘에는 기강을 담당한 복 한 사람을 두며, 근실하게 원하는 사람을 선택하여 성심으로 대우하고, 잔꾀를 부리고 게으른 사람을 내쫓는다.(향토가 다르다면 일률적으로 이 예에 따를 수가 없다.)"66)

3) 노비를 때에 맞추어 결혼시킬 것을 주장하다.

장리상은 다음과 같이 주장하였다. "남자 종이 이십여 세가 되면 장가를 들여야 하고, 여자 종이 이십 세에 가까우면 짝을 지어주거나 딴 살림을 내주어야 한다. 노처녀 노총각을 없애는 것 뿐만 아니라, 혼란을 그치게 하려는 것이다. 오늘날의 노비들은 충실한 사람은 매우 적으며, 주인의 대우 또한 사리에 맞지 않는 경우가 심하다. 어찌 생각하지 않으리오. 상하가 보답하고 베푸는데 이미 일정한 분수가 있으며, 순환하고 왕복하는 것은 자연의 상도(常道)

---

66) 『授田法』.

이니. 마음에 근심됨이 없을 수 있다면 내가 해서 좋은 일이라고 말할 수 있다."67)

4) 자녀의 평등을 주장하다

장리상은 또한 자녀의 평등을 주장하여, "여자가 태어난 것을 서운하게 여겨서는 안된다. 부자의 친애함이 어찌 남녀에 따라 차이가 있겠는가? 남녀를 구분하는 것은 천박한 습속에 의해 생겨난 마음가짐일 뿐이다."68)

장리상은 공맹과 정주를 신봉한 사람이기는 하였지만, 노예와 여자아이에 대한 생각은 비교적 특색이 있어서 고대의 유가 이론가들과는 함께 논할 수 없으며, 심지어 어떤 점에서는 그들과는 배치된다고 하겠다. 그러나 또 다른 방면에서 보면, 그는 오히려 예교라는 상투수단에서 아직도 벗어나지 못하고 있었다. 예를 들면 그는 아직도 남자를 중시하고 여자를 경시하였으며, 재혼하는 여자는 절개를 잃었으니 아내로 맞을 수 없으며, 두 남편에게 시집가는 여자는 반드시 내쫓아야 한다고 생각하였다. 재가한 여자와 노비가 난 아들은 그 어미가 봉(封)을 받을 수가 없다. 반드시 고례에 의거하여 적서의 존비·귀천을 결정하여야 한다. 아내에게 일곱 가지 내칠 죄악이 있으면 쫓을 수 있다.69) 여자는 팔세가 되면 중문을 나가지 못한다.70) 그는 또한 여전히 군주를 높이고 신하를 낮추었다. "군주에게 무례하게 군 사람은 새매가 참새를 쫓듯이 쳐버린다."71)

장리상은 궁극적으로는 고대인이었으며, 유가였고, 정주학파(程朱學派)였던 것이다.

---

67) 『訓子語下』.
68) 『答顔子重』.
69) 이상은 『訓子語下』.
70) 『經正錄』.
71) 『問目』.

제12절 전통예교를 사수(死守)한 왕선산(王船山)·안원(顏元)

왕선산(王船山)의 극도로 완고한 예교사상

왕선산(1619~1692)의 이름은 부지(夫之)이며, 자는 이농(而農)이고, 호는 강재(薑齋)이다. 만년에 석선산(石船山)에 은거하였으므로 후인들은 선산선생이라고 부른다. 호남(湖南) 형양(衡陽) 사람으로 명말에 향시에 합격하였다. 반청·반농민봉기 등의 정치투쟁에 종사하였다. 1650년 영력(永曆)년간에 소조정(小朝廷: 당시는 淸世祖의 順治년간. 明의 마지막 왕인 永明王의 조정을 일컬음.)의 행인사행인(行人司行人)의 벼슬을 하였다. 1651년 나랏일을 더이상 어떻게 해 볼 수 없음을 알고, 상서(湘西)에서 여생을 마쳤다. 1662년 청나라 성조(聖祖)가 왕위를 이으며 남명(南明)이 망하자, 그는 자신을 '남악유민(南岳遺民)', '망국고신(亡國孤臣)'이라고 불렀다. 1654년 36세부터 학문과 저술에 온 힘을 쏟아 『선산유서(船山遺書)』를 남겼다.

왕선산의 학문은 매우 광범위하지만, 그의 사상은 왕왕 극단으로 치달린다. 진보적인 것은 매우 진보적이니, 예를 들면 비교적 유물론적인 요소가 많다. 완고한 것은 아주 완고하니, 예를 들면 옛예교를 굳게 지켰다. 여기서는 단지 본서와 관련 있는 예교사상만을 언급하기로 한다.

1) 예교 중심론

왕선산은 항상 예에 관해서 논급하기를 좋아하여, 예는 자연의 조리이며 사람의 마음속에 본래부터 있는 것이라고 생각하였다. "군신이 있기 전에 이미 군신의 이치가 있었으며, 부자가 있기 전에 이미 부자의 이치가 있었다", "천지가 있기 이전에 반드시 먼저 이치가 있었다." 이러한 종류의 말들은 주희 등의 이학가들이 예를 논한 것과 많은 점에서 유사하다. 그는 음양과 천지를 크게 내세우며 "아버지와 남편은 하늘이고, 자식과 아내는 땅"이라고 하였는데, 이러한 논의는 동중서 등의 신학적 예론과 유사한 점이 많다. 그는 또 "예는 인생에서 가볍게 여겨서는 안되는 큰 규범이며, 사람과 함께 태어나 함께 죽는 것이다. 사람은 이 때문에 짐승과 다르며, 군자는 이 때문에 야인과 다르게 된다", "예의 가르침은 지극하여 크게 이루어 주니, 천지가 스스로 자리를 잡는 까닭이며 귀신이 스스로 편안하게 여기는 바이고, 인의는 그것의 체가 되며 효제는 그것의 용이 된다. 오륜이 경위가 되는 이유이며 사람과 짐승이 나뉘는 까닭이고, 치란이 다스려지는 바이며, 어진 사람과 그렇지 못한 사람이 구분되는 이유이다." 이러한 종류의 말은 또한 많은 점에서 『좌전(左傳)』, 『순자(荀子)』, 『예기(禮記)』 등에서 예를 논한 것과 유사하다. 이 밖에도 공자, 안자(晏子) 등이 예를 논한 말들을 인용해서 증거로 삼았다. 우리들은 조금도 과장하지 않고서 왕선산의 예론은 이전 사람들의 성과를 집대성하였을 뿐 아니라, 자기가 천명한 것도 있다고 말할 수 있다. 그는 예가 없으면 일체가 없으며, 짐승과 동일한 존재가 된다고 생각하였다.

2) 군권이 가장 존귀하다는 주장

왕선산은 군주는 신(神)과 인간의 공통된 주인으로서, "이 하나의 존귀한 존재에 모든 것이 통솔되며", "두 개의 통솔 주체는 용납될 수 없다"고 보았다. 군주의 존귀함은 "하늘이 만들어 낸 요새처럼 타올라 갈 수 없으니" 그러므로 반드시 군주를 존중해야 하고, 군주의 친밀함은 "아버지가 둘일 수 없는 것과 같으니" 그러므로 반드시 군주에게 효도해야 한다.

"군주와 신하의 의리와 윗사람과 아랫사람의 예의는" 사람의 마음에서 생겨나고, 사람의 성품에서 나온 것으로 천지사이 어디에서도 없는 곳이 없다.

또한 군주를 살해하는 것은 온갖 악행중에서도 으뜸가는 것이라 여겼다. 폭군이 왕위에 있더라도 그 스스로가 자멸하는 것을 지켜 보아야 하며, 그를 시해해서는 안될 뿐만 아니라 쫓아 내어서도 안된다고 하였다. 왕선산의 군주에 대한 미신적인 신조는 이미 일종의 운명론이 되버린 것이다.

3) 여화금수론(女禍禽獸論)

왕선산은 남녀·부모·부부는 모두 음양·강유·동정·귀천을 통해 운명으로 정해진 것이라고 생각하였다. 어머니는 아버지에 의해서 다스려지고, 여자는 남자의 통제를 받아 삼종(三從)해야 한다. 이것은 "도의 본래 그러한 것이다." 모후가 국정을 맡아 섭정하는 것은 "죄가 하늘에 관통하게 되며", "짐승과 함께 논의하는 것"이다. 그는 절대로 남녀·부모·부부가 평등하다는 것을 허용하지 않았다. 역대 왕조에서 남자로 인한 재앙이 그렇게 많았는데도 왕선산은 왜 깊은 증오와 슬픔을 표시하지 않았던 것일까?

4) 예와 형벌이 달리 시행된다는 주장

그는 대부 이상은 모두 선량하므로 가혹한 형벌을 사용할 필요가 없지만, 많은 서인들은 죄악을 저지를 수 있으므로 예로써 관대하게 다루어서는 안된다는 것을 긍정하였다. 따라서 "예는 서인 이하에게 적용되지 않으며, 형벌은 대부 이상에게 적용하지 않는다"는 고대의 관념을 견지하고, "예를 서인들에게서 바랄 수 없는 것은 대부를 형벌로 대하지 않는 것과 같다. 성인의 가르침은 해와 별처럼 빛난다"고 하였다. 그의 계급차별 관념은 진실로 깨뜨릴 수 없는 것이었다.[72]

왕선산은 삼강 예교사상에서 매우 보수적이고 낙후된 몇 안되는 사람이며, 그 중에서도 '짐승'이라는 말로 남들을 가장 많이 매도한 사람이다. 이것은 내가 그에게 내린 한 마디의 총평(總評)이다.

안원(顏元)의 학문은 예학이다.

안원(1635~1704)의 자는 이직(易直), 또는 혼연(渾然)이다. 먼저는 호를 사고인(思古人)이라고 하였다가 후에 습재(習齋)로 고쳤다. 하북(河北) 박야

---
72) 원문은 졸저인『王船山思想體系』에 상세하다.

(博野) 사람이다. 그의 학문은 육왕과 정주에서 시작하였으나, 한 마음으로 주례를 회복하고 공맹을 존중하는 것으로 일생을 마쳤다. 제자로는 이공(李塨)이 가장 유명하며, 안이(顏李)학파라고 병칭된다. 저서로는 『사존편(四存編)』, 『습재기여(習齋記餘)』, 『사서정오(四書正誤)』 등이 있다. 이공과 왕원(王源)의 『습재선생년보(習齋先生年譜)』가 있고, 종릉(鐘錂)의 『습재선생언행록(習齋先生言行錄)』이 있다.

안원의 학문은 바로 예학이다. 그는 스스로 "내가 배운 것은 예다"[73]라고 하였으니 하루라도 예가 없을 수 없었다. "예에는 근본(本)이 있고 문식(文)이 있다. 집안에서 시행하는 것으로부터 말하면, 명분을 지키는 것과 사랑과 공경을 튼실하게 하는 것은 예의 근본이고, 관혼상제 때 쓰는 의장과 세세한 규정은 문식이다. 근본은 집안에서 날마다 쓰는 일정한 법도가 있으므로 하루라도 닦지 않을 수가 없으며, 문식은 또한 인간의 도리에 기강을 잡아주는 처음과 끝이다. 비록 그것을 행하는 때가 따로 있고, 시행하는 장소가 따로 있기는 하지만, 평소에 분명하고 익숙하게 강습해 놓지 않으면 일을 당했을 때 절도에 맞고 합당하게 할 수 없다. 이 때문에 하루라도 외우고 익히지 않을 수가 없는 것이다."[74] 그렇지 않으면 "명령에 저항하고 직분을 망각한 며느리가 있게 되니, 이는 모두 세상에 예가 피폐해졌기 때문이다." 선비들이 예를 익히고 행하는 것을 부끄럽게 여기는 것이 "건곤이 날마다 잘못되는 이유이다."[75]

예(禮)를 잘 행할 수 있어야 곧 예를 참되게 아는 것이다. "경전(經典)의 한 부분을 실행하는 것이 곧 예의 한 부분을 배우는 것이다."[76] "비유하면 예를 알고자 하여 몇 백편의 예서를 읽고, 수십 차례 외우고 물으며, 수십 층차로 생각하고 변별하더라도 안다고 할 수 없다. 곧바로 무릎을 꿇고 절하는 기거 동작과 옥잔을 받들어 올리며, 폐백을 잡는 일 등을 몸소 한번 시행한다면, 예는 이와 같은 것임을 곧 알게 될 것이며, 예를 아는 것이 지극하

---

73) 『習齋先生言行錄』.
74) 『禮文手鈔序』.
75) 『習齋先生言行錄』.
76) 같은 책.

게 될 것이다."77)

안원은 공자가 예를 배우고 예를 강의한 것을 본받아, 제자들에게 "공자와 같은 성인도 제자들과 함께 나무 아래서 예를 익혔다는 것"78)을 알도록 하였다. 따라서 그는 "여러 학생들에게 공경[恭]을 익히며, 수(數)를 익히고, 예(禮)를 익히도록 명하였다."79) 70세에 이르러서도 진지하게 문인들을 이끌고 예를 익혔다.80)

예는 신하가 군주에게 충성하는 것과 자식이 부모에게 효도하는 것을 가장 중요시 한다. "사람은 학문을 함에 있어 반드시 자식과 신하의 도리를 확정하여야 하니 … 이것이 도가 되는 조건이다. … 예를 들어 자식이 부모를 섬김에 부모에 대해서 효도하라고만 하며, 신하가 군주를 섬김에 군주에게 충성하라고만 해서는 안된다. 반드시 부모와 군주를 섬기는 이치가 있어서 군주와 부모가 즐거워하는 것을 음악으로 연주하며, 활쏘기로써 군부가 미워하는 자를 대적하고, 말몰이로써 군부의 노고를 대신하며, 서수(書數)로써 군부의 일을 변별하여야 신하이며 자식이라고 할 수 있다."81)

이는 표준에 합치되는 충신 · 효자이다. 그는 양주와 묵적이 아버지를 무시하고 군주를 무시하였음을 통렬하게 배척했을 뿐만 아니라, 정자와 주자가 신하와 자식을 무시하였음을 통렬하게 배척했다. "오늘날 정주를 신뢰하는 것은 전국시대에 양묵을 신뢰하는 것과 같다. 나는 양묵의 도가 행해지면 군주와 아비도 없게 되며, 정주의 도를 행하게 되면 신하와 자식도 없게 된다고 생각한다. 시험삼아 오늘의 신하와 자식들을 살펴볼 때, 학술로써 군주와 아비를 편안하게 해 주고 군주와 아비의 위험을 구해 줄 수 있는 사람이 몇이나 되는가?"82)

이는 그가 명의 멸망이 신하와 자식이 없었기 때문인 것으로 생각했다는

---

77) 『四書正誤』.
78) 『習齋先生言行錄』.
79) 『習齋先生年譜』.
80) 같은 책.
81) 『習齋先生言行錄』.
82) 『習齋先生年譜』.

것이다. 그가 양묵을 꾸짖은 것은 맹자의 허튼소리를 맹종한 것이고, 그가 정주를 꾸짖은 것도 정주에게 누명을 씌운 것에 지나지 않는다. 정주와 안원은 모두 군주에게 충성하며 부모에게 효도하는 예교를 대대적으로 주장하였는데, 충군·효부의 예교에 눈이 먼 안원이 어찌 충군·효부의 예교를 제대로 비판할 수 있겠는가?

안원의 예론은 위로 장재를 계승하였으니, 그는 장재가 "예로서 사람을 가르쳐 공맹의 정종을 얻었다"[83]고 생각하였다. 또한 장재는 근신하여 예를 행하되 조금도 구차함이 없었으니 만석군(萬石君)에 비길 수 있다며, 그는 다음과 같이 말하였다. "한나라 사람은 유가를 알지 못하였는데, 만석군의 가법과도 같으니 진실로 삼대의 유풍이다."[84]

아래로는 대진(戴震)과 능정감(凌廷堪), 완원(阮元), 초순(焦循) 등을 계도하였지만, 안이학파는 예를 중심으로 삼았다. 정정조(程廷祚)는 이공(李塨)에게 학문을 배웠는데, 이공의 말을 이렇게 서술하였다. "성문(聖門)에서는 오직 예학을 중시한다."

명·청 간의 사상계에서 황종희·당견 등은 군권을 가장 반대하였고, 안원은 군권을 가장 중시하여 두 사람 사이에는 천양지차가 있었다. 주희는 고례를 암송하여 읽고, 안원은 고례를 연습하여 익혔으니, 두 사람은 모두 예교를 미신하여 사람들에게 귀한 시간을 예교에 소모하도록 가르쳤다. 이 점에서 안원은 실제로 주희보다 나은 점을 보여주지 못한다.

제13절 승려와 도사를 비구니와 기생과 짝지어 줄 것을 주장한 왕원(王源)·이공(李塨)

왕원(1648~1710)의 자는 곤승(昆繩), 혹암(或庵)이고 북경(北京) 대흥(大興) 사람이다. 이공의 소개로 안원에게서 배웠는데, 당시에 나이가 이미

---
83) 『存學編』.
84) 같은 책.

56세였다. 평생 뜻을 펴지 못하여 '하늘 아래 작은 공간에 자신을 맡겼고', '집안이 어려웠기 때문에 글을 팔다가' 회수(淮水)가에서 객사하였다. 제갈량(諸葛亮)과 진량(陳亮)을 숭배하여, 임협(任俠)을 즐기며 병법을 강론하였다. 이공·유헌정(劉獻廷)·위희(魏禧)와 친구로 지냈다. 정주와 육왕의 도학과 불교, 천주교 등을 반대하였다. 저서에는 『거업당문집(居業堂文集)』, 『평서(平書)』 등이 있다.

왕원은 예교사상에서 몇 가지 말할 만한 것이 있다.

1. 유가의 예교로서 불교의 멸성(滅性)을 반대

왕원은 불교에서 말하는 "마음을 밝히고 본성을 본다"는 것이, "이른바 마음과 본성을 들어서 없앤 뒤에야 밝다고 하며, 그런 뒤에야 보았다고 한다"고 한다며 크게 비난하였다. 그러므로 성인인 공자가 군신, 부자, 형제, 부부가 "자신의 마음과 본성을 다하는 것"과는 다르다. 그는 이렇게 말한다. "하늘은 살리는 것을 주로 하는데 저들은 소멸을 주로 하며, 사람은 살기를 바라는데 저들은 소멸을 바란다. 이는 이리와 승냥이가 사람 죽이는 것을 본성으로 하고, 도적이 사람을 죽이는 것을 자신의 능력이라고 생각하는 것과 무엇이 다른가? 다만 자비로 살생을 금지한다고 문식하여 소멸을 불멸로 혼란케 하니, 이는 이리와 승냥이가 아름다운 소리로 홀려 사람을 죽이고 도적이 예의를 익혀 겁탈하는 것이다."[85]

2. 승려와 도사를 환속시켜 기생과 비구니와 짝지어줄 것을 주장

왕원은 다음과 같이 주장하였다. "천하의 승려와 도사에게 명령하여 … 나이 육십이 안된 사람은 모두 평민으로 환속시켜 … 그 지방의 기생과 비구니을 모아서 짝짓게 하며, 부족하면 평민과 혼인케 하여 사람마다 부부와 부자의 떳떳한 윤리를 갖게 하고, 출산하고 기르며 안전하게 보전하는 즐거

---

85) 『與方靈臬書』.

움을 얻게 하라."86)
 이공도 왕원의 이러한 주장에 찬성하였는데, 이는 『평서정(平書訂)·분민정(分民訂)』에 보인다.

3. 부모에게 효도하기 위하여 아내와 사람을 죽이는 예교에 찬성

 왕원은 특히 『증장효자서(贈張孝子序)』를 써서 아내를 살해한 참혹하며 사람의 도리도 모르는 사람에 대해서 대대적으로 선전하면서, 그가 아내를 죽여 어머니를 보존한 것을 과장하여 '지성(至性)', '순효(純孝)'라고 하였는데, 이것이 예교의 크나큰 해독에 중독된 첫번째다. 부녀자에게는 그녀가 죽음으로써 다시 산 것이라고 하여, 조금도 부녀자의 생명과 인격을 존중하지 않았는데, 이것이 예교의 크나큰 해독에 중독된 두번째다. 장씨의 처는 남편에 의해 살해된 후 "삼일째 되던 밤에도 목숨이 끊어지지 않아 구제하니 다시 살아났는데, 종신토록 원망하지 않았다. 그래서 다시 첩을 두었다." 이 여자도 예교의 크나큰 해독에 중독당한 것이니 정말로 가련하다!

4. 군주에게 불충하는 주장을 반대

 왕원은 다음과 같이 말하였다. 당견은 "그 선조 역시 대대로 나라의 은혜를 입었건만, … 그가 지은 『잠서』에서 황제를 극렬하게 비난하였다. … 또한 환란을 당한 신하들이 반드시 죽을 필요가 없으며 죽는 것은 잘못이라고 하였다. 또한 나라를 망하게 한 죄는 군주에게 있지 신하에게 있지 않다고 하였으며, 죄가 신하에게 있다고 생각한 사람은 모두 충효라는 말의 함정에 빠진 것이라고 생각하였다. 이같은 당견의 갖가지 종류의 패악은 진실로 이해할 수가 없다!"87)
 당견이 이와 같은 주장을 하였다는 것을 보면 그의 견식이 매우 높았음을

---

86) 『平書·分民』.
87) 『書唐鑄萬潛書後』.

알 수 있다. 왕원이 자신의 '패악'를 알지 못한 것이야말로 진실로 '이해할 수 없는 것'이다.

제14절 역사적 인물들이 여러번 혼인했다고 추론한 정우문(程羽文)

정우문은 청초의 문인으로 자는 신신(藎臣), 신안(新安) 사람이다. 「원앙첩(鴛鴦牒)」(『檀几叢書』 안에 있다.)을 지었는데, 그는 명말의 가인재자(佳人才子)들, 특히 담원춘(譚元春) 등의 영향을 많이 받아, 구시대의 예교에 대한 반감이 심했다. 서언(序言)에서 다음과 같이 쓰고 있다. "봄바람 손 안에 있으니, 월하노인(중매장이)을 죽여 버리고, 뚜렷한 결함이 있는 자들을 위해 글을 지어 오래된 구원(九原)의 한을 풀게 하리라"고 말하였다. "고금의 재주 있고 아름다운 사람들 가운데 어리석은 부모의 반대에 부딪쳐 짝을 이루지 못하고 정염을 불태우다 죽은(담원춘(譚元春)의 말이다.) 사람들의 소망을 이루어 주어 짝을 이루도록 한다"는 생각일 것이다. 이는 진실로 의미가 있고 비교적 정리에 합치되는 행동이다. 그의 이러한 이상은 공자가 『춘추』를 지은 것과 유사한 의미를 가진 것인데, 오직 그 목적과 결과가 상반되었을 뿐이다. 공자가 『춘추』를 지은 것은 예교에 합치하지 않는 사회를 예교에 합치하는 사회로 변화시키는 데 있었지만, 정우문은 반대로 예교에 합치하는 사회를 예교에 합치하지 않는 사회로 변화시키는 것이었다. 『춘추』는 애정을 반대하고 평등을 반대했지만, 정우문은 반대로 애정을 주장하고 평등을 주장하였다. 『춘추』는 정치를 변경할 것을 요구했지만, 정우문은 혼인제도를 변경할 것을 요구하였다. 『춘추』는 충효와 정조를 중시했지만, 정우문은 재능과 성정·처지 등을 중시하였다.

정우문의 『원앙첩』은 대개 두 방면에서 살펴볼 수 있는데, 첫째는 결합의 조건으로서, 직위, 일, 박학, 다정함, 서로에 대한 이해, 문장력, 애원(哀怨), 독신(獨身: 승려), 원귀(寃鬼) 등등이다. 두번째는 결합의 종류로서 빌려 짝짓기, 여러 남편 짝짓기, 임의로 짝짓기, 허락받고 짝짓기, 기둥서방이나 내연의 남편, 육체적 결혼과 영적인 결혼, 기생에게는 잠깐의 배필과 종신배필, 바람기 있는 여자에게는 초라한 남자를 짝지우거나 배필을 빼앗기 등등이다.

『원앙첩』은 주로 봉건 예교 하에서 혼인제도의 불평등과 부자유를 반대한 것이다. 구시대에서 이러한 주장을 한 것은 대담하면서도, 또 견식이 있는 일로서 실제로 소홀하게 볼 수 없다.

구예교가들의 그에 대한 공격은 이루 열거할 수 없을 정도로 많다. 그러나 그 자신에게도 결점이 있으니, 예를 들면 다음과 같은 것이다. "측천무후는 아름다우니 빨리 꽃을 피우도록 하여 위무제를 빌려다 짝을 짓게 하고, 동작대(銅雀台) 위에 가두어 더러움을 세상에 퍼뜨리지 못하게 해야 한다." 나는 측천 여황제를 후비와 궁녀가 많게는 만여 명, 육만 명이었던 진시황이나 당 명황 등 남자 황제와 비교하면 오히려 매우 단정하고 만족할 줄 알았다고 생각한다. 어떤 '더러움을 퍼뜨렸다'는 것인가? 또 "항주 기생인 주소(周韶)는 조용하고 깔끔하며 세속을 초월하려는 뜻이 있으니, 잠시 도학사(陶學士)와 짝이 되어 역의 객사(客舍)에서 차를 끓이다가 뒤에는 관세음과 『반야경』을 외우고 채군모(蔡君謨)와 종신 배필이 되어 차를 달여야 한다"라고 한 것 등은 모두 봉건사회에서 남자를 중시하는 입장에 서서 여자를 모욕한 것이다.

제15절 남녀관계가 천연의 자연적인 감정이라고 생각한 황중견(黃中堅), 육규훈(陸奎勳)

남녀의 정은 막을 수 없다고 주장한 황중견

황중견의 자는 진생(震生)이다. 청초 오현(吳縣) 사람으로 학생 때 명망이 있었지만, 후에 과거 공부를 포기하고 고문(古文)을 익혔다. 『축재집(蓄齋集)』이 있다.

황중견은 다음과 같이 생각하였다. "성인의 정치는 인정에 근본하며, 지방의 풍속에 따른다. … 그리고 금지하지 않는 것으로써 깊이 금지한다. … 성인은 금지한다는 명목만 있을 뿐 끝내 음란함을 끊을 수 없기 보다는 우선 금령을 관대하게 하여 풀어준 뒤 스스로 음란하지 않도록 하는 것이 낫다고 여겼다. 그러므로 봄 날씨처럼 관대한 것이다. … 대개 백성은 물과 같아서, 물이 넘쳐날 정도로 성하면 그것을 인도하여 흐르게 해야 한다. 그렇게 하면 세력이 절로 약해진다. 둑을 쌓아서 막아 버리면 무너지고 충돌하는 어려움이 있게 된다. 후세에는 법과 금령이 매우 엄한데도 치정에 의한 살인이나 배반의 일이 왕왕 보고 되니, 한갓 법만으로는 안된다는 것을 알 수 있다. … 그리고 한갓 법과 금령으로 가지런하게 하려고 하는 것도 미혹된 것임을 알 수 있다. 금지할 수 있었다면 성인이 어찌 한꺼번에 금지하여 끊어 버리지 않았겠는가? 다만 그 세(勢)가 할 수 없는 것이 있기 때문이다."[88]

남녀가 있으면 곧 정조와 음란함이 있다고 주장한 육규훈

육규훈(1663~1738)의 자는 취후(聚侯), 호는 성파(星坡), 육당(陸堂)이다. 평호(平湖) 사람으로 청 강희제 때의 진사이며 검토관(檢討官)을 역임하였다. 저서로는 『육당시문집(陸堂詩文集)』 등이 있다.

육규훈은 다음과 같이 말하였다. "천지의 사이에 음양이 있으면 곧 남녀가 있고, 남녀가 있으면 곧 정조와 음란함이 있으니, 이는 흑백과 청탁이 서로를 덮어 가릴 수 없는 것과 같다. 성스러운 왕은 교화의 주재자로서, 음란함이 마음속에 생기자 억지로 헤아릴 수 없었으나 다행히 마음의 소리인 시가 있으므로, 이에 태사에게 아뢰도록 하여 보았다. … 그러므로 시의 가르침은 천자, 제후, 경대부가 하루라도 폐할 수 없는 것이니 어찌 경박한 어린 아이들의 학문이겠는가? 게다가 저 식욕과 색욕은 본성에서 나오는 것이니, 성인이라도 금하여 없앨 수가 없는 것이다. … 만약 그들을 우매하게 만들어 식욕과 색욕에 대해 조금도 알지 못하게 하더라도, 우연히 이를 보면 기

---

88) 『蕢齋集·奔者不禁』.

뻐할 것이며, 신세를 망치지 않는 경우가 드물 것이다. 하물며 시를 잘 알면서 음란한 자는 열에 하나도 되지 않으며, 시를 못르면서 음란한 사람은 두 배 네배로 셀 수 없이 많다. … 태사가 시를 아뢰면서 음란한 사람이 지은 것을 버리지 않았으니 공자가 성인이지만 어찌 빼버릴 수 있었겠는가?"[89]

제16절 원매(袁枚)의 반예교(反禮敎)·반이학(反理學)의 정감주의(情感主義)

원매(1716~1798)는 한대 이후에 드물게 보이는 대사상가 겸 시인, 문학가이다. 자는 자재(子才), 호는 간재(簡齋), 별호는 수원노인(隨園老人)이다. 절강(浙江) 전당(錢唐: 지금의 항주) 사람으로 건륭 때 진사가 되었으며 일찍이 강녕(江寧: 지금의 남경) 등의 현감으로 임명되었다. 38세에 사직하고 어머니를 봉양하면서 강령에서 타향살이 하였고, 소창산(小倉山) 아래에 수원(隨園)을 짓고 살았으므로 세상에서는 수원 선생이라고 불렸다.

어머님의 가르침을 받아, 미신을 믿지 않고, 불교를 좋아하지 않으며, 신선을 좋아하지 않고, 또한 이학을 좋아하지 않으며, 공자에 대해서도 명목상으로는 귀의했지만 실제로는 반대하였다. 65세 이후 홀로 명산대천의 유람을 시작하여 절강, 안휘, 강서, 광동, 광서, 호남, 복건 등지를 다녔다. 학문이 넓고 박식했으며, 다른 사람이 이미 얻은 것만을 얻을 뿐 자신이 스스로 얻지 못하는 것을 가장 반대하였다. 진부한 유자들에 의해 '명교의 죄인'이라는 질책을 받았으나, 동시에 유명한 학자인 항세준(杭世駿), 전대흔(錢大昕) 등의 칭찬을 받았다. 또한 문장에 능숙하여 지은 서신들이 자못 특색을 갖추고 있다. 그의 견해는 상당수가 『소창산방척독(小倉山房尺牘)』과 『독외여언(牘外餘言)』에 실려 있다. 저작은 『수원전집(隨園全集)』으로 엮였으며, 『소창산방문집(小倉山房文集)』, 『소창산방시집(小倉山房詩集)』 등 43종이 실려 있다.

---

89) 『陸堂文集·桑中篇續論』.

원매는 식견이 높고 담대하며, 견해가 비상하여, 새로운 것을 귀하게 여겼다. 대담하게 구 전통사상에 반대하였으며, 공자를 존중하고 경전을 읽는 것에 반대하였으며 근본적으로 정통(正統)과 도통(道統)이라는 주장에 반대하였다. 원매 사상체계의 중심은 바로 예교와 상대되는 정감 지상주의이다.

1. 정감(情感)의 철학(哲學)

1) 정욕이 있어야 나라와 천하를 다스릴 수 있다

원매는 사람의 정욕이 나라와 천하를 다스리는 것과 밀접한 관계를 가지고 있어서 지극한 정감이 있어야 지극한 본성이 있을 수 있다고 생각하였다. "천하 사람들이 떼지어 모여 성인에게 다스려 줄 것을 바라는 이유와 성인이 천하의 일을 늘 근심하여 천하를 다스리는 이유는 무엇인가? 다른 것이 없다. 정욕일 뿐이다. 사람들에게 정욕이 없다면 인류는 오래 전에 멸종되었을 것이며, 천하는 반드시 다스려지지 않았을 것이다. 성인에게 정욕이 없다면 조용하게 상관하지 않을 것이며, 또한 천하를 다스리려 하지 않았을 것이다. … 그러므로 남과 같은 정감을 가지지 않은 사람 가운데서 크게 간사한 일을 하지 않는 사람이 드물다고 하는 것이다."90) 또 원매는 "지극한 정감이 있어야 지극한 본성이 있으며, 정감이 지극하지 않다면 그 본성은 사라질 것이다."91) "나라를 위하는 것이 큰 정감이고 아름다운 연인을 연모하는 것은 작은 정감이다"92)라고 말하였다.

원매는 또한 다음과 같이 지적하였다. "색을 좋아하는 것과 도덕이 높고 낮음은 무관하다." "기녀의 아름다움을 좋아하는 것은 그 죄가 작지만, 양가집 여자의 아름다움을 좋아하는 것은 그 죄가 크다. … 색을 좋아하는 것은 반드시 꺼릴 것이 아니며, 색을 좋아하지 않는 것도 반드시 꺼릴 것은 아니

---

90) 『淸說』.
91) 『牘外餘言卷一』.
92) 『讀胡忠簡公傳』.

다. 인품의 높고 낮음이 어찌 호색과 불호색에 있겠는가? 문왕은 호색하였으나 공자는 그것을 옳다고 하였고, 위령공은 호색하였지만 공자는 그것을 비난하였다. 노기(盧杞)의 집에는 첩과 잉첩이 없었지만 끝내 소인이었고, 사안(謝安)은 동산에서 기생을 끼고 놀았지만 끝내 군자였다."[93] 호색의 여부가 결코 한 개인의 도덕적 품격을 결정하는 것이 아님을 알 수 있다.

원매는 인간세상에 사랑이 없다면 쓰임이 없으니, 쓰임은 사랑하는 것에서 생겨난다고 생각하였다. "남자에게 사랑하는 사람이 하나도 없다면, 생기가 모두 끊어져 쓸 수가 없으며 갈 수도 없다. … 또한 어질면서 탐욕스럽기보다 어질면서 청렴한 것이 낫지만, 어질지 않으면서 청렴한 것보다는 어질지 않으면서 탐욕스러운 것이 낫다. 왜인가? 모두 하나 같이 어질지 못하다. 탐욕스러우면 소심하며 청렴하면 담대하다. 탐욕스러우면 쉽게 낭패하며 청렴하면 무너뜨리기가 어렵다."[94]

2) 남녀관계는 참된 정(情)의 본원이다

원매의 정감 지상주의의 내용 가운데 하나는 유정주의(唯情主義) 즉, 남녀관계가 참된 정의 본원이라는 것이다. 그는 다음과 같이 생각하였다. "또한 시(詩)는 정에서 생긴 것이다. 반드시 풀 수 없는 정이 있어야 비로소 불후의 시가 태어난다. 정의 가장 우선적인 것은 남녀 만한 것이 없다."[95] 원매는 구시대의 정욕 사상가다. 그는 욕망의 근절과 정감의 절제를 반대하면서, 삶이 죽음과 다르며, 사람이 목석과 다른 것은 바로 정욕이 있기 때문이라고 생각하였다. "송유(宋儒)는 먼저 불교를 배운 뒤에 유학을 배웠으므로, 눈을 감고 고요히 앉아 희노애락이 발하지 않은 기상을 체인(體認)할 것을 가르쳤다. 이는 모두 은밀하게 선종(禪宗)에 전염된 것으로 모범이 될 수가 없다. … 인욕이 합당하게 처리되는 것이 곧 천리이다. … 서방의 낙원을 생각하

---

93) 『答楊笠湖』.
94) 『書宋均傳後』.
95) 『續集答戱園論詩書』.

고, 부처의 지위를 희구하며, 공덕의 명예에 거하고, 삼도(三塗)의 고뇌를 면하는 것은 욕망 가운데 큰 것으로, 음식이나 남녀관계를 탐욕하는 것에 비교할 때 더욱 근거 없는 것을 탐하는 것이다."96)

원매의 "인욕이 합당하게 처리되는 것이 곧 천리"라는 말은 천고의 지당한 원리이며 명언이다. 그는 이에 근거하여 송유의 절욕론을 통렬하게 배척하고 풍자하여 다음과 같이 지적하였다. "송유는 절욕을 가장 어려운 것이라고 생각하여, 마침내 부모의 초상화를 그려 침실에 놓아 두고 스스로 경계하는 것을 미담으로 여겼다. 그러나 이것은 진번(陳蕃)의 책망을 받고 무덤속으로 집을 옮긴 자와 무엇이 다른가? 매번 책을 보다 여기에 이르면 구토가 나오려 한다."97)

또한 원매는 불교의 무리함을 비판하고, 불교의 절욕과 절정(節情)을 반대하면서 정욕주의를 견지하여, 지극한 본성은 지극한 정감에서 나온다고 생각하였다. 그는 다음과 같이 말하였다. "옛 성현 중에 본성은 높이면서 정감을 몰아낸 사람은 없었으니, 희노애락애오욕 일곱 가지는 성인들도 동일하게 가졌던 감정이다. … 반드시 사랑을 제거하고 욕망을 끊어버리고 공(空)에 노니니, 이것은 불씨의 사방 도적을 없애 버린다는 주장일 뿐, 군자의 말이 아니다."98) "지극한 정감이 있어야 지극한 본성이 있으니, 정감이 지극하지 않으면 그 본성은 사라진다."99)

3) 엄격하게 남녀를 구분하면 음란을 조성하게 된다

원매는 양성의 한계를 타파할 것을 주장하고 독신을 반대하였다. 어떤 사람을 종일토록 이성과 가까이 있게 하면 양성의 차별은 묽어질 것이다. 그렇지 않으면 반대로 "향내만 맡고도 파계하며, 꽃만 보면 반드시 꺾는" 지경에 이르게 될 것이다. 그는 다음과 같이 말하였다. "선생께서는 나에게 병이 될

---

96) 『再答彭尺木進士書』.
97) 『牘外餘言卷一』.
98) 『書復性書後』.
99) 『牘外餘言卷一』.

까 근심하여, 누누이 잘 타일러, 많은 꽃과 멀리 떨어져 독신으로 살라고 하십니다. … 그러나 나는 거처함에 많은 꽃을 피하지 않는다. 이렇게도 말할 수 있습니다. 사람이 꽃과 멀리 떨어져 있으므로 향내만 맡고도 파계하는 사람이 있으며, 꽃만 보면 반드시 꺾는 사람이 있다. 저 등위산(鄧尉山)에서 매화를 가꾸는 사람과 동정(洞庭)에서 귤을 가꾸는 노인 같은 사람은 종일토록 꽃을 보되 꽃을 보지 않은 것이나 마찬가지니 이것은 왜 그러한가? 가까이서 완미하므로 담담하게 그것을 잊는 것이다. 나는 어려서부터 사람을 재앙이라고 생각하면서 지금까지 40년을 지냈다. 무미건조한 생활이 습관이 되어 자연스럽다. 안연은 공자를 모시고 있을 때 좌망(坐忘)하였다고 자칭하였다. 나와 같은 사람은 와망(臥忘)한 사람이라고 할 수 있다. 선생께서 염려하지 마십시오"[100]라고 하였다. 원매는 더 나아가 남녀 사이에 곳곳을 막아 이성을 서로 멀리하도록 한다면, 그 결과는 오히려 "안방의 어두운 일"을 발생하게 하는 데 이를 것이라고 지적하였다. "옛사람들이 크게 보아 넘기고 소략하게 처리한 부분은 관대한 듯하지만 실은 엄격한 것이니, 후세의 매우 도량이 좁은 유자들이 논의할 수 있는 바가 아니다."[101]

원매의 이러한 관점은 후에 담사동이 주장한 것과 대략 동일하다.

4) 처녀 관념을 타파하다

원매는 남녀 사이에 쌍방이 모두 상대방에게 정조를 지킬 것을 요구해서는 안된다고 생각하였다. 그는 「여서소(與書巢)」라는 편지에서 말하였다. "서찰 중에서 '처녀를 취하지 않는다'고 한 한마디 말은 특히 노자가 말한 '천하의 선구가 되지 않는다'는 가르침을 얻은 것이다. 처녀가 아니라면 부정하다는 것인가? 예양(豫讓)은 지백(智伯)을 만나 곧 열사가 되었고, 탁문군은 사마상여에게 시집가서 해로하기를 서약하였다. 다른 사람의 보답을 책망하려는 사람은 먼저 스스로 베푼 것이 어떠하였는가를 물어야 한다. 처녀가 아니면

---

100) 『答相國勸獨宿』.
101) 『再答稚存』.

정결하지 않다는 것인가? 여덟 가지 진미가 갖추어지면 요리사가 먼저 맛 보며, 큰 집이 완성되면 목수가 먼저 앉는다는 것을 모르는 것이다. 유순하지 않으면 어떤가? 진실로 말을 아는 사람이구나!" 만일 여자가 정조를 지켜야 한다면 남자도 정조를 지켜야 한다. 그러나 남자에게 정조를 말할 필요가 없다면 여자에게도 정조를 말할 필요가 없다. 이것이 바로 쌍방의 평등이다. 고대의 여자도 이러한 주장을 한 사람이 있었다. 사태부(謝太傅)의 부인은 남녀 모두가 정조를 지켜야 한다고 주장하였고, 산음공주(山陰公主)는 남녀 모두 균등하게 정조를 말할 필요가 없다고 생각하였다.

5) 천자의 다처제를 반대하다

원매는 중국 역대 봉건통치자가 여러 명의 황후와 비를 취하고, 대량의 궁녀를 소유하며, 부녀자의 몸과 마음의 건강을 잔혹하게 박해한 범행을 강력하게 견책하였다. 그는 다음과 같이 지적하였다. "진시황이 육국을 멸망시킨 뒤로, 반드시 그 궁인과 미녀를 취하여 육궁에 모아 음란함을 드러내고 성대함을 과장하였다. 그러나 스스로는 감히 예라고 생각하지 않았다. 한나라를 흥기시킨 고조는 진나라의 옛 제도를 따랐으며, 숙손통(叔孫通)은 예를 제정하여 이를 옛 제도라고 불러 아부하였다. … 개원(開元) 년간에 이르면 궁인이 육만 명이었으며, 송(宋) 영종(甯宗)은 하룻밤에 39인이 시중을 들었다. 이 때문에 무고(巫蠱)의 재화가 생겼으며, 환관의 해독이 퍼졌다. 거짓으로 예에 대한 경전을 만드는 사람은 실제로 그 선례를 만들었다." 원매는 계속해서 더 나아가 유가의 예교가 천자를 찬미하며, 그의 추한 행동을 덮으려는 마각을 파헤쳐 폭로하였다. 자기도 모르게 웃으며 말하였다. "식색은 본성이다. 천자도 사람인데 한 끼에 240가지 반찬과 아홉밤에 81명의 여자, 관(冠) 하나에 240개의 옥을 썼으니 어찌 이럴수가 있는가? 어찌 이럴 수가 있는가?"[102]

---

102) 『六宮辨』.

고래로부터 민간의 부녀자가 선택되어 입궁하는 것은 인간의 지옥에 들어가는 것과 다를 바 없었으며, 이때부터 남녀 사이의 진정한 사랑과 가정의 즐거움을 누릴 수 있는 권리를 박탈당하여 수절과부로서 생을 마치게 된다. 역대의 지식인들도 이것을 폭로하였으나 원매는 더욱 강력하였다.

6) 참된 기녀가 거짓 유자보다 낫다

 원매는 역사상 존재했던 창기제도에 대해 매우 깊은 분석을 하였고, 불행하게도 창기가 된 양가의 부녀자에 대하여 불평을 말하고, 그들에게 깊은 동정을 표시하였다. 아울러 부녀를 박해하여 창기가 되게 한 저 거짓 도학자들을 강력하게 비난하고, 세상에 창기가 있는 것은 세상에 승려와 도사가 있는 것과 같으며, 참된 기생은 거짓 유자보다 낫다고 날카롭게 지적하였다. 원매는 우선 창기가 생겨나게 된 사회·역사적 원인을 밝혀내어, 창기가 생겨나게 된 원인은 경제적 기반이 없고 부녀자의 경제적 지위가 낮기 때문이라고 하였다. 그는 다음과 같이 말하였다. "선왕의 시대에는 뽕치고 길쌈하며, 은은하게 예의가 실행되어 안으로 노처녀가 없었고, 밖으로는 홀아비가 없었으니 그 시대에 어찌 창기가 있었겠는가? 춘추시대에 예교가 쇠하고 백성에게 생활기반이 없게 되었는데, 남궁만(南宮萬)이 진(陳)으로 달아났을 때 진에서 부인을 시켜 그에게 술을 먹이고 포박하게 하였으니 이 부인이 곧 기녀의 시원이다."[103]

 창기의 발생은 심각한 사회·경제적 원인을 가지고 있었기 때문에, "이천년 이래로 창기들이 무리를 이루자 역대의 현명한 군주와 현신들도 금할 수가 없었으니, 그것은 또한 승려와 도사의 사원과 도관(道觀)이 오늘날 중국에 가득차 한가한 백성들을 안치하는 좋은 계책이 되는 것과 같다."[104]

 따라서 원매는 창기를 승려와 도사에 비교하여 다음과 같이 생각하였다. "사람사는 세상에 창기가 있는 것은 사람사는 세상에 승려와 도사가 있는 것

---

103) 『又答楊笠湖』.
104) 위의 글.

과 같다." "창기는 여색으로 사람을 유혹하며 승려와 도사는 화와 복으로 사람을 미혹시킨다." "승려와 도사는 반드시 제거할 필요가 없으며, 창기도 금할 필요가 없다."

　말이 과격하기는 하지만 일리가 없는 것은 아니다. 봉건적인 경제·정치 및 남존여비 의식의 지배 하에서 창기의 발생은 불가피한 것이다. 더욱 중시해야 할 것은, 원매가 유독 지위가 낮은 창기와 도의 경지가 우뚝한 유자를 아울러 논하면서 "참된 기생은 거짓 유자보다 낫다"고 생각했던 점이다. 그는 다음과 같이 말하였다.

　"속담에 어느 직업이라도 군자가 있다고 한다. 창기 중에는 의협심이 있고 의로우며, 문장을 잘하고 기예에 뛰어나며, 나라에 충성한 사람이 있는데 기록에 전하는 것으로는 한 권의 책으로도 부족하다. 여자가 불행히 추락하더라도 더러운 껍질을 벗어 버리면 스스로 설 수 있으니, 입으로 공맹을 말하면서 도척의 행동을 하는 사람보다는 나은 것이다. 즉 조도(曹塗)나 이지(李志)같이 못난 자들과 비교하면 낫다. 정말로 벼가 익지 않으면 피보다 못하니 거짓으로 이름난 유자는 참 기생보다 못하다."[105]

　이는 진실로 천백년 이래의 통쾌한 주장이며, 천하에 핍박받는 여자의 마음속에 쌓인 분노를 토로한 것이다.

7) 사생아 버리는 것을 반대하다

　원매는 이미 강력하게 유가 예교의 정절관을 반대하였으므로 '야합하여 태어난 사생아'에 대하여 동정적인 태도를 취하는 것이 당연하다. 그는 친가의 공운곡(孔雲谷)에게 보내는 서신 가운데서 좋은 말로 그 아들의 사생아를 친손과 동일하게 보아 거두어 기를 것을 권하였다. 원매가 사생아를 유기하는 것에 반대한 선명한 태도는, 오늘날의 관점에서 보더라도 인도주의에 부합하는 것이며 칭찬할 만한 것이다.

---

105) 『又答楊笠湖』.

8) 뒤를 이을 자손이 없는 것은 불효가 아니다

효는 종래 유가예교와 구분할 수 없는 중요한 내용 가운데 하나였다. 공맹으로부터 시작하여 역대 유가의 종사(宗師)들 가운데 효를 말하지 않은 사람은 없었다. 인도에 합치하는 효에 대해서, 예를 들면 선인의 우수한 품격을 계승하며 노인을 존중하고 어른의 생노병통에 관심을 갖는 것 등등은 모두 합리적인 것이다. 그러나 분석을 해보지도 않고 유가의 효도를 진리라고 보는 것은 크게 잘못된 것이다. "불효에는 셋이 있으니, 후사가 없는 것이 가장 크다"라고 한 것은 잘못된 결론이다. 원매는 「위왕록상자서(慰王麓喪子書)」에서 '뒤를 이을 자손이 없는 것은 불효라는 주장'을 이치에 근거해서 반박하고 있다. 그는 얼마 전에 자식을 잃은 왕록(王麓)을 위로하면서, "자식이 있는 것과 없는 것은 성현의 뜻이 아니다. 말하는 사람들은 후사가 없는 것은 불효라고 하여 사람의 마음을 흔든다. 그러나 효라는 것은 사람이 하는 것이며, 후사가 있고 없고는 하늘이 하는 것이니 하늘을 기다린 뒤에야 효를 이룰 수 있다면 바른 가르침이 아니다. 상신(商臣)과 도척(盜跖)은 모두 후사가 있지만 그들을 효자라고 할 수 있는가? 정유(鄭攸)와 양호(羊祜)는 모두 후사가 없지만 그들을 불효자라고 할 수 있는가? 천하의 작은 벌레 · 참새 · 쥐, 기어 다니고 부리로 먹는 것들도 새끼를 소중하게 길러주며 부지런히 사랑하는데, 그 마음이 어찌 뒤를 잇고자 하는 생각이겠는가? 음양의 생기가 그렇게 하도록 하는 것일 뿐이다." 이 말은 진실로 지극한 이치이다.

원매가 이러한 생각을 품고 있던 것은 그가 평생 학술사업을 중시하여, 학술의 생명을 제일의 생명이라고 생각한 것과 분리할 수 없는 것이다. 그는 다음과 같이 생각하였다. "나의 학문을 받드는 자가 곧 자손이며, 나의 글을 전하는 자가 곧 모두 친척이다."[106] "한 권의 책을 후세에 전할 수 있다면 죽은 혼백이 길이길이 유감이 없을 것이니, 공로와 자손은 아무 상관도 없다."[107]

문화인에 있어서는 저서로 학설을 세우는 것이 자손을 이어 대를 전하는

---

[106] 『老而無子賦』.
[107] 『答程魚門書』.

것보다 확실히 중요한 것이다. 진실로 원매의 말대로 불후의 명작을 후대에 전하게 된다면 그의 책을 읽고 그의 학술사업을 숭배하는 모든 사람을 똑같이 그의 자손과 후예로 볼 수 있을 것이다. 이것이 어찌 저들의 좁은 종족의 편견으로 대신할 수 있는 것이겠는가?

9) 사람을 죽여서 충효를 온전하게 함을 반대하다

예로부터 내려오는 일체의 구 도덕은 모두 대가를 치르고 얻은 것이다. 자신의 이익을 희생해서 충효의 명성을 얻는다면 이는 성품이 어리석더라도 말할 만한 가치가 있는 것이다. "한 장군의 공이 이루어지면 만개의 해골이 마른다"는 것처럼 무고한 사람을 살해하여 자기의 충성을 온전하게 하거나 처자식을 희생으로 삼아 자기의 효를 온전하게 하는 경우에 이르면, 이는 본받을 만하지 못할 뿐만 아니라 금수만도 못하다.

원매는 이처럼 타인을 희생으로 해서 이루는 충효를 굳세게 반대하였다. 그는 일찍이 당나라 장군인 장순(張巡)이 안사(安史)의 난 때 저양(雎陽)을 사수하기 위해서 "첩을 죽여서 군사들을 먹인" 행위에 이의를 제기하면서, 다음과 같이 말하였다. "순은 공을 세워 상공(上公)의 작위를 받았고, 첩은 죄없이 개돼지 취급을 받았다"고 하였는데, 이러한 '충'은 '교훈이 될' 만한 것이 아님을 지적하였다. "장순은 충성되다고 할 만하다! 그러나 포위된 성에서 노인과 어린이를 먹은 것은 교훈이 아니며, 첩을 살해한 것도 교훈이 아니다. … 신하가 군주를 섬기는 것은 아들이 아버지를 섬기는 것과 같다. 아비가 배고파 죽으려 하여도 자손을 죽여 섬기는 것은 효가 아니다. 혹자는 순이 첩을 죽인 것은 군사의 마음을 격려하기 위한 것이었다고 한다. 그러나 군인이 그것을 먹었다면, 하루의 곤궁함도 면할 수 없었을 것이며, 적이 들었다면 급히 공격할 계책을 꾸미는 계기가 되었을 것이다. 혹자는 순이 첩을 죽인 것은 세속적인 자기의 성공을 바랬기 때문이라고 하였다. 그러나 순은 공을 세워 상공의 작위를 받았지만 첩은 죄없이 개돼지 취급을 받았다. 순이 마음에 불안하여 조정에 정문을 내려줄 것을 청하였으나 이루지 못하였다.

악양(樂羊)은 자식을 먹었고, 오기(吳起)는 처를 죽였다. 잔인한 이유는 달랐지만 잔인하다는 점에서는 동일하다."[108] 원매는 이처럼 여인을 잔혹하게 해치면서까지, 자기를 충신으로 만들려 했던 행위에 대하여 완전히 부정적이었다.

「곽거론(郭巨論)」중에서 원매는 사람을 죽여서 자신의 효를 이루려 꾸미는 추행을 강력하게 견책하고, 다음과 같이 말하였다. "내가 들으니, 몸을 기르는 것을 효라 하며, 뜻을 기르는 것을 효자라 하며, 백 가지 행동이 어긋나지 않는 것을 효라 한다. 거(巨)는 효이며, 자애로운 아비이자 청렴한 선비인데, 아이를 묻을 수 있으며 돈을 받을 수 있는가? … 사랑하는 것을 죽여서 드시게 하는 것은 개와 말의 도로써 봉양하는 것이다. 추악한 명성으로 부모를 위로하고 효로서 자신의 명예로 삼았으니, 이것은 큰 죄이다. 이 자식은 부모의 제사를 지낼 후사가 아닌가? 끊으려는 것인가? 자식을 죽인 것은 도리에 어긋나며, 돈을 취한 것은 탐욕이며, 이름을 수식한 것은 사기니 어찌 효라고 하겠는가?" 의리와 말이 엄정하여 구 예교도덕에 커다란 타격을 가하는 것이다.

10) 우매한 정조와 효를 취하지 않음.

봉건전제 통치사상의 통제 아래서 일찍이 많건 적건 간에 우매하고 인성을 상실한 어리석은 일들이 있어 왔다. 그러나 이러한 어리석은 일들은 왕왕 예교가에 의해서 아름다운 이름으로 꾸며져 크게 선양되었다. 이른바 '정조와 효'는 그 가운데 하나이다. 원매는 역사상에서 지식을 결핍한 가지가지의 정조와 효도에 대해서 일일이 규탄하였다.

2. 여성미학

---

108) 『張巡殺妾論』.

원매의 미학사상은 그의 정감 지상주의의 철학사상에 근거하고 있는데, 그는 특히 여성미학을 중시하였다. 그는 미모가 감정을 이끌어 내며, 자신이 못생긴 것을 아는 사람은 적다고 생각하였다. 출중한 미색이 아니면 아름답지 않다. 아름다움은 참됨을 귀하게 여기고 거짓을 귀하게 여기지 않는다. 선천적인 아름다움은 후천적인 아름다움보다 빼어나며, 자연미는 모방미보다 빼어나다. 아름다움은 이마, 눈, 머리, 피부, 목, 허리에 있는 것이지 발이 작은 데 있지 않으니 전족은 풍속을 어그러뜨리는 것이다. 노파가 소녀를 배울 수 없으며, 귀는 눈을 대신할 수 없다. 가장 두드러진 것은 아래의 몇 가지이다.

1) 아름다움을 찬미하지 않으면 사람이 아니다

원매는 사랑하고 아름다워하는 마음은 사람들이 모두 가지고 있으니, 아름다운 여인을 보고도 찬미하지 않으면 사람이 아니지만, 다만 여색을 보고 남의 집 담장을 넘는 것도 또한 사람이 아니라고 생각하였다.

2) 아름다움은 자연스러움에 있으며 옷에 있지 않다.

원매 미학의 기본 관점은 천연의 아름다움을 주장하는 것이다. 그는 미인과 화초, 산수 등 일체의 자연미를 감상하였다. 그는 다음과 같이 생각하였다. "고기 구이의 좋고 나쁨은 온전히 선천적인 신선함에 달려 있지, 조각이 얇은가 얇지 않은가에 달려 있지 않다. 비유컨대 추녀에게 비단옷을 입혀 가벼운 구름처럼 사뿐히 걸어가게 한들 아름다움을 증진시킬 수 있겠는가? 서시(西施)는 일국 미색인데, 그녀에게 천금의 갖옷을 입히고 머리 위를 어지럽게 장식한들 추하게 변할 것인가?"[109] 이는 바꿀 수 없는 주장이라고 할 수 있다.

---

109) 『戱答方甫參饋火腿』.

3) 부녀의 전족은 풍속을 어지럽히는 추악한 행위다

미학 상에서 부녀의 전족을 반대한 것과 도덕 상에서 부녀의 전족을 반대한 것은 상관이 있지만 동일한 것은 아니다. 원매의 전족에 대한 반대에서 중요한 점은 그의 심미관의 관점에서 출발하였다는 것이다. 그는 후천적인 아름다움을 경시하고 선천적인 아름다움을 중시하였으며, 부드러운 아름다움을 중시하고 또한 건강한 아름다움을 중시하였으며, 상반신의 아름다움을 중시하고 또한 하반신의 아름다움을 중시하였다. 따라서 그는 부녀의 전족이 인체의 천연적인 아름다움을 파괴한다고 격렬하게 반대하였다.

"송서(宋書)에서 남자의 신발은 각지고 부인의 신발은 둥글다고 한 것과, 당사(唐史)의 양귀비의 비단 버선에 대한 칭송, 한동랑(韓冬郎)의 시에서 '육촌의 피부 둥글고 곱네'라고 한 것들은 모두 전족하지 않았음을 명백하게 증명해 주는 것이다. 이후주(李後主)는 요낭(窈娘)에게 발을 싸서 초승달 형태의 모양을 만들게 하였는데, 이것이 전승되어 전족의 시작이 되었다. 그러나 망국의 군주인 후주가 마음대로 만든 것을 어찌 표준으로 한단 말인가? 지금 사람들이 매번 기방(妓房)에 들어가서는 구름 모양의 머리는 보지 않고 먼저 치마 속을 살피니, 이는 소인 중에 소인이라고 할 수 있다. 눈썹, 눈, 머리, 피부가 선천적인 것임을 알지 못하는 것이다. 때문에 미인을 찬미하는 사람들은 이것을 귀하게 여긴다. 신발의 크고 작음은 후천적이다. 월형(刖刑)으로 자르면 자를 수 있는데 왜 이렇게 전족을 하여 작게 만드는 것인가? … 발은 3촌(寸)이지만 목이 짧고 허리가 통나무라면, 그녀에게 아름다운 걸음걸이로 사뿐사뿐 걷는 모습을 바랄 수 있겠는가?"[110]

원매는 아울러 부녀의 전족은 풍속을 어지럽히는 일이라고 배척하여, "오늘의 풍속은 부모의 시신을 불태우는 것을 효라고 하고, 여자의 다리를 싸서 작게 하는 것을 자애로운 것이라고 생각한다. 풍속을 어지럽힌다는 점에서는 동일하다."[111] "여자의 발이 적은들 무슨 예쁠 것이 있는가? 그런데도 세상

---

110) 『答人求聚妾』.
111) 위의 글.

사람 모두 미친듯이 달려나간다. 나는 어린 여자의 수족을 손상시켜서 어여쁨을 얻으려는 것은 마치 부모의 해골을 화장하여 복리를 구하려는 것과 같다고 생각한다. 슬프도다!"112)

원매가 전족과 화장(火葬)의 두 가지를 함께 논의한 것은 당연히 잘못된 일이라 하겠다. 하지만 그가 작은 발로부터 부녀자를 해방시킬 것을 요구하고, 부녀자의 발의 자연적인 아름다움을 회복하려는 심미감을 가졌던 것은 당시에 있어서 명확히 귀하게 여겨야 하는 것임을 지적하지 않을 수 없다.

3. 여자 교육사상

원매의 교육사상은 여자의 교육 문제와 관련하여 한결같이 예교의 계율을 반대하였는데, 이는 유가 교육사상과 서로 대립하는 것이다. 그 독특한 표현들은 다음과 같다.

1) 여자도 학문을 하여야 한다고 주장하다

원매는 남녀가 모두 평등하게 교육을 받을 수 있는 기회를 가져야 한다고 생각하였다. "이(離)괘는 비록 음괘(陰卦)이지만 남방에 자리하여 문명을 상징한다. 여자가 문장을 하는 것은 당연하다."113)

그는 이른바 "시문은 여자가 할 것이 아니다"라는 시대착오적인 유자의 견해를 반박하고, 다음과 같이 지적하였다. "다만 눈으로 보고 주장하는 사람은 걸핏하면 시문은 여자가 할 것이 아니라고 말하지만, 이는 『역』의 '태(兌)'괘는 막내딸을 상징하지만, 성인이 계사전에서 친구끼리 강습한다고 하였고, 이(離)괘가 둘째딸을 상징하며, 성인이 계사전에서 거듭 밝음으로써 정도에 맞는다고 말한 뜻을 모르는 것이다. 그 외에 삼백편(『시경』)에 실려 있는「갈담(葛覃)」,「권이(卷耳)」는 어느 것인들 여자가 지은 것이 아니겠는

---

112)『牘外餘言卷一』.
113)『答孫碧梧夫人』.

가? 시대착오적인 유자들의 천착하는 견해는 진실로 잘못되었다."114)

이 주장은 매우 옳다. 그런데 그는 갑자기 말머리를 돌려서는 재주 있고 미모를 갖춘 여자는 모두 길하지 않다고 생각하였다. "내가 오래도록 세상을 살펴보니 매번 재주가 있는 사람은 상서롭지 못하며, 외모까지 겸비한 사람은 더욱 상서롭지 못하며, 재주와 외모를 갖추고 생활이 그에 어울리는 사람은 더욱 크게 상서롭지 못하다는 것을 알았다. 섬섬(纖纖)은 이 세 가지 상서롭지 못한 것을 겸하고 있었으니 오래도록 세상에 살기를 바라기는 어렵지 않겠는가? 나의 세 누이는 모두 재주가 있었는데 모두 일찍 죽었다. 여자 제자 중 서문목(徐文穆)공의 손녀인 유경(裕馨)이 가장 재주가 있었는데, 가장 일찍 죽었다. 그 나머지는 과부가 아니면 가난했다. 이제 섬섬이 또 죽었으니 길함은 영원히 짝을 함께할 만하고, 복은 왕후장상에 비할 듯하나 하늘이 오히려 아깝게 여기니(빨리 데려가는 것) 이는 정말 조물자의 굳어진 습관이며 오래된 지혜로서 깨뜨릴 수 없는 일임을 알겠도다. 또 무슨 말을 하리오?"115)

원매의 이 주장을 지금 진부한 유자들이 잘못 인용하여 증거로 삼는다. 잘은 모르겠지만, 재주와 미모를 갖춘 사람이 일찍 죽는 것은 본디 다른 많은 이유가 있을 것이다. 단순히 남자의 경우를 들어 말하면, 동일하게 재주가 있고 학문을 좋아하는 사람의 경우에도 장수함과 요절함이 오히려 같지 않다. 예를 들어, 안회는 재주가 있고 학문을 좋아했는데 요절하였고, 원매는 장수하였다. 하물며 재주가 있고 미모를 갖춘 여자가 남자 중심의 사회에 살면서는 어떠하였겠는가? 측천무후는 재주가 있고 능력이 있으며, 학식이 있고 미모가 있었으나 그녀는 원매와 마찬가지로 장수하지 않았는가!

2) 여제자를 불러 모아 여류시인으로 양성하다

원매는 여제자를 불러 모아 그들을 시인으로 만들었는데, 이것이 그의 교

---

114) 『金纖纖女士墓地銘』.
115) 같은 글.

육사상의 특색 가운데 하나이다. 원매는 여제자를 받기를 좋아하였는데, 이는 예전 사람에게서는 없던 일이다. 진등원(陳登原)의 『중국부녀생활사』에는 수원의 제자인 여류시인 8인이 실려 있다. 왕곡(汪穀)의 『수원여제자시선서(隨園女弟子詩選序)』에서는 다음과 같이 말하고 있다. "선생은 가르침에 구분을 두지 않으셨다." 이러한 "가르침에 구분을 두지 않는다"는 것은 실제로 "가르침에 성의 구분을 두지 않는다"는 것이니 남녀의 성 구별을 하지 않았다는 것이다. 그것은 공자의 '유교무류(有教無類)'를 훨씬 넘어서는 것이다.

이에 대하여 공자를 존숭하는 예교가인 장학성(章學誠)은 크게 질책하여 다음과 같이 말했다. "근래에 부끄러움이 없는 망인(妄人)이 있어 풍류를 자처하며, 여학사를 유혹하며, 연극배우와 잡극을 공연하는 재자(才子) 가인(佳人)을 데리고 사람을 현혹한다. 강남의 명문대가의 규수들 중 많은 사람이 유인되었다. 시의 원고를 모집하여 출판하고, 명성을 표방하며, 남녀간의 거리낌도 없이 자신이 여자라는 것도 거의 잊었다. 이러한 규수들은 부녀자의 학문은 닦지 않으니 어찌 취할 만한 참된 재주가 있겠는가? 사악한 사람의 속임수에 빠져 드디어 풍속이 되어 버렸다. 인심과 세상의 도가 크게 걱정스럽다."[116] 이 뿐만 아니라 장학성은 또 『부학편(婦學篇)』을 지어서 원매를 공격하였는데, 부언(婦言)·부덕(婦德)·부용(婦容)·부공(婦功)은 곧 부녀의 바른 학문이라고 생각하면서 시문을 짓는 것은 기녀들과 같은 유라고 생각하였다. 장학성은 유가예교에서의 여자를 무시하는 완고한 태도를 취하여 여자는 "재주가 없는 것이 덕"이라고 굳게 믿었다.

4. 여자와 관련된 법률사상

원매는 사법은 때와 장소에 따라 변화하는 것이 중요하다고 여겨, "풍속을 교정하고 구제하는 것이 변화에 통달한 것"이라고 생각하였다. 장유와 귀천에 관계없이 평등한 살인률을 주장하였으며, 명분적인 형법을 반대하였다.

---

116) 『丁巳箚記』.

더욱 두드러진 것은 여자를 보호하는 간통법〔姦律〕을 제정할 것을 요구한 것이다. 구체적인 내용은 아래와 같다.

1) 여자가 강간을 당했을 때 죄는 남자에게 있다

원매는 여자가 불행하게 강간을 당했어도 "잘못한 것이 없으며" 스스로를 아끼고 가정을 중하게 여겨 절대로 짧은 생각으로 자살하지 말아야 할 것이라고 생각하였다. "깨끗한 사람이 우연히 강제와 폭력에 의해 더럽혀지더라도 이는 떠다니는 구름이 태양을 가리는 것과 같으니 잘못된 것이라고 할 수 없다. 게다가 위로는 시부모와 친정 어버이가 계시고 아래로는 어린 아이들이 있어 매우 중요한 존재이므로 선왕도 반드시 죽어야 한다고 책망하지 않았다. … 부녀자의 마음이 굳지 못하여 스스로 이미 더럽힘을 당했지만 남몰래 참으면서 사람들 입에 오르내리는 것만 면하더라도 그 마음이 아주 애처로울 것이다. 저 눈이 맞고 마음이 통해서 서로 담장을 넘나드는 자들과 비교해 볼 때 당연히 죄를 가볍게 적용해야 한다."117)

그리고 폭력을 행사한 남자에 대해서는 엄하게 징벌을 가해야 하니, "강간한 사람의 죄는 주살하지 않을 수 없다"고 하였다. 그는 "강간하려고 마음먹은 것은 다른 사람을 죽음으로 몰아넣는 일이니, 여자가 자살하지 않았더라도 그 죄가 중하다."118) 이것은 공정한 주장이다.

2) 남녀가 예를 벗어나는 죄는 작은 것이다

원매는 일관되게 자유연애를 주장하여 남녀가 예를 벗어나는 것은 사람의 상정이라며, 음란한 사람을 잡아 벌주는 것을 반대하였다. 그는 다음과 같이 말하였다. "외모를 보고 기뻐하는 것은 사람의 정이다. … 남녀가 예를 벗어나는 죄는 작으며, 구타와 사기의 죄는 크다는 것을 알아야 한다." 만약

---

117) 『答金震方先生問律例書』.
118) 위의 글.

"가벼운 것을 중하게 다루고, 중한 것을 가벼이 하면, 측은해 하는 마음이 없는 것일 뿐만 아니라 시시비비를 가리려고 하는 마음도 없는 것이다"[119]라고 하였다.

3) 남녀 · 노소 · 귀천에 상관없는 평등한 법률을 주장하고, 예교의 명분적인 살인률을 반대하다

원매는 다음과 같이 말하였다. "어른을 존숭하여 비천한 이와 어린이를 살해하는 것에 대해 법률에는 명확한 조문이 없으니, 이는 명분을 존중하기 때문이다. … 나는 외람되이 부모가 자녀에 대해서, 가장이 노비에 대해서, 이치에 맞지 않는데 죽일 수는 없다고 생각한다. 더욱 심한 것은 시어머니가 며느리를 죽이며, 아내가 첩을 살해하는 것이다. … 민가에서는 며느리요 첩이나 나라에서는 모두 백성이며, 천지에 있어서는 모두 생명체이다. 황제 폐하께서는 무고한 백성을 한 명이라도 차마 죽이지 못하시는데, 못된 시어미와 사나운 아내가 죄없는 생명을 죽인다면, 천하고 어린 사람에게 죄를 짓는 것은 별 것 아니지만, 천지와 황제 폐하에게 짓는 죄는 클 것이다. 바라건대 후사자가 나이든 이를 존숭한다며 천하고 어린 이를 살해했다면, 달리 원통함과 실정을 살펴 분별하여 죄를 다스리면 보존할 자가 매우 많을 것이다."[120]

원매가 예교의 명분에 의한 살인률을 반대한 것은 실제로 급소를 찌른 것이다. 중국 과거의 윤리는 아랫사람을 통제하는 것이지 윗사람을 통제하는 것이 아니었으며, 중국 종전의 법률은 아랫사람을 벌주는 것이지, 윗사람을 벌주는 것이 아니었다. 원매의 주장은 그러한 윤리 · 법률에 대하여 교정하는 바가 있다. 그러나 오히려 가장 중요한 군신 문제에 있어서는 애석하게도 한 마디 언급도 없었다. 군주가 탈법적으로 백성을 학대할 수 없도록 규정하지 않는다면 그 나머지 모든 것은 공담이기 때문이다.

---

119) 『與金賢令』.
120) 『答金震方先生問律例書』.

위의 서술한 것을 종합해 보면, 원매가 예교에 반대하는 정감주의를 창도한 것은 중국 고대 사상사에서 으뜸이라고 할 수 있으며, 그 역사적인 위치는 조금도 무시할 수는 없는 것이다. 진·한 이후 2000년간의 학자들은, 그와 동시대인 대진(戴震)을 포함해서, 모두 그와 비교가 되지 않는다.[121]

그러나 사람들의 사상과 의식은 정치와 경제적인 제약을 벗어버릴 수 없다. 원매는 궁극적으로 구시대 사람이며, 이 점에 있어서 그는 유가 예교의 구태를 완전히 벗어버리기가 불가능하였으며, 사생활과 잘못된 주장, 자기모순이 있음을 벗어나지 못하였다. 예를 들면 다음과 같은 것이 그것이다.

① 부인과 개돼지를 함께 논의하였으며, 남녀의 혼인에 있어서의 불평등에 찬동하였다. 예를 들면 "부인은 한 사람을 따라야 하지만, 남자는 첩을 둘 수 있는데, 왜인가? 이것은 선왕이 양을 도와주며 음을 억제한 까닭이다. 개와 돼지는 사람의 음식을 먹을 수 없으나, 사람은 개와 돼지를 먹을 수 있는데, 왜인가? 이것은 선왕이 맑은 것을 귀하게 여기고 탁한 것을 천하게 여긴 까닭이다. 두 가지는 모두 선왕의 깊은 뜻이다."[122]

② 첩을 주는 것을 꽃을 주는 것에 비교하여, "꽃을 주는 것은 첩을 주는 것과 같으니, 다른 사람에게 주어 젊음을 즐기게 하여도 무방하다."[123]고 하였다.

③ 부모와 부처(夫妻), 그리고 적서(嫡庶)의 평등한 상복을 반대하였다. 그는 "고대의 상복에 있어 아버지가 계시면 어머니를 위해서 기년복을 입는 것은 존귀함에 포함되는 것이다. 지금은 아버지와 마찬가지로 삼년을 입는데, 후한 듯 하지만 남편이 아내의 벼리가 된다는 의미를 잃고 있다. 고대에는 왕자 중에 어머니가 죽은 이가 있으면, 그의 스승이 왕자에게 수개월의

---

121) 졸저 『中國思想硏究法』 1988년 신판 179쪽, "냉대를 받았던 한 사람의 대사상가-원매"를 참조.
122) 『受物論』.
123) 『戱招李晴江書』.

상복을 입도록 청했으니, 적자에 의해 제한되는 것이다. 지금은 어머니와 마찬가지로 삼년을 하는데, 후한 듯 하지만 적서의 의리를 잃고 있다."124)

④ 처를 많이 두어 부녀를 희롱하였다. 앞에서 서술한 대로 원매는 스스로 "내가 평소에 지낼 때 많은 꽃을 피하지 않았다. … 가까이하고 매만지니 담담하게 잊었다"고 하였다.

티끌이 옥의 아름다움을 모두 가리는 것은 아니다. 원매의 이러한 결점은 이해할 수 있는 것이다. 봉건예교를 반대한 그의 담력과 식견에 비교하면 아주 사소한 것이다. 청대의 많은 저명한 학자들은 그를 '요', '괴', '명교의 죄인', '하늘과 통하는 신기한 여우' 등등이라고 질책하였다. 그리고 양계초는 대진의 이욕합일설(理欲合一說)과 감정철학을 칭찬하면서도, 동시에 '무행(無行)'이라는 두 자로 원매를 공격하여 그를 한 마디 말로 말살하려 하였다. 그러나 역사적 사실은 예로부터 이러한 주장을 한 사람이 수십인에 달했음에도 불구하고 끝내 원매가 제일이었다. 대진과 원매를 비교해 보면, 대진은 남자를 좋아하였고, 원매는 여자를 좋아하였다. 두 사람은 모두 미색을 좋아한 사람이었다. 남색을 좋아하는 것이 여색을 좋아하는 것과 비교할 때 변태적이며 상식에 벗어나는 것임은 말할 필요가 없다. 왜 후대 사람들은 후자(대진)에게는 후하면서도, 전자(원매)에게는 박절하며, 기어코 원매에 대해서는 완전하기를 요구하고 비판하면서 구 전통사상으로 그를 헤아리려 하는가? 나는 그것이 매우 불공평하다고 생각한다.

부록: 이학은 반대하면서 예교는 반대하지 않은 대진(戴震)의 정감주의

대진(1723~1777)의 자는 동원(東原), 안휘(安徽) 휴령(休寧) 사람이다. 기억력이 뛰어나『십삼경(十三經)』의 주를 암송할 수 있었다.

---

124)『再答稚存』.

집안이 가난하여 어린 시절 생활이 매우 어려웠다. 강영(江永)이 삼례(三禮)에 정통하였으므로 찾아가서 그를 스승으로 섬겼다. 사고관(四庫館)이 개설되자 향시에 합격한 거인(擧人)으로서 특별히 찬수관(纂修官)으로 충원 임용되었다. 회시에 여러 번 급제하지 못하자, 끝내는 진사 출신과 같은 대우로 한림원서길사(翰林院庶吉士)를 내려주었다. 저서로는 『원선(原善)』, 『맹자자의소증(孟子字義疏證)』 등이 있고, 후인들이 『대씨유서(戴氏遺書)』를 편집하였다.

대진의 사상에서 두드러지게 예교와 관련된 것은 다음과 같다.

1) 사람은 욕망을 줄일 수 있을 뿐이지 욕망을 없앨 수 없으며, 욕망이 있으면 곧 정이 있다

그는 다음과 같이 말하였다. 맹자는 '마음을 기르는 것은 욕망을 적게 하는 것보다 좋은 것이 없다'고 하였으니, 욕망을 없앨 수 없는 것이며 적게 할 수 있을 뿐임을 밝힌 것이다."[125]

"무릇 혈기와 심지(心知)를 지녔으면 이에 욕망이 있다. 성이 욕망으로 드러나면 소리와 색, 냄새와 맛에 대하여 좋아하고 두려워하는 것이 나누어진다. 이미 욕망이 있으면 이에 정이 있다. 성이 정으로 드러나면 기쁨, 노여움, 슬픔, 즐거움에 대하여 근심하고 안심하는 것이 나누어진다. 이미 욕망이 있고 정이 있으면 이에 기교와 지혜가 있다. 성이 기교와 지혜로 드러나면, 선악과 시비에 대하여 좋아하고 싫어함이 나누어진다. 기르고 먹이는 도리는 욕망에 있는 것이며, 감응하여 서로 통하는 도리는 정에 있는 것이다. 두 가지가 자연스럽게 부합하면 천하의 일이 끝나게 된다."[126]

2) 욕망을 없애는 것은 사사로움을 없애는 것이 아니며, 무리한 것이다

---

125) 『孟子字義疏證』 卷上.
126) 『洪狀』.

대진은 유가와 도가·불교는 이 문제에 있어서 상반되며, 사사로움을 없애는 것은 욕망을 없애는 것이 아니라고 생각하였다. "성현의 도는 사사로움을 없애는 것이지 욕망을 없애는 것이 아니다. 노장(老莊)·석씨(釋氏)는 욕망을 없애는 것이지 사사로움을 없애는 것이 아니다. 저들(노장·석씨)은 무욕으로 그 사사로움을 이루려는 사람들이며, 이들(유가)은 사사로움이 없는 것으로 천하 사람의 욕망을 소통시키려는 사람들이다."127) 욕망을 없애는 것은 무리한 것이니, "이(理)란 욕망에 존재하는 것이다."128) 이는 이(理)가 욕망 가운데 있다는 것으로 이학가들이 "천리를 보존하고 인욕을 막는다"고 주창한 것과는 반대되는 것이다.

3) 정욕을 천하에 확대하여 나가는 것이 왕도이다

대진은 자기의 정욕을 미루어 천하 사람에게까지 확대할 것을 주장하였다. "사람의 지혜는 작게는 아름답고 추한 것의 극치를 다할 수 있고, 크게는 시비의 극치를 다할 수 있다. 그런 뒤에 자신의 욕망을 이룬 사람은 그것을 넓혀서 다른 사람의 욕망을 이룰 수가 있고, 자기의 정에 도달한 사람은 다른 사람의 정을 펴게 할 수 있다."129)

이른바 왕도는 곧 인민의 정욕을 만족시키는 데 있다. "『시(詩)』에 '백성들의 본바탕은 날마다 마시고 먹는 것이다.' 『예기(禮記)』에는 '마시고, 먹고, 남녀관계를 가지는 것에 사람의 큰 욕망이 있다'고 하였다. 성인이 천하를 다스림에 백성들의 정을 체득하여 백성들의 욕망을 이루어 주면 왕도는 갖추어진다."130)

4) 공맹의 예학으로 정주의 이학을 반대하다

---

127) 『孟子字義疏證』 卷下.
128) 같은 책, 卷上.
129) 같은 책, 卷下.
130) 같은 책, 卷上.

이상은 모두 대진의 주장의 특징인데, 그의 결점 역시 이(理)를 반대할 줄만 알았지 예를 반대할 줄 몰랐다는 데 있다. 예를 들어 그는 다음과 같이 말하였다. "이치로써 책망함에 이르러서는 세상의 고고하고 절개 있는 사람이라도 의리에 의탁해서 죄를 주는 것이 어렵지 않았다. 높은 사람은 이치로 낮은 사람을 책하고, 나이든 이는 이치로 어린 사람을 책하며, 귀한 사람은 이치로 천한 사람을 책하였는데, 비록 잘못되었더라도 순종해야 한다고 생각하였다. … 이에 아랫사람들은 천하 사람들의 똑같은 실정과 천하 사람들의 동일한 욕망을 윗사람에게 알릴 수 없었다. 윗사람들은 이치로 아랫사람을 책하니 아랫사람의 죄는 사람마다 헤아릴 수가 없었다. 사람들이 법에 의해 죽임을 당하면 오히려 그를 가련하게 여기면서도 이치에 의해 죽임을 당하면 아무도 가련하게 여기지 않았다."[131]

이 글 가운데 '이치'라는 글자를 '예'자로 바꾸면, 곧 대진이 정주의 이학을 반대하였지만 공맹의 예학은 반대할 줄 몰랐던 그 상황을 알 수 있다. 그는 또한 이학이 곧 예학이며, 이학이 살인하는 것이 예학이 살인하는 것과 다름이 없음을 몰랐다. 정주의 이학은 이치로써 살인하고, 공맹의 예학은 예로써 살인하였다. "사람이 법에 의해 죽임을 당하면 가련하게 여기지만, 예에 의해 죽임을 당하면 아무도 가련하게 여기지 않는다." 이치에 의해 죽는 것과 예에 의해 죽는 것은 어떤 차이가 있는가? 대진은 또 말하기를 "후대의 유자들의 … 이른바 이치라는 것은 잔혹한 관리가 말하는 법과 같다. 잔혹한 관리는 법으로 사람을 죽인다. 후대의 유자는 이치로 살인한다. 점점 법을 버리고 이치를 논하니 죽어도 다시 구출할 수가 없다."[132]

내가 시험삼아 그가 정주를 가혹하게 평가했던 말로써 공맹을 평가해 보면, "선유(先儒)들의 … 이른바 예라는 것은 잔혹한 관리들이 말하는 법과 같다. 잔혹한 관리는 법으로 살인하고 선유는 예로써 살인한다. 점점 법을 버리고 예를 논하니 죽더라도 다시 구출할 수가 없다"가 된다. 오사운동(五四運動) 당시에 공자를 반대하여 예교가 사람을 잡아먹었다고 말한 것이 바

---

131) 같은 책.
132) 『與某書』.

로 대진이 정주를 반대하여 이학이 사람을 죽였다고 한 것과 동일하다. 주희의 이학은 실제로 예학인데, 이는 졸저인 「주희의 서원교육과 예교사상」[133]에 상세히 나타나 있다. "예로서 이치를 대신하는 것은 대씨 이후의 학자들이 즐겨 말하게 되었는데, 능정감(凌廷堪)·초순(焦循)·완원(阮元)은 그 대표적인 인물이다."[134] 전목이 "대학(戴學) 일파는 주로 예로써 이치를 바꾸었다"고 한 것은 매우 정확하다.

양계초는 『청대학술개론(淸代學術槪論)』에서 특별히 대진의 감정철학을 칭찬하였는데, 그의 앞뒤로 이욕합일을 주장한 사람이 수십인이 있었으며, 같은 시대에는 원매가 있었다는 것을 알지 못하였다. 원매는 대진보다 나이가 많았으며, 그의 감정철학은 대진보다 높았다.

부록: 예는 이치보다 크다고 주장한 초순(焦循)

초순(1763~1820)의 자는 이당(理堂), 혹은 이당(里堂)이고, 강소(江蘇) 감천(甘泉: 지금의 揚州) 사람으로 가경(嘉慶) 년간에 향시에 합격한 대학자다. 『맹자정의(孟子正義)』, 『역장구(易章句)』, 『조고집(雕菰集)』 등이 있다. 『이설(理說)』에서 초순은 명대의 여곤(呂坤)이 『어록』 중에서 제창한 이(理)가 세(勢)보다 높다는 주장을 반대하고, 예가 이치보다 크다고 주장하였다. 그는 다음과 같이 말하였다. 이치로써 시비를 판결하면 피차가 복종하지 않아 송사가 그치지 않지만, 만약 "명분으로 설득하고, 공손하게 권면하면 잔을 두고 서로 인사하며 화해하게 된다." 이 때문에 "이는 싸움을 붙이지만" "예는 싸움을 멈추게 한다"는 결론을 얻을 수 있다. 예로서 싸움을 억제하는 것이 유가의 일관된 주장이다. 그러나 이러한 방법은 높은 이가 낮은 이를 억압하며, 귀한 이가 천한 이를 업신여기며, 어른이 아이를 억압하는 도리의 시비를 따져보지 않은 억압과 복종이다. 여곤이 이가 세보다 높다고 주장할 때의 '이'는 시비와 형법의 의미가 있다. 이 주장은 합리적이며 진보적이다.

---

133) 『復旦學報』 1986年 第4期.
134) 錢穆, 『中國近三百年學術史』 432, 255쪽.

이로써 보면, 초순이 예로써 싸움을 제압하며, 예가 이치보다 크다고 한 주장은 여곤의 고명함에 미치지 못한다.

제17절 이 시기 전후의 정감의 중요성을 강조한 사람들

오영(吳泳)의 정욕철학

오영의 자는 숙영(叔永), 동주(潼州: 지금의 四川 三台) 사람으로 송나라 가정(嘉定) 년간에 진사가 되었다. 이종(理宗) 때 기거사인(起居士人) 겸직 학사원(兼直學士院), 권형부상서(權刑部尙書)를 역임하고 보장각학사(寶章閣學士), 천주(泉州) 지사를 거쳤다. 구설 때문에 파직되었다. 저서로는 『학림집(鶴林集)』이 있다.

1) 사람의 정욕은 매우 중요하다고 주장하다

오영은 「정변(情辯)」을 지어 정이 매우 중요함을 논하였다. "사람은 천지, 음양의 성을 함유하여 희노애락의 정이 있다. 사람에게 희노애락이 없다면 천하에 통용되는 모든 도리는 폐해질 것이다. … 아아! 정을 버리고 없앨 수 있다면 성 또한 버리고 생명 또한 없앨 수 있다. 이는 성인을 목석의 무리로 여기며, 학자를 마르고 황량한 곳에 살게 하는 것이다." 그는 여기에서 옛 성현의 설을 인용하여 증명하였다. 또 「욕변(欲辯)」을 지어 남녀간의 욕망의 중요성을 논하였다. "생명이 있으면 욕망이 있고, 느낌이 있으면 반응이 있다. 지금 … 일체를 함께 버리고자 한다면 이는 반드시 입을 막고 배를 비게 한 뒤에야 음식의 바름을 얻을 수 있으며, 멸종된 뒤에야 부부의 구별을 온전하게 할 수 있게 된다고 함이다. 너의 형색을 버리고, 너의 몸을 버린 뒤에야 참된 성의 본질을 볼 수 있다고 함이다. … 바랄 만한 것이 선이요 천리(天理)다. … 사람이 바랄 만한 것을 바랄 수가 있으면, … 나의 한 몸에 만물이 갖추어져 있으니, 무엇을 바란들 선하지 않겠는가?" 그는 무욕과 절욕의 주장은 불교와 노장에서 나왔음을 지적하였다. 그러나 인욕을 천리라 하여 천리와 인욕을 혼동하지 않고, 인욕 가운데 바랄 만한 것과 바랄 수 없는 것을 분별하여 "바랄 만한 것을 바라니" 이 정당한 인욕이 곧 '천리'라고 하였다. 이러한 견해는 불학과 노학·이학과 비교할 때 모두 정확한 것이다.135)

오영은 왕선산과 대진이 정감철학을 제출한 시기보다 조금 앞서 살았지만, 『청대학술개론』을 지은 양계초에게는 알려지지 않았다.

2) 각각 자기의 직분을 다한다는 새로운 삼강설(三綱說)

오영은 다음과 같이 말하였다. "군주가 신하에게 명령을 할 수는 있지만 이치를 어기고 근거없이 해서는 안된다. 신하가 군주를 섬기기는 하지만 도를 어기면서 굴종해서는 안된다. 아버지는 자식에게 자애롭게 대하되 반드시 의와 도로써 가르쳐야 한다. 자식이 부모에게 효도하더라도 반드시 부모의 실수를 경계하여야 한다. 남편이 온화하게 앞서 나가면 아내는 더욱 의로써 제재하여야 한다. 아내가 부드럽게 따르면 남편은 더욱 바른 도리로써 스스로 지켜야 한다. 이 세 가지는 곧 삼강이니 매우 중요한 것이다. 그러므로 화목하고, 공경하고, 사랑하는 중에도 반드시 검속하고 규제하는 도리가 있어야 각각 자기의 직분을 다하고 삼강이 서게 된다."136)

삼강 사상사에서 보면, 오영의 신삼강설은 동중서·주희·왕선산 등의 구삼강설 등과 비교하여 다소 온화하다.

3) 예와 인(仁)은 관통한다고 주장하다

오영은 다음과 같이 말하였다. "예와 인은 엄숙하게 나열되고 빽빽하게 펼

---

135) 졸저인 『中國思想研究法』 신판 제176~178쪽에 상세하게 보인다.
136) 『論三綱』.

쳐져 모든 일에 유행 관통하며, 한시도 멈춘 적이 없다. … 이 예는 또한 인을 행하는 방법이다. … 인을 행하기 위해서는 반드시 예를 회복하는 것을 중심으로 하여야 한다. … 배우는 사람이 자기의 사욕을 제거하였다고 해서 예를 일삼지 않을 수 있겠는가!"137)

오영은 예와 인은 관통하여 하나가 되는 것이 중요하며, 인을 실행하려면 반드시 예를 회복하는 것을 중심으로 해야 한다고 강조하였다. 이러한 견해는 진실로 범상한 것이 아니다. 그러나 애석하게도 그는 아래 글에서는 "그렇긴 하지만 인은 실로 의·예·지를 포함하고 있다"며 방향을 완전히 바꿔 말하였다. 여기에 '신' 자 하나만 더한다면, 주희의 "인은 의예지신을 포괄한다"는 주장과 완전히 같다.

천리(天理)가 인욕(人欲)에 지나지 않음을 주장한 오여우(吳如愚)

오여우(1167~1244)의 자는 자발(子發), 호는 준재(準齋), 전당(錢塘) 사람이다. 병의랑(秉義郞)을 역임하였다. 선학(禪學)을 다소 섭렵하다가 이학(理學)을 오로지 공부하기에 이르렀다. 저작은 여러 종류가 있지만 오직 『준재잡설(準齋雜說)』만이 전해진다.

오여우는 천리와 인욕의 합일을 주장하였다. "만일 자기가 원하는 것과 천리가 서로 합치한다면 그것이 불선이 될 수 있겠는가? 인욕과 천리의 관계는 인욕이 천리에 합치되면 하나가 되고 공적이며, 공적이면 불선은 없다. 천리에 어긋나면 둘로 나뉘어 사사로우며, 사사로우면 이것이 불선이다. … 많은 사람들이 인욕을 불선하다고 말하지만 인욕은 사람에게 없을 수 없는 것이며, 사람의 욕망이란 그것이 방종하게 될 것을 걱정할 뿐이다. 방종하면 천리에 어긋난다. … 이와 같으므로 천리와 인욕이 합하여 하나가 되면 도에 합치하게 된다." 그가 말하는 "천리도 처음에는 인욕을 벗어나는 것이 아니며, 인욕 가운데 천리가 없은 적이 없다"138)는 주장은 허다한 후유(後儒)들

---

137) 『論克己復禮』.
138) 이상은 모두 『準齋雜說·天理人欲說』에 보인다.

이 존숭하며 따르는 정주학파의 "인욕을 끊고 천리를 보존한다."는 주장에 반대한 것이다.

오여우는 조절하여 중도에 맞아야 예에 합치한다고 주장하였다.

"조절하여 중도에 맞는 것이 중요하다. 조절하여 중도에 맞으면, 이에 예와 합치하며, 조절의 도를 다하게 된다. 생각컨대 조절한다는 것은 예를 근본으로 하며, 중도를 그 준칙으로 하기 때문이다. … 조절하는 것이 예를 근본으로 하는 이유는, 예는 곧 천연의 법칙이므로 중도를 제정하기 위해서는 반드시 예에 적중해야만 중도를 얻을 수 있기 때문이다. 이 때문에 중도가 조절의 근본이 된다고 하는 것이다."[139]

인정(人情)에 가깝지 않은 예제(禮制)를 반대한 나벽(羅璧)

나벽의 자는 자창(子蒼), 호는 묵경(默耕), 신안(新安) 사람이다. 『송사』에는 전(傳)이 없다. 『나씨식유(羅氏識遺)』를 저술하였는데, 송이 망한 후였다. 그는 고증에 정밀하였으며, 사상에 있어서는 공맹·정주를 존숭하고 도가와 불교를 반대하였다.

나벽의 『식유』에는 「한유언예(漢儒言禮)」가 실려 있는데, 그는 그 글에서 다음과 같이 말하였다. "한유들이 예를 말한 것 가운데 많은 것이 인정에 가깝지 않다. 상을 당하여 곡을 할 때는 한결같이 슬픔을 주로 한다. 『예기』에 이르기를 '재최의 곡은 갔다가 돌아오는 듯하여야 한다. 대공에서의 곡은 세 번 곡진히 하되 흐느끼지 않는다. 소공·시마의 경우는 애절한 모양만으로도 가능하다'고 하였다. 이를 해석하여 '세 번 곡진히' 한다함은 한 번 소리를 높였다가 세번 소리를 끊는 것이고, '흐느낀'다는 것은 소리의 여운이 조용한 것이다. 곡을 할 때 소리를 끊고 여운을 남기는 등의 일은 슬픔에 뜻이 있는 것이 아니라 곡을 모양새 있게 하려는 것이다. 그것은 마치 처음 돌아가셨을 때 주인은 소리 높여 울고, 형제는 곡하며, 부인은 소리내어 곡하는 것 등의 구분이 의미가 없는 것과 같다." 이처럼 예교의 허위를 지적한 것은

---
139) 위의 책, 「節說」.

진실로 긍정할 만하다. 내가 어린 시절 내지(內地)에 살 때, 이처럼 모양을 꾸미는 허위적인 예식을 보았는데, 특히 부녀자의 곡성에는 반드시 슬픈 가사가 있어야 했다. 나는 그녀들이 입으로 읊조리는 행적이 본래 태사공(太史公)이 기록한 기전(紀傳)과 매우 흡사하며, 그것을 기록하면 곧바로 한 편의 전기문학이 될 것이라는 것을 알게 되었다.

정을 없애는 것은 모든 것을 없애는 것이라고 주장한 주건(朱健)

주건의 자는 자강(子强)이다. 강서 진현(進賢) 사람. 명나라 천계(天啓) 때에 향시에 합격하였다. 들은 것이 많고 기억력이 좋아 그의 아우와 함께 저작으로 이름을 당세에 떨쳤으며, 당시 사람들은 소식(蘇軾) 형제에 비교하였다. 소무추관(邵武推官)을 제수받았으나, 무고에 연루되어 주살당하였다. 변증에 뛰어나 일가를 이루었다. 저서로는 『창애자(蒼崖子)』, 『고금치평략(古今治平略)』이 있다.

주건의 정욕론은 매우 독특한데, 그는 정욕은 사람마다 동일한 것이라고 생각하였다. 그는 다음과 같이 말하였다. "성명의 기관은 본디 사물과 내가 같이 지닌 것이며, 정욕의 중요한 것은 정말로 범인과 성인이 동일한 것이다." 정욕은 좋은 결과를 이룰 수 있는데, 그것은 정욕을 잘 이용하는데 달려 있다. 그는 다음과 같이 말하였다. "사람에게는 욕망이 있기 때문에 싫어하는 것을 이용하여 바로잡을 수 있으며, 사심이 있기 때문에 꺼리는 것을 이용하여 움직일 수 있다. 이치가 의탁하는 것은 깊은 욕망이 있기 때문이며, 공적인 것이 드러나는 것은 사적인 것과 연결된 것이 있기 때문이다."

정욕은 죄가 없으니, 목이 메였다고 해서 먹는 것을 그만 둘 필요는 없다. 주건은 다른 사람들의 주장을 부인하고 다음과 같이 주장하였다. "이것은 정욕을 사용하는 사람의 허물이지, 정욕의 죄가 아니다. 배를 타고 가다 물에 빠진 사람이 있다고 해서 노를 없애 버리고자 한다면 잘못이다. 밥이 목에 걸린 사람이 있다고 해서 먹는 것을 그만둔다면 어리석은 것이다. 그 피해는 적고 이익은 정말로 많기 때문이다. 이제 인류에 속하는 범주 가운데 하나라도 정에 의해서 생기지 않는 것이 있는가? 나라를 굳건하게 하는 급선무 중에 욕망에 의해서 얻지 못할 것이 하나라도 있는가? … 그러므로 도에서 벗어난 불교는 정욕을 해가 되는 것이라고 생각하지만 유자들은 정욕을 잘 사용함으로써 이용한다."

이상의 주장은 모두『창애자』에 보인다.

예교는 사람들이 진정을 따르는 것을 금한다고 주장한 홍량길 (洪亮吉)

홍량길(1746~1809)의 자는 치존(穉存)이고, 호는 북강(北江)이며, 상주(常州) 양호(陽湖:지금의 武進) 사람으로 어려서부터 총명하여 문장에 뛰어났으며, 왕념손(王念孫)·왕중(汪中)·손성연(孫星衍) 등과 함께 고학(古學)을 독실하게 공부하였다. 45세에 진사에 합격하였다. 국사관관찬수관(國史館館纂修官)과 귀주학정(貴州學政)에 임명되었다. 54세에 글을 올려 시정을 건의하였다가 군주의 노여움을 받아 이리(伊犁))의 수자리로 보내졌다. 사면되어 돌아와서는 스스로 호를 갱생(更生)이라고 하였다. 일생 동안 불우하였다.『홍북강전집(洪北江全集)』등이 있다.

홍량길은 참과 거짓을 논한다면, 상고시대는 참이며 후세는 거짓이고, 어린 시절은 참이며 지식을 가진 때는 거짓이라고 생각하였다. "오늘날 사람을 선발할 때는 사람이 진실한 것을 기뻐하지 않는 사람이 없으며 거짓된 사람을 싫어하지 않는 사람이 없다. 이는 거짓을 해서는 안된다는 것이다." 그러나 전적으로 이와 같지만은 않다.

그는 다음과 같이 생각하였다. "성인이 예를 설정한 것은 비록 사람들에게 거짓을 행하게 이끌지는 않지만, 실제로는 사람들이 진솔해지는 것을 금지하는 것이다. "성인은 지나치게 진솔한 것을 바라지 않기에, 아주 상세하고 번잡한 예를 제정하여 그들을 괴롭힌다." "진실함은 곧바로 행할 수 없다고 생각하여 여러가지 방법으로 유도하고 권장하여 힘쓰게 한다." "예교가 흥한 뒤 지식이 점점 계몽되었을 때 참과 거짓은 반반이었다. 반드시 두려워하면서 참과 거짓으로 사람을 교도하려 하니 이는 행할 수 없는 것이다."140)

그 밖의 십여 인

송대의 이구(李覯), 진량(陳亮), 명대의 왕세무(王世懋), 풍시가(馮時可), 민경현(閔景賢), 오계자(吳季子), 청대의 진확(陳確), 왕선산(王船山), 조사린(趙士麟), 뇌사준(雷士俊), 왕심경(王心敬), 대경손(戴綱孫), 유홍(劉鴻), 유희재(劉熙載), 왕분(王棻), 담사동(譚嗣同) 등 매우 많은 사람들이 모두 이치와 욕망은 합일하는 것이라고 주장하였다.141)

제18절 공자의 도는 다만 예일 뿐이라고 주장한 능정감(凌廷堪)

능정감(약 1755~1809)의 자는 차중(次仲)이요, 안휘(安徽) 흡현(歙縣) 사람으로 청의 경학가이다. 어려서 부모를 잃고 곤궁하여 학교에 입학하였으나 학비를 낼 수 없어서 20세가 되어서야 다시 공부를 시작하였고, 끝내 진사가 되었다.

지사(知事)에 제수되었으나 스스로 교수가 되기를 청하였다. 널리 보고 힘써 기록하며, 지력이 정밀하고 탁월하여 여러 경에 통달하였는데, 특히 예경에 깊이가 있었다. 『예경석례(禮經釋例)』, 『교례당문집(校禮堂文集)』 등 여러 종의 책을 저술하였다. 그 중에서 탁월하여 전할 만한 것으로는 『복례(復禮)』 삼편이 있는데, 당송 이래의 유학자들에게는 없었던 것이다. 『황청경해(皇淸經解)』 본 『능진사교례당문집(凌進士校禮堂文集)』을 조사해보면 『복례』 상·중의 두편만이 있고 하편은 빠져 있는데, 이는 완원(阮元)의 『차중능군전(次仲凌君傳)』에 보인다.

능정감의 예론은 예로부터 예론사에서 가장 상세한 것으로 그 주요한 관점

---

140) 『洪北江全集·眞僞篇』.
141) 졸저인 『中國思想研究法』, 商務印書館版, 제221~224쪽, 湖南人民出版社新版, 제176~179쪽.

은 아래와 같다.

1. 공자의 도는 예일 뿐이다

능정감은 『복례』 중에서 예는 일체와 관계하지만 모든 것이 예에서 벗어나지 않음을 지적하였다. 그는 다음과 같이 말하였다.

"사람이 하늘에서 받은 것은 성이다. 성이 본래부터 가지고 있는 것은 선이다. 그 선을 회복하려는 방법이 학문이며, 학문을 일관되게 만드는 방법이 예이다. 그러므로 성인의 도는 예에 전일하다. … 왕의 맏아들로부터 서인에 이르기까지 어려서 예를 익히며, 자라서 편안하게 여기니, 예 이외에 달리 학문이라는 것은 없다. … 그 큰 것에서 미루어 보면 모든 행동은 이를 벗어나지 않는다. … 그리고 오례는 이를 벗어나지 않는다. … 성은 매우 은밀한 것이지만 예는 밖으로 드러난 것이며, 성은 매우 미세한 것이지만 예는 현저한 것이다. … 삼대 성왕의 시절에 윗사람은 예로써 가르치고 아랫사람은 예로써 배웠다. … 천하의 어떤 사람도 예에 의해 통제를 받지 않는 사람은 없었으며, 한 가지 일도 예에 의해 처리되지 않는 것이 없었다. 잘 인도하여 날마다 예로써 자기 본성을 회복하면서도 스스로는 깨닫지 못하였다. … 이른바 가르친다는 것은 예이다. 곧 '부자유친, 군신유의, 부부유별, 장유유서, 붕우유신'이 이것이다. 그러므로 학교는 삼대가 모두 함께 했다고 하는 것이니, 모두 인륜을 밝히는 방법이었던 것이다."142)

능정감은 다시 『복례』에서 이른바 '수신이 근본이 된다는 것은 예일 뿐'이라고 지적하였다. 그는 다음과 같이 말하였다. "예라는 것은 인의(仁義)의 중도를 제정하는 것이다. … 성인이 예를 제정하면서 군신, 부자, 부부, 형제, 붕우의 다섯 관계에 근본을 두었으니 모두 사람들이 함께 말미암는 것이기 때문이다. … 예를 제외하고 달리 이른바 '도'를 구하게 되면 아득해서 의지할 수가 없다. … 예를 제외하고 달리 이른바 '덕'을 구하게 되면 빈 곳에 매어서 의지할 곳이 없게 된다. 도는 자취가 없어 반드시 예를 통해서

---
142) 『復禮上』.

드러나니, 예를 제정하는 사람은 그것에 근거한다. 덕은 형상이 없어 반드시 예에 의존해서 돌아갈 곳이 있게 되니 예를 시행하는 사람은 그것을 따른다. … 이 때문에 예라는 것은 대경(大經) 대법(大法)이 모두 '하늘이 명한 백성의 떳떳함'에 근본을 두고 나올 뿐만이 아니다. 보잘 것 없는 그릇의 숫자와 세세한 예의범절이라도 그 사이에 정밀한 의리가 가득차 있지 않은 것이 없다. 이른바 '물에는 본말이 있고, 일에는 처음과 끝이 있다'는 것이 이것이다. … 수신은 천하를 평정하는 근본이며, 예는 또 수신의 근본이다. 후대의 유자는 자사(子思)의 말을 버려두고 달리 이른바 인의와 도덕을 구하면서 예를 말단이라고 보고 그때 그때마다 하나의 이(理)로 헤아리니, 말하고 행동하는 것이 중도를 잃지 않는 경우가 드물다. 『곡례』에서 "도덕과 인의는 예가 아니면 이루어지지 않는다"고 한 것은 이를 두고 한 말이다."[143]

2. 예는 오성의 절목이다

능정감은 다음과 같이 생각하였다. "사람에게 인의예지신의 오성이 있는 것은 그림에 청황적백흑의 다섯가지 색이 있는 것과 같다. … 오성이 예에 의존한 뒤에야 절도가 있는 것은, 오색은 흰색이 있은 뒤에야 문채를 이룰 수 있는 것과 같다. 그러므로 '예는 나중이구나!'라고 한 것은 본래 심오한 의미를 가진 것이 아니다. 하안(何晏)의 『집해』에서는 흰색으로 예를 비유하였다고 하였다. 그러나 문장에 따라 해석을 해야하며 그 의미를 천착할 수는 없다. 모씨(毛氏)・혜씨(惠氏)・대씨(戴氏)는 옛날 주석을 준수하며, 흰색에 근거해서 예를 깨달은 곳이라고 해석하였는데 전혀 어울리지 않음을 면할 수 없었다. 예가 오성의 절도임을 몰랐기 때문이다."[144]

3. 공자는 예를 말하고 이(理)를 말하지 않았다

---

143) 『復禮中』.
144) 『淩進士校禮堂文集』.

능정감은 『복례』에서 다음과 같이 강조하여 지적하였다. "성인의 도는 매우 평이하다. 『논어』에는 공자의 말이 완비되어 있는데, 항상 예를 말하였지만 한마디도 이치에 대해 언급한 적은 없다. … 마음을 조절하는 것은 예이니, 멀리서 천지에 앞서서 존재하는 것을 찾지 않는다. 본성을 조절하는 방법도 예이니, 거창하게 이기에 관한 변론을 하지 않는다. … 만세토록 바뀌지 않는 이유가 이것이다. 성인의 도가 이단과 구별되는 것도 이것이다. … 성인의 도는 예에 근본하지만 광대하니 실제로 본 것이 있다. 이단의 도는 예를 벗어나서 말하는 것이니 공허하여 의지할 곳이 없다. … 성인은 예를 제외하고는 가르칠 것이 없다. 현인은 예를 제외하고는 배울 것이 없다. 『시경』과 『서경』은 글을 널리 읽는 것[博文]이며, 예를 실행하는 것은 예로써 단속하는 것[約禮]이니, 공자가 평소에 말하던 것이다. … 안연은 위대한 현인으로, 성인의 체를 갖추고 있었지만 은미하였다. 그가 인에 대하여 물으니 공자는 인을 행한다는 것은 예를 행하는 것일 뿐이라고 대답하였다. 인은 예를 버릴 수 없는데 요즈음은 이치에서 찾을 뿐이다. … 성인은 이치에서 구하지 않으며 예에서 구한다. 이치에서 구하면 반드시 주관적인 마음을 스승으로 삼게 되며, 예에서 구해야 비로소 본성을 회복할 수 있다. … 안자는 예를 배운 뒤에야 뜻을 세울 수 있었고, 이것을 따라 이루어 '그 마음이 삼개월 동안 인을 어기지 않게 되었다.' 그가 어기지 않았던 이유는 본성을 회복하였기 때문이며, 본성을 회복하였던 방법은 예를 회복하는 것이었다. 그러므로 '하루 동안 자기의 사심을 극복하여 예를 회복하면, 천하가 모두 인으로 돌아간다'고 하였다. 『논어』는 성인이 남긴 글이다. 성인의 남긴 글을 언급하면서 그가 항상 언급한 예를 버려두고 그가 말하지 않은 이치를 견강부회하려 한다면 이것이 과연 성인의 뜻이라고 할 수 있는가? 후대 유자의 학문은 석씨에서 나오기도 하였으므로, '석씨의 말이 이치에 가까운 듯 하면서도 참된 것을 크게 어지럽힌다'고 하였다. 그렇지 않다. 성인의 학문은 예이며, 이치를 말하지 않았다. 그 도는 바로 상반되니 어찌 '가까우면서 참된 것을 어지럽힌다'고 말할 수 있겠는가?"[145]

---

[145] 『復禮下』.

능정감의 예론은 당시 사람들의 주목을 받았으며, 예론사에서 가장 체계적이며 상세한 것이었다. 따라서 완원은 『복례』 상·중·하 세편을 모두 능정감의 전기 가운데에 부기하였다. 하형(夏炯)은 그를 반대하였는데 가장 허황되고 잘못된 것이었다.

부록: 오륜이 모두 예라고 주장한 완원(阮元)

완원(1764~1849)은 경학을 주로 했던 학자다. 자는 백원(伯元), 호는 운태(芸台), 강소(江蘇) 의징(儀徵) 사람이다. 건륭 연간에 진사가 되었으며, 총독(總督), 태학사(太學士)의 벼슬을 하였다. 저술로는 『연경실집(揅經室集)』 외에 사서(辭書)인 『경적찬고(經籍纂詁)』를 주편하였으며, 경학에 있어서는 『십삼경주소(十三經注疏)』를 교감하고 출판하였으며, 『황청경해(皇淸經解)』를 편집하였다. 과학 분야에 있어서는 『주인전(疇人傳)』이 있다.

완원은 평생 학술을 제창하는데 온힘을 쏟았으며, 경서를 연구하면서 다음과 같이 생각하였다. "공자의 학문은 어떤 책에 가장 순수하게 잘 구비되어 있는가? 『효경』과 『논어』이다. … 자식·신하·아우·친구의 일상적인 행위를 상세하게 논하여 모두 참된 것으로 돌아가게 하였으니, 주진(周秦) 이래 각 학파의 사람들이 모두 미칠 수 없으며, 만세의 가장 올바른 준칙이 되는 이유가 이것이다. 『효경』, 『논어』는 모두 공자 문하의 제자들이 찬수한 것으로, 제자 가운데 으뜸으로 추대되는 사람은 안회와 증자이다. 안자의 학문은 '선생님께서는 요령 있게 사람들을 이끌어 주셨으니, 학문으로 나를 넓혀 주었으며 예로써 단속케 하셨다'고 하였다. 그러므로 '하루라도 자기의 사사로움을 극복하여 예를 회복할 수 있으면 천하 사람들이 모두 인으로 돌아간다.' '예가 아니면 보지 말며, 예가 아니면 듣지 말며, 예가 아니면 말하지 말며, 예가 아니면 움직이지 말라'고 하였다. 예란 무엇인가? 조근(朝覲), 빙사(聘射), 관혼(冠婚), 상제(喪祭)와 아들, 신하, 아우, 친구의 일상적인 행위와 제왕의 다스리는 방법, 성(性)과 천도가 모두 그 가운데 있다. 『시』, 『서』는 문이며 예이고, 『역상(易像)』, 『춘추』 또한 문이며 예이다. 그 이외의 말은 『대학』, 『중용』의 여러 편에 남아 있는데, 『대학』, 『중용』이 『예경』 에 편입되어 있는 것은 이 때문이다. 그 일은 모두 실천으로 귀결되니, 오직 고상한 말과 돈오를 통해 뜻밖에 얻을 수 있는 것이다.

증자의 학문은 공자께서 '나의 도는 하나로 일관되어 있다'고 하자 증자는 '선생님의 도는 충서(忠恕)일 뿐이다'라고 하였다. 충서는 아들, 신하, 아우, 친구의 위치에 있는 사람과 천자로부터 서인에 이르기까지 모든 사람의 실질적인 다스림이며 실질적인 행위이므로 증자는 '충이란 효의 근본일진저'라고 하였다. 『효경』의 학문은 군(君), 경(卿), 사(士), 서(庶) 및 천하국가를 겸섭하고 있는 것이니, 증자 십편이 모두 이에서 나왔다. … 이른바 일관된다는 것〔貫〕은 행동이며 일이니, 한결같이 모든 것에서 몸소 힘써 행하여 실제의 행동과 실제의 일에 드러난다는 것이다. … 관(貫)을 일을 실천하는 것이라고 풀이하는 것은 『이아(爾雅)』에 보인다."146)

완원에게는 오륜은 모두 예라는 주장이 있는데, 그는 다음과 같이 말하였다. "주자는 중년에 이치를 강론하였고, 만년에는 예를 강론하였으니 진실로 이치는 반드시 예에서 나온다는 것을 이해한 것이다. 고인들이 천하를 다스린 방법은 예이다. 오륜은 모두 예이므로 충성해야 하고 효도해야 하며 이치에 맞아야 한다. 그러므로 이치는 반드시 예의 실행에 부속되는 것이다."147)

제19절 남녀 지위의 교체를 주장한 이여진(李汝珍)

이여진(1763~1828)의 자는 송석(松石), 대흥(大興: 지금의 北京) 사람이다. 어려서 남달리 총명하였으나 과거시험 준비하기를 좋아하지 않았다. 능정감을 스승으로 섬겼으며, 음운학에 뛰어나 『이씨음감(李氏音鑑)』을 저술하였다. 만년에 뜻을 펴지 못하여 십수년의 오랜 기간 동안 『경화연(鏡花緣)』

---

146) 阮元 『揅經室』 1집 권2, 「石刻孝經論語記」. 관(貫)자를 일을 실천하는 것이라고 풀이하는데 대해서는 권1 「論語解」와 「論語一貫說」을 볼 것.
147) 『書學節通辨後』

의 저술을 완성하였다. 이 글은 역사적인 사실이 아니라 소설이기는 하지만, 그의 사상을 볼 수 있다. 그는 자기의 이상을 이 소설에 의탁하였으니, 소설을 위하여 소설을 쓴 것이 아니었다. 이것은 순수한 소설이 아니라 그의 주장인 것이다. 그는 봉건적인 전제군주의 시대를 살았기 때문에 소설에 자신의 사상을 의탁할 수 있었을 뿐 공개적으로 통치자의 권익에 위배되는 주장을 발표할 수는 없었다.

진등원(陳登原)은 『중국부녀생활사』 가운데서 이여진이 자신의 소설인 『경화연』에서 제시한 의견을 다음의 몇 가지로 귀납하였다.
1) 화장을 반대하고,
2) 귀걸이를 하기 위해 귀에 구멍을 뚫는 것을 반대하고,
3) 전족을 반대하고,
4) 운명을 점쳐 결혼하는 것을 반대하고,
5) 첩을 들이는 것을 반대하고,
6) 남녀의 지혜가 평등함을 인정하고,
7) 여자가 정치에 참여할 것을 주장하였다.

나는 이 일곱 가지로는 충분하지 못하다고 생각한다. 이여진의 글의 주제는 남자 중심사회를 여자 중심사회로 변화시키며, 남자의 정권을 여자의 정권으로 변화시키며, 남자가 여자를 압박하는 일방적인 예교를 여자가 남자를 압박하는 일방적인 예교로 변화시키며, 여자가 고통받는 생활을 남자가 고통받는 생활로 변화시키며, 남자가 여자를 노리개로 생각하는 것을 여자가 남자를 노리개로 생각하도록 변화시키는 등, 하나 하나 일상적인 것에 반대해서 행하려는 것이다. 이 소설에서 제십이회, 삼십삼회, 오십일회 등의 부분은 매우 중요하다. 더욱이 공맹은 물론 후대의 유자들이 힘써 선전한 자기만을 알며 남을 아랑곳하지 않고, 남자가 있음만을 알고 여자가 있음을 알지 못하는 이른바 충서를 크게 문제시하고 있다. 남자는 여황제에 의해 남자 후비나 궁녀가 되어 귀를 뚫고 전족을 하며, 수십대의 곤장을 치고 크게 죄상을 일일이 나열하기 전에는 결코 조금의 반성도 하지 않는 것으로 표현되었

다. 이러한 주장을 한 사람은 앞에도 없었으며 뒤에도 없었다. 이여진은 중국 남자로서 예교를 반대하고 부녀자를 동정했던 최초의 사람이 되기에 조금도 부족함이 없다. 제사십회에 이르면 현명하며 정절을 지켰던 부녀자를 표창하고 있는데, 이는 그가 봉건시대에 성장하여 알게 모르게 봉건적인 사고를 가지고 있어 그 흔적을 벗어나기가 어려웠기 때문인 것으로 깊이 그를 질책할 필요는 없다.

여권국 ─ 남녀의 지위 및 생활이 봉건 전통제도와 상반되며, 남자들의 도(道)로 남자 자신을 다스리게 되는 모습을 개괄하면 다음과 같다.
1) 직업의 교체 ─ 남자가 여자의 일을 맡음.
   남자가 집안일을 담당하고 여자가 밖의 일을 처리한다.
2) 복식의 교체 ─ 남자가 여자처럼 화장을 함.
   남자가 치마, 귀걸이, 반지, 진홍색 수놓은 신발을 신는다. 남자가 전족을 하도록 강요받아 삼촌(三寸)의 전족으로 고통을 받으면서 벗겨주기를 애걸한다. 남자의 얼굴에 이것 저것 분을 바른다. 반면에 여자는 편한 신발과 모자를 쓴다.
3) 혼인의 교체와 도덕의 교체 ─ 남자가 여자의 노비가 됨.
   남자가 왕비가 되고, 보통여자도 남첩을 둔다.
4) 재능의 교체 ─ 여자는 지혜롭고 남자는 어리석음.
   부녀의 마음은 영민하고 본성은 교묘하여 멍텅구리 같은 남자와 비교할 수 없다.
5) 교육의 교체 ─ 여자가 과거를 봄.
   일등 여학사, 이등 여박사, 삼등 여유사(女儒士).
6) 정권의 교체 ─ 여자의 정부.
   여성 국왕.

나는 이여진의 여자 중심사상을 본 후 다음과 같은 생각이 들었다.
첫째, 남녀의 양성은 결코 계급의 대립과 비교할 수 없다. 상층의 소수계급(지주와 자산계급)은 다시 존속할 수 없으니, 존속한다면 사회는 조화롭기를 기대할 수 없다. 그런데 인류는 남성이 없어서는 안되니, 없으면 사회는 존재할 수 없다. 이여진은 성별을 계급처럼 생각해서 두 가지를 혼동했으니 크게 잘못된 것이다.

둘째, 진정한 여권은 평등을 쟁취하는 데 달려 있지, 보복하는 데 있는 것이 아니다. 보복하려고 한다면 천지의 종말에 이르러도 결코 해결의 희망은 없을 뿐 아니라 더욱 어려운 지경에 빠져서 끝내는 양자가 함께 패하여 상처를 입은 뒤에야 끝나게 될 것이다. 남성에게 정말로 손해가 된다면 여성에게도 이익이 없을 것이다. 이에 앞서 불초한 남자의 일방적인 예교에서 생겨난 결과를 여자들도 경계해야 한다.

세째, 이여진의 여자 중심사상은 야만인의 사상이지 문명인의 사상은 아니다. 이는 웃음거리이고 공상에 그치는 것이지 과학적으로 실현할 수 있는 것이 아니며, 지엽적이고 표피적인 것이지 근본적이며 바른 것이 아니다.

우리들은 그의 주장의 장점을 보아야 하는데, 이것은 당시에 있어서는 진보적인 성향을 가진 것이었다. 이는 봉건예교에 의한 여성들의 압박을 반대하였던 대담한 표현이다. 이여진은 중국 봉건사회에서 여성의 불평등을 토로했던 한 사람의 사상가이며, 민국시대에 여성중심의 사회를 제창했던 일단의 인물들과 비교해도 정말로 대단하다.

제20절 여성의 처지를 극히 동정한 유정섭(兪正燮)

유정섭(1775~1840)의 자는 이초(理初)이며, 안휘(安徽) 이현(黟縣) 사람으로 청나라 도광(道光)시대에 벼슬을 하였다. 만년에는 강령(江寧) 석음서원(惜陰書院)에서 주로 강의하였다. 박학하였으며 고증에 밝았다. 『이현지(黟縣志)』, 『양호통지(兩湖通志)』를 찬수하였으며, 저서로는 『계사류고(癸巳類稿)』, 『계사존고(癸巳存稿)』 등이 있다.

저명한 고증학자들 가운데 유정섭은 불행한 여성들에게 가장 많은 동정을 나타낸 사람이다. 그의 추기급인(推己及人)은 남자의 입장을 헤아려 여자에게 미쳐가는 것을 포괄하는 것으로 공·맹·정·주 등 유가의 일방적인 서(恕)의 도(道)보다는 뛰어난 것이었다.

그는 남자가 첩을 들이는 것을 반대하였다. "첩을 사들이되 처가 질투하지 않는 것은 그냥 모여 사는 것이다. 그냥 모여 산다면 집안의 도는 무너진다. 질투는 여인의 나쁜 덕이 아니니, 질투하되 꺼리지 않는 것이 가장 높은 덕이다."

그는 남자가 처를 내쫓는 것을 반대하였다. "옛날에 죽을 때까지 개가하지 않는다고 하였는데, 이는 남녀 모두에게 동일하게 적용되는 것이다. 일곱 가지 경우에 처를 내쫓는 것은 일곱 번 개가하는 것이며, 처가 죽어서 다시 장가드는 것은 여덟 번 개가하는 것이다. 남자의 예의는 끝이 없으니 억지로 꾸며 부인을 속이는 것은 염치가 없는 주장이다." 고대에 남자는 마음대로 처를 내쫓았으니, 이는 정말로 남자에게 염치가 없는 것이다.

그는 부인이 수절하는 것을 반대하였다. "재가하는 사람을 비난해서는 안 된다." "여자가 두 번 시집간다는 글이 없다는 것은 정말이다. 남자 또한 재취를 하는 의식이 없다." 여자가 만일 재가할 수 없다면 남자도 재취하지 않아야 평등한 것이다.

그는 여자가 정절을 지키는 것을 반대하였다. 유정섭은 정녀가 되는 것은 예가 아니라고 탄식하여 "남아가 충의로서 자책하는 것은 옳지만, 부녀자의 정열이 어찌 남자의 영예이겠는가?"라고 하였다. 고래로 남자들은 모두 부녀자의 정열(貞烈)을 자기의 광영이라고 생각하였다. 유정섭의 이 말은 이러한 불초한 남자들에 대하여 일침을 가하는 것이다.

그는 부녀자의 전족을 반대하였다. 그는 전족은 부녀자를 병약하게 한다고 생각하여 "음이 약하면 양의(兩儀)는 완전하지 못하다"고 하였다. 여자가 비천하면 남자도 홀로 귀할 수 없다. 여자가 약해지면 남자 스스로가 약해지는 것과 다를 바 없다.

그는 무고하게 사람을 학대하는 것을 반대하였다. 그는 양성재(楊誠齋)가 기녀인 면(面)을 내쫓고, 맹지경(孟之經)이 기녀의 눈썹에 문신을 새긴 것은 '무고한 사람을 학대한 것'이라고 하였다. 매우 옳다.

제21절 명·청시대의 『여사서(女四書)』

청초의 왕상(王相)은 자기 모친이 지은 『여범첩록(女範捷錄)』과 반소(班昭)의 『여계(女誡)』, 송약화(宋若華)의 『여논어(女論語)』, 명초(明初) 서달(徐達)의 장녀인 인효문황후(仁孝文皇后)의 『내훈(內訓)』 이십장을 합본하여 『여사서』로 만들었는데, 영향이 매우 컸다. 『내훈』의 요지는 상투적인 것으로 "상하의 구분은 존비의 등급이며, 부부의 도는 음양의 의리이다. 제후, 대부, 사, 서인의 처로서 이 도를 미루어서 남편을 섬길 수 있으면 집안의 도가 융성해지지 않을 수 없다"고 말한다. 이후 또 여곤(呂坤)의 『규범(閨範)』과 『온씨모훈(溫氏母訓)』 등의 책이 나왔는데, 모두 옛것을 답습한 것이다.

제22절 명·청시대의 비교적 개명한 사람들의 여성 문제에 대한 논의

예교의 일방성을 반대한 사조제(謝肇淛) ― "남자는 모두 남편이다"라는 격언

사조제의 자는 재항(在杭)이며, 복건(福建) 장락(長樂) 사람이다. 명(明) 만력(萬曆) 30년(1602년)에 진사가 되었다. 공부랑중(工部郞中), 광서포정사(廣西布政使)를 역임하였는데 하천과 수리(水利)에 정통하였다. 그의 시는 민파(閩派)의 대표적인 것이다. 『오잡조(五雜俎)』라는 수필에는 역사적 사실과 풍물을 기록한 것이 많은데, 그 가운데 이치에 맞는 좋은 말들이 있다. 저서로는 『문해피사(文海披沙)』, 『장계쇄어(長溪瑣語)』 등이 있다.

1) 아버지를 중시하고 어머니를 경시하는 것을 반대함

중국 고례(古禮)에는 아버지를 중시하고 어머니를 경시한다. 사람들이 부모상을 치를 때에도 아버지는 중시하여 자최 삼년을 하고, 어머니는 경시하여 자최 일년을 할 뿐이었다. 사조제는 "어머니의 노고는 아버지보다 10배는 더하니", 이는 "매우 공평하지 못한 것이다"라고 생각하였다. 또 예제의 규정에 따르면, 부모는 모두 큰아들을 위하여 자최 삼년을 하는데, 자식은 어머니에 대하여 자최 일년을 할 뿐이다. 어머니가 자식만 못하다면 이는 "매우 심하게 전도된 것이다."148)

어머니의 자녀에 대한 노고는 확실히 아버지의 노고를 훨씬 뛰어넘는 것이니, 사씨는 매우 잘 지적하였다. 옛날 유자들이 규정한 예제는 정말로 어머니에 대하여 매우 불효하는 것이다.

2) "남자는 모두 남편이다"라는 격언

사조제는 다음과 같이 말하였다. "옛날에는 아내의 정절을 크게 중요시 하지 않은 듯하다. 그러므로 '아버지는 한 사람 뿐이지만, 남자는 모두 남편이다'라고 하였다. … 이 말은 명교에는 저촉되는 것이지만 또한 격언이다. 아버지와 자식 사이의 은의는 생명을 타고난 이래 바꿀 수 없는 것이다. 혼례를 올리며 부부가 되고자 하는 데는 원래 정해진 주인이 없었으므로 남편이 아내를 선택할 뿐 아니라 아내도 남편을 선택했다. 그러니 '남자는 모두 남편이다'라고 말할 수도 있다."149)

남자들은 개개의 여자들을 처라고 간주하고 모두 아내로 맞을 수 있다고 생각한다. 여자는 왜 개개의 남자를 남편이라고 간주하여 모두 시집갈 수 있다고 생각할 수 없는가? 사씨는 '명교에 저촉되는 것'을 과감히 주장했는데, 대담할 뿐 아니라 매우 이치에 맞는 일이다.

그러나 그에게는 크게 잘못된 점도 있다. 예를 들어 그는 여자에게만 각종의 단점이 있다고 생각한 것이다. "부자(공자)는 여자와 소인은 함께 지내기 어렵다고 하였고, 『서경』에서는 부인의 말을 들어서 잘못된 일을 일컬었으며,

---

148) 『五雜俎·卷十四·事部』.
149) 『五雜俎, 卷八, 人部』.

『시경』에서는 지혜로운 며느리가 성(城)을 위태롭게 한다고 하였다. 부인과 여자의 성품은 좋은 것이 하나도 없다. 질투하고 인색하며, 나태하고 졸렬하며, 어리석고 혹독하며, 쉽게 노하고 의심이 많으며, 가볍게 믿고 자질구레하며, 꺼리고 귀신을 좋아하며, 사랑에 빠지기 쉽다. 이 가운데 질투가 가장 심한 것이므로, 부인이 질투하지 않으면 백가지 졸렬함을 덮을 수 있다. 고금의 질투많은 여인들은 너무나 많았으니 이루 다 기록할 수 없다."150)

  그는 공자가 여인을 모욕한 말을 믿고 모든 그릇된 일은 여인들에게 그 잘못을 돌렸으며, 여자의 질투가 남자들이 많은 처첩을 거느리며 외도하는 것과 관계가 있음을 알지 못하였다. 만일 여자도 남편을 여럿 두고 외도를 한다면, 남자들은 질투를 하지 않을 수 있겠는가? 그밖의 다른 결점들에 대해서도 '죄를 주려하면 어찌 마땅한 말이 없겠는가?' 사씨가 "부인과 여자에게는 아름다운 것이 하나도 없다"고 한 것은 너무 지나친 말임을 벗어날 수 없다. 남자의 성품은 모두 온전하게 "좋은 것"이라고 하기는 어렵지 않은가? 사씨는 여전히 봉건적이며 편파적인 남자우월주의의 입장에서 여자를 모욕하였다.

남편이 아내를 위하여 절개 지킬 것을 주장한 위희(魏禧)

  위희(1624~1681)의 자는 숙자(叔子), 빙숙(冰叔), 호는 유재(裕齋), 강서(江西) 영도(寧都) 사람이다. 명말의 유생으로 명이 멸망한 후 취미봉(翠微峯)에 은거하였다. 산문을 잘하여 『위숙자집(魏叔子集)』이 있다.

  「의부설위임천왕위사작(義夫說爲臨川王偉士作)」이라는 글 중에서 그는 사회에서 부녀자에게만 일방적으로 수절을 요구하는 것에 대하여, 그것을 거꾸로 실행하는 의부설(義夫說)을 제출하였다. 이른바 의부는 상처 후 재취를 들이지 않고 처자를 위해 수절하는 자를 가리킨다. 이 글의 왕위사(王偉士)는 한 사람의 의부이다. 남존여비의 사회 속에서 의부는 매우 보기 드문 사람으로 "세상에서 진실로 그와 같이 행할 수 있는 사람은 없다." 절조를 지

---

150) 『五雜俎 · 卷八 · 人部』.

키는 여자는 모두 이와 같은 사람이다. 세상 사람들은 왜 "부인의 입장에서 수절을 권하지 않는가?" 이는 "세상에는 의부가 없으며" "남편의 도가 돈독하지 않기" 때문이다.

　남자는 절개를 지키지 않으면서 부녀자에게 수절할 것을 요구하는 것은 공평한 도리가 아니다. 부녀자에게 수절할 것을 요구하려면 먼저 남자가 수절하여야 하니, 그러므로 수절의 제창은 의부로부터 시작된다. 이처럼 남자들이 주도하는 세계에서 남자들은 왜 여자들에게 모범을 보여주지 못하는가? 위희는 남녀평등의 문제를 정면으로 제기하지는 않았지만, 그 사람의 방법으로 그 사람을 다룬다는 방식으로 '수절' 문제에 있어서의 남녀평등을 요구하였고, 그에 따라 측면에서 본론을 제출하였다.

남녀는 모두 중요하며 어느 쪽도 없어서는 안된다고 주장한 고병증(高炳曾)

　고병증의 『우초문고(雨樵文稿)』에는 「엄금닉녀시(嚴禁溺女示)」라는 한 편의 글이 있는데, "인류에 남녀가 있는 것은 천지에 음양이 있는 것과 같다. 남자는 여자를 아내로 삼고 여자는 남자를 남편으로 하니, 둘은 모두 중요하며 어느 쪽도 없어서는 안된다"고 생각하였다. 그는 다음과 같이 경고하였다. "만일 오늘날 집집마다 여자아이가 없다면 장래에 집집마다 아내가 없게 될 것이다." 만일 남자를 중시하고 여자를 경시하여, 덮어놓고 여자아이를 물에 빠뜨려 죽인다면, 인류 자신은 장차 징벌을 받게 될 것이라는 말이다. 과학이 발달하지 못했던 고대에는 여자아이를 익사시키는 방법을 통해서까지도 중남경녀(重男輕女)를 관철시키려 하였지만, 과학이 발달하여 인공적으로 남녀를 선택적으로 낳을 수 있는 오늘날에도 인위적으로 남자아이를 낳고 여자아이를 낳지 않으려 한다는 점에서 어리석음은 한결같다.

정절을 지키는 사람이 많을수록 풍속은 천박해진다고 주장한 이신전(李愼傳)

이신전은 『식암집(植庵集)』「정녀론(貞女論)」상·하에서 아내가 수절하는 것을 반대하고, 일찍 정혼하는 것도 반대하였으며, 수절하도록 핍박하는 것도 반대하였다.

그는 아내가 수절하는 것은 "천지의 이치에 어긋나며, 음양의 기를 해치는 것"이라고 생각하였다. 부모가 되어서 여식의 불행을 참고 보며, 이를 미명과 바꾸어, 미명 때문에 평생의 불행을 가중시키니 윤리와 교화를 손상시키는 것이 보다 심한 것이 없다. 국가가 정절을 높여 일률적으로 강행하여, "정절을 지키는 사람이 많아질수록 풍속은 천박해진다."

아내가 수절하는 이유에 대하여 그는 지나치게 일찍 혼사를 의논하기 때문이라고 생각하였다. 어린 시절부터 혼처를 정해 두니 십여 년, 이십여 년이 지나는 동안에 불행하게도 일찍 죽게 되는 경우를 만나기 쉽다. 이미 혼례를 준비했기 때문에 "양가에서는 서로를 형제라고 생각하며, 혼례를 치르지는 않았다 하더라도 여자의 친척들과 사위집의 친척들은 아주 오랫동안 아무개 부인이라고 부르게 되고, 여자도 자신을 아무개의 부인이라고 인정하게 된다. 일단 불행하게 되면 개가하여 다른 곳으로 가더라도 예의상으로는 문제가 없지만 정리상으로는 크게 감당하기가 어렵다." 정절을 지켜야 한다는 주장은 여기에서 시작된다. 그러나 아내가 수절을 해야 하는 원인을 지나치게 이른 혼사의 의논만으로 설명하려는 것은 충분하지 못하다. 다만 그가 어린시절부터 혼례를 준비하는 것에 대하여 반대한 것은 오히려 받아들일만 하다.

근친간의 혼례금지를 주장한 유진(劉榛)

유진(1635~1690)의 자는 산울(山蔚), 하남(河南) 상구(商邱) 사람이다. 유생으로 관직에 나아간 적이 없으며, 평생 절의로서 자부하였고, 남의 말에 개의치 않았다. 저서로는 『여사(女史)』, 『운통(韻統)』, 『허직당문집(虛直堂文集)』이 있다. 『허직당문집』의 「답혼례문(答婚禮問)」 가운데서 그는 근친간의 혼례를 금지할 것을 주장하였고, '아버지의 자매의 자식', '어머니의 형제자매의 자식'과는 혼인할 수 없다고 생각하였다. 이러한 주장은 당연한 것이다. 왜냐하면 고인들은 이미 근친 결혼은 '그 후생들이 번성하지 못한다'고 생각하였다. 다만 오늘날 다시 이러한 주장이 중요하게 제기될 필요가 있는 것은 낙후한 지방에서는 '고종 자매와 연애', '친족간의 혼인'이 오히려 그치지 않고 있기 때문이다. 이 밖에 유진은 조혼을 금지할 것을 주장하였는데, 그 이유는 두 가지다. 첫째는 나이가 어려서 부모가 된 '즐겁게 노는 어린아이'는 성인의 도리를 알지 못하여, '부인에게 모범이 되거나 집안을 잘 다스릴 수' 없기 때문이다. 둘째는 혈기가 안정되지 못하여 수명의 원천을 잘 보양할 수 없기 때문이다. 이러한 주장은 이치에 맞는 것이다.

조혼을 반대한 유소반(劉紹攽)

유소반의 자는 계공(繼貢), 섬서(陝西) 삼원(三原) 사람이다. 옹정(雍正) 십일년에 공생(貢生)으로 발탁되고, 과거에서 일등을 하여 사천 현령이 되었고, 십방(什邡)현을 다스리고, 남충(南充), 산서 태원현(太原縣), 양곡현(陽曲縣) 현령을 지냈다. 평생 고운(古韻) 및 방정식을 강론하기 좋아하였으며, "그의 학문은 주자를 종주로 하고 또한 상산과 양명의 주장을 참조하였다." 『위도편(衛道編)』, 『사서응도록(四書凝道錄)』, 『구원문집(九畹文集)』 등의 여러 저서가 있다. 『구원고문(九畹古文)』 중에는 「여계원논가취서(與繼原論嫁娶書)」가 있는데, 조혼을 반대하여 "오늘날 사람들은 대체로 기다리지를 못한다"라고 하였다. 그는 조혼에는 두 가지 해로움이 있음을 지적하였다. "지금은 정액이 보충되어야 하는 나이여서 충실해지지 않았는 데도 먼저 비우니, 근골이 강해지지 못할 뿐만 아니라 강건해지지도 않는 것"이 첫번째 해로움이고, "혈기가 안정되지 않아, 욕망을 쫓다가 몸을 망치게 되는 것"이 두번째 해로움이다. 고례를 인용하여 남자는 삼십, 여자는 이십에 결혼하는 것을 "바꿀 수 없는 원칙"이라고 결론지었다. 「집안 사람이 떠남은 반드시 부인 때문이라고 논하여 일곱째 아우 계신(繼信)에게 주는 글」에서는 부녀자는 "남편만을 바라고 생을 마치며", "집안을 가지런하게 하는 데 뜻이 없은 적이 없다"고 하여, '집안을 떠난' 책임을 부녀에게 돌리는 것은 이치에 맞지 않는 것이라고 생각하였다. 부모, 형제, 자매 등이 함께 모여 사는 중국의 가정에서 신부가 도착한 이후 잘못된 것이 있어서, '집안을 떠나는' 현상이 생기면 사회에서는 그 책임을 신부에게 돌린다. 유소반은 부인을 위해 변명하였는데 매우 일리가 있는 것이다. 대가족 중의 각 구성원 간의 이해 관계는 쉽게 조절하기가 어려우며, 이는 별도의 원인이 있는 것으로서 신부에게 죄를 돌릴 수 없는 것이다. 남녀가 평등한 핵가족 내지는 소가족 중에서는 모순들이 쉽게 조화될 것이다.

전대흔(錢大昕)의 '재가는 절개를 온전하게 한다'는 시폐를 구제하는 명론

전대흔(1728~1804)의 자는 효징(曉徵), 신미(辛楣)이고, 호는 죽정(竹汀)이다. 강소(江蘇) 가정(嘉定: 지금의 上海에 속함) 사람이다. 건륭 때에 진사가 되어 관직이 소첨사(少詹事)에 이르렀으며, 몇몇의 서원에서 강의를 담당하였다. 그는 아주 박학하였는데, 『이십이사고이(二十二史考異)』, 『잠연당시문집(潛研堂詩文集)』 등이 있다.

전대흔은 다음과 같이 말하였다. "부인들은 재가하지 않는 것을 절개라고 생각하지만, 재가해서 그 절개를 온전하게 하는 것이 낫다. 형제는 분가하지 않는 것을 의리라고 생각하지만, 분가해서 의리를 온전하게 하는 것이 낫다. 이것은 『지정직기(至正直記)』에 기록된 교수 심규(沈圭)의 말이다. 비록 품위가 낮은 사람의 말이지만 시폐를 구제할 수 있는 명론이다."[151]

여기에서 전대흔이 부인들에 대하여 재가하지 않는 것을 큰 절개로 여기지 않고, 오히려 재가하는 것이 절개를 온전하게 하는 것이라고 생각하였다는 것을 알 수 있으며, 이는 진실로 대담하고 식견이 있는 것이다.

---

151) 『養新錄』 十八, 沈圭說.

제23절 명·청시대(明淸時代) 부녀자의 핍박을 고취(鼓吹)한 사람들

음란죄를 범한 여자의 처형을 주장한 조단(曹端)

조단(1376~1434)의 자는 정부(正夫)이고, 학자들은 월천(月川) 선생이라고 불렀으며, 민지(澠池: 지금 河南에 속함) 사람이다. 곽주(霍州)의 학정(學正)을 지냈다. 학문은 주희를 종주로 하였으며, 저작으로는『사서상설(四書詳說)』,『유학통보(儒學統譜)』등이 있다.『조월천선생집(曹月川先生集)』중에「가규집략(家規輯略)」한 편이 있는데, 이른바 '여자로서 음행을 저지른 사람'에 대하여 매우 엄격한 처벌규정이 있다.

음행을 저지른 여자에게 칼과 밧줄을 주어서 '나귀 방에 가두고' 스스로 자결하도록 하거나 어떤 경우는 집에서 쫓아내고 '방절(放絶)'이라고 부르며, '호적에서 그 이름을 삭제하며' 결코 사당에 들이지 않는 것이다. 이른바 '음행을 저지른다'는 것은 남자는 문제삼지 않고 오직 부녀자만을 문제삼는 것이니, 이는 정말로 불공평한 것이다. 조정에는 이른바 법률이 있고, 사회에는 이른바 여론이 있으며, 가족에는 집안의 법규가 있어서 한결같이 여자들을 압박하였으니, 봉건사회는 여자들에게 정말로 암흑시대였던 것이다.

예교의 완고한 태도를 견지한 여곤(呂坤) ─ "종법이 서면, 백가지 선이 흥기한다."

여곤(1536~1618)의 자는 신오(新吾)요, 영릉(寧陵: 지금은 河南에 속함) 사람이다. 형부의 좌·우시랑 관직을 역임하였다. 저서로는『신음어(呻吟語)』,『거위재문집(去僞齋文集)』등이 있다. 지금 사람들은 그가 철학상으로 기일원론을 견지하였다는 것만을 선전할 줄 알고, 그가 극단적으로 완고한 예교가였다는 것을 언급하지 않는다. 아래에 간단히 소개하겠다.

1) "종법이 서면 백가지 선이 흥기한다"

"송나라 유자들은 종법이 밝아지면 집안의 도가 밝아진다고 하였다. 어찌 집안의 도뿐이겠는가? 장차 천하의 치란이 항상 이것에서 생겨난다. 우주 안에는 서로 연결되지 않는 것이 하나도 없으며, 서로 통섭되지 않는 것은 없다. 사람은 한 몸으로 사지(四肢)를 통어하며, 하나의 지(肢)는 다섯 손가락을 통어한다. 나무는 몸통으로 줄기를 통어하고, 가지로 나뭇잎을 통어한다. … 뿌리를 같이하는 하나의 맥이 연속해서 한 몸을 이루니, 이것이 하나를 잡아서 만 가지를 들어 올리는 방법이며, 천하를 다스리는 중요한 도이다. 천자는 육경(六卿)을 통어하며, 육경은 구목(九牧)을, 구목은 군읍을, 군읍은 향정(鄕正)을, 향정은 종자(宗子)를 통어한다. 일에 있어서는 순차적으로 책임을 지고, 은혜는 차례로 흘러 퍼지며, 가르침은 차례로 전해지고, 법은 차례로 감독한다. 그런 뒤에야 윗사람은 수고롭지 않고, 아랫사람은 혼란하지 않으며, 정치가 쉽게 행해진다. 종법이 폐해진 뒤로 사람들은 각각 자신만을 위하며, 집안은 각각 정치를 하여 서로가 바람에 날리는 버들개지나 모래처럼 연계되지 못하게 되었다. 이 때문에 윗사람은 수고롭지만 장악하는 요령이 없고, 아랫사람은 공경하지만 연결되는 맥락이 없으며, 도적이 쉽게 생기지만 알기 어렵고, 교화가 바뀌어도 도달하기 어렵다. 그러므로 종법이 서면 백 가지 선이 흥기하며, 종법이 폐해지면 만사가 혼란하다."

2) 천하에 하루라도 군주가 없어서는 안된다

"천하에 하루라도 군주가 없어서는 안되므로, 백이와 숙제는 탕임금과 무왕을 비난하였으니, 이는 신하의 도리를 밝힌 것이다. 이것은 천하의 큰 원칙이다. 그렇지 않으면 난신적자가 끊임없이 나타나 임금 노릇하기가 어려울 것이다."

3) 효자가 부모를 섬길 때는 노복처럼 해야한다

"자식이 부모를 섬길 때는 마음을 섬기는 것이 으뜸이며, 몸을 섬기는 것이 그 다음이다." "효자가 부모를 섬길 때는 예에 따라 낮추기를 노복처럼 해야한다."

4) "유별(有別)은 부부로부터 시작된다"

"우주 안에 정이 있는 종류에는 남녀가 제일 처음에 놓인다. 성왕은 독단으로 처리하거나 억지로 어기지 않았으니, 독단으로 처리하거나 억지로 어길 수도 없는 것이다. 그러므로 어쩔 수 없는 정으로 통하게 하고, 범할 수 없는 예로 단속하며, 용서할 수 없는 법으로 묶어 그것을 놓아두어도 편안하고 오래가게 한다. … 남녀의 윤리에 대해서는 성인께서도 고심하셨는데, 유별은 부부로부터 시작된다." "남녀는 구별을 뚜렷하게 하니 아버지와 딸, 오빠와 여동생, 누이와 남동생 사이에도 혐의를 변별하고 미세한 것을 밝히는 예가 있다. … 처첩 이외에는 친히 주고 받는 것에서 생기는 의심을 멀리해야 하니, 예를 사랑하는 사람들은 명백히 밝히지 않을 수 없다."

5) 기꺼이 정통파의 노예가 되다

여곤은 근거없이 다음과 같이 말했다. "오직 요·순·문왕·주공·공자만이 이겨내야할 사적 자기가 없으며, 그밖의 다른 성인들은 사적 자기가 있다." 이겨내야 할 사적 자기가 없는 성인과 허물이 없는 성인은 곧 인류가 절멸할 때까지 있을 수 없으며, 공자 등을 말할 필요도 없다는 사실을 몰랐던 것이다. 여곤은 "도통가의 노예가 될지언정 이단의 맏아들이 되지는 않겠다"고 자칭하였다.

여곤의 이러한 주장은 『신음어(呻吟語)』 도처에서 볼 수 있다.

여자의 재주가 덕보다 많은 것은 화근(禍根)이라고 주장한 방붕(方鵬)

명나라 사람 방붕의 저서로는 『교정존고(矯亭存稿)』가 있다. 그는 "여자는 화근(禍根)"이라고 주장하고, 음양오행이라는 상투적인 것을 근거로 부녀자를 비하하여 다음과 같이 말했다. "가을과 겨울, 서리와 눈, 형벌, 소인, 오랑캐는 모두 음에 속하는 것이며, 여자의 상징이다." 그는 여자의 재주가 덕을 이기는 것이 곧 화라고 생각하여 "세상의 여자는 덕이 재주보다 많으면 집안의 복이지만, 재주가 덕보다 많으면 집안의 화근이다. 총명하고 재주와 지혜가 많으며 고금에 통달한 여자가 있다면 조문해야지 축하할 일이 아니다"라고 하면서, 남자(南子)와 측천무후(則天武后)를 예로 들었다. 그는 "세상 사람들이 여장부에 관해 말하기 좋아하는 것"에 찬성하지 않고, 여장부는 "음으로 양을 업신여기며, 달이 태양을 가리고 신하가 군주를 핍박하며, 오랑캐가 중화를 혼란시키듯이 하여 천도는 어그러지고 인사는 혼란하게 할 것이다"고 말했다.

도둑도 재가(再嫁)한 부인을 경시한다고 주장한 남정원(藍鼎元)

남정원(?~1729)은 복건(福建) 장포(漳浦) 사람이다. 1721년(康熙 60년) 종형인 남오진총병(南澳鎭總兵)을 따라 대만에 도착하여 주일관(朱一貫)의 농민의거를 진압하였다. 1723년(雍正 원년) 발공(拔貢)으로 선발되어 2년 후 내정교서가 되었고, 『대청일통지(大淸一統志)』의 찬수에 참여하였다. 1728년 광동 보령현의 지사가 되었고, 조양현의 일을 아울러 맡았다. 다음 해 광주지부의 서장이 되었으나 부임 1개월만에 죽었다. 저서로는 『녹주초집(鹿洲初集)』 이십권, 『동정집(東征集)』 육권, 『평대기략(平臺記略)』 1권, 『면양학준(棉陽學準)』 5권, 『녹주공안(鹿洲公案)』 2권이 있다. 『녹주공안』 상권에서 남정원은 말하기를 아재(阿載)와 아석(阿惜)이라는 두 도적이 있었는데, 재가하는 신부를 잡아 "터럭 하나도 남기지 않고" 털어버렸다. 도적들은 남의 물건을 빼앗은 것을 부끄러워하지 않았을 뿐만 아니라 오히려 재가하는 부인은 신혼이 아니라서 수치심이 남아 있지 않으므로 "그 몸 또한 모든 사람이 보아도 된다. 의복을 남겨놓든 말든 관계가 없을 것이다"라고 하였다.

이어서 남정원은 논의를 진행하여 "슬프다! 부인들이 재가할 수 없음이 이와 같구나! 도적들도 오히려 경멸하려 하니, 독서를 하고 의리를 밝히며 절의를 말하는 사람을 얼마나 경멸할 것인가? 라고 하였다. 봉건적인 정절관념이 매우 강렬하여 도적들도 모두 재혼한 여자들을 경시하였다.

부녀자는 문맹인 것이 가장 좋다고 주장한 주량공(周亮工)

주량공(1612~1672)의 자는 원량(元亮), 자호(自號)는 역원(櫟園), 하남(河南) 상부(祥符) 사람이다. 명나라 숭정(崇貞) 경신(庚辰: 1640년)에 진사가 되어 유현령(濰縣令)에 제수되었다가 감찰어사로 발탁되었으며, 명나라가 망하자 강령(江寧)에 돌아가 양친을 봉양하였다. 청나라 조정에 들어가 원관(原官)으로 양회(兩淮) 지역을 초무(招撫)하였고, 양회염운사(兩淮鹽運使)에 제수되었다가 염법도(鹽法道)가 되었다. 순치(順治) 3년에 포정사참정(布政司參政)과 회양해병비도(淮揚海兵備道)로 발탁되고, 4년에 복건안찰사(福建按察使)로 승진하고, 10년에 좌포정사(左布政使)로 승진하고, 후에 다시 호부총독전법우시랑(戶部總督錢法右侍郎)으로 승진하였다. 옥사에 연루되었다가 강희 때 출옥하여 강남(江南)·강안(江安) 독량도(督糧道)에 임명되었다. 『뇌고당집(賴古堂集)』「길상상(吉祥相)」에서 주량공은 적극 예교를 옹호하였고, 특히 부녀자를 억압하였다. 그는 부녀자는 발을 치고 연극을 보아서는 안된다고 생각하고 "은은한 분내음 발 속에 날리고, 버선 신은 발은 병풍 아래 그득하며, 심지어 좌객들을 품평하고 노래 소리에 장단맞추는 등 하지 못하는 일이 없다. 배우들의 눈총 그 가운데를 뚫어보며, 좌객들의 마음은 그 속으로 돌아들어가니 부끄러운 일이 이보다 심한 것이 어디 있으랴!"라고 하였다. 그는 또한 부녀자에게 가장 좋은 것은 글을 알지 못하는 것이라고 생각하였다. 따라서 "부녀자는 재주가 없어도 되지만, 덕이 없어서는 안된다." 글을 알게 되면 "음란한 글과 요염한 말이 툭하면 눈에 들어와" 덕행을 무너뜨리게 된다. 또 다음과 같이 말했다. "세가 대족의 경우 한 두 가지 시귀와 문장이 불행하게 유전되어 나열되어 있으니 어찌 부끄럽지 않은가?" 예교를 옹호하기 위해 그는 "늙은 첩과 청상과부는 승려가 되지 못한다"고 주장하기도 하였다.

유가 예교를 지극히 믿어 청조의 "예교가 정교하고 엄격함"을 찬양한 장학성(章學誠)

장학성(1738~1801)의 자는 실재(實齋)이고, 회계(會稽: 지금의 浙江 紹興) 사람이다. 건륭에 진사가 되었다. 국자감전적(國子監典籍)이 되어, 정주(定州)와 정무(定武) 등의 서원에서 강의를 담당하였다. 『속자치통감(續資治通鑑)』을 찬수하는 일을 도왔다.

찬수한 지방지가 매우 많으나 미완성인 것이 많다. 주요 저작은 『문사통의(文史通義)』이며, 『장씨유서(章氏遺書)』가 있다. 장학성은 유가의 예교를 철저히 미신하여 주공은 공자보다 고명하다고 생각하였다. 그 이유는 대략 세 가지다. 1) 주공은 왕위에 올랐으며 덕이 있었으나 "공자는 덕은 있었지만 왕위에 오르지는 못했다." 2) 주공은 예를 제정했으나 공자는 서술하기만 하고 짓지는 않았다. "서술하기만 하고 짓지 않았다고 했으니 그 서술한 것은 주공의 옛 전적들이었다." 3) "주공은 통치를 성공으로 이끌었고, 공자는 가르침의 표준을 밝혔다." 그러므로 수·당(隋唐) 이전에는 "주공을 선성(先聖)이라고 하였고, 공자를 선사(先師)라고 하였다."[152]

장학성은 또한 부녀자는 음의 유이므로 예교를 사수해야 한다고 생각하였다. 그는 부녀자는 "음의 유", "유한(幽閑)", "고요함"이어서, "성명(聲名)에 힘쓰거나", "문지방 밖을 나서거나" 해서는 안된다고 여겼다. 진대(晉代)의 "부녀들이 청담(淸談)을 숭상한" 것을 반대하여, 이는 "명교가 흔적도 없는 것"이며, "예교를 없애는 짓"이라고 생각하였다. 계속해서 당·송 이후 부녀자들이 "성인의 경전을 모방해서" 『여논어』와 『여효경』을 만든 것에 대해서도 통렬하게 배척하였다. 그는 "여자는 재주가 없는 것이 덕이다"라고 주장하고, "부인에게는 본래 따로 배워야 할 것이 있으니, 그 배움은 예를

---

152) 『文史通義·原道中』.

근본으로 하여야 한다."" 문장은 공적인 기구이기는 하지만 남녀는 실로 천고의 큰 구분이니, 늠름한 명분 의리와 강상을 어찌 어지럽힐 수 있겠는가!"고 주장하였다. 심지어 "상고에는 남녀의 구별이 없어서 인륜이 어지러웠고 행동은 짐승과 같았다"고 하였다. 그는 예교의 해독이 부녀에게 가장 혹독했던 청조를 "예교가 정교하고 엄격했으며, 혐의를 신중히 변별하였으니 삼대 이후 이처럼 정숙했던 적이 없었다"153)고 하였다.

지금 많은 사람들은 장학성이 뛰어나게 고고하다고 칭찬하지만 실제로 부녀자에 관련된 그의 언급을 살펴보면, 극도로 완고한 구예교가이다. 원매 등과 비교해 보면 참으로 하늘과 땅의 차가 난다.

남편과 아내는 군주와 신하의 관계와 같다고 주장한 진재(陳梓)

진재(1683~1759)의 자는 부공(俯恭), 고명(古銘), 고민(古民)이라고도 하며, 호는 일재(一齋)이다. 선대는 여요(餘姚) 사람이며, 임시로 수수(秀水) 복원진(濮院鎭)에 거주하였다. 장리상(張履祥: 楊園)을 사숙하여 "청빈하고 엄숙하고 굳세며, 힘써 학문을 하여 나태하지 않았다." 『사서질의(四書質疑)』를 저술하고, 양원년보(楊園年譜)와 시문집(詩文集)을 다시 집록(輯錄)하였다. 진재는 『객성산인전집(客星山人全集)』의 「잡언(雜言)」편에서 남존여비의 예교를 옹호하는 주장을 하였다.

그는 다음과 같이 말했다. "아내가 남편을 섬기는 것은 신하가 군주를 섬기는 것과 같다." 그는 재가하는 여자를 아내로 맞지 말 것을 주장하였다. 만일 자기의 아버지가 재가하는 여자를 아내로 맞이 했다면, 자식된 사람은 어떻게 행동해야 하는가? 효도하는 마음에서 "부모가 사랑하는 사람을 또한 사랑하고", "음식은 풍성하고 고루 갖추어야 한다." 그러나 "혼인, 상례, 빈례, 제례" 등의 예와 관련된 문제에 있어서는 반드시 관여를 해야 한다. 즉 재가한 부인이 이에 참여하는 것을 허용하지 않고 죽은 뒤에 가묘에 들이는 것을 허락하지 않으며, 자녀가 있을 경우에만 "그 자식이 따로 제사를 드리

---
153) 이상은 모두 『文史通義·婦學』.

는 것이 옳다." "형이 죽자 형수가 삶에 대한 의욕을 잃고 물에 몸을 던졌을 때 손을 잡아 구해야만 하는가?"하는 문제에 회답하면서, 결코 손을 잡아 구해서는 안되며, 형수가 죽도록 내버려 둠으로써 "절개를 온전히 할 수 있도록 하여야 한다"고 주장하였다. 이는 죽어가는 것을 보고도 구하지 않겠다는 것과 다를 바 없다. 예교가 사람을 죽인 것이다. 그는 어린 나이에 남편이 죽은 부녀자는 절개를 지켜야 한다고 주장하고, 기발하게도 절개와 분수를 지키는 것을 의를 지키는 것, 명분을 지키는 것, 외로움을 지키는 것, 명을 지키는 것, 재산을 지키는 것 등의 몇 가지로 규정하였다. 그 중에서 '의를 지키는 것'을 가장 중요한 것으로, '명분을 지키는 것'을 다음으로 중요한 것이라고 하였다.

그는 부인의 경우 자신의 모습을 그림으로 그리도록 해서는 안된다고 생각하였다. 남자와 여자는 손수 주고 받지 않는다는 것에 근거하여 부녀들은 다른 사람이 자신의 그림을 그리도록 해서는 안되니, 죽은 뒤에 남기는 그림이라도 다른 사람이 자신의 그림을 그리도록 해서는 안된다고 생각하였다. 그는 못생긴 아내를 맞을 것을 제창했는데, 그것은 자기와 다른 사람 모두에게 착오를 일으키지 않도록 하기 위해서이니, '용모를 꾸미는 것은 음란함을 가르치는 것'이며, '욕망이 생길 만한 것을 보지 않음으로써 마음을 어지럽게 하지 않는다'는 것이다. 그는 주희와 같은 예교가를 굳게 방어하였는데, 당시에 주자의 그림에 진흙을 뿌린 사람에 대하여, 진재는 마음 아파하면서 이러한 반예교적인 사람을 '사람 가운데 있는 요괴'라고 크게 꾸짖었다.

남편과 아내는 아버지와 아들의 관계와 같다고 주장한
구중용(瞿中溶)

구중용(1767~1840)의 자는 목부(木夫), 장생(萇生)이고, 강소(江蘇) 가정(嘉定) 사람이다. 전대흔의 사위이며, 제생(諸生)으로 호남포정사리문(湖南布政司理問), 권신주통판(權辰州通判), 안복(安福) 지사의 관직을 역임하였다. 수집한 것이 많고 고증에 정밀하며, 여러 서적을 널리 종합하였는데,

금석학에 매우 조예가 깊었다. 적지않은 의혹을 변별하고 고증한 작품 이외에 『혁재당시문집(奕載堂詩文集)』이 있다. 애석하게도 말년에 여러가지 어려움으로 간행하지 못한 것이 많다. 『구대부문집(瞿大夫文集)』 중에 「부설(婦說)」한 편이 있는데, 호칭과 예, 형률의 세 가지를 가지고 남존여비를 극력 옹호하였다. 예의 관점에서 보면 아내와 남편은 동등한 듯하지만, 아내는 남편을 위해 삼년복을 입는데, 남편은 아내를 위해 기년복을 입으니, "아버지와 자식의 관계와 같다." 호칭의 관점에서 보면, 남편은 조부모를 공파(公婆)라고 부르지만 아내는 남편의 부모를 공파라고 부르니, 이는 "남편보다 한 등 낮춘 것"이다. 형률의 관점에서 보면 삼종·칠출은 모두 형률에 기록되어 있다. 부녀자들이 '깊이 두려워하도록' 그는 예와 호칭, 형률에 관련된 기록들을 초록하였다. 구중용은 존재하는 것은 모두 합리적이라고 생각하였으며, 남자 중심의 사회에서는 일체의 예, 호칭, 형률 등이 남자를 중심으로 이루어져서 결코 부녀자의 이익을 반영하지 못한다는 것을 알지 못하였다. 사회가 진보함에 따라 부녀자의 지위는 제고될 수 밖에 없으니, 예·호칭·형률 상의 불평등도 고쳐져야 하니, 합리적이라 여겼던 것도 어느날 불합리한 것으로 변하게 되는 것이다.

부록: 마찬가지 주장을 한 이원도(李元度)

이원도(1821~1887)의 자는 차청(次靑), 호남(湖南) 평강(平江) 사람이다. 절강염운사(浙江鹽運司), 귀주포정사(貴州布政使)의 관직을 역임하였다. 저서로는 『천악산관문초(天岳山館文鈔)』, 『국조선정사략(國朝先正事略)』 등이 있다.

이원도는 "아내와 남편의 관계는 신하와 군주의 관계와 같다. 신하가 불행한 경우 군주를 위해 죽거나, 아내가 불행한 경우 남편을 위해 죽거나, 그 의미는 하나다"[154]라고 말하였다.

---

154) 『天岳山館文鈔·列女』.

여자는 아름다울수록 화근(禍根)이 된다고 주장한 김문조(金門詔)

김문조(1673~1751)의 자는 역동(易東), 호는 동산(東山)이고, 강소(江蘇) 강도(江都) 사람이다. 강희(康熙) 정유(丁酉)년에 향시에 합격하고, 건륭(乾隆) 병신(丙辰)년에 진사가 되었으며, 산동(山東) 수양현(壽陽縣)의 지사가 되었다. 『김동산문집(金東山文集)』, 『연서집(蓮西集)』이 있다.

「유신씨녀(有莘氏女)」 일편에서 그는 유시(有施), 유소(有蘇), 유신(有莘)의 세 미녀를 든 뒤에 "미모가 좋으면 좋을수록 그 화는 더욱 심하다"고 예를 들어 말하였다. 남존여비의 사회에서, 이치상 남자가 지는 책임은 크게 마련이다. 그러나 김문조는 그렇게 생각하지 않고, 일체의 좋지 못한 일 즉 '화(禍)'를 여자에게 돌렸다. 이는 실제로 너무나 불공평한 것이다. 오늘날에도 아직도 부녀를 재앙이라고 보는 사람들이 있는데, 이러한 생각은 매우 진부한 것이다.

부녀에게 미모가 있는 것은 덕이 있는 것만 못하다고 주장한 이백(李柏)

이백(1624~1694)의 자는 운목(雲木)이며, 섬서(陝西) 미현(郿縣)사람이다. 강희 33년에 죽었는데 나이는 71세였으며, 저서로는 『해엽집(檞葉集)』 십권이 있다. 태백산인이라는 호칭이 있었기 때문에, 책의 이름을 『태백산인해엽집(太白山人檞葉集)』이라고 부르기도 한다. 그 안에 「과화청론(過華淸論)」 일편이 있는데, 당(唐) 현종(玄宗) 이륭기(李隆基)와 양옥환(楊玉環)의 고사를 빌어다가 '현명한 여인은 미색으로 고를 것이 아니다'라는 관점을 제시하였다. 용모와 도덕 사이에는 원래 필연적인 연관이 없다. 이백은 "요염한 처와 여인은 국가를 어지럽히니, 추하지만 덕이 있는 사람을 제왕의 후비와 명사의 현비로 삼아 아름다운 부인으로서의 이름을 전하는 것이 낫다"고 하였다. 강조하는 바가 '미색을 보고 선택'하거나 '표면적인 것을 보고 선택'해서는 안되며, 덕과 실질을 중시해야 한다는 것이니, 이는 합리적인 요소가 있는 것이다.

하형(夏炯)의 숭례론 — 부인이 개가하는 것은 그 마음씀을 비난해야 한다.

하형(1795~1846)의 자는 중문(仲文)이며, 호는 묘생(卯生)이다. 당도(當塗) 사람으로 정주학파이다. 왕양명(王陽明)이나 모기령(毛奇齡)이 주희에 대하여 비평하는 것을 매우 한스럽게 생각하였다. 『하중자집(夏仲子集)』이 있다. 그의 숭례론은 다음과 같다.

1) 공자가 예를 말한 것은 이(理)를 말한 것이라고 주장하다

하형은 능정감이 『복례(復禮)』에서 말한 "성인은 이치에서 구하지 않고 예에서 구한다"는 주장에 반대하고, "『논어』에는 '이치'라는 글자가 없지만, 이른바 복례라는 것은 천리를 회복한다는 것이며, 이른바 예가 아니면 보지도, 듣지도, 말하지도, 움직이지도 않는다는 것은 이치가 아니면 보지도, 듣지도, 말하지도, 움직이지도 않는다는 것이다. … 그러므로 예를 말한 것은 이치를 말한 것이다." 아울러 "그것이 엉퀴고 부회한 것이라는 것을 깨달으면 망연자실하여 도에서는 얻을 것이 없다." 또한 완원이 능정감의 『복례』를 "당송 이래의 유자에게는 없었던 것"이라고 칭찬한 일을 "타인을 속이고 곧바로 자기를 속이는 것이다"[155]라고 생각하였다. 이것들은 모두 빈말로 사람들을 책망하는 것이며, 그 이유를 설명하지 못하고 있는 것이다.

2) 삼강오상은 도외시할 수 없으며 옮기거나 바꿀 수 없다

하형은 삼강오상과 음식남녀를 동일시하며 "삼강오상과 음식남녀는 귀한

---

[155] 『夏仲子集・書禮經釋例後』.

이로부터 천한 사람에 이르기까지 어린이부터 노인에 이르기까지 성인의 가르침의 범위 안에 들어 있어서 벗어날 수가 없다"156)고 하고, 또한 "천 수백 년 이래 조정으로부터 마을에 이르기까지 이를 따르고 달라짐이 없다. 예제 가운데 큰 것에서 왕자가 일어나면 정삭(正朔)을 개정하고, 복식을 바꾸며, 휘호를 달리하지만, 바꿀 수 없는 것은 삼강오상"157)이라고 하였다.

3) 여자가 남편을 따르는 것은 천리와 인정의 진실이라고 주장하다

"남편은 아내가 있고, 아내는 남편을 따르며, 생사를 함께하고 배신하지 않는 것은 천리와 인정의 지극한 것이다. 그러나 남자는 한 번, 두 번, 세 번 장가들더라도 이미 죽은 부인에게 제사지낼 수 있다."158)

4) 부인의 개가는 동기를 비판해야 한다고 주장하다

하영은 「상부후론(孀婦後論)」편에서 정자(程子)가 청상과부는 재가할 수 없다고 논한 것은 절제를 잃는다는 측면에서만 말한 것이며, 그 동기를 비판하지는 않은 것이라고 생각하였다. 그래서 한걸음 더 나아가 그 동기를 비판하면서 이렇게 말한다. 부인이 남편이 죽자 개가를 한다면, "남편을 남편으로, 자녀를 자녀로, 남편의 부모를 시부모로, 남편의 형제를 시숙으로, 남편의 형수와 제부를 동서로, 남편의 족당 외척을 자신의 족당 외척으로 생각하지 않으려는 것이어서 남편이 죽으면 남편이 죽었다고 하여, 남편의 일가를 모두 단절해 버리는 것이다. 잔인한 마음과 도리를 해치는 것이 이보다 심한 것이 없는데, 어찌 아내로 맞는단 말인가?" 부인은 죽은 남편에게 부채를 질 뿐만 아니라 남편과 관계 있는 한 무리의 사람들에게 부채를 져야 한다는 것이니, 동기를 비판하는 주장은 너무 지독한 것이 아닌가!

---

156) 『夏仲子集·讀崇正辨』.
157) 同上, 書江艮庭尙書集注音疏後.
158) 『夏仲子集·孀婦後論』.

제24절 부녀의 작은 발의 아름다움을 찬미한
이어(李漁)·방현(方絢)

중국에서 여성의 아름다움을 가장 돌출적으로 표현한 사람은 이어 (1610~1680)다. 자는 입홍(笠鴻), 적범(謫凡), 호는 입옹(笠翁), 입도인 (笠道人) 등이다. 절강(浙江) 난계(蘭溪) 사람이다. 희곡의 극본을 창작하고 연출하는데 있어서 풍부한 경험을 가지고 있었다. 『입옹십종곡(笠翁十種曲)』, 『입옹일가언(笠翁一家言)』 등이 있다. 진등원은 이어가 부녀의 자태에 있어서 가장 먼저 흰 피부, 다음으로 손, 그리고 다시 발에 주의를 기울였다고 지적하였다. 작은 다리는 밤에 애무하기가 좋다고 생각하였다. 이어는 유독 교태를 강조하였는데, 자태의 아름다움이야말로 참된 아름다움이며, 참으로 사랑스럽지만 꾸밈도 매우 중요하다고 생각하였다. 이처럼 부녀자를 남자들의 완상 도구라고 생각하는 것은 실로 여자들에게는 큰 불행이다.

작은 발을 숭배하는 괴벽에서 이어를 넘어서는 사람은 방현이다. 자는 도채(陶采)이고, 호는 여상(荔裳)이다. 그는 「향연품조(香蓮品藻)」에서 '향연' 즉 깨끗이 씻을 수 없는 부녀자의 작은 발에 관해서 오식(五式), 십팔종의 명칭이 있다고 하였으며, 아름다움과 추함을 '신품상상(神品上上)'에서 '안품하하(贋品下下)'의 아홉 단계로 나누고 있다.

'향연'은 아홉 부분이 가장 좋은데, 이른바 '삼상(三上)·삼중(三中)·삼하(三下)'다. 이는 부녀자의 작은 발을 장난감으로 생각하는 파렴치한 남자이다. 방현은 또한 "향연에는 네 가지 꺼리는 것이 있다"고 하였는데, 즉 걸을 때는 발돋움하는 것을 꺼리며, 설 때는 종아리를 세우는 것을 꺼리며, 앉아서는 치마를 걷어 올리는 것을 꺼리며, 누워서는 발을 떠는 것을 꺼린다. 걷고, 서고, 앉고, 눕는 일체의 시시각각 모두 자기의 작은 발을 조심해야 한다. 이 부녀자의 작은 발에서 꺼리는 네 가지는 공자가 안회에게 가르친 보고, 듣고, 말하고, 움직일 때 예가 아닌 '네 가지 말 것'을 주의해야 한다는 것에 필적할 뿐만 아니라, 본래보다 더욱 엄정하게 되었다.

제25절 기타(其他) 예론(禮論)

삼강(三綱)은 일체라고 주장한 등정라(鄧廷羅)

등정라의 자는 숙기(叔奇)이며, 호는 우초(偶樵)이고 강령(江寧) 사람이다. 순치년간에 관리시험에 합격하였다. 호광형남도(湖廣荊南道)의 관직을 역임하였다. 저서로는 『이원당문집(二遠堂文集)』 등이 있다. 등정라는 다음과 같이 말했다. "둘이 없는 것을 지(止)라고 한다. 그러므로 신하로서는 충에 멈추니, 충 이외에는 간략하게 해도 좋다. 자식으로서는 효에 멈추니, 효 이외에는 간략하게 해도 좋다. 아내로서는 절개에 멈추니, 절개 이외에는 간략하게 해도 좋다. 부인과 여자에게 있어서 절개는 신하인 장부에게 있어서 충, 자식으로서의 효와 같다. 절개라는 것은 부인과 여자에게 있어서는 충효와 같다. 신하인 장부에게서의 충, 자식으로서의 효는 부인과 여자에게서의 절개와 같으니, 이 충효는 장부의 절개이다. 하나가 되기에 충분하다."[159]

이는 신하는 군주에게 충성해야 하며, 자식은 부모에게 효도해야 하는 것이 아내가 남편에게 절개를 지켜야 하는 것과 같으며, 아내가 남편을 위해 절개를 지키는 것은 신하가 군주에게 충성해야만 하는 것과, 자식이 부모에게 효도해야 하는 것과 같다는 것이다. 부인과 여자는 남편을 군주로 아버지로 여겨야 하며, 절개를 충이나 효로 여겨야 하니, 삼강에는 남녀의 구별이 있지만 성질상의 차이는 없으며, 충·효·절은 하나로 관통되는 것이다.

상하의 각 계급이 모두 군신의 관계라고 주장한 모선서(毛先舒)

모선서(1620~1688)의 다른 이름은 규(驟)이고, 자는 치황(稚黃) 또는 치황(馳黃)이며, 전당(錢唐) 사람이다. 수재로서 관직을 하지 않아 "과거 준비를 포기하고, 여러 자제들과 시를 짓고 도를 논하면서 힘써 행하는데 전력

---

159) 『二遠堂文集·沈母節壽序』.

하였다." 저서로는 『운학지귀(韻學指歸)』, 『손서(巽書)』, 『성학진어(聖學眞語)』 등이 있다. 『국조기헌류징초편(國朝耆獻類徵初編)』에서는 그를 '은일(隱逸)'의 부류로 분류하였다. 그는 「윤설(倫說)」 가운데서 위에서 아래로 내려오는 존비의 순서를 강조하여 다음과 같이 말하였다. "백성과 군주는 정말로 군신의 관계이다. 백성과 관리 또한 군신의 관계이다. 부사(府史)와 서도(胥徒)는 관장에 대해서 또한 군신의 관계이다. 병졸과 장수 또한 군신의 관계다. 하급 관리와 상관은 군신의 관계다." 위로부터 아래로 모든 곳이 군신의 관계라는 이것이 그가 주장하는 인륜이다.160)

그는 "하늘은 높고 땅은 낮으며, 양은 크고 음은 작다. 부부도 마찬가지여서 높고 낮음이 있는 것과 같다." 그는 부부의 의미는 이미 확정되었으므로 고칠 수 없다고 생각하였다. 그는 이러한 예교를 옹호하기 위해 소설과 전기 또한 그냥 지나치지 않았다. "희곡은 곡진하여 사람을 감동시키기 쉽다. 이것을 통해 풍속을 교화시키는 것이 좋을 듯하다." 친구가 『귤정전서(橘井傳書)』 즉 『유의전서(柳毅傳書)』를 짓자 그는 곧 달려가 그만두도록 말리며, "용녀(龍女)는 약혼만 하고 혼례를 올리기 전에 남편을 싫어하여 유의에게 정이 끌려 마침내 다시 혼인하였으니 음란한 덕을 지녔다."고 말하였다.161)

그러나 그 자신의 행동은 여자의 재산 계승권에 대하여 존중하는 적지 않은 표현을 하였다. 그는 일찍이 빚을 갚기 위하여 집을 팔았다. 문득 누나와 그의 남편이 장례를 치루지 못한 일이 생각나서 집을 판 돈으로 장례를 치루어 주었다. 다른 사람이 힐난하자, 그는 다음과 같이 회답하였다. 만일 누나가 형이라면 집을 판 돈은 공평하게 분배해야 하니, 장례를 치르는 것은 사소한 일이다.162)

부모가 자애롭지 않더라도 자식은 효도해야 한다는 오지록(吳之騄)

---

160)161) 『巽說』 中 「論說」, 「止友作傳奇書」에 보인다.
162) 『國朝耆獻類徵初編』, 隱逸十五의 모선서의 사적과 관련된 부분에 보인다

오지록의 자는 이공(耳公)이고, 호는 달암(達庵)이며, 휘주(徽州) 흡현(歙縣) 사람이다. 청 강희시대에 주로 활동하였고, 72세에 죽었다. 적계현(績溪縣) 교유(敎諭)와 영산현(英山縣) 교유, 진강부학(鎭江府學) 교수를 거쳤다. 재직할 당시 여자아이를 낳으면 물에 익사시키는 풍속을 경계하는 가사를 지었으며, 육영당(育嬰堂)을 세웠다.『이학정종(理學正宗)』,『계류당문집(桂留堂文集)』등의 저작을 남겼다.『계류당문집』에 있는「천하에 옳지 않은 부모는 없다는 주장」이라는 글에서 송유 나종언(羅從彦)의 "천하에 옳지 않은 부모는 없다"는 말을 인용하여 깊이 찬동을 표했을 뿐 아니라, 크게 발전시켜 다음과 같이 말했다. "부모가 자애롭지 않은 데도 자식으로서의 효도를 잃지 않는 사람은 부모가 계신 것만을 알며 부모가 자애롭지 않다는 것은 모른다. 그는 반드시 자애롭지 않은 것을 자애롭다고 생각할 것이다." 그는 부모 앞에서는 시비를 분명히 하지 않는다는 것을 제창하고, 예를 들어 만일 시비를 구분하려는 마음이 있으면, 곧 공경하지 않고 사랑하지 않게 되며, 나아가 난신적자가 되어서 "큰 악에 빠지면서도 스스로 깨닫지 못한다"고 보았다. 이는 효를 맹목적인 것으로 만들며, 시비를 구분하지 않으며, 심지어 시비를 분별하려는 마음조차 가질 수 없게 하는 것과 다를 바 없다. 이러한 효자는 완전한 노예이다.

제 4 장

중국유가 예교사상이 충격을 받기 시작한 시기—
청말·민초(清末民初)

제 1 절 태평천국 농민혁명과 예교문제

태평천국(太平天國)의 지도자 홍수전(洪秀全:1814~1864)은 여러 차례 과거시험에서 떨어졌으며, 또 사숙에서 가르칠 때 공자의 위패를 세우지 않았다는 이유로 쫓겨나 한때 실업자 신세였다. 그가 공자에 대해 반감을 가지면서 그를 '꽉막힌 샌님〔不通秀才〕'이라고 비난한 것은 그런 일이 있은 후의 일이다. 그러나 홍수전은 결국 한 유생(儒生)일 수 밖에 없었다. 그는 자기가 쓰는 글에 공자의 말을 인용하고, 점점 유교 경전의 문구들을 수정하여 이용하기 시작했다. 마침내 1861년 그는 『흠정사계조례(欽定士階條例)』에서 천부(天父:하느님)의 입을 빌어 다음과 같이 말하고 있다.

"천부께서 전에 성스런 가르침을 내려 말씀하셨다. 공자와 맹자의 책은 폐할 필요가 없다. 그 중에 하늘의 뜻과 도리에 맞는 것들이 많다. 또한 참된 성인〔眞聖主〕께서 이미 친히 다 바로잡아 놓으셨으니 모두 유익한 말들만 남게 되었다. 선비〔士〕들이 갖추어 두고 익히면 밝고 빛나게 학문과 교양〔文章〕을 이룰 것이다."

홍수전은 '반대 공자'에서 출발하여 '존숭 공자'에 이르렀다고 하겠다. 이는 유방(劉邦)이 '반대 유가'로부터 '존중 유가'로 돌아선 것과 매우 유사하다. 재야에 있을 때와 조정에 있을 때가 완전히 다른 것이다. 구(舊) 예교에 대한 그의 태도 역시 반대하는 점도 있고 그대로 따르는 면도 있는데, 두 경우 모두 이전의 유학자들을 능가했다.

이렇게 볼 때 태평천국 농민정권과 예교문제는 매우 복잡하므로 구체적으로 분석해야 함을 알 수 있다. 크게 아래 몇 가지의 문제가 있다.

1. 농민정권의 특색

예교는 삼강(三綱)을 으뜸으로 하고, 삼강은 군주권(君權)을 으뜸으로 한다. 태평천국의 정치제도는 몇 가지의 특징을 가진다.

첫째, 이름과 실제가 분리된 정치체제이다. 이름으로는 천왕(天王)이 서열 일위로 국가 원수이지만 실제로는 군사(軍師)들 중 우두머리가 서열 일위이다. 즉 동왕(東王) 양수청(楊秀淸)은 서·남·북·익왕(西南北翼王)을 모두 그 수하에 둘 뿐 아니라, 때로는 천왕조차도 그의 명령에 따라야만 했다. 전목(錢穆)은 중국 역사상의 정권은 군주에 있다기 보다는 신하에 있다〔臣權〕고 해야 한다고 주장한 바 있지만 그의 이런 주장은 실제의 군주권을 미화한 것일 뿐이다. 사실 봉건사회에서는 완전히 군주권만 있을 뿐 신하권이라 할 만한 것은 없었다. 명(明) 태조(太祖)가 재상을 없애기 이전의 재상권(宰相權)이라는 것도 재상이 천자가 천하를 다스리는 것을 도와주면서 조금 군주를 견제하는 정도였다. 중국 고대의 재상권을 근현대 동서양의 수상(首相)과 같은 것으로 이해한다면 이는 상식에서 크게 벗어난 것이다. 나는 중국에 진정한 신하권이 있었다면 그것은 태평천국 전기에 비교적 그에 가까운 것이 있었다고 생각한다.

둘째, '왕'이라는 호칭에서의 평등이다. 천왕을 만세(萬歲)라 하고, 동왕을 구천세, 서왕을 팔천세, 남왕을 칠천세, 북왕을 육천세, 익왕을 오천세라 하여 그 세수(歲數)에 각각 구별이 있으며 또 천사왕(天師王)을 여섯 등급으로 나누지만, '왕'이라 부르는 것은 다 마찬가지이다. 중국역사에서, 삼대

(三代)에는 군주를 왕이라 부르고 신하는 가장 높은 자라 해도 공(公)이라고만 불렀으며, 진·한(秦漢) 이후에는 군주는 제(帝)라고 부르고 신하는 가장 높은 자라도 왕(王)이라고만 불렀다. 오직 태평천국만 이전의 제왕과는 다르게 군주와 신하를 똑같이 왕이라 부른 것이다.

셋째, 태평천국 전기(前期)는 농민민주주의(農民民主主義)라고 부를 수 있으나, 후기(後期)에 오면 봉건군주전제(封建君主專制)로 변해간다. 물론 시종 절대군주전제(絶對君主專制)로 일관한 것은 아니지만 또한 자본주의적 군주입헌제(君主立憲制)도 아니었다.

넷째, 인민과 관리는 선거권과 파면권을 가진다. "능력 있는 이를 천거하면 천거한 이를 상주고, 능력 없는 이를 천거하면 천거한 이를 벌한다." "3년에 한 번 업적을 심사하여 올리거나 낮춘다." "위 아래 사람이 서로서로 평가하여 높이고 폄하하게 하여 위 아래가 서로 속이는 폐단을 제거한다." 멋대로 천거하고 멋대로 폄하하는 자는 모두 "쫓아내어 농사짓게 한다."[1]

2. 구(舊) 예교를 타파한 일면

태평천국 정권은 중국 역사에서 허다한 '제일 처음' 나온 틀들을 창조하였다. 중국에서 처음으로 남녀평등의 윤리사상을 주장하였다. "형제 자매는 모두 한 뱃속에서 나왔다 … 어찌 너와 나를 구분하며 같고 다름을 나눌 것인가?"[2]

중국에서 처음으로 남녀평등의 토지분배[分田]제도를 도입했다. 『천조전묘제도(天朝田畝制度)』는 토지사유제와 남녀 불평등의 토지점유제를 폐지하여, "남자와 여자를 불문하고 그 식구 수의 많고 적음에 따라, 사람이 많으면 많이 분배해 주고, 사람이 적으면 적게 분배"해 주었다.

중국에서 처음으로 남녀평등의 직관(職官)제도를 도입했다. 당시 여자관리들은 중앙직급으로 군사(軍師), 승상(丞相), 검점(檢點), 지휘(指揮), 장군

---
1) 『天朝田畝制度』.
2) 『天情道理書』와 『原道醒世訓』.

(將軍) 등에, 또 지방직급으로 총제(總制), 감군(監軍), 군사(軍師), 사수(師帥), 여수(旅帥), 졸장(卒長), 양사마(兩司馬) 등에 모두 각각 정해진 인원이 배당되었다. 여군(女軍)은 모두 사십군(四十軍)이 있었으며, 여자병사의 수는 약 십만을 헤아렸다. 여자는 왕으로 봉해지지 않은 이외에는 거의 남자와 평등하게 대접받았다.

중국에서 처음으로 남녀평등의 고시(考試)제도를 도입했다. 여과(女科)를 연 것, 삼정갑(三鼎甲)을 취한 것 등이 그것이다.

이외에도 또한 매매혼인을 엄금하였으며, 기생[娼妓]·축첩[蓄婢]·전족(纏足) 등을 엄금하였다.

위의 여러 가지는 모두 봉건전통의 예교를 무너뜨린 것으로 여자에게 유리한 제도와 정책이었다.

3. 남녀의 구별을 엄격하고 가혹하게 실행함.

태평천국은 남녀의 성적(性的) 구별을 매우 중시하여 극히 엄격한 제도를 만들었다. "천당(天堂)의 자녀들은, 남자는 남자의 길이 있고 여자는 여자의 길이 있어 서로 섞을 수 없다. 남자와 여자가 서로 음행하는 자는 변괴(變怪)라고 이름하는데 하늘규칙[天條]을 가장 크게 어긴 것이다. 즉 사악한 눈짓을 하면서 다른 사람에게 사악한 마음을 일으키는 짓이다."3) "남자와 여자는 길이 다르다."4) "음란함이 가장 큰 악이다. 변괴(變怪)하여 요사스러운 행동을 하는 것은 실로 슬픈 일이다."5) "남자의 진영과 여자의 진영을 나누어서 서로 접촉하지 못하게 해야한다."6)

어머니와 아들 사이라 하더라도 서로 만나지 못하게 하고, 부부사이라도 동거하지 못하게 하여 이를 위반한 자는 모두 죽였다. "남녀의 구별을 엄격

---

3) 『天條書』.
4) 『原道盛世訓』.
5) 『天條詩』.
6) 『太平條規』.

하게 하여 부부라 해도 함께 잤다면 극형으로 다스린다."7) "백성의 집에서 큰 것을 골라 여자들을 몰아 거기에 살게 하고 여자숙소(女館)라 부른다. 위녀관(僞女官)을 두어 철저하게 통제하여 부부, 모자 사이라 할지라도 서로 만나지 못하게 한다."8)

이것은 완전히 사실이다. 이수성(李秀成)이 소흥(紹興)에 있던 그의 조카에게 보낸 편지, 홍인간(洪仁玕)의 진술서〔供狀〕와 『천정도리서(天情道理書)』등이 모두 그렇게 말하고 있다. 홍인간은, "남녀에는 구별이 있으니 부부라 해도 만날 수 없다"는 원칙 때문에 태평천국이 "이르는 데마다 승리하였다"고 생각하였다. 이는 구 전통의 삼강(三綱)사상과 비교할 때 도리어 인정에 맞지 않는 것이다.

태평천국에는 단편적인 삼강(三綱)사상이 엄중히 자리잡고 있기도 했다. "효자와 충신과 절개 있는 부녀자는 여자와 남자가 함께 기뻐하며 특별 승진시킨다."9) "부녀자에게는 정절을 지키는 것이 귀하다."10) 어떤 책에서는 태평천국이 "정조를 일방적으로 강요하는 것을 폐지했다"고 주장했으나 이는 사실과 부합하지 않는 것이다.

태평천국의 혼인제도는 여전히 구 예교를 존숭하였으므로 많은 결점과 석연치 않은 점을 지니고 있었다. 첫째, 남녀불평등이다. 일반에서는 일처일부제를 실시하였지만 각 왕은 예외로 하였다. 장덕견(張德堅)이 말하는 것처럼 "각 위왕(僞王)들은 첩을 많이 두었다. 아래 사람들에게는 인륜의 근원을 끊게 하고서 약속하여 말하기를 '천하가 평정되면 그때 부부생활을 허락하겠으며, 총각들은 그때 장가들게 해 주겠다. 또 공이 많은 자는 첩도 둘 수 있게 하겠다'고 하였다."11) 각 왕들은 스스로 모범을 보이지 못했으며, 추기급인(推己及人)하지 못한 것이다. 둘째, 앞에서 말한 것처럼 부부 사이라 할지라도 동거하는 것이 허락되지 않는다면 결혼은 해서 무엇한다는 것인가? 세째,

---

7) 『賊情彙纂』권3 僞官制僞女官條.
8) 王士鐸等續纂『江寧府志』.
9) 『果然修女諫正』.
10) 『太平天規』.
11) 『賊情彙纂』권12 雜識.

"승상(丞相)부터 비로소 처를 둘 수 있고,… 그 아래로는 둘 수 없다"[12]라는 말이 있다. 실제로 그렇다면 승상 아래의 관리와 일반 백성은 모두 처를 둘 수 없다는 것인데 그것이 가능할까? 나는 믿을 수 없다.

제2절 왕사탁(汪士鐸)의 귀남천녀(貴男賤女)에 근거한 인구론과 우생학

왕사탁(1802 혹은 1804~1889)은 강소(江蘇) 사람이며, 자는 매촌(梅村), 호는 회옹(悔翁)이다. 도광(道光:1821~1850) 때 거인(擧人)이 되었다. 태평군이 남경을 점령했을 때 적계(績溪)로 도망가 산에서 5년을 살았다. 후에 호림익(胡林翼)의 초청으로 호북(湖北)에 갔다가 상군(湘軍)이 남경을 함락하자 본거지로 돌아왔다. 1885년 국자감 조교(國子監助敎)직을 제수받았다. 저술은 매우 많은데, 그의 사상은 『을병일기(乙丙日記)』라는 책에 많이 담겨 있다.

1. 전통과 상반되는 가치기준을 세움

왕사탁에 따르면 중국사상사에서 "왕필(王弼)과 하안(何晏)의 죄는 걸(桀)·주(紂)의 죄보다 배가 많고, 석가와 노자의 죄는 10배가 많으며, 주돈이, 정씨 형제, 주희, 장재의 죄는 백배가 많다. 이(理)에 가까울수록 더욱 쓸모가 없어 다만 좋은 말로 백성들을 속일 뿐이다 … 주공(周公)과 공자는 요(堯)·순(舜)보다 배는 현명하고, 신불해(申不害)와 한비자(韓非子)는 열 배 현명하며, 한신(韓信)과 백기(白起)는 백배나 현명하다. 요·순의 덕은 주공과 공자가 입언(立言)한 것만 같지 못한데, 인자함과 부드러움에 빠졌으므로 신불해와 한비자가 작은 간사함들을 징계하였고, 한신과 백기가 큰 난리를 평정하여 공을 세웠다." 이학가(理學家) 주돈이·정호·정이·주희·장

---
12) 顧深, 『虎穴生還記』.

재·장식 등의 죄악이 가장 크고, 병가인 한신·백기 등의 공로가 가장 크다고 하는 것이다.

2. 인구 제한과 우생학의 구체적 내용

첫째, 백성을 잘 살게 하려면 먼저 '여자아이를 물에 빠뜨려 죽이는 일〔溺女〕'을 상으로 권장해야 한다. 둘째, "가난한 집은 여아를 낳지 못하게 해야 한다." 셋째, 출가하여 승려가 되는 것을 장려하여 자녀를 갖지 못하게 한다. 넷째, "정절을 지킨 여자에게 당(堂)을 세워주어" 일방적으로 여자의 정절을 강조한다. 다섯째, 엄격한 형벌과 준엄한 법, 전쟁에서 사람을 죽이는 것을 장려한다. 여섯째, "도박, 서양담배, 성리(性理), 귀신, 무당, 별점, 도적, 싸움질, 깡패, 빈둥거림, 화약, 사교(邪敎)라는 12가지 일을 금지하고 위반하는 자는 즉결 처형한다." 일곱째, 생육을 억제하는 약을 널리 보급한다. 여덟째, 남자 25세, 여자 20세 이전의 조혼, 그리고 남자가 아들이 있음에도 재취를 하는 것과 여자가 아들이 있음에도 재가하는 것을 엄금한다. 위반하는 자는 즉결 처형한다. 아홉째, 용모가 아름답지 못한 자는 모두 익사시킨다. 열째, "모두 아름답다해도 아들 하나만 남긴다. 많아도 둘을 넘겨서는 안 되며 세째부터는 익사시킨다." 열한째, 부자가 아니면 아내를 둘 수 없다.

왕사탁의 인구론과 우생학은 남녀를 차별하고 빈부를 차별하는 봉건 예교의 썩은 냄새로 가득차 있다. 그 황당무계함과 잔혹함으로 말하자면 고금에 비할 인물이 없을 정도다. 첫머리의 '여자아이를 물에 빠뜨려 죽이는' 주장과, 가난한 이는 장가를 가는 것과 여아를 낳는 것을 금지시켜야 한다고 주장한 것은, 천하에 가난한 이가 많고 부자는 적다는 것을 감안한다면 결국 남인국(男人國)으로 만들자는 말이다. 남자는 귀하고 여자는 천하다는 데서 시작했으니 남자가 많고 여자는 적은 것으로 끝맺는 것은 필연이다. 원래 숫자가 적으면 귀해지는 법, 또 어찌 일처다부, 여존남비로 바뀌지 않는다는 보장이 있겠는가? 이점은 왕사탁이 생각지 못한 점이리라. 그는 또 외모의 좋고 나쁨을 우열의 기준으로 삼았는데, 이는 한 개인의 우열을 결정하는 것이 실질에 있지 외모에 있지 않다는 것을 알지 못한 지나친 형식주의라 하겠다. 그래서 이학(理學)과 예교에 대해서도 그것이 살인하고 식인(食人)한다는 것은 보지 못하고, "이치에 가깝다", "좋은 소리", "인자하고 부드러움" 등으로만 이해했다. 왕사탁의 사상은 그보다 앞서거나 뒤에 오는 인물들인 대진(戴震)·송서(宋恕)·노신(魯迅)·오우(吳虞) 등에 비하면 하늘과 땅의 차이가 있다 하겠다. 다만 인구가 너무 많을 때 생육하지 못하게 하는 약을 널리 보급한다든지, 조혼(早婚)에 대해 반대한 것 등은 합리적인 면이 있다.

부록: 보전(莆田) 주석량(周石梁)의 「계살녀가(戒殺女歌)」

송(宋) 소동파(蘇東坡)의 「주악주에게 주는 글〔與朱鄂州書〕」에 따르면 악주(鄂州)와 악주(岳州) 지역의 농부들은 관례로 다만 이남일녀만을 기르고 이를 넘으면 죽이며, 더욱 여아 기르기를 꺼린다. 때문에 백성에 홀아비가 많다. 여아가 태어나면 곧 차가운 물에 담궈 죽이는데 그 부모가 차마 할 수 없어 다만 눈 감고 얼굴을 돌리고는 대야에 담궈 손으로 누르면 꼬르륵거리다 죽는다고 하였다."

보전 주석량의 「계살녀가(戒殺女歌)」는 이러하다. "호랑이는 그 성질이 매우 포악하지만 오히려 부자(父子)를 아는데, 사람은 만물의 영장인데 어찌 그보다 못한가! 아들이든 딸이든 한품에 안기는 마찬가지인데 아들이면 거두어 기르고 딸이면 돌보지 않는구나. 내 듣기로 그 딸 죽일 때 그 괴로움 비할 데 없다 한다. 내의 피가 뚝뚝 떨어지니, 차마 입에 담을 수 없다네. 대야 물 속에서 꼬르륵 거리다 시간 꽤 흘러 죽는다네. 아아! 부모의 마음이여, 잔인하기 이 지경에 이르다니! 나 우리 백성들에 권하네, 딸이라 가벼이 죽이지 마시오. 가시나무 비녀와 베 포대기, 그대 재산 축내지는 않으리. 분수대로 장가들고 시집가야 남녀의 도리 이루는 법. 이 노래 백성들 널리 널리 불러, 백성들 명심해야 하리."[13]

---

13) 『堅瓠集』.

제3절 중체서용(中體西用)파의 유가 예교 선양

예가 없이는 도덕도 정치도 없다고 주장한 증국번(曾國藩)

증국번(1811~1872)의 자는 백함(伯涵)이고 호는 척생(滌生)이며, 호남(湖南) 상향(湘鄕) 사람이다. 청말 상군(湘軍)의 우두머리이다. 이 '대단한 인물'에 대해서는 길게 소개할 필요가 없다. 구양조웅(歐陽兆熊)의 『수창춘예(水窓春囈)』는 증국번의 생애에 "3차례의 변화"가 있었다고 말했고, 사홍요(謝興堯)는 그 책을 해설하면서 "정확한 불변의 이론"이라 평했지만, 나는 차라리 사유위(謝幼偉)가 『효와 중국문화』에서 증국번은 모든 것에서 예를 굳게 잡아 지켰다고 한 말이 사실에 부합된다고 생각한다. 사유위는 증국번이 다음과 같이 말했음을 지적한다. "옛날 군자가 자기 마음을 다하고 그 본성의 선함을 기른 방법은 지금으로서는 얻어 볼 수 없다. 그러나 그들이 자기 몸을 닦고 집안 일을 돌보며 나라 일을 다스리고 천하를 평정한 것은 오로지 예를 굳게 지킴으로써였다. 마음 안에서 말하면 예를 버려두고서는 도덕이라 할 만한 것이 없고, 마음 밖에서 말하면 예를 버려두고서는 정치업무라 할 만한 것이 없다." 사유위는 이 말을 평해서, "예를 도덕과 정치업무의 근본이라 보는 것이니 그가 예를 중시한 것은 더욱 명백하다"라고 했다. 이는 증국번의 중심사상에 부합되는 평가이다.

증국번은 『손지방대강추의서(孫芝房對講芻議序)』에서 "옛날의 학자들에게는 이른바 경세(經世)의 술(術)이라고 할 만한 것이 없었다. 다만 예를 배울 뿐이었다 … 중니께서 제시한 표준은 매우 다양했지만 대개는 주(周)의 옛 법을 굳게 잡아 지키는 것이었다"고 말했다. 또 그는 태평천국을 토벌하는 격문에서 "요순 이래로 역대의 성인들이 명교(名敎:유교)를 지탱하고 유지하여 인륜을 돈독히 폄으로써 군신, 부자, 상하 존비가 질서 잡혀 모자〔冠〕와 신발이 뒤바뀔 수 없는 것처럼 되었다"고 하였다. 이는 곧 유학이 만고불변임을 말한 것이다. 그는 또 『금릉초군수사소충사기(金陵楚軍水師昭忠祠記)』에서 말하길 "그 외의 기기와 물자, 군사의 선발과 훈련 등 변혁할 수 있는 것들은, 바로 후세의 현자들이 시대의 변화에 따라 적합하게 제도를 만들고 그때그때에 따라 방책을 마련하던 식으로 하여 전대의 잘못을 바로 잡고 날로 새롭게 하고 날로 융성하게 해야 한다. 또한 어찌 자기 방식만 고집하고 항상된 것만을 지키면서 유약하게 그 옛날의 자취 따르기만을 좋아하여 끝내 변화하지 않겠는가?"라고 말했다. 이는 곧 서학(西學)을 통해, 때에 따라 시대에 맞게 변화해야함을 말한 것이다. 증국번은 봉건정치와 봉건문화는 변혁할 수 없으나 군사·공업 등은 마땅히 변해야 한다고 생각하였다. 그가 서법(西法)을 채용하여 부국강병의 정책을 꾀한 것은 봉건정권을 구하고 봉건세력을 강화하려는 데 목적이 있었다. 즉 서방의 과학과 무기를 이용하여 중국인민혁명을 진압함으로써 봉건정권에 봉사하려는 것이었다. 불변하는 것과 변할 수 있는 것 사이의 주종관계는 분명한 것이다. 이는 장지동(張之洞)이 힘써 선전한 "중학(中學:전통중국의 학문)을 근본 정신〔體〕으로 하고, 서학(西學:근대서양의 학문)을 활용의 도구〔用〕로 한다"는 표어의 주된 근거가 되었으며, 또한 풍계분(馮桂芬)에서 증국번, 장지동에로 계속 전승하여 이어지는 방침이었다. 이런 방침을 그대로 계승하여 오는 것이 이른바 중서조화설(中西調和說), 중국문화본위설(中國文化本位說), 신유가설(新儒家說) 등등이다. 이들은 모두 포장은 바뀌었지만 내용은 같은 것이다.

삼강(三綱)의 윤리는 바꿀 수 없다고 주장한 장지동(張之洞)

장지동(1837~1909)의 자는 효달(孝達), 호는 향도(香濤)이며, 직예(直隸:지금의 河北) 남피(南皮) 사람이다. 동치(同治:1862~1874) 때에 벼슬길에 나아가 내각학사(內閣學士), 호광총독(湖廣總督)까지 지냈다. 1898년 『권학편(勸學篇)』을 지어 "중학(中學:전통중국의 학문)을 근본 정신〔體〕으로 하고 서학(西學:근대서양의 학문)을 활용의 도구〔用〕로 하는" 일파의 저명한 대표가 되었다. 『장문양공전집(張文襄公全集)』이 있다.

장지동은 삼강(三綱), 오상(五常), 오륜(五倫)을 내세우면서 서양에서의 평등권 주장 등에 반대하여 이렇게 말하였다. "성인(聖人)이 성인(聖人)인

이유와 중국이 중국인 이유가 실로 여기에 있다. 군신(君臣) 사이의 윤리를 안다면 민권(民權)의 주장은 펼 수 없다. 부자(父子) 사이의 윤리를 안다면 부자 사이에도 죄를 묻고, 상례(喪禮)와 제례(祭禮)를 폐한다는 등의 주장은 할 수가 없다. 부부 사이의 윤리를 안다면 남녀평등의 주장은 있을 수 없다."14) "이른바 도리의 근본은 삼강(三綱)과 사유(四維)이다. 이들을 버린다면 법은 시행되지 못하고 큰 혼란이 일어날 것이다."15)

제4절 "『논어』의 내용은 모두 예에 관한 것"이라고 주장한 진례(陳澧)

진례(1810~1882)의 자는 난보(蘭甫)이고, 광동(廣東) 번우(番禺)사람이다. 청(淸)나라의 향시(鄕試)에 합격하였으며 학해당(學海堂)의 학장을 수십 년간 지냈고, 늙어서는 국파정사(菊坡精舍)의 산장(山長)이 되었다. 뛰어난 인재들이 그 문하에서 많이 배출되었다. 한대유학(漢代儒學)이 의리(義理)를 잘 논해 놓은 것은 송대유학(宋代儒學)과 별 차이가 없다고 주장했다. 한대유학을 경멸하는 것을 잘못이라 하고, 또한 근세의 유학자들이 한대유학을 높이고 의리는 강론하지 않는 것도 잘못이라 하였다. 한대유학의 학술을 배워야 하며 더욱 그들의 실천을 본받고, 주자(朱子)의 글을 읽어야 한다고 주장하였다. 청대 고증학은 그 근원이 주자에서 나왔는데도 그것을 모르고 오히려 주자를 비난한다고 보았다. 청대 고증학을 높이 평가했으나 부족한 점이 있으므로 보완해야만 한다고 생각했다. 때문에 『성률통고(聲律通考)』, 『절운고(切韻考)』, 『한유통의(漢儒通義)』, 『문집(文集)』, 『동숙독서기(東塾讀書記)』 등을 지었다. 평생 공자와 주자를 가장 높였다.

진례가 예교에 관해 논한 것은 아래의 세 방면이다.

---

14) 『勸學篇』「明綱」.
15) 위와 같은 책, 「變法」.

1. 『논어』의 중요성

진례에 따르면 "경학의 요체는 모두 『논어』에 있다. 때문에 『논어』를 오경의 비녀장이라고 한다."16)

진례는 독서에 뜻을 둔 자는 먼저 『논어』를 읽어야 한다고 강조하고 그 자식들에게 그렇게 가르쳤다. "매일 주자의 주석(注釋) 한 장씩을 읽되 성현의 말씀을 마치 옆에 모시고 직접 듣는 듯이 엄숙하고 공경스럽게 읽어야 한다. 구절마다 글자마다 상세하게 생각하고 풀어서 수련하듯 몸과 마음에 새겨두고, 오늘의 세상살이에서 실제로 징험해 보아야 한다. 이렇게 수십 차례 거듭하면 식견이 높아지고 인격 또한 따라서 높아지게 된다. 『논어』 한 책을 다 읽을 때쯤에는 이미 평범한 인물이 아닌 것이다. 매 장마다 차례에 따라 읽고, 뛰어넘어 어지럽히지 말아야 하며, 쉬는 일이 있어서도 안된다 ⋯ 이는 곧 정자와 주자(程朱)의 주장으로, 주자는 공자께서 다시 살아난다 하더라도 남을 가르칠 때는 이렇게 할 것이라고 말했다." 그는 마지막으로 "그러나 아무도 그 법을 따르려 하지 않는구나"라고 탄식하였다.17)

2. 『논어』의 내용은 모두 예에 관한 것이다.

진례는, 공자가 『시경』을 개괄하여 정의한 '무사(無邪)'라는 것이 곧 예(禮)라고 생각하였다.

"고염무는 말하기를, '(공자께서) 나는 하나로 일관했다고 하는 것은, 『시(詩)』 삼백편의 내용이 지극히 다양하지만 한마디로 요약해서 생각에 사악함이 없다고 하는 것과 상통한다'18)고 했다. 이 말은 매우 타당하다. '『시』 삼백편'이란 잡다한 학문영역에 넓게 연관된다는 것이며 '한마디로 한다'는 것은 일관하여 요약한다는 것이다. '생각에 사악함이 없다'는 것은 충서(忠恕)

---

16) 이것은 趙邠卿이 『孟子題辭』에서 한 말이다. 『東塾讀書記』 권2에 보인다.
17) 『東塾集』 「復王峻之書五首」.
18) 『日知錄』 권7.

이며 예(禮)이다."19)

더 나아가 진례는 『논어』에서, 말한 것이 "예로 하지 않은 것이 없으며" 또한 "지극히 넓고 지극히 정밀하다"고 하였다. "『논어』에서 예에 대해 말한 것은 40여 장이다. 말하고 듣고 보고 행하는 것에서부터 어버이를 섬기고 자식을 가르치며, 임금을 섬기고 신하를 부리며, 백성을 부리고 나라를 다스림에 예로 하지 않는 것이 없다. 그 예를 실천함에는 공경[敬], 양보[讓], 검약[約], 절도[節], 문채[文]로 한다. 그 근본은 검소함에 있으며, 그 활용은 조화를 추구하는 데 목적이 있다. 먼저 인(仁)으로 지키고 의(義)로 바탕을 삼으며, 학(學)으로 넓힌다. 옛것(古人의 禮)과 뒤의 것에 차이가 있다면 옛것을 따른다. 예는 비록 폐해졌다 하더라도 아껴야 하니, 하나라와 은나라의 예는 다 증거를 들어 밝힐 수는 없지만 말할 수는 있다. '활쏘기에서는 가죽을 뚫는 것을 목표로 하지 않는다'는 것은 『의례(儀禮)』의 문장을 따온 것이다. 「향당(鄕黨)」편은 모두 『예기(禮記)』와 유사하다. 『논어』에서 예를 말한 것은 지극히 넓고 지극히 정밀하여, 탐색하였지만 아직 다 끝내지는 못했다."20)

"『논어』가 말한 것은 모두 예이다. 작은 것을 말해본다면, 종종걸음으로 마당을 가로질러 간다는 것은 자식이 부모를 뵙는 예이고, 목욕한다는 것은 신하가 군주를 알현하는 예이며, 속수를 가지고 간다는 것은 제자가 스승을 처음 뵙는 예이다. 공적인 일이 아니면 가지 않는다는 것은 관리가 그 상관을 뵙는 예이다. 세 가지 잘못은 어른을 모실 때의 예를 잃은 것이고, 자리에 있을 때 선생과 나란히 걷는 것은 제자가 예를 잃은 것이다. 작은 것들이 이와 같으니 큰 것들은 말할 필요도 없다." 요약한다면 "천하의 모든 일 가운데 그에 적절한 예(禮)가 없는 것은 하나도 없다."21)

3. 불교의 "욕망을 끊어야 한다"는 주장은 억지이다.

---

19) 『東塾讀書記』 권1.
20) 위와 같은 책 같은 곳.
21) 위와 같은 책, 권2.

진례는 "불교는 지극히 용맹스러운 종교"라고 생각했다. 어떤 점에서 그런가?

"사람은 좋은 음식을 달게 여기고 예쁜 여자를 좋아하게 마련이며, 사는 것을 좋아하고 죽는 것을 싫어하기 마련이다. 불교라 해서 어찌 다르겠는가? 그런데도 홀로 억지를 부려 사람이 할 수 없는 것을 하며, 사람이 끊을 수 없는 것을 끊는다. 때문에 용맹하다 한 것이다. 또 불교라 해서 사람들이 다 그것을 따를 수는 없다는 것을 모르지 않으며, 또한 반드시 다 그것을 배워야 한다고 주장하는 것도 아니다. 사람마다 그것을 배우게 한다면 인류는 멸절될 것이다. 불교도 사람이 살기를 원하지 죽어 없어지기를 원하지 않는다는 것은 분명하다. 사람과 사물이 각기 그 삶에 편안하기를 원하면서도 자기 스스로는 죽어 없어지기를 달가와 한다는 것이 불교이니 그래서 용맹하다 한 것이다."[22]

이는 불교 승려가 장가들지 않으며, 비구니가 시집가지 않는 것을 지적한 것이다. 이렇게 욕망을 끊는 것은 일반인으로서는 할 수 없는 일이다. 일반인이 할 수 있는 것은 시집가고 장가가되 욕망을 줄이는 정도이다. 또 모든 사람이 욕망을 끊어버린다면 인류는 멸절할 것이고 이는 불교도 원하지 않는 것이다. 그는 글의 끝에, 그의 이런 생각은 『이정전서(二程全書)』에서 나온 것이라 밝히고, "선현이 내 마음을 미리 안 것을 남몰래 감탄하노라!"고 하였다.

제5절 예(禮) 이외에는 배울 것이 없다고 주장한 왕선겸(王先謙)

왕선겸(1842~1918)의 자는 익오(益吾), 호는 규원(葵園)이다. 호남(湖南) 장사(長沙) 사람. 동치(同治:1862~1874) 때 진사(進士), 벼슬은 강소

---

22) 『東塾集』(권1) 「說佛」.

학정(江蘇學政)에까지 이르렀다. 악록서원(岳麓書院) 등에서 가르쳤다. 유신(維新)·혁명(革命)에 반대하여 호남(湖南) 보수파의 우두머리가 되었다. 저서에 『허수당문집(虛受堂文集)』, 『십조동화록(十朝東華錄)』, 『한서보주(漢書補注)』 등이 있다.

왕선겸은 예(禮) 이외에는 배울 것이 없다고 주장하였다. "옛사람들은 예(禮) 이외에는 배우지 않았다. 읽는 것은 모두 그에 관한 것이었다."[23] 그는 옛사람들이 예(禮) 이외에는 배우지 않았다고 생각했을 뿐 아니라, (행동이) 예(禮)에 맞는가 아닌가에 따라 유가(儒家)인가 아닌가를 분별하였다. 그는 그의 학생 진의(陳毅)가 말한, "문채가 있고 또 예(禮)에 맞는 것이 유가의 말이다. 문채는 있지만 예에 맞지 않는 것은 잡가(雜家)의 말이다"[24]라는 말에 동의하였다.

왕선겸은 삼강(三綱)의 주장을 굳게 지켰다. 충신, 효자, 의부, 열녀에 대해 사람들이 한번 들으면 "감격에 차 얼굴 빛이 변하고 숙연하여 공경스럽게"[25]되지 않는 이가 없다는 것이다.

제6절 대동세계(大同世界)는 반드시 남녀평등, 각자 독립에서 출발해야 한다고 주장한 강유위(康有爲)

강유위(1858~1927)는 광동(廣東) 남해(南海) 사람이다. 원래 이름은 조이(祖詒), 자는 광하(廣廈), 호는 장소(長素), 갱생(更生)이다. 1888년 처음으로 광서제(光緒帝)에게 변법을 건의하였다. 1895년에는 '공거상서(公車上書)'를 주도했다. 곧 진사(進士)가 되어 공부주사(工部主事)에 임명되었다. 무술변법(戊戌變法)이 실패하자 해외로 망명하였다. 1913년 잡지 『불인(不忍)』을 주편(主編)하였고, 공교회(孔敎會)의 회장이 되어, 공자를 선양하고

---
23) 『虛受堂文集』「讀禮叢 序」.
24) 陳毅, 「虛受堂文集序」.
25) 『虛受堂文集』「書彭烈婦行狀後」.

민주공화(民主共和)에 반대하였다.

  1917년에는 장훈(張勳)의 복벽(復辟)에 참가했고, 이후 더욱 반동화되었다. 1927년 청도(靑島)에서 병으로 죽었다. 저서는 매우 많은데,『신학위경고(新學僞經考)』·『공자개제고(孔子改制考)』·『대동서(大同書)』가 가장 유명하다. 강유위의 사상은 도퇴형(倒退型:후퇴형)이다. 지금 여기에서는 오직 그의 전기(前期)사상만을,『대동서(大同書)』만 가지고 논하려 한다. 그렇게 하는 것이 이해하는데 복잡하지 않기 때문이다. 그가 가장 이상적으로 생각한 대동세계(大同世界)는 '아홉가지 한계〔九界〕'를 제거해야만 한다. 먼저 "형체라는 한계〔形界〕를 제거하는 것"으로부터 시작해야 한다. 형체를 제거하고 나서는 가족이라는 한계〔家界〕, 사유재산이라는 한계〔産界〕, 계급이라는 한계〔級界〕, 나라라는 한계〔國界〕, 종족이라는 한계〔種界〕, 무질서라는 한계〔亂界〕, 인류라는 한계〔類界〕, 고통이라는 한계〔苦界〕를 제거해야 한다. 이중 "형체라는 한계를 제거한다"는 것은 남자와 여자의 신체적 구별을 없애야 한다는 것이 아니라 남녀 불평등을 없애야 한다는 것이고 각기 독립해야 한다는 것이다. 그는 이 아홉가지 제거를 모두 "하늘이 인간에게 준 권리"라고 생각하였다. 그리고 그 관건은 남자와 여자가 부부라는 명목을 제거하고 자유롭게 교제하는 그 한 문제에 달려 있다고 생각했다. 그렇게 해야만 "남편과 아내, 아버지와 아들이라는 사적관계가 소멸하고", "전세계 인류가 모두 가족이 없어지는" 것이다. 형체라는 한계와 가족이라는 한계만 극복된다면 나머지 일곱가지 한계는 잇달아 자연히 없어지게 된다. 그래서 그는 "남녀 평등에서 출발하여 모든 사람이 평등한 데서 마친다. 반드시 이에 이르러야만 나의 소망은 비로소 이루어지는 것이다"[26]라고 말했다.

제7절 전기(前期) 엄복(嚴復)과 양계초(梁啓超)의 반공(反孔), 반예교(反禮敎)

---

26) 졸저,『康有爲 黃金時代의 思想體系와 評價』참조.

제4장 중국유가 예교사상이 충격을 받기 시작한 시기 - 청말·민초(淸末民初) 277

예교와 군주권의 관계를 논한 전기(前期)의 엄복 ─ 종법사회(宗法社會)와 종법성인(宗法聖人)

엄복(1854~1921)은 복건(福建) 후관(侯官:지금의 福州에 속함) 사람이다. 자는 우릉(又陵), 기도(幾道)이다. 1877년 영국에 가서 해군에서 배우며 서방 자본가계급의 사회과학과 자연과학에 접하였다. 1879년 중국으로 돌아와 복주(福州) 선정학당(船政學堂)의 교습(敎習)에 임명되었다. 1890년 북양수사학당(北洋水師學堂) 총판(總辦:총책임자)의 자리에 올랐다. 청일전쟁에서의 패배를 전후해서 『논세변지극(論世變之亟)』, 『원강(原强)』, 『벽한(闢韓)』, 『구망결론(救亡決論)』 등을 발표하여, 봉건전제를 반대하고 입헌군주제를 제창하였으며, 백성의 힘[民力]을 고취시키고 백성의 지적능력[民智]을 개발하며 백성의 도덕성[民德]을 일신하여 부강(富强)을 이룰 것을 주장하였다. 무술변법 기간에는 강유위·양계초와 불완전하게 합류하였으나 행동을 취하지는 않았다. 민국(民國)이 들어서자 초대 북경대학 총장에 임명되었다. 주안회(籌安會)에 가입하였으며, '오사(五四)' 신문화운동(新文化運動)에 반대하였다. 1921년 병으로 죽었다. 매우 많은 서양책을 번역하여 "번역계의 태조(太祖)"로 불리웠다. 그의 저작 및 번역서로는 『엄역명저총간(嚴譯名著叢刊)』, 『엄복집(嚴復集)』이 있다. 그의 번역서 중에는 『천연론(天演論)』의 영향이 가장 컸고, 『법의(法意)』, 『사회신전(社會新詮)』, 『군학이언(群學肄言)』 등은 예교와 관계 있는 내용을 담고 있다. 저작 중에는 『원강』, 『벽한』 등이 비교적 급진적이었다. 그의 사상은 대략 서화전진(西化前進), 중서조화(中西調和), 복고반동(復古反動)의 세 단계로 나누어 볼 수 있다. 날로 뒷걸음질 쳤으며, 처음과 나중이 상반되었으니, 이는 도퇴적인 사상가의 두드러진 대표이다. 여기에서는 그 전기(前期)의 비교적 특색 있고 또 예교와 관계가 있는 발언들을 간략하게 서술하고자 한다.

1) 중서문화(中西文化)의 다른 점

엄복은 중국과 서양의 문화는 서로 반대가 된다고 생각했다. 중국은 자유를 반대하지만 서양은 자유를 중히 여긴다. 중국이 가장 중히 여기는 것은 삼강(三綱)인데 서양은 평등을 앞세운다. 중국이 친친(親親:혈연 중시)이라면 서양은 상현(尙賢:능력 중시)이다. 중국이 효(孝)로써 천하를 다스린다면 서양은 공(公)으로 천하를 다스린다. 중국이 군주를 높인다면 서양은 백성을 높인다.

중국이 같은 도리 아래 동일한 풍속으로 사는 것을 귀히 여긴다면 서양은 끼리끼리 모여 작은 단위로 모여 사는 것을 좋아한다. 중국은 꺼려 피하는 것이 많지만 서양은 대놓고 비판하는 것이 많다. 물질생활에서 중국이 절제를 강조한다면 서양은 물자를 풍부히 할 것을 강조하며, 중국이 순박을 추구한다면 서양은 즐기려 한다. 타인에 대한 태도에서 중국이 겸손하게 굽히는 것을 좋게 여긴다면 서양은 명랑 활발한 경우가 많으며, 중국이 절도와 형식을 중시한다면 서양은 간편한 것을 좋아한다. 학문에서는 중국이 박학다식(博學多識)을 좋아한다면 서양은 새로운 지식을 좋아한다. 자연재해에 대해서도 중국은 하늘의 운수에 맡기지만 서양은 인간의 힘을 의지한다.[27]

2) 종법사회와 종법성인

엄복은 중국이 종법의 사회이며, 종법이 그 7할을 점유한다고 생각했다. "주공과 공자는 종법사회의 성인이다."[28]

3) 중국의 예(禮)는 포괄하지 않는 것이 없다.

이 문제에 대해서 엄복은 그의 번역서에서 예증을 들어 말했다.
"이전에 상향(湘鄕)의 증국번이 이렇게 말하였다. 옛날 학문이라고 한다면 경세(經世)의 술(術)이 아님이 없었는데, 예(禮)를 배울 뿐이었다 한다. 『주

---

27) 『論世變之亟』.
28) 『社會通詮』按語.

례』에는 정치, 농사일에서부터 술과 장 담그는 것, 점치는 것, 육축과 물고기, 새에 이르기까지 모두 각각 담당하는 관리를 두어 세세한 데까지 다 살피게 하였다. 두씨(杜氏:杜預)는 『춘추석례(春秋釋例)』에서, 좌구명(左丘明:『春秋左氏傳』의 저자)의 의도와 공자(孔子:『春秋』의 저자)가 기준을 자유롭게 변화시킨 것이 거의 주(周)의 법전에 따른 것이라고 찬탄하고는, '『주례』가 모두 노(魯)에 있었다'고 말하였다. 당(唐)의 두우(杜佑)는 『통전(通典)』에서, 예(禮)가 가장 중요하며, 거기에서 우리는 선왕(先王)의 경세(經世)의 유의(遺意)를 얻는다고 하였다. 송(宋)의 장재와 주희는 더욱 그것을 높이 주장하였다. 청(淸)대에는 거유들이 나타났는데, 고염무는 예교를 선양하는 것을 자기의 소명으로 삼았으며, 강영(江永)은 『예서강목(禮書綱目)』을 편찬하여 크고 자잘한 모든 것을 거론하였다. 그리고 진혜전(秦蕙田)은 『오례통고(五禮通考)』를 지어 천문·지리·군정(軍政)·관제(官制) 등을 모두 수집하고 구류(九流:제자백가)를 종합하여 세밀하게 분석했으나 아쉽게도 식화(食貨:경제) 부분은 약간 미비하였다. 그래서 나는 염조부세(鹽漕賦稅)에 관한 것을 모아 따로 한편을 만들어 진(秦)씨의 책 뒤에 붙이려 하였다. 이는 나의 지적 호기심을 끝없이 채우려는 것이 아니라, 옛 성인이 예(禮)를 제정한 내용이 본래 그렇게 포괄하지 않음이 없었기 때문이다. 증국번의 이 말에 따르면, 우리나라의 예(禮)가 포괄하는 범위는 단지 종교 법전의 의례형식만이 아니라, 실로 지금의 이른바 과학·역사까지 아우른다고 하겠다. 예(禮)라고 하는 것이 어찌 큰 것이 아니겠는가?"29)

그는 또 "서구에서 교(敎:종교)라고 하는 것은 중국에서는 예(禮)이다"라고 하면서 "성인(聖人)이 예를 제정하는 자라면 현자(賢者)는 예를 즐거워하는 자이다"라고 하였다.30)

4) 군주는 반드시 예교(禮敎)로 천하를 통치해야 한다.

---

29) 『法意』按語.
30) 위와 같은 책 같은 곳.

엄복은 말했다. "군주 제도는 반드시 예를 쓴다." "진정한 군주는 예를 숭상한다." "예는 군주에게만 속한 권력이 아니다. 신하들도 역시 이에 의거해서 나가고 물러선다." 이는 중국을 지목하여 말한 것이다. 그는 다음과 같이 말했다.

"서방의 군주와 백성은 진정한 군주이며 백성이다. 군주와 백성은 모두 권력을 가진다. 동방의 군주는 세상이 평화로우면 아버지와 아들 같지만 세상이 어지러우면 주인과 노예처럼 된다. 군주는 권력을 가졌지만 백성에게는 권력이 없다."[31]

그는 진(秦) 이후의 군주를 다 비난하여, "진(秦) 이후로 중국에서 군주가 된 자들은 모두 사나운 자들이고 속여 빼앗기를 잘하는 자들이었다." "진(秦) 이후로 군주들은 이른바 나라를 훔친 큰 도둑들이었다. 나라를 누가 훔치는가? 서로 돌아가며 백성들에게서 빼앗는 것이다." 백성에게서 빼앗았으니 이제 백성들이 알아차리고 그를 뒤엎지 않을까 두려워 한다. 이에 온갖 법령으로 백성들을 약하게 하고 어리석게 만들어 "빼앗은 것을 영원히 보존하려 한다." 서양의 정치는 이와는 정반대이다. "나라는 그 백성들의 공유 재산이다. 왕후장상이란 나라 전체의 공복(公僕)이다."[32]

"중국은 진(秦) 이후로 천하(天下)라고 할 수 있는 것이 없었고 나라라고 할 만한 것이 없었다. 모두 집안[家]일 뿐이다. 한 집안이 일어나면 모든 백성이 그의 신첩(臣妾)이 되었다. 일어난다고 해도 한 집안이 일어나는 것이며, 망하는 것도 그 한 집안이 망하는 것이다. 천자가 자신의 한 몸에 헌법·국가·왕권의 세 가지 대권을 모두 가지니, 그 집안이 망하면 일체가 그와 더불어 망하는 것이다. 백성들은 다만 노예가 주인을 바꾸는 것과 같을 뿐이다. 어찌 이른바 길이 보존되는 것이 있단 말인가! 맹자는 '공자가 『춘추』를 지으니 난신적자(亂臣賊子)들이 두려워 했다'라고 했지만, 『춘추』가 이루어 졌어도 난신적자들이 두려워했던 적은 없었다. 왕망(王莽)·조조(曹操)·사마의(司馬懿)·사마온(司馬溫) 등은 그만두고라도 당(唐)을 전후해

---

31) 위와 같은 책 같은 곳.
32) 『闢韓』.

서, 육조(六朝) 오대(五代) 때의 왕위찬탈은 어찌 그리 빈번했단 말인가? 송(宋)에 이르러 도학(道學)이 일어난 후에야 난신적자들은 비로소 진정으로 두려워 하였다. 그러나 이때부터는 중국이 망하게 되는 것은 많은 경우 외국에 의해서였다. 왜냐하면, 그들은 난신적자가 아니었기 때문이다. 중국의 주인이 된 이민족(元을 일으킨 몽고족과 淸을 일으킨 만주족)은 마찬가지로 명교(名敎:유교)를 일으켰다. 아아! 근심하여 방비했으나 화는 방비한 바깥에서 일어났으며 심지어는 방비하는 가운데서도 일어났다. 이러한 전제주의는 전혀 성공할 가능성이 없는 것이다."[33]

즉, 당(唐) 이전에는 난신적자에 대해서 예교는 별 역할을 하지 못했다. 송(宋) 이후 예교가 비로소 큰 작용을 하기는 했지만 한족(漢族)이 아닌 이민족에 의해 자주 망하였다. 그것은 단지 한족에게 먹혀 들었을 뿐 이민족에게는 소용이 없었다. 엄복은 그 일체의 원인을 군주전제에로 돌렸다. 그러나 이는 잘모르고 하는 소리로서, 당(唐) 이전에 예교가 난신의 찬탈을 막지 못한 것은 사실이지만 오히려 다른 작용을 했던 것이니, 곧 전제 군주들은 예교로 천하를 다스렸던 것이다. 또 송(宋) 이후 이학가(理學家)들은 예교를 더욱 강조했고, 전제 군주 또한 이학가의 예교를 더욱 중시하여 공자를 존숭할 뿐 아니라 더욱 주자(朱子)를 높여서 심지어는 공자보다 더 존숭하기도 하였다. 그래서 한족이든 아니든 전제 군주라면 모두 마찬가지로 예교로 백성을 통치하려 하였다. 한족이 아닌 원(元), 청(淸) 등의 왕조도 공자 존숭과 주자 존숭을 통해 예교를 높였던 것이다. 엄복 또한 총괄해서 이렇게 말했다. "중국은 삼강(三綱)을 가장 중히 여겼다." 예교는 전제 군주에게 가장 유리한 것이다. 그렇지 않다면 한족, 이민족을 막론하고 모두 특별히 예교를 중시하는 이유가 무엇이었겠는가?

5) 남녀불평등에 반대함

---

[33] 『法意・按語』.

엄복은 그의 번역서에서 자주 남녀불평등에 대해 논술하였다. 주로 세 가지 문제가 있다. 첫째는 혼인문제다. 그에 따르면 일부다처제는 『주역』의 '양은 홀수이고 음은 짝수이다'라는 생각에 그 뿌리가 있다. 문제의 해결을 위해서 그는 배우자는 마땅히 남녀의 자유로운 선택에 따라야지 부모의 명령이나 중매장이의 말에 따라서는 안된다고 생각했다. 또 반드시 중국이 종법사회에서 벗어나야 한다고 주장했다. 그렇지 않으면 "후손이 없는 것"이 "불효(不孝)"가 되며, 따라서 첩을 두지 않는 이가 없게 된다는 것이다.

둘째는 도덕문제다. "중국의 여자들에게는 세 가지 복종이라는 게 강요되어 죽는 날까지 하루도 자유로운 날이 없다." "삼강(三綱)의 도덕원칙은 그것이 군주에 적용될 때는 상하 존비의 구별이 명료하여서 땅의 논리〔坤道〕는 적용되지 않는다. 이는 실제의 예속(禮俗)과도 부합된다." 또한 그는 "중국의 큰 둑〔堤防〕으로 남녀보다 중한 것은 없다"고 생각하였다. 여자들은 일방적으로 정조를 지키도록 강요되고 남편이 죽어도 재가가 허락되지 않았다. "이러한 것은 예에 속박되어 그 조화를 잃은 것이라 할 수 있다. 내가 듣기에 예법의 일이란 그것이 이치에 닿지 않는 것이라면 비록 매우 조심한다 해도 그 둑에 마침내는 균열이 생기게 마련이다. 균열이 생기면 터져 사방으로 나가게 되고, 그 지나치고 범람하는 것은 더욱 심해지게 된다." 이점에 대해서는 담사동(譚嗣同)이 이미 지적하였다.

셋째는 정치문제다. 그는 여자에게 맞는 일은 집안 일이라기보다 나라 일이라고 생각했다. "그 기질의 부드럽고 약함을 활용한다면 자상하고 온화한 정치를 펼 수 있다." 아울러 영국과 러시아의 경우를 증거로 들어, "그들 나라가 전제(專制)국가임을 감안한다면, 저 약한 여자가 또한 군주와 왕에 적합하다"고 하였다.

전기(前期) 양계초의 급소를 찌른 반공(反孔), 반예교(反禮敎)

양계초(1873~1929)의 자는 탁여(卓如), 호는 임공(任公), 별호로 음빙실주인(飮氷室主人), 신민자(新民子) 등이 있다. 광동(廣東) 신회(新會) 사람.

제4장 중국유가 예교사상이 충격을 받기 시작한 시기 - 청말·민초(淸末民初) 283

근대 중국의 저명한 사상가, 정치가, 교육가, 사학가, 문학가며 언론인이다. 강유위(康有爲)와 이름을 나란히 하여 사람들이 "강양(康梁)"이라고 불렀다. 1889년 거인(擧人)이 되었다. 1890년부터 강유위에게 배웠고, 『신학위경고(新學僞經考)』, 『공자개제고(孔子改制考)』 등의 편찬을 도왔다. 1895년 광동(廣東)과 호남(湖南)의 거인(擧人)들을 선동, 도찰원(都察院)에 마관화의(馬關和議)를 거절할 것을 상소하였다. 1897년에는 호남 시무학당(時務學堂)에서 가르쳤다. 1898년 무술변법 때에 그와 강유위는 의기투합했으나 이후에는 결합하고 헤어지는 것이 일정치 않았다.

변법을 전후해서 『시무보(時務報)』(1896~1897,上海), 『청의보(淸議報)』(1898~1901,橫濱), 『신민총보(新民叢報)』(1902~1907,橫濱)의 세 잡지를 창간, 많은 영향력을 행사함으로써 "언론계의 총아"가 되었다. 그는 서방 자본가 계급의 학설을 적극적으로 소개하고 봉건 전통사상을 공격하였다. 1905년 부터는 개량을 주장하고 혁명에 반대하여, 『민보(民報)』와의 필전(筆戰)을 벌였다. 1907년에는 정문사(政聞社)를, 1913년에는 진보당(進步黨)을 조직하였고, 사법총장(司法總長)이 되어 원세개(袁世凱)를 위해 일했다. 1915년에는 그의 학생인 채악(蔡鍔)을 시켜 호국군(護國軍)을 조직, 원세개의 제제복벽(帝制復辟)에 반대하게 하였다. 1917년 재정총장(財政總長)이 되었다. 후에는 몇몇 대학에서 가르쳤다. 1925년부터 청화학교(淸華學校) 국학연구원(國學硏究院)의 교수로 있으면서 학술 저작에 힘썼다. 1929년 병으로 세상을 떴다. 저작에는 『음빙실합집(飮冰室合集)』, 『양계초연보장편(梁啓超年譜長編)』 등이 있다.

양계초 일생의 사상은 대략 전기, 중기, 후기의 세 시기로 나누어 볼 수 있다. 전기는 1902년 이전 유신(維新) 진보(進步)의 시기로서, 『신민설(新民說)』, 『자유서(自由書)』, 『중국학술사상변천의 대세를 논함』 등의 대표적 저작을 쓰는 것으로 끝난다. 이때 그는 묵자(墨子)를 높이고 공자(孔子)에 반대하며, 민권(民權)을 중시하고 군주권(君主權)에 반대함으로써 봉건 완고파(보수파)에 대항하여 싸웠다. 중기는 점차 보수화하는 시기이며 또한 과도기이기도 하다. 후기는 1919년 이후로서 날로 반동화되는 시기이다. 이 시기의 사상은 『구유심영록(歐遊心影錄)』, 『선진정치사상사(先秦政治思想史)』 및 『양계초연보장편』의 후기(後期) 가서(家書) 등의 저작으로 대표된다. 동방 중국 고대의 정신문명의 부흥을 주장하고 서방 근현대의 물질문명에 반대하였으며, 공자를 높이고 묵자에 반대하였고, 특히 소련과 공산체제와 마르크스주의에 반대하였다. 그의 언행은 전기, 중기에서도 늘 모순적이어서 철저한 진보도 철저한 보수도 아니었다.

이상은 그의 사상에 대해 말한 것이다. 그의 학술 연구에 대해 말하면 오히려 반대로 후기로 갈수록 더욱 많은 성취를 이루었다. 양계초가 예교 문제에 관해 말한 것은 매우 많다. 여기에서는 전기 저작인 『중국학술사상변천의 대세를 논함』을 중심으로 그 일면을 살피고자 한다.

1) 공자학(孔子學)은 군주권(君主權)으로 귀결된다.

청말 때의 양계초는 진보적 지식인이었다. 그는 유가사상의 결점에 대해 매우 분명히 알고 있었다. 그는 공자의 정치론은 "군주와 신하 사이의 엄격한 상하 구분에 대한 것이다." "정치수단은 간섭이며, 군주와 신하 사이의 명분은 강제이고, 사회질서는 차등이다." "유교의 가장 큰 결점은 오로지 군주를 위하며 백성을 위하지 않는다는 것이다." "윗사람을 범하거나 난리를 일으키는 것을 금기로 하며 … 분수를 넘어 군주에 강요하는 것을 불경하다고 하고 … 분수를 넘어 일반 백성이 정치에 대해 논란하는 것을 또한 무도(無道)하다고 한다. … 그 입론의 편벽됨과 유폐(流弊)의 장구함은 내 목에 칼이 들어온다 하더라도 지적하여 말하지 않을 수 없다." 양계초의 공자 반대는 당시 누구도 따라올 수 없을 정도였다. 그는 군주에의 충성을 주장한 것이 공자가 역대 제왕들에게 배타적으로 존경을 받은 이유라고 단언하였다.

"당시의 여러 사상가들치고 천하를 다스릴 계책을 내놓지 않은 이가 없었는데 유독 공자만이 선택받은 이유는 무엇인가? 주(周) 말기의 위대한 사상가로서 공자에 필적하는 이로는 노자와 묵자가 있었다. 그런데 묵자는 평등을 주장했으므로 전제(專制)에는 크게 불리했고, 또한 노자는 방임을 주장했는데 이 또한 간섭에는 맞지 않았다. 패자(覇者)의 정치술과는 맞지 않은 것이다. 오직 공자의 학문은 차등을 엄격히 하고 질서를 소중히 하였으므로 그것을 시행한다면 군주권에로 귀결되는 것이었다 … 그가 72군주에게 요구하고 3천 제자를 가르친 내용은 대개 상하의 구분을 엄격히 한다는 대의(大義)이며, 양(陽:남성적 원리)을 높이고 음(陰:여성적 원리)을 낮춘다는 너저분한 말이었다. 이는 제왕이 백성을 통제하는데 가장 적합한 주장이었다. 실제로 패자(覇者)들은 이를 이용해서 천하를 통제했던 것이다. 한(漢) 고조(高祖)는 천하를 다툴 때에는 유학자의 관(冠)을 오줌받이로 쓸 정도였지만, 천하를 잡고서는 노(魯)에 가서 태뢰(太牢:가장 큰 犧牲)의 제사를 드렸다. 공자의 학문은 처음에는 방해물이었지만 나중에는 협조자가 된 것이다."

이천년의 세월을 지나면서 역대 왕조들이 노자, 묵자를 높이지 않고 오직 공자를 높인 이유는 어디에 있는가? 똑같은 사람인데 재야에 있을 때는 공자에 반대하다가 정권을 잡고서는 공자를 높이게 된 이유는 무엇인가? 양계초는 하나하나 사람들을 위해 그 해답을 제시하였다. 실로 그 핵심을 찔렀고 매우 설득력이 있었다. 애석한 것은 오늘의 공자 존숭론자들이 이점에 대해서는 눈을 감고 궁색하게 피하여 말하지 않는다는 것이다.

2) 유교의 삼대 공신

양계초는 위문후(魏文侯)·진시황(秦始皇)·한고조(漢高祖)를 유교의 삼대 공신으로, 한무제(漢武帝)를 가장 공이 큰 자로 보았다. 그는 이른바 "진시황의 분서갱유(焚書坑儒)"가 단지 "민간에 있는 책"과 "함양(咸陽)의 유생들"에 국한한 것이라 하며, "유교 전체를 원수로 삼았던 적은 없었고, 원수로 삼기보다는 오히려 애용하였으며 높였다"고 주장하였다. 왜냐하면 "시황은 천하를 통일할 때 이사(李斯)의 계책을 쓰면서, 이미 상하를 구분하고 민심을 잡는데 유교보다 좋은 것이 없다는 것을 알고 있었기 때문이다. 때문에 학술의 통일을 정치의 통일과 동시에 추진한 진시황은 또한 유교의 두번째 공신인 것이다." 이것은 양계초의 특별한 안목이다.

3) 예교의 여성박해

양계초는 『청의보(淸議報)』를 주편할 때 특별히 홍콩 『중국일보(中國日報)』에서 「남녀평등의 원리」라는 글을 전재한 적이 있다. 그 글에서는 삼종사덕(三從四德)이나 정효절열(貞孝節烈) 등의 덕목이 "천하의 여인들을 다 죽이면서도 불쌍히 여기지 않는 것"이라 말하고 있었다. 이는 실제로 '오사(五四)시기'의 노신(魯迅)·오우(吳虞) 등이 "사람을 잡아 먹는 예교"라고 말한 것과 같은 취지이다. 오늘날에는 오사(五四)시기의 '예교흘인설(禮敎吃人說)'이 무어냐고, "예교가 어떻게 사람을 잡아 먹을 수 있느냐?"고 따져 묻는 이는 없으니, 이는 진실로 지금 사람이 앞사람에 미치지 못하는 바이다!

양계초는 후기에 이를수록 오히려 퇴보하여 반동(反動)으로 삶을 마쳤다. 20년대에 그는 이전의 언행과는 상반되게 필사적으로 공자를 높이고 유교를 신봉했다. 마침내는 "후세에 걸핏하면 유가는 삼강오륜(三綱五倫)을 높였다고 말하지만 이는 잘못이다. 유가에는 오직 오륜(五倫)이 있을 뿐이다. 삼강(三綱)은 결코 없다. 오륜(五倫)은 일방적 요구가 아니라 전부 상호관계에서 성립한다"라고 말한다. 그는 거기에 또 해설을 붙여 "군(君)이라는 글자를 오직 왕, 제후로만 해석할 수는 없다"라고 하였다. (이처럼)그는 말년에, 유가를 호도했을 뿐 아니라 억지 논리를 폈다. 이는 스스로도 『논어』·『예기』·동중서·반고(班固)·주희·왕부지(王夫之) 등의 논지를 알지 못한 것이며, 다른 이도 알지 못하게 만드는 것이다. 이외에도 그는 또한 공자의 학문을 '사회주의'라 칭하고, 유럽여행시 유럽 학자들에게 공자를 최초의 '사회주의자'라고 과장하기도 했다. 이는 중국 고대에는 아직 사회주의가 나올 수 없었으며, 사회주의와 유사한 주장이 혹 있었다 하더라도 결코 공자의 학문, 유가로 부터 나온 것이 아니라는 것을 알지 못한 것이다.

부록: 역대 왕조가 공자와 예교를 높인 원인을 지적한 청말의 각종 서적과 간행물

양계초는 1902년 『중국고대학술사상변천의 대세』를 발표, 선진(先秦)의 여러 사상가들이 모두 각기 천하를 다스릴 계책을 제시했지만 한(漢) 이후 왕조들이 오직 공자의 학문만을 높인 이유가 공자 학문의 귀결이 군주권에 있었기 때문이라고 주장하였다.34)

  그 이후로 각종 서적이나 간행물들이 이 문제를 논하는 문장들이 있는데, 역대 왕조가 공자의 예교를 이용하여 백성을 통치한 것에 반대하였다. 예를 들면, 1903년 『직보(直報)』에 실린 「권리편(權利篇)」은 다음과 같이 말했다.

  "가장 간사하고 악한 것은 … 성인(聖人)이 제정한 예(禮)의 이름을 빌려 선동질하며 함부로 여러 그물들을 쳐 천하 사람들을 모는 짓이다 … 그래서 천하 사람들은 말이나 행동에서 예교를 신명처럼 받들어 변화시킬 수 없게 된다 … 예가 중국에서 시행된 것은 3천 년이니 중국이 문약해진 것도 몇 천년인 것이다."

  같은 해, 『동자세계(童子世界)』에 실린 군연(君衍)의 「법고(法古)」라는 글에서는 다음과 같이 말했다.

  "'지성(至聖)'이라는 두 글자는 역대의 포악한 독재자가 자기에게 붙인 빛나는 칭호일 뿐이다. 그들 백성의 적들은 왜 그렇게 공자를 존경한 것일까? 공자는 오직 사람들이 군주에게 충성하고 복종할 것을 가르치는데, 이것이 군주에게 매우 유익한 말이기 때문이다. 그래서 그들 독재자들은 그의 탁월함을 기뻐하며 백성들이 그를 존경하며 '선성(先聖)'이라 부르도록 한 것이다 … 다만 우리 중국 사람들이 멍청하게 이런 말에 속아왔다는 것이 애처롭고 또 마음 상하는 일이다."

  1906년 『복보(復報)』에 실린 오혼(吳魂)의 「중국존군의 잘못된 생각〔中國尊君之謬想〕」에서는 다음과 같이 말했다.

  "군주는 성인(聖人)이 없으면 백성을 제압하기 어렵다. 오직 성인이 있어야 군주는 백성을 자기 마음 먹은대로 조종할 수 있게 된다. 패공(沛公:漢高祖)은 말 위에서 천하를 얻고서는 몸소 성묘(聖廟:공자묘)에서 제사지냈

---

34) 원문은 본서의 양계초 부분 본문에서 상세하게 다루었다.

다. 무제(武帝)는 … 사인(士人)들에게 성인의 책이 아니면 가져오지 말라고 하였다. 중국의 썩은 유학자들은 또한 무제가 유학을 높인다고 칭송하면서, 그 화가 진시황의 분서(焚書)보다 더 심하다는 것을 몰랐다 … 역대의 군주들은 … 성인의 학설을 순수하고 완전한 것이라 보아 … 문화라면 곧 유학이었고, 유학은 곧 군주를 높이는 것이다. 군주를 높이니 자손 만대로 제왕의 자리는 굳건해지는 것이다. 또다시 명령하여 말하길 '마땅히 성인을 모범으로 해야 하며 성인이 없으면 본받을 데가 없다'라고 하여, 그들이 따르지 않을 수 없게 만들어 놓았는데, 그런 다음 편안하게 되었다. 이로부터 본다면 성인과 군주는 서로가 서로의 원인이 되고 결과가 된다고 하겠다."

1908년 『신세기(新世紀)』에 실린 절성(絶聖)의 「배공징언(排孔徵言)」에서는 다음과 같이 말했다.

"공구(孔丘:공자)가 전제 정부의 기틀을 놓아 우리 동포들에게 해독을 끼친 것이 이천여 년이다. 지금 또 그 대사(大祀)의 위패(位牌)에 의지하여 백성들에게 수작을 걸고 있다. 입헌당(立憲黨)이 어떻게 춤추는지에 대해서는 내 알 바 아니다. 열심히 혁명하는 사람들조차 … 공구(孔丘)에 대해 주의하지 않고 있다. 대사(大祀)의 위패가 불에 늦게 던져지는 만큼 정치혁명의 성공은 늦어진다. 남녀혁명은 말할 것도 없고! … 적을 잡을 때는 먼저 적의 왕을 잡아야 한다 … 중국인이 행복해지려면 반드시 먼저 공구(孔丘)를 혁명시켜야 한다 … 공구(孔丘)의 독이 깊기 때문에 뼈를 깎고 고름을 짜내지 않으면 완쾌시킬 수 없다."

같은 해, 『하남(河南)』에 실린 범인(凡人)의 「무성편(無聖篇)」에서는 다음과 같이 말했다.

"진·한(秦漢) 이래로 계속 전해 내려오는 불가사의한 괴물이 하나 있다. 곧 성인(聖人)이다 … 군주는 그를 신하로 만들 수는 없지만 그를 이용하여 아래 사람들을 통제한다 … 내가 '무성주의(無聖主義)'라는 것을 만들어 우리 만유 사회를 위해 설법하는 데에는 세 가지 이유가 있다. (1) 전제(專制)라는 악마를 부수기 위해서는 반드시 무성(無聖)으로 부터 시작해야 한다 … 성인(聖人)과 성왕(聖王)은 매우 밀접한 관계를 가지고 있다. 성왕은 성인이 없으면 그 통치술을 발휘할 수 없고, 성인은 성왕을 의지하지 않고는 그 학설을 실천할 수 없다. 서로 연계되어 있는 뿌리와 싹을 잘라 없애지 않고는 노예인 신민(臣民)이 가진, 임금을 향한 사적인 충정이 융해되어 그 타고난 양심을 끝내 발휘할 수 없다. 그 폐단은 '천자께서는 비범하고 총명하시니, 신하가 잘못하면 마땅히 죽인다'는 데까지 이르게 된다. 이래서야 언제 밝은 세상을 맞이할 것인가? … (2) 인류가 독립하기 위해서는 반드시 무성(無聖)으로 부터 시작해야 한다 … (3) 학계(學界)가 미래의 든든한 기초를 세우기 위해서는 반드시 무성(無聖)으로부터 시작해야 한다 … 이 세 가지 중 하나라도 빠지면 그 나라는 근근히 존재할 뿐이며, 둘이 빠지면 그 나라는 반드시 망한다. 중국의 학술은 위로는 노자와 묵자가 있고, 아래로는 백가(百家)가 있으니 공자만 있는 것이 아니다. 공자가 대표가 될 이유가 없는 것은 분명하다 … 오늘 공자보다 큰 자가 있으면 대표가 오늘 그에게로 옮겨가야 할 것이고, 훗날 오늘의 대표보다 더 큰 자가 있으면 대표가 훗날 또 그에게로 옮겨가야 하는 것이다."

1909년 『월보(越報)』에 실린 뇌소성(雷昭性)의 「명설(名說)」에서는 다음과 같이 말했다.

"군신(君臣) 사이의 윤리 곧, 충(忠)과 의(義)의 원칙을 만들고 그것을 사람의 기강(紀綱)으로 정착시키며, 여러 변할 수 없는 법으로 만들어 그것을 지키면 착하다고 하고 그것을 어기면 나쁘다고 한다. 군주는 이것으로 가르치고, 백성들은 이것으로 서로 권면하니 여기에서 백성을 미혹시키는 거짓된 도덕이 백성들 마음 깊숙이 새겨져서 견고하여 깨뜨릴 수 없게 되었다 … 여러 서적들을 두루 살펴보니 이 때문에 거짓에 사로잡혀 깨우치지 못한 바보들이 침침이 쌓여 있어 이루다 말할 수 없었다. 명교(名敎:유교)가 알지 못하게 사람들을 죽인 것이 아니고 무엇이겠는가! … 아아 이것이 무슨 도덕이란 말인가! 이것이 무슨 강상(綱常)이란 말인가! 민생과 부국강병에 아무런 유익함도 없는 것이오, 단지 깊숙한 암흑과 무지의 감옥에 사람들을 가두어 두어 깨닫지 못하게 하는 것일 뿐이다."

같은 해, 엄복은 『법의(法意)』를 완역하였는데, 그 자주(自注)에서 또한 공자의 예교와 전제군주 사이의 밀접한 관계에 대해 상세히 논하였다.

당시에는 이런 종류의 언론이 매우 많았고, 많은 경우 정곡을 찔렀다. 여기에서는 다만 그중 일부만을 추려 모아 대표로 삼았을 뿐이다.

제8절 예교에는 반대했지만 공자의 학문을 높인 담사동(譚嗣同)

담사동(1865~1898)의 자는 복생(復生), 호는 장비(壯飛)다. 호남(湖南) 유양(瀏陽) 사람이다. 1896년 기부금을 내고 후보지부(候補知府)라는 관직을 얻었다. 1897년 진보잠(陳寶箴), 황준헌(黃遵憲) 등을 도와 시무학당(時務學堂)을 설립하고 양계초를 교수로 초빙하였다. 1898년에는 남학회(南學會)를 창설하고 『상보(湘報)』를 발행하여 변법을 고취하면서 개량파 중의 좌파(左派)가 되었다. 광서제(光緒帝)가 변법을 실시하자 사품경(四品卿)급인 군기장경(軍機章京)에 임명되어 신정(新政)에 참여하였다. 변법이 실패하자 살해되어 '무술육군자(戊戌六君子)'의 한사람이 되었다. 『담사동전집(譚嗣同全集)』이 있으며, 그중 『인학(仁學)』과 『상구양판강사서(上歐陽瓣疆師書)』 제2와 제22 및 『사위일온온대단서(思緯壹壺壹臺短書)—보패원징(報貝元徵)』 등이 가장 중요하다. 담사동의 예교사상을 엿볼 수 있는 것으로 다음의 몇 가지가 가장 두드러진다.

1. 예교의 참화(慘禍)를 통론(痛論)함

담사동은 명교(名敎:유교)를 통렬히 비판하여, "명분을 가르쳐 윗사람은 그것으로 아랫사람들을 통제하고 그에 따르지 않을 수 없게 하였다. 수천 년간 삼강오륜(三綱五倫)이 끼친 참화는 이 때문에 더욱 혹독하였다." 군주, 아버지, 남편 등은 "각각 명분 하나를 폐차고 버티고 서 있다." "때문에 충성하고 효도하고 정절을 지키는 등 차별적 덕목을 실천하지 않을 수 없었으며 결코 그에 반대할 수 없었다." "그에 저항하려 하면" "오히려 더욱 죄를 뒤집어 쓸 뿐이며" 추방되고 죽임을 당하게 된다. "돼지 한 마리가 사로잡혀 도살되는 것과 다름이 없었다."

군주가 그 폐악의 우두머리이니, "군주가 끼치는 화는 더 보탤 수 없을 정도여서 살아 있는 사람이 감당할 수 있는 것이 아니다." 군주는 4억 대중을 수탈함에 "삼강오륜에 의지한다. 그것으로는 사람들의 몸을 통제할 수 있을 뿐 아니라 그 마음까지 통제할 수 있다." "포악한 독재자는 삼강(三綱)이라는 것을 매우 좋아한다. 모든 형벌 법률제도를 모두 그에 따르도록 하는데" "그 잔혹함과 몰인정함은 짐승만도 못하다." 때문에 "저 군주라는 자들은 오직 삼강(三綱)을 들어 그 의지처로 삼는다."

그래서 2천년 이래의 정치는 모두 '진(秦)의 정치'이며, 모두 '큰 도둑놈'인 것이다. 담사동은 "원래에는 군주와 신하라는 구분은 없었으니, 모두가 다 백성이었을 따름이라"고 했다. 백성들이 모여 그중 한사람을 뽑아 군주로 삼은 것이다. 뽑았으니 폐할 수도 있다. 백성이 근본이며 군주는 말단일 뿐만아니라 또한 보통의 백성보다 "더욱 말단"이다. 때문에 "같은 백성끼리 누가 누구를 위해 죽어야 한다는 이치는 없는 것이며, 그 근본과 지엽 사이에는 더욱 그러하다." 백성은 "혹여나 일 때문에 죽을 수는 있겠지만 결코 군주를 위해 죽어야 하는 도리는 없다." 군주를 위해 죽고 절개를 지켜 죽는다는 것은 모두 환관이나 궁첩(宮妾) 등과 같은 유이다. "또한 백성이 반역을 도모했다면 이는 그 정치가 선하지 못했다는 것을 보여주는 것이니, 군주된 자는 마땅히 스스로를 반성해야 한다. 중벌을 내린다면 군주로부터 시작해야 한다. 죄는 그의 주변에서부터 시작된 것이기 때문이다." 태평군을 참살한 청조(淸朝)의 상군(湘軍) 증국번 등은 마땅히 "큰 벌을 받아야 한다."

삼강(三綱)에 대한 그의 비판은 계속된다. "군주와 신하 사이에 불상사가 빈번한데도 아버지와 아들, 남편과 아내 사이의 윤리는 여전히 위세를 떨치며 당연한 것으로 받아들여지고 있다. 이는 모두 삼강(三綱)의 해독이다." 아버지와 아들은 똑같이 "하늘의 자손"인데도 평등하지 않다. 남편은 "스스로 벼리라고 자부"하면서 자기 부인을 사람으로 보지도 않는다. 진실로 "여자로 태어난게 불행이지만", "실제로는 삼강(三綱)의 주장이 그를 괴롭히는 것이다."

　위에서 삼강오륜을 수천년 이래의 해독이라고 하였지만 담사동은 오륜 중에서 친구 사이의 윤리 한가지만은 따로 떼내었다. 왜냐하면 오직 그것만이 "첫째, 평등한 관계이고, 둘째, 자유로운 관계이며, 세째, 오직 절도를 지켜 서로 막히는 것이 없도록 힘쓰는 관계이기 때문이다. 총괄하면 자주의 권리를 잃지 않는 관계라는 것이다. 형제 사이의 관계는 친구 사이와 거의 비슷하니 그 다음에 놓인다. 나머지는 모두 삼강에 가린 것이요, 지옥과 같은 것이다." "윤리 질서〔倫〕에는 다섯 가지가 있는데 자주의 권리를 온전히 갖춘 것은 하나 뿐이다. 어찌 귀하게 여기지 않을 수 있겠는가! 또 친구라는 것은 속세에 머물든 출가를 하든 폐할 수 없는 관계이다."

2. 음행과 죽임에 대한 견해

　담사동은 음행과 죽임의 문제에 대해서 비교적 구체적인 분석을 했다. 그에 따르면,

　1. 음행과 죽임은 서로 반대되지만 또 서로를 가능하게 한다. 죽임을 막기 위해서는 사랑하지 않는 마음의 뿌리를 끊어야 하며, 반면에 음행을 막기 위해서는 사랑하는 마음의 뿌리를 끊어야 한다. 사랑하는 것이 있으면 반드시 그 사랑의 대상에서 제외되는 것이 있기 마련이다. 때문에 "죽임을 막기 위해서는 먼저 음행을 막아야 한다. 음행을 막지 못하면 죽임도 막을 수 없다. 음행과 죽임, 죽임과 음행은 그 지배하는 정서가 서로 반대이지만 그 일은 서로를 원인으로 해서 생긴다. 또 그 힘의 흐름은 서로 반대이지만 그렇게 되는 이치는 하나이다." 음행과 죽임은 하나이면서 둘인 것이다. "악(惡)이라고 하면 음행과 죽임이 으뜸이다. 음행은 원래 악이지만 부부 사이에서만 행해지면 음행도 또한 선이다. 죽임은 원래 악이지만 살인한 자만을 죽인다면 죽임도 또한 선이다." 또 "생명을 해치는 것을 죽임이라 한다." "사람을 죽여서는 안된다면 일반 짐승이나 가축은 어찌 죽여도 된단 말인가?" "호랑

이나 이리가 사람을 죽이면 그것을 악하다고 하면서 호랑이나 이리를 사람이 죽이면 그 사람을 악하다고 하지 않는 이유는 무엇인가?" '죽임'이라는 악도 주관적이요 일방적이라는 것을 알 수 있다는 것이다.

2. 남녀관계란 자연에서 나온 것으로 악이 아니다. 그것을 악이라 보는 것은 일종의 습관일 뿐이다. "남녀가 함께 자는 것을 음행이라고 부른다. 이 음행이라는 명칭은 아주 오래전부터 습관적으로 써 오던 것으로 따라서 모두가 습관적으로 음행을 악이라고 하는 것일 뿐이다. 애초에 음행을 조정의 연회에서 늘 하는 것으로 법에 정해놓고, 조정이나 도시에서 많은 사람들 속에서 행하게 했다면, 마치 중국인이 서로 깊숙이 허리 숙여 인사하고 무릎꿇고 절하거나 서양인이 껴안고 입맞추는 것과 같이 일상적인 일이 될 것이니 누가 그것을 악이라 하겠는가?"

3. 비밀스럽게 하는 것보다 공개적으로 하는 것이 더 좋다. 음행을 막는 데는 성교육을 시키는 것보다 좋은 방법이 없다. 그는 또한 구체적인 방법을 제시하였다. "진실로 남자와 여자가 모두 천지의 뛰어난 기운이며 함께 한없는 능력과 임무를 받아 서로 평등하여 똑같다는 것을 밝히 안다면 애초에 음행은 세상에 생기지 않았을 것이다." "상자에 물건을 감추어 두고 사람들이 못보게 호들갑을 떨면 사람들은 그만큼 더 보고 싶어할 것이다." 그렇게 하지 말라. "세상에서 음행을 방지한다고 하는 것이 오히려 음행을 조장하고 있다." 즉, 음행에 관한 법률을 제정하고, 음서의 출판을 금지하며, 음담패설을 부끄럽게 여기는 것 등이 그러하다는 것이다. 실제로는 남녀의 차이란 "거의 없다." "지금 그들을 가두고 엄히 굳히면서 떼어 놓아 무슨 괴물인양 원수덩어리인양 여기게 하는 것은 거의 없는 차이를 과장하여 사람들에게 광고하는 것이며, 오히려 그것을 무슨 소중하고 대단한 것으로 여겨 부러워하고 선망하게 만드는 것일 뿐이다." "사람들을 무슨 음란덩어리처럼 대하는 것은 자기자신을 또한 그렇게 대하는 것이다. 어찌 다시 음행하지 않겠는가?" 서양의 의사가 "그림을 그리고 이야기를 하여 남김없이 다하는 것처럼" 공개해

야 한다. "성에 관해 연구하는 기관을 많이 개설하고, 성에 관해 연구한 책들을 널리 보급하여서 사람들이 모두 성에 대해 그 욕구의 기원과 메카니즘에 대해 알게 해야 한다." "그렇게 하면 애당초 음행이라는 것이 없게 될 것이다." 이는 곧 중국도 서양의 생물학, 성교육 등과 같이 남녀관계에 대해 공개적으로 논의해야 한다는 논지이다. 서양에서는 남녀가 서로 친밀하게 지내고 남자 의사가 산파 노릇을 하기에 "음욕이 중국에 비해 적다." 또한 불교에서도 말하는 것처럼, 사방에 널려 있으면 그 맛이 초를 씹는 듯 무미해져서 "막지 않아도 스스로 끊는 것이다." 오직 어리석은 유학자만은 "남녀가 함께 자는 것은 다만 음양의 일일 뿐 조금도 부끄러울 것이 없다는 것을 알지 못한다."

3. 남녀 불평등에 반대함

일부다처제, 아내의 정조에 대한 강조, 남아선호, 여자의 귀를 뚫고 전족을 하는 등등이 모두 남녀 불평등이 표현된 것이다. 담사동은 전족은 "신체의 일부분을 잔혹하게 해치는 것"으로 그 혹독함은 "살의를 드러내는 것보다 더하다"고 하였다.

4. 불교 승려가 결혼하지 않는 것에 반대함

"불교 경전을 보면 석가모니는 세번 장가를 갔으며, 여러 보살들 중에도 장가를 간 자가 많았다. 출가는 여럿 중 한 가지 방법에 불과한 것이니, 어찌 모두 지금의 승려들처럼 했겠는가?"[35]

5. 창기(娼妓)를 금지할 필요가 없다

"세상에 창기(娼妓)라는 것이 있는데 윤리적인 것도 아니지만 비윤리적인

---
35) 『仁學』 참조.

것도 아니다. 피곤한 문제이지만 이미 세상 어느 곳에서나 널리 퍼져 있는 풍속이 되었다 … 결국 금지할 수 없는 것이라면 차라리 그것을 전담하는 관리를 두어 관리하는 것이 나을 것이다. 지역을 제한하여 일반인들과 섞여 살지 못하게 하며, 그 숫자를 제한하고 혹 넘더라도 숨어서 하지는 못하게 한다. 그 주거를 청결하게 하여 병이 발생하지 않도록 하고 관계법을 정비하여 착취당하지 않도록 한다. 일정 비용을 저축하게 하여 보험과 같은 유익함이 있도록 한다 … 어찌 도덕정치를 크게 펴는 것이 아니겠는가? 그렇지만 중국에서는 민사에 관한 이보다 더 큰 문제들에 대해서도 강 건너 불구경 하듯이 관심을 쏟지 않으니 하물며 창기에 관한 이러한 세세한 문제에 대해서는 말할 필요도 없을 것이다."36)

담사동은 창기를 금지할 수가 없으므로 창기에 관한 세세한 일들을 규정하는 것을 "도덕정치"라고 생각했다. 그러나 이는 오히려 비도덕적인 것이다. 창기란 음란함 때문에 몸을 파는 것이 아니라 가난 때문에 몸을 파는 것이요, 모든 사람이 먹을 걱정이 없게 되면 몸을 파는 일도 일어나지 않을 것이라는 것을 그는 모른 것이다.

6. 대동세계에서는 가족도 없고 정부도 없다

"지구에 평화가 온다면 천하는 있지만 국가는 없어질 것이다. 장자는 '천하를 그대로 자유스럽게 놓아 둔다(在宥)는 말은 들었지만 천하를 다스린다는 말은 듣지 못했다'라고 했다. 다스린다는 것은 국가를 소유한다는 의미이고, 그대로 자유스럽게 놓아 둔다는 것은 국가를 소유하지 않는다는 의미이다. 이르기를 재유(在宥)란 자유(自由)의 전음(轉音:같은 음의 다른 글자로 같은 의미를 표현하는 것)이라고 하였다. 의미 깊도다 이 말이여! 사람마다 자유롭기 위해서는 국가가 없어야 한다. 국가가 없으면 국경도 없어지고, 전쟁도 그치고, 시기도 멈추고, 권모술수도 폐기되고, 적과 나의 구분도 없어지고, 평등하게 되며, 천하를 가진다 하더라도 없는 것과 마찬가지가 된다.

---
36) 위와 같은 책.

군주가 없어지면 귀천이 없어지고, 공리(公理)가 밝아지면 빈부의 차이가 없어진다. 온 세상이 한 가족이요 한 몸이다. 자기 가정을 잠시 머무는 곳으로 여기며, 모든 사람을 형제처럼 여긴다. 부모는 자애를 베풀 데가 없고, 자식은 효도할 데가 없다. 형제는 우애하고 공경하기를 잊으며, 부부는 화목하기를 잊는다. 서양책에서 말하는 백년일각(百年一覺)과 같고, 『예기(禮記)』「예운(禮運)」의 대동(大同)의 모습과 흡사하다."37)

담사동의 이러한 주장은 실제로는 장자(莊子)에 그 뿌리를 둔 것으로 「예운」과는 많은 관련이 없다. 「예운」의 대동설(大同說)은 "자기의 어버이만 어버이로 여기지 말고, 자기의 자식만 자식으로 여기지 말라", "재물이 땅에 떨어져 있는 것을 싫어하지만 그렇다고 자기 집에 꼭꼭 쌓아 두지도 않는다. 힘써 노력하지 않는 것을 미워하지만 또한 꼭 자기가 한 일이라 내세우지도 않는다"는 것을 주장했을 뿐이다. 그런데 담사동은 오히려 자유롭게 서로 잊을 것을 주장하는 것이다. 부모가 자애를 베풀지 않고 자식은 효도하지 않으며 형제는 우애와 공경을 잊고 부부는 화목하기를 잊는다. 이는 실로 대동주의라기보다는 무정부주의에 가까운 면이 있다. 아울러 그가 "아버지도 아들도 없으니 군주와 신하는 더 말할 것도 없다"고 한 것은 강유위가 『대동서(大同書)』에서 가족도 없고 정부도 없는 것을 이상으로 제시한 것과 매우 닮은 것이다.

유가 예교문제를 다루면서, 담사동은 반예교(反禮敎)를 주장했지만 동시에 '공자 존중'을 주장함으로써 다음과 같은 결점을 가지게 되었다.

1) 도덕 개념만을 알았지 사회제도는 모름.

담사동은 일찍이 "위협과 형벌로써 천하를 통제한다면 도덕 개념들은 폐기될 수밖에 없다. 예를 들어 인(仁)이라고 한다면, 그것은 상호(相互)적으로 함께 지켜야 할 도덕개념[共名]이다. 즉 군주와 아버지는 신하와 자식에게 그 실천을 요구할 수 있으며, 거꾸로 신하와 자식 또한 군주와 아버지에게

---

37) 위와 같은 책 참조.

그것을 요구할 수 있다. 그것은 (일방적인) 통제의 방법으로는 적합하지 않다"라고 말했다. 담사동은 도덕 개념이란 실제로는 사회 정치제도에 따라 전환하는 반면, 사회 정치제도는 도덕 개념에 따라 전환하지 않는다는 사실을 알지 못한 것이다. 예를 들어, 봉건사회 시대에는 귀천의 등급제도가 있고, 자본주의사회 시대에는 빈부의 계급제도가 있다. 우리가 아무리 평등의 도덕과 함께 지켜야 할 도덕 개념인 인(仁)을 소리 높여 주장해도 아무 소용이 없다. 반대로 계급제도가 모두 소멸한 후에야만 귀천, 빈부의 차별, 불평등의 도덕이 비로소 사라지게 되는 것이다. 담사동의 주장은 일종의 유도덕론(唯道德論)임을 면치 못한다.

2) 예교를 크게 반대하면서 또 공학(孔學)을 극력 선양함.

담사동은 공자가 바로 예교의 조사(祖師)임을 알지 못하고 마침내는 예교의 죄악을 완전히 순경(荀卿:荀子) 등에게 떠 넘겼다. 어떤 사람은 단지 담사동의 반예교의 일면만을 보고는 심지어 그가 "오사" 신문화 운동을 넘어섰다고까지 생각한다. 이것은 담사동의 저작을 꼼꼼히 읽지 않은 데서 비롯하는 오류이다.

3) 한편으로는 예교를 크게 반대하면서 한편으로는 예교의 중요성과 보편성을 강조함.

담사동은 마침내 제멋대로 다음과 같이 말한다.
"어리석은 자는 틈만나면 서양인들은 윤리도덕이 없다고 비난한다. 윤리도덕이 없다면 서로 사랑하지도 서로 길러주지도 않으며, 서로를 물어 뜯고 삼킬 것이므로 이미 그 종족이 없어진지 오래일 것이다. 그런데 어째서 그들은 오늘날 더욱 부유하고 강한가? 윤리도덕이란 하늘에서 떨어지거나 땅에서 솟아 난 것이 아니다. 사람이라면 그 본성상 저절로 다 가지고 있는 것이다."
"성인(聖人)의 가르침[道]은 포괄하지 않는 것이 없다. 어찌 다만 중국에서만 행해질 뿐이겠는가! 서양인들이 국가를 경영하고 농사를 짓는 법도와 정사(政事)가 주례(周禮)와 맞지 않음이 없다."

그는 심지어는 동물에게까지도 윤리도덕이 있다고 주장하였다.

"호랑이와 이리에게도 아버지와 아들의 관계가 있으며, 벌과 개미에게도 군주와 신하의 관계가 있다. 어찌 나라가 있는데 윤리도덕은 없다고 말하겠는가? 과연 윤리도덕이 없다면 염치가 없는 것이다."38)

"윤리도덕이란 천도(天道:자연계의 질서)가 그에 의해 생성을 계속하는 근거이며, 인도(人道:인간사회의 질서)가 그에 의해 존재를 계속하는 근거이다. 상하 사방과 가깝고 소원하며, 멀고 가까운 모든 것이 거기에 매달려 있다. 윤리도덕은 그 모든 것이 와해되거나 붕괴되지 않게 하고, 잠시도 떨어지지 않게 하며 누구도 그렇지 않음이 없게 한다."39)

그는 때로 주자(朱子)를 반대하였지만 이점에서는 오히려 구태의연한 주자(朱子) 그대로였다.

4) 군주권을 통렬히 비판하면서도 또한 청의 군주에게 충성함.

담사동은 한편으로는 역대의 군왕을 비난하였다. 특히 한족이 아닌 군주의 경우 더욱 그러했지만, 한족이 아닌 청 광서제에 대해서는 극력 옹호하였다. 그는 고래의 충신들을 심하게 배척했지만 스스로는 오히려 매우 충성된 신하였다. 그러므로 담사동은 비교적 급진적이기는 했으나 매우 모순된 인물이라고 하겠다.

부록: 송서(宋恕)의 예교에 대한 모순된 태도

같은 시대에 또 한 사람이 있었으니 곧 송서(1862~1910)이다. 자는 평자(平子)이며, 절강(浙江) 평양인(平陽人)이다. 저작으로는 『육재비의(六齋卑

---

38) 『上歐陽撫疆師書』 제2.
39) 『思緯壹臺知書 — 報貝元徵』.

議)』,『송평자문초(宋平子文鈔)』가 남아 있다. 그의 사상 또한 매우 모순적이어서, 한편으로는 공자를 매우 높였고, 또 한편으로는 예교(禮敎)와 이학(理學)에 반대하였다. 이것은 담사동과 매우 유사한 점이다.[40]

제9절 유신파(維新派)의 전족(纏足) 반대운동

유신파 전족 반대운동의 대표인물은 엄복(嚴復)·강유위(康有爲)·양계초(梁啓超)·담사동(譚嗣同)·서인주(徐仁鑄)·웅희령(熊希齡)·왕강년(汪康年)·맥맹화(麥孟華)·강광인(康廣仁) 등이었으며, 대리(大吏) 황준헌(黃遵憲)과 광서제(光緒帝)도 지지를 보냈다. 그 조직의 명칭은 계전족회(戒纏足會), 부전족회(不纏足會), 중국천족회(中國天足會), 입천족회(立天足會) 등이었다. 그 반대의 이유로 엄복은『원강(原强)』에서, "아편과 전족 두 가지를 시급히 처리하지 않는다면, 변법이라는 것은 빈 말에 지나지 않게 될 것이다"라고 하였다. 양계초는 「계전족서(戒纏足敍)」에서 전족은 "부패한 군주와 관리, 비천한 무리들이 생각해 낸 것이 틀림없으며" "중국 4억 인구의 절반을 죄인과 노예의 상태로 밀어 넣는 것"이라 하였다. 황준헌의 「얼헌고시(臬憲告示)」는 "4억 인구의 반을 무용지물로 만드는 것이니 반드시 민족의 힘을 약화시킬 것"이라 지적했다. 강유위는 「청금부녀전족섭(請禁婦女纏足摺)」에서 만국의 "웃음거리와 비난거리가 될 것으로 전족만한 것이 없습니다. 저는 이점을 부끄럽게 여깁니다"라고 하였다. 광서제조차도 각 성(省)의 독무(督撫)들에게 명하여 전족을 금지하도록 권유하지 않을 수 없었다. 따라서 1898년 전족 반대운동은 그 절정에 이르렀으나 큰 효과는 없었다. 필자가 어렸을 때 내지에서는 여전히 전족을 한 여자를 많이 볼 수 있었으며, 북경에서 공부를 할 때만 해도 여자 사범대학의 학생들 중에 전족을 한 이들이 있었다. 중국에서 전족이 사라진 것은 50년대 출생 이후의 여자들에 이르러서이다.

---

40) 졸저,『論宋恕思想』을 참조.

제10절 섭덕휘(葉德輝)의 여권운동에 대한 비판

섭덕휘(1864~1927)의 자는 환빈(奐彬), 호는 혜원(郋園)이며 호남(湖南) 상담인(湘潭人)이다. 광서제 때에 진사(進士)를 하였고, 이부주사(吏部主事)를 지냈다.

강유위와 양계초의 유신(維新)운동을 매우 못마땅하게 생각하여 항상 그 둘을 죽인 후에야 마음이 시원하겠다 하였다. 그 두 사람을 금수라고 비난하면서, 위충현(魏忠賢:1568~1627, 明 熹宗 때 전권을 잡고 정치를 어지럽혔으며, 東林黨을 박해하였다)조차도 그들 같지는 않다고 하였다. 1900년 유신에 반대하여 『각미요록(覺迷要錄)』을 편집했다. 1910년 호남(湖南)에 큰 홍수가 났을 때 곡식 만여 석을 쌓아놓고 값오르기를 기다려 백성들을 격분시켰다. 이 일로 그는 청(淸) 조정에서 삭적(削籍)되었다. 1927년 반동이라 하여 살해되었다. 저서로 백수십 종이 『혜원총서(郋園叢書)』에 실려 있는데, 그의 완고한 언론은 『익교총편(翼敎叢編)』에 많이 보인다.

섭덕휘는 다음과 같이 말했다.

"서양의, 대중이 함께 나라의 주인이라고 하는 법은 군신(君臣)의 윤리가 없는 데서 비롯하는 것이다. 군신이 없는 것은 부자(父子)가 없는 데서 비롯하고, 부자가 없는 것은 부부(夫婦)가 없는 데서 비롯한다. 또 부부가 없는 것은 여권(女權)이 지나치게 높은 데서 비롯한다. 아내는 남편을 떠날 수 있으나, 남편은 아내를 내쫓지 못한다고 하니 이는 음양(陰陽)이 뒤바뀐 것이요 사람의 도리가 크게 이그러뜨려진 것이다."41)

그는 서양에 삼강(三綱)의 윤리가 없는 이유가 "음양이 뒤바뀌고", "여권이 지나치게 높은 데" 있다고 생각한 것이다. 그런데 그가 말한, "아내는 남편을 떠날 수 있으나 남편은 아내를 내쫓지 못한다고 한다"는 것은 전연 사실이 아니다.

---

41) 『郋園書札』 「與兪恪士觀察書」.

제 11 절 남녀평등을 일관되게 주장하고 실천한 채원배(蔡元培)

채원배(1868~1940)의 자는 학경(鶴卿), 호는 혈민(孑民)이며, 절강(浙江) 산음(山陰:지금의 紹興) 사람이다. 광서(光緖:1875~1908) 때 진사(進士), 한림원편수(翰林院編修)의 직책을 받았다. 중국교육회(中國敎育會), 애국학사(愛國學社), 애국여학(愛國女學), 광복회(光復會) 등을 조직하였다. 1905년 동맹회(同盟會)에 들어가 상해분회(上海分會)를 책임졌다. 이때 그를 '한림조반(翰林造反)'이라 불렀다. 민국(民國)이 서자 임시정부의 교육총장(敎育總長)을 맡았으며, 1916년 북경대학 총장이 되었고, 1927년 국민정부대학(國民政府大學) 대학원 원장에서 중앙연구원(中央硏究院) 원장으로 자리를 옮겼다. '구일팔'사변 후에 대일 항전을 주장했다. 1932년, 송경령(宋慶齡)·노신(魯迅) 등과 함께 중국민권보장동맹(中國民權保障同盟)을 발기 조직했다. 1907년부터 자주 독일·프랑스 등에 유학가서 현지시찰을 했다. 1940년 병으로 홍콩에서 서거했다. 저작으로 『채원배선집(蔡元培選集)』, 『채원배전집(蔡元培全集)』이 있다.

채원배 사상의 특징 중의 하나는 시종일관 철저하게 남녀평등을 주장했다는 것이다.

1. 청말(淸末)에 그는 남녀가 혁명에서 평등하다고 주장하며 여자에게 프랑스 혁명사를 가르치고, 암살공작을 맡기기도 하였다. 또 남녀는 혼인에서 평등하다고 주장하였다. 그의 처가 죽어 다시 장가들 때 그는 첩을 들이지 않겠으며, 남편이 죽으면 여자는 재가할 수 있고, 부부가 서로 맞지 않으면 이혼할 수 있다고 자진해서 선언하였다. 이는 당시로서는 진정 놀라운 발언이며 이전에 들어보지 못한 이야기였다.

2. '오사(五四)' 때에 그는 먼저 북경대학에서 남녀공학을 실행하였으며, 학교에서 남학생이 여학생을 모욕하는 것을 엄금하였다. 그는 여자들이 중국의 몇 천년 역사 과정에서 안게 된 약점들이 이용거리가 되어서는 안되고 오

히려 동정해야 하며, 도움을 주어야 한다고 생각하였다. 연애관계에서 발생하는 여러 문제들에 대해서는 주로 남자들이 책임을 져야 했다. 결국 한 남학생이 그 문제로 퇴학당하기도 하였다. 채원배는 여자에게 참정권을 주어야 한다고 여원홍(黎元洪) 정부에 청원하며, "다만 여자에게 참정권을 주는 것이 옳은가 그른가만을 물어야 합니다. 그들이 충분히 그럴 만한 자격에 이르렀는가 아닌가에 대해 물어서는 안됩니다"라고 말했다.

3. 1930년, 그는 성씨(姓氏)를 없애고 가족제도를 없애며(대가족 보다는 소가족이 낫다), 남녀가 자유스럽게 동거하는 것이 이상적이라 하였다.

4. 1935년, 한번은 나에게 흉금을 털어놓고 다음과 같이 말했다.
"인류 역사에는 세 가지 특권이 있었다. 국가의 실권을 잡은 자는 백성들이 군주 혹은 모습만 바꾼 군주에 따르도록 강제하였으며, 가정의 실권을 잡은 자는 가족들이 가장을 따르도록 강제하였고, 사회의 특권을 잡은 자는 여자가 남자를 따르도록, 혹은 처첩(妻妾)이 남편을 따르도록 강제하였다. 앞의 둘은 다수가 소수에 복종하는 것이라면, 뒤의 하나는 반수가 나머지 반수에 복종하는 것이다. 남자와 여자는 각기 인류의 반을 차지하지만 남자가 줄곧 여자를 지배해 왔다. 이것은 크나큰 문제이다. 남녀는 평등해야만 한다.
여자가 여권을 쟁취하는 것은 지극히 당연한 일이지만, 그것만으로는 또한 충분하지 않다. 마땅히 남자들이 자발적으로 남권을 버리고 여권을 존중하는 데까지 이르러야 한다. 고금의 허다한 사람들, 즉 여자를 천시하고, 여아를 물에 빠뜨려 죽이며, 첩을 들이고, 창기와 놀아나는 자들, 그리고 그 외에도 여자를 희롱하며 여자를 해치는 여러 각종의 행위들을 자행하는 이들은 모두 여자의 인격을 자각하지도 존중하지도 않았던 남자들이다. 현모양처(賢母良妻)를 소리높여 외치기에 앞서 반드시 먼저 현부양부(賢父良夫)를 외쳐야 한다."[42]

---

42) 이상의 사실은 蔡尙思 編, 『蔡元培學術思想傳記』와 梁栓 編, 『蔡元培與北京大學』에 자세하게 쓰여 있다.

그의 딸 수앙(晬盎)이 열 살이 되었을 때 그는 시 한 수를 지었다.

"아들을 낳고 딸을 낳는 것이 어찌 하나는 기쁜 일이요 하나는 슬픈 일일까? 가벼이 기와와 옥으로 나누어 주지 마시오.(*『詩經』에 근거) 공부를 잘하고 못하는 것은 그 실력대로이고, 시민으로서 선거하기는 마찬가지라네. 바라기는 우리 아기 이제 또 10년 후에는, 한번 이름을 세상에 드날리기를."

나는 고금중외(古今中外)를 통틀어 남녀평등을 주장하고 실천한 남아로서 아마 채원배가 그 으뜸이 아닐까 하고 생각한다.

제12절 시종 예교진영(禮敎陣營)을 고수한 장태염(章太炎)

장태염(1869~1936)은 절강(浙江) 여항인(餘杭人)이다. 이름은 병린(炳麟)이며, 자는 매숙(枚叔)이다. 태염(太炎)은 호(號)이지만 사람들에게 더 친숙한 것은 이 호이다. 청말(淸末)에 그는 민족주의를 견지한 혁명가로서 반청(反淸), 반개량파(反改良派) 투쟁에 참여하였다. 민국(民國) 시기에는 손중산(孫中山) 총통부(總統府)의 추밀고문(樞密顧問), 호법군정부비서장(護法軍政府秘書長) 등의 직책을 역임하였다. '오사(五四)'신문화운동에 반대했으며, 손중산의 연아(聯俄:소련과의 협력), 연공(聯共:공산당과의 협력), 부조공농(扶助工農:노동자 농민을 원조)이라는 삼대정책 및 국공합작(國共合作)에 반대하였다. 1931년 '구일팔'사변 후에는 항일(抗日)에 주력하였다. 만년에는 공자를 높이며 유가 경전을 공부할 것을 제창하였다. 그의 민족주의와 예교(禮敎)에 대한 태도는 평생 변함이 없었다. 사람들은 그를 국학대사(國學大師)라고 불렀다. 저서로는 『장씨총서(章氏叢書)』와 속편(續編), 삼편(三編) 등이 있다.

장태염은 청말(淸末) 유가 예교의 관점에서 상앙(商鞅)을 비평하여, "효제(孝悌)를 무너뜨리고, 하늘로부터 받은 본성을 어그러뜨렸다"고 말했다.[43]

---

43) 『訄書』.

민국 초에는 스스로를 "오직 예교만을 지킬 줄 아는 사람"이라 하였다.44)

그는 남녀공학을 반대하여45), "남녀가 뒤섞이어 풍속을 어지럽히는 것"에 반대하였다. 그는 "혼인제도"와 "가족제도"는 모두 "옛 방식대로 하는 것이 마땅하다"고 주장하였다.46)

듣기로는 "장태염이 아직 탕국리(湯國梨)와 결혼하지 않았을 때 구혼광고를 북경과 상해의 각 신문에 낸 적이 있었다. 그 내용은 대략 다음의 세 가지 조건을 내건 것이다. 첫째, 문리에 통하여 짧은 글은 지을 줄 알 것. 둘째, 명문의 규수일 것. 세째, 순종적이어야 하며 나쁜 습속에 물들지 않았을 것." 두번째와 세번째의 조건이 곧 위에서 말한 "오직 예교만을 지킬 줄 안다"는 것으로 옛 방식의 혼인을 주장하는 것에 해당한다. 그는 아내는 반드시 남편에게 복종해야 하며, 근현대 서양의 남녀평등이라는 새로운 풍조에 물들지 말아야 한다고 주장한 것이다.

장태염은 결혼할 때 채원배에게 증인이 되어 줄 것과 또 혼인증명서를 대신 써줄 것을 부탁하면서 "오직 시(詩)와 예(禮)에 비추어 허물이 없도록 하여 덕스러운 모습이 가득 담겨 있도록 써주시오"47)라고 말했다. 그가 여전히 고대(古代)의 예제(禮制)를 실행하려 했다는 것을 알 수 있다.

장태염은 탄식하면서 말하곤 하였다. "지금에 이르러 삼강구법(三綱九法) 중에 깨어지지 않은 것이 없다 … 양명(陽明)이 홍수와 맹수에 비유해 말한 것을 송명 때가 아닌 지금에 볼 수 있다." "세상이 타락하고 도(道)가 어두워짐이 오늘과 같이 심한 적이 없었다." 민국은 예교가 이미 땅에 떨어진 시대요, 유인한 해방의 방법은 "절개를 숭상하고 명교를 따라 실천하는" 것 뿐이다. 오직 문왕·공자·안회만이 "무리에서 빼어난 자"요, "사람을 금수와 구별되게 할 수 있다"48)고 생각하였다.

---

44) 「銷弭黨爭書」 1.
45) 「覆浙江新教育會書」.
46) 『中華民國聯合會成立會之演說錄』.
47) 「婚禮記」.
48) 『菿漢昌記』.

제13절 추근(秋瑾)의 "남녀평등"사상 ―
"여자는 필경 소와 말과 같다"

추근(1875~1907)의 자는 선경(璿卿), 호는 경웅(競雄), 또 감호여협(鑒湖女俠)이라고도 하였다. 절강(浙江) 소흥부(紹興府) 산음현(山陰縣:지금의 절강 소흥) 사람이다. 지주 관료 가정에 태어나 생활은 비교적 윤택했지만, 그녀는 그런 생활을 혐오했다. 1904년 남편과 자녀를 떠나 홀로 일본유학에 올랐다. 이듬해에 손중산이 창립한 중국 동맹회(同盟會)에 참여하여 절강성의 주맹인(主盟人)으로 추천되었다. 청 정부는 일본 정부와 결탁하여 혁명학생에게 압력을 가하였고, 추근은 중국으로 돌아갈 수밖에 없었다.

그녀는 상해에서 『중국여보(中國女報)』를 발간하였고, 광복회(光復會)에 가입하였다. 1906년 겨울에는 소흥으로 돌아가 서석린(徐錫麟)이 창립한 대통학당(大通學堂)을 맡았다. 서석린과 추근은 함께 광복군(光復軍)을 조직하여 서석린이 수령(首領)을 맡고, 추근이 협령(協領)을 맡았다. 서석린은 안휘(安徽)에 이르러 군사활동을 계속하였고, 추근은 소흥에서 절강의 군사를 배치하고 수천의 군대로 서석린에 호응할 것을 준비하였다. 서석린은 거사에 성공하지 못하고 청 정부에 붙잡혀 죽었으며, 추근 또한 1907년 7월 15일 살해되었다.

추근은 중국 역사상 여성으로서 대표적인 위대한 인물이다. 그녀의 공적은 실제의 실천활동에 있었고, 남겨 놓은 언론은 많지 않다. 여기에서는 『추근집(秋瑾集)』 중에서 "남녀평등"의 사상에 대해 언급한 것을 간단히 소개하려 한다.

중국에서는 오랜 봉건사회의 전통 속에서 남존여비의 사상이 성행하였으며 여러 종류의 불평등이 존재하였는데, 추근은 이를 폭로하였다. 여자는 태어나면서부터 불평등한 대우를 받는다.

"아! 세상에서 가장 불공평한 대우를 받는 이가 바로 우리 중국의 2억 여성 동포들이다. 태어날 때 좋은 아버지를 만난다면 그런대로 괜찮지만, 고약하여 도리를 모르는 아버지라면 '재수없군, 또 쓸모없는 게 나왔어'라며 입이 잔뜩 부어 올라 죽이지 못해 안달일 것이다."
 그 양육과정에서도 불평등하다. 여자아이에 대해서는 "'결국 딴 집안사람이 될 것'이라 하여 냉대하며 따돌린다." 글자를 가르쳐 주지 않으면서 "재주없는 것이 덕성"이라 한다. 사회활동에 참여하지 못하게 하고 집안에만 박혀 있으라 한다. 그 몸 또한 가만두지 않으니 전족(纏足)이 그것이다.
 "몇 살이 되지 않아서 당사자가 원하는지 않는지 물어보지도 않고, 눈처럼 희고 부드러운 자연의 두 발을, 흰 베로 칭칭 동여맨다네. 잠든 틈을 이용해, 조금의 틈도 주지 않고서. 시간이 흐르면서 살은 문들어지고, 뼈 또한 꺾어진다네. 친척들, 친구들, 이웃들의 한마디 '누구 집 딸은 발이 작다지! 그 말 들으려는 것일 뿐이지." 커서는 또 어떤가. 혼인도 마음대로 못한다.
 "배우자를 선택할 때에는, 오직 뻔뻔스러운 중매쟁이의 말만 믿고서, 오로지 남자 집이 돈 있고 권세 있는 집인가만을 묻고, 그 가문이 깨끗한가, 상대 남자의 성격이 좋은가 나쁜가, 학문이 높은가 낮은가는 물어보지도 않고서, 애매한 가운데 응하고 만다. 시집갈 때는 울긋불긋한 꽃가마를 타고서 그 속에 앉아 숨조차 죽인다."
 결혼 이후에는, 원망 담은 말은 해서는 안되며 남편에게 권고할 때도 조심하지 않으면 안된다. 그렇게 하지 않으면 "되돌아 오는 것은 욕설과 매질이며, 다른 사람이 그것을 보면 '현숙하지 못하군, 부도(婦道)를 알지 못하는 여자야!'라고 말할 것이다." 한쪽 배우자가 죽었을 때 남녀는 또한 불평등하다.
 "남편이 죽으면 그 아내는 띠를 띠고 삼년상을 치루어야 하며, 재가는 허용되지 않는다. 반면에 아내가 죽으면 그 남편은 몇 가닥 많은 남색의 줄을 달뿐, 보기 흉하다 하여 띠도 띠지 않는다. 죽은지 삼일도 되지 않았는데 다른 여자에게 수작을 걸며, 일주일도 되기 전에 새 장가를 가는 것이다."
 중국의 여자는 18층 지옥에 빠져 있는데, "그 발은 전족을 하여 작고 작으며, 그 머리는 빗질하여 깨끗하고 깨끗하다네. 꽃과 꽃봉오리 그 머리에 매고 꽂고서, 가지가지 비단을 둘둘 감았네. 얼굴은 분칠하여 희고 희며, 손톱엔 빨갛고 빨간 물 들였네. 일생을 오직 남편 바라볼 줄만 알고, 입는 것 먹는 것 모두 남편에게 기대네. 몸은 나긋나긋 교태 흐르게 해야 하며, 천대하고 학대해도 꾹참고 받아들여야 하네. 흐르는 눈물 언제나 그 볼 적시고, 생활은 근근히 꾸려 갈 뿐이네. 한평생 죄인이요, 그 반생은 우마(牛馬)라네. 그들이 꽂았던 꽃과 꽃봉오리는 옥으로 만든 족쇄요 금으로 만든 칼〔枷〕이며, 그들이 둘렀던 비단은 명주로 짠 밧줄이요 수놓은 포승이니, 그대를 꼭꼭 묶어 두는 것이라네. 저들 몸종들은 바로 옥을 지키는 간수며, 남편이란 말할 필요도 없이 심문관이요 옥리라네." 그래서 혹 매우 부유한 마나님이라 해도 자주적 권리는 조금도 없이 노예와 같은 처지에 놓여 있는 것이다.

추근은 또한 탄사(彈詞:악기의 연주에 맞추어 부르는 노래) 「정위석(精衛石)」을 지어 남존여비의 죄악성을 폭로하고 구 사회의 불공평을 고발하여, "삼종(三從)이란 더욱 황당한 말이다. 남편 떠받들기를 마치 하늘 받드는 것처럼 하라는 것이다." "옛사람의 해독을 깊이 한탄한다. 어찌 여자는 비천하고 남자만 존귀하단 말인가?"라고 하였다.

그녀는, "남존여비"라든가 "여자는 어리숙한 것이 덕성이다", "남편은 아내의 벼리"라든가 하는 일체의 말들이 모두 부패한 유학자들의 엉터리 소리라 일축하고, 뜻있는 여성들이 궐기하여 남녀평등권을 쟁취할 것을 호소하였다.

천부인권설에 따라서, 추근은 남녀평등권을 요구하였다. 그녀는 『중국여보(中國女報)』에 발표한 「면여권가(勉女權歌)」에서 다음과 같이 노래했다.

"우리들은 자유를 사랑한다. 자유를 위해 건배! 남녀평등은 하늘이 주신 것. 어찌 즐겨 소의 뒷자리에 있으리오? 떨치고 일어나, 과거의 부끄러운 허물을 씻어 버리세. 우리 함께 뭉치면 강산을 회복하는 것은 쉬운 일이라네."

"옛 습속은 너무나 수치스러우니, 여자가 결국 소나 말과 마찬가지였다네. 서광이 새로이 문명의 빛을 내어 보내니, 여자들이여 우뚝서서 앞자리를 차지하자. 노예의 뿌리를 잘라 버리고 지식과 학문을 쌓아가자. 책임이 그대들의 어깨 위에 놓였으니, 국민 여걸들이여, 저버리지 말라."

추근은 남녀가 함께 '만노(滿奴:淸)'를 전복하고 한족(漢族)의 광복을 가져올 책임이 있다고 주장하기도 했다. 그녀는 다음과 같이 말했다.

"광복의 일은 하루라도 늦출 수 없다. 남자로서 목숨걸고 광복에 힘쓴 자는 당재상(唐才常) 이래로 심진(沈藎), 사견여(史堅如), 오월(吳樾) 등등 적지 않으나, 오직 여자로는 들은 바 없다. 이것은 또한 우리 여성계의 수치인 것이다."

이러한 인식에 기초해서, 그녀는 소흥(紹興) 대통학당(大通學堂)에서 교무를 주재할 때, 여자국민군(女子國民軍)을 조직하여 혁명투쟁에 참여토록 하자고 제안하였다. 이는 그녀가 정치활동에서 '남녀평등'을 실현하려고 애쓴 것이다.

추근은 남녀평등권을 쟁취하기 위해서는 여자가 사회적인 직업을 가져 경제적으로 자립하는 것이 필수적이라고 생각하였다. 그녀는 「호남제일여학당에 주는 글」에서 다음과 같이 썼다.

"동양에서 여자 교육은 날로 활발해지고 있다. 사람마다 한 가지씩 기술을 익혀 자기 길을 개척한다면 위로는 부모에게 도움을 주고 아래로는 남편과 자식에게 유익함을 줄 수 있다. 이렇게 남자든 여자든 놀고 먹는 이가 없게 된다면 그 나라가 어찌 부강해지지 않겠는가?"

"다만 각 개인들이 스스로 서려는 의지가 없다는 것이 염려되는 점이다. 의지만 있다면 어찌 자립의 기초, 자활할 수 있는 직업을 구하지 못하겠는가? 요즘에는 여자 학교들이 많으며, 여자가 할 수 있는 일도 많아지고 있다. 여러 과학기술을 배우고 익히며 공장을 연다면 어찌 스스로 자립하여 먹고 사는 것이 불가능하기만 할 것인가?"

그녀가 경제 방면에서도 남녀평등을 추구한 것을 알 수 있다.

추근은 또한 여자가 정치·경제에서 남자와 평등한 권리를 행사하기 위해서는 여자의 지혜와 재능을 높이는 것이 필요하다고 생각했다. 이는 문화 교육 방면에서 '남녀평등권'을 실현하려 한 것이다. 이를 위해서 그녀는 여자학교를 만들었다. 왜냐하면 "여자학교가 발전하지 않으면 인류는 강해질 수 없으며, 여자의 권리가 신장되지 않으면 나라의 힘은 반드시 약해지기" 때문이다. 그녀는 계속해서 명도여학(明道女學), 심계여학(潯溪女學) 등을 만들었으며, 또한 이들 학교를 혁명의 기지로 삼았다. 여자들 일반을 계몽하고 교육하는 것도 중요한 사업이었다. 추근이 일본에 있을 때 귀국하는 여자 교우 두 사람을 송별하면서 지은 「망해조(望海潮)」라는 글의 후반은 다음과 같은 말로 끝맺는다.

"이제 이별할 시간이다. 그대들 떠나는 길 생각해 보면 너무도 힘든 길이다. 인식은 조금씩 싹트고 있으나 권리는 아직 회복되지 못하였다. 바라기는 그대들 힘써 퇴락한 풍조를 바로잡고 병든 학교를 다시 일으켜라. 화려한 언설을 발휘하여 장님이 보게 하고 귀머거리가 듣게 하라. 우리 수많은 자매들을 깨우쳐 함께 밝아오는 새벽 종소리를 듣게 하라."

추근은 일본에서 『백화보(白話報)』를 발간하였고, 귀국한 후에는 상해에서 『중국여보(中國女報)』를 주간하였다. 그 목적은 "2억 여성의 대단결, 일치를 위해, 전국 여성계가 서로 소식을 조석으로 주고 받음으로 여성계의 총괄 기구로 만든다. 그를 통해 여성이 생기발랄하고 적극적인 정신을 가지게 하며 분투시키어 대 광명세계에로 속히 나아갈 수 있게 하는"데 있었다. 곧 여성을 '단결'시켜 평등을 추구케 한다는 것이다.

추근은 불평등한 혼인 관계에도 적극 반대하였다. 그녀 자신이 왕가(王家)와의 혼인에 만족하지 못하고 이혼을 제의하였을 뿐 아니라 또한 다른 사람에게도 주저하지 않고 자기가 옳다고 생각하는 대로 충고하였다. 호남(湖南)사람 진범(陳範)이 『소보(蘇報)』사건으로 일본에 망명했을 때 그의 첩인 상분(湘芬)과 신방(信芳)도 그를 따라 나섰다. 추근은 이 두 여자에게 진범과 이혼할 것을 권하였고, 또한 돈을 주어서 그들이 학업을 하며 독립해서 생활할 수 있게 도왔다.

추근의 남녀평등사상은 봉건 가부장제를 반대하는 것을 출발점으로 해서, 정치·경제·문화와 교육의 각 방면에서 남녀평등을 실현할 것을 제의한 것이다. 또 그녀는 여자들이 봉건의 속박을 뚫고서 반청(反淸)투쟁과 사회활동에 참여할 것을 호소하였다. 이는 여성해방과 사회해방을 결합하여 바라본 것이다. 그녀 스스로가 그를 힘써 실천하였다. 그녀는 여성해방의 선구자이며 빛나는 모범이다.

제14절 여권(女權) 만세를 높이 외친 김일(金一)

김일 즉 김천핵(金天翮:1873~1947)은 청말의 애국지사로서, 저명한 학자요 시인이며 교육가다. 원래 이름은 무기(懋基)이지만 후에 천핵 혹은 천우(天羽)로 고쳤다. 자는 송잠(松岑)이며, 호는 장유(壯游), 학망(鶴望)이고, 필명으로 '자유를 사랑하는 김일〔愛自由者金一〕', K.A를 썼고 '천방루주인(天放樓主人)'이라고도 서명했다. 대대로 강소성(江蘇省) 오강현(吳江縣) 동리진(同里鎭)에 살았다. 상해의 혁명단체인 '애국학사(愛國學社)'에 참여했다. 추용(鄒容)의 『혁명군(革命軍)』 사건과 『소보(蘇報)』 사건에 깊은 자극을 받고, 상해를 떠나 고향으로 내려가 '자치학사(自治學社)'를 만들어 강학에 종사하였다. 애국 시인인 유아자(柳亞子:柳人權)가 이곳에서 공부하는데, 두 사람은 서로 자극을 주며 사우(師友)의 관계를 맺었다. 또한 동향출신의 시인 진거병(陳去病)과 함께 '설치학회(雪恥學會)'를 발기하여 '신학(新學)'을 연구하였다. 김천핵·유아자·진거병, 이 세 사람은 함께 시문(詩文)으로 민족해방을 고취하여 신해혁명에 공헌함으로써 오강문단(吳江文壇)의 삼걸(三傑)로 칭송되었다.

김천핵은 매우 많은 책을 썼지만 그중 시대정신이 가장 풍부히 담겨 있는 것은 『여계종(女界鐘)』이라는 책이다. 이 책은 1903년(淸 光緖 29년), '자유를 사랑하는 김일〔愛自由者金一〕'이라는 이름으로 상해 대동서국(大同書局)에서 출판되었고 총발행처는 애국여학교(愛國女學校)로 되어 있다. 당시는 서양의 물결이 동으로 점차 밀려와 서방 자본주의 자유민주의 공기가 끊임없이 동방의 이 역사 깊은 문명국 중국으로 침입해 올 때였다. 작자는 구미에서 "남녀평등사상이 실행되고 있음"을 매우 부러워하고 또 그에 경도되어 이렇게 외치고 있다.

"내가 서방을 바라보니 눈으로 꽃을 본듯 내 마음이 취하도다." 때문에 "유럽문명의 신선한 공기로 우리 몸을 새롭게 하기를 원했다." 그는 이를 위하여 밀, 스펜서와 바쿠닌의 학설에 뿌리를 두고, 중국의 몇 천년 내려온 남존여비의 봉건 전통관념에 대항하여 『여계종』을 썼다. 그것으로 "사람들을 깨우는 새벽종"으로 삼으려 한 것이다. 어떤 사람은 이를 번역작품이라 말하나 그것은 부정확한 말이다. 『여계종』은 사회의 최하층에서 생활하는 여성을 위해 큰소리로 울부짖었고, 여성이 교육을 받고 또 정치에 참여할 수 있는 권리를 쟁취하기 위해 투쟁했다. 이는 사회의 강렬한 반응을 불러 일으켜 "때맞춰 쓰여진" 시대의 목소리로 받아들여졌고, 작자는 "우리 중국 여성계의 루소"로 칭송되었다.

『여계종』은 힘을 다해 여권사상을 선전하였고, 봉건예교에 반대하였다. 또한 그것에 청(淸)을 반대하는 정치혁명을 결합시켰다. 그 주요한 관점은 다음과 같다.

1. 중국 여성은 노예의 노예이다.

『여계종』은 "온갖 압제" 아래에 있는 중국여성들을 매우 동정하고 그것을 심각한 문제로 부각시켰다. 중국은 3천 년간 "노예의 별"이 높이 빛나고, "노예의 근성"이 깊이 자리 잡았다. "육경(六經)과 삼사(三史)는 노예의 글이며, 제자백가도 노예가 하는 것이다." 그런데 "여자는 그 노예의 노예이다." 곧 "이중의 노예인 것이다."

이것은 사복(師復)이 여자를 노예의 노예로 본 것에 비해 보다 빨리 그런 이해에 도달한 것이다. 작자는 명 태조 주원장이 "내가 만일 여자에게서 태어나지 않았다면 여자들을 모두 죽였을 것이다"라고 한 말을 통렬히 비난했다. "이 말은 짐승의 소리와 무엇이 다른가?" 작자는 천하 여성들의 입장에서 불만을 품고 분노하며 물었다. "독재의 시대에, 어리석고 천하다는 이름을 유독 여성들에게 뒤집어 씌우는 이유는 무엇인가?" 그는 오늘의 여성이 "신국민(新國民)"이 되기 위해서는 "적극적이고 민첩하며, 똑똑하게 처신하고 미신을 타파하며, 압제를 벗어버리는 것을 가장 중요한 덕목으로 삼아야 한다"고 생각했다. 또 더욱 전족을 없애는 것을 전제로 하였다. 작자는 책 전체에 걸쳐 충분한 길이로 전족의 폐해를 폭로하고 여자가 병이 많은 것은 "근본 원인이 전족에 있다"고 하였다. 그것은 일종의 가혹한 형벌이며, 남녀 불평등이 표출된 것이고, 가문을 폐하고 나라를 망하게 하는 화근이다. "이 재앙을 막기 위해서는 반드시 묶인 발을 푸는 것에서 시작해야 한다." 작자는 희망을 가득 품고 "30년 후에는 이 전족이라는 악습이 사라질 것을 기대"하였다.

2. 국민의 반을 차지하는 여자에게 죄 짓지 말라.

『여계종』은 매우 명확한 언어로 "여자는 국민의 어머니이다"라고 선언하였다.

여자의 지위는 매우 높으며 "천금의 가치"를 지녔다. 또한 서양 생리학의 관점에 근거하여, 여자는 태어나면서부터 남자보다 우월하며, 신성불가침한 "천부인권"을 완전히 누려야 한다고 주장했다. 때문에 여성의 사회 지위는 반드시 존중해야 하며, "여권을 멸시하는 것은 국민의 반에 죄를 짓는 것이라 할 수 있다."

3. 여자는 반드시 교육받을 권리를 누려야 한다.

작자는 "도덕과 지식은 하늘이 남자와 여자에게 똑같이 부여해 주신 것"이라 생각했다. 세계문명이 진보함에 따라 여자는 남자와 똑같이 교육받을 권리를 누려야 한다. 여자에게 능력이 있고 없고는 "그가 교육을 받았는가 못 받았는가에 따라 판단해야 한다." 교육을 받아야만 비로소 "하늘이 주신 그대로 고상하고 순결한 인간", "압제를 벗어버린 자유인", "굳건하고 열렬하게 혁명을 제창하는 인간"이 될 수 있으며, 그때 비로소 진정으로 국가와 사회에 공헌할 수 있다. "여자로서 중화(中華)를 만들어 갈 자격을 갖추려면 교육 이외에는 길이 없다." 또한 "교육은 더욱이 여자의 천직이다." 교육받은 여자는 가르치는 일에 가장 적합하며, 그를 통해 자신의 재간을 발휘할 수 있다. 작자는 의미심장하게 말한다. "내가 권력을 잡는다면 가장 먼저 학계의 두번째 독재자를 타도하고 공화정치를 펴서 여자를 영수로 삼을 것이다. 이것이 내가 여권을 주장하면서 가장 중요하게 여기며 가장 절실하게 바라는 바이다."

4. 여자는 반드시 참정권을 가져야 한다.

『여계종』은 단순하고 날카롭게 지적했다. "20세기의 여권문제는 곧 정치참여의 문제이다." 또한 "남자는 밖의 일을 하고 여자는 안의 일을 한다"거나, "여자는 정치에 참여할 능력이 없다"거나, "여자는 온순하고 정숙해야 한다"거나, "여자는 어린아이와 똑같이 취급해야 한다"거나, "여자는 영원히 정치에는 참여하지 말아야 한다"거나 하는 주장에 대해 이치에 따라 하나하나 따졌다. "여성의 정치참여 문제는 오늘의 세계에서는 피할 수 없는 대세"다. 왜냐하면 "애국(愛國)과 구세(救世)는 곧 여자의 본분"이기 때문이다.

작자는 구미의 의회정치를 배워, 중국에서도 "의정회(議政會)"를 설립하고, 남녀 모두 회장이 될 수 있어야 한다고 주장했다. 여자가 의원이 될 것을 열렬하게 바라며 심지어는 "대통령도 할 수 있고" 또한 "이후에는 중국의 해군, 육군, 대장(大藏), 참모(參謀), 외무성(外務省) 등에 모두 여성이 발을 들여놓을 수 있기를" 바랐다. 작자는 여성의 정치참여를 매우 강렬하게 요구한 것이다.

"결론적으로 20세기 신중국 신정부가 여자의 손에 장악되지 않으면 나는 죽어도 눈을 감을 수 없으며, 우리 동포 또한 죽어도 눈을 감을 수 없다고 생각하기를 바란다."

5. 20세기는 여권혁명의 시대이다.

작자는 역사발전에서 보아 18, 9세기의 세계를 군주권(君主權) 혁명의 시대라 하고, 20세기의 세계를 여권혁명(女權革命)의 시대라 하였다. 역사에서 여권이 박탈당한 원인을 추적해 보면, "반은 야만시대 성현들의 가르침에서 비롯하고, 반은 전제시대 군주의 입법이 그렇게 만들었다." 한번 박탈당해 본 이상 이제는 "성현과 군주의 손(聖賢君主之手)"을 향해 구걸하는 것으로는 다시 찾을 수 없다. "평등권을 요구해서 얻으려면 먼저 강제력을 써야 한다. 그래서 20세기를 여권혁명의 시대라 하는 것이다." 작자는 한걸음 더 나아가, 오늘의 중국 여성이 회복해야 할 여섯 가지 권리를 지적했다. 즉 학교에 갈 권리, 친구를 사귈 권리, 직업을 가질 권리, 재산을 소유할 권리, 자유로이 출입할 권리, 자유로이 혼인할 권리가 그것인데 특히 혼인의 자유를 중요하게 생각했다. 여자의 행복은 반드시 혼인(婚姻)의 자유에서 시작된다. "서로 사랑하는 연인끼리 한 가족을 이루기를 원한다." 『여계종』은 여권운동은 봉건제도가 붕괴됨에 따라 반드시 승리할 수 있다고 주장했다. 그리고 그 마지막 부분에서 높이 외쳤다. "여권 만세! 동포 만세! 중국 또한 만세!"

부록: 여권을 맨 처음 말살하기 시작한 사람을 성토한 유인권(柳人權)

『여계종』은 청말 여권혁명의 호각을 불었다. 유인권(柳人權:亞子 1887~1958)은 "중국 소년 중의 소년 유인권"이라는 이름으로 『여계종』의 「후서(後敍)」를 쓰고 그 책에 높은 평가를 내리며 말했다. "김선생의 책은 여성계의 어두운 감옥에 비친 한줄기 빛이요, 여성계 혁명군의 선구이며, 여성계 폭발의 도화선이다." 이 「후서」는 또한 유아자(柳亞子)의 여권사상을 강렬하게 반영하고 있다. 그는 다음과 같이 말했다.

"중국 여권의 맹아가 뽑혀지고 밟혀진 것이 또한 오래되었다. 폭력이 횡행하고 사회윤리가 없어졌으며, 잘못이 세습되어 암흑천지를 이루었다. 소인배와 아첨꾼들은 여러 불평등의 학설을 고취하였다. 그들은 훈고(訓詁)를 밧줄로 삼아 묶고, 이상(理想)을 검(劍)으로 삼아 우리 영혼을 속박하고 제약하였다. 그러고는 '양(陽)을 높이고 음(陰)을 누른다'고 하며, '남편은 아내의 벼리'라고 하고, '삼종칠출(三從七出)'을 말하며, '재주없는 것이 덕스러움'이라고 한다. 내 그런 소리를 들을 때마다 분노의 심정을 억누를 길이 없다. 천년 전에 태어나, 저 거짓된 말을 지어 만들기 시작한 자를 잡아 죽이지 못하는 것이, 그 머리 베어 내어 온 세상에 돌리며 그로써 문명의 공동의 적인 그의 죄를 바로 잡지 못하는 것이 한스러울 뿐이다."

이는 여권을 말살하기 시작한 이를 성토하는 한편의 격문이다. 여기에서 지적한 '남편은 아내의 벼리' 등은 서한(西漢) 동중서(董仲舒)에서 나온 것이요, '삼종칠출(三從七出)' 등은 『예기(禮記)』에 나오는 말이다. 이로 미루어, 여권의 말살을 시작한 이는 곧 공자란 것을 알 수 있다.

제15절 무정부주의자들의 반공(反孔), 반예교(反禮敎)

무정부주의 역사 개괄

중국의 무정부주의 사조는 대략 3기로 나눌 수 있다.

제1기: 국외에서 수용된 시기. 1907년 6월 동맹회 회원인 이석증(李石曾), 장정강(張靜江), 오경항(吳敬恒), 저민의(褚民誼) 등이 파리에서 『신세기주보(新世紀周報)』를 발간하여 바쿠닌, 크로포트킨, 푸르동 등의 학설을 소개하였다. 이 잡지는 1910년까지 발간되었다. 중국 본토에 수입되기가 어려웠으므로 그 영향은 크지 않았다. 당시 중국에 있었던 채원배, 장태염 등도 무정부주의를 선전한 적이 있다. 또 1907년 6월에는 유사배(劉師培), 하진(何震) 등이 동경에서 『천의보(天義報)』를 창간하여 여성혁명, 무정부혁명, 인류평등, 공산사회의 실현 등을 주장하였다. 이 잡지는 다음 해에 폐간되었다.

제2기: 국내에 처음으로 소개된 시기. 1911년 사복(師復)은 광주(廣州)에서 회명학사(晦鳴學社)를 설립하여 한편으로 『회명록(晦鳴錄)』을 발간하고, 또 한편으로는 『신세기주보(新世紀周報)』의 논저들을 뽑아 소책자로 간행하였다. 이를 통해 무정부주의는 비로소 국내에 점차 전파되기 시작했다. 1912년 사복은 또 친구들과 심사(心社)를 조직하고, 규율을 만들어 회원들이 지키도록 하였다. 1913년 『민성잡지(民聲雜誌)』를 창간하였으나 금서가 되었다. 1914년에 상해에서 무정부주산주의동지사(無政府主産主義同志社)

를 조직하였다. 1915년 사복이 죽자 무정부당 당원들은 뿔뿔이 흩어졌다.
　제3기: 국내에서 다시 부흥한 시기. 1921년 무정부주의자들은 다시 무정부주의 동맹을 조직하고 『자유(自由)』, 『호조(互助)』, 『자유인(自由人)』, 『기불제(幾弗提)』, 『학회(學匯)』, 『춘설(春雪)』, 『계명(鷄鳴)』, 『동정파(洞庭波)』(不定期) 등의 간행물을 내었다. 1923년에서 1924년에 걸쳐 오경항(吳敬恒:吳稚暉)은 무정부주의를 크게 선전하였다. '과학과 현학 논쟁'에서 오경항은 결론삼아 『하나의 새로운 신앙의 우주관과 인생관〔一個新信仰的宇宙觀及其人生觀〕』이라는 긴 글을 썼다. 이 글은 무정부주의 최후의 중요한 논저로서, 호적이 극찬한 바 있다. 그후 이석증, 오경항, 장정강, 저민의 등 주요한 무정부주의자들은 모두 국민당의 요인으로 변신하여 다시는 무정부주의를 거들떠 보지 않았다.
　중국의 무정부주의자로는 이석증·오경항·유사배(劉師培)·구성백(區聲白)이 대표적이며, 사복(師復)은 대표 중의 대표라 할만 하다.

삼강예교에 반대한 이석증(李石曾)

　이석증(1881~1973)은 직예(直隸:지금의 河北) 고양(高陽) 사람이다. 이름은 욱영(煜瀛)이며, 진민(眞民)·민(民) 등의 필명을 썼다. 1902년 프랑스에 유학했다. 1906년 오경항, 장정강과 함께 세계사(世界社)를 창립하고 『신세기주보(新世紀周報)』를 발간하여 무정부주의를 선전하였으며, 또 동맹회(同盟會)에 가입했다. 1911년 귀국하여 다음해 북경에서 유법검학회(留法儉學會), 유법예비학교(留法豫備學校)를 창립하였다. 2차혁명 후 다시 프랑스에 가서 근공검학회(勤工儉學會)를 만들었다.
　1920년 국내외에 2개의 중법대학(中法大學)을 창립하여 그중 북경에 있는 학교의 이사장이 되었고 리옹에 있는 학교의 교장직을 맡았다. 1924년 국민당 중앙감찰위원에 피선되었고, 1927년에는 장개석의 '청당(淸黨)'에 협조하였다. 그후 북평대학(北平大學) 교장, 국립북평연구원(國立北平研究院) 원장 등을 역임했다. 병으로 대만에서 죽었다. 저서로는 『보급혁명(普及革命)』

(단행본), 『석증필기(石曾筆記)』 등이 있다. 『신세기주보(新世紀周報)』에 그의 글이 많이 실려 있다. 여기에서는 오직 그의 전기(前期)의 반예교사상만을 소개한다. '진(眞)'을 필명으로 한 글의 사상과 '진민(眞民)', '민(民)'을 필명으로 한 글의 사상이 기본적으로 같고 또 아마 모두 동일인인듯 하므로 함께 소개하려 한다.

1) 혁명은 진화에 목적이 있다.

이석증에 따르면 "인류의 오늘이 있기까지 예로부터 몇 백만번이나 되는 크고 작은 수많은 혁명이 있어야 했다. 혁명이 많고 강렬할수록 사회의 진화는 빠르고 컸다." "그래서 혁명이 없으면 사회의 진보도 없는 것이다."[49]

"혁명의 목적은 진화이며, 진화는 날로 새로와지는 것이다. 옛것을 좋아하는 것은 진화에 직접 역행하는 것이므로 혁명을 통해 진화하려는 자는 옛것을 좋아하는 선입견을 버려야 한다."[50]

그는 '진(眞)'이라는 필명을 쓴 『진화와 혁명』이라는 글에서 또 다음과 같이 말하였다.

"진화란 끝없이 전진하며 변화하는 것이다. 진화하지 않는 것이 없다는 것은 자연의 진화법칙이다 … 혁명이란 또한 진화하려는 것이다."

"진화의 이유는 온갖 변화의 근원이며, 혁명은 보수주의의 적이다."

진화와 혁명 두 가지는 완전히 같은 것이다. 이런 이유로 이석증은 장태염(章太炎)이 쓴 『구분진화론(俱分進化論)』의 절대적 상대론(대립론)에 반대하였다. 그는 장(章)의 책을 읽고 이렇게 탄식했다.

"세계는 끝내 양쪽이 나란히 나아가며, 모든 사람이 평등한 낙원은 영원히 실현되지 못한단 말인가?"[51]

---

49) 『普及革命』 참조.
50) 『好古』 참조.
51) 『金錢』에 상세하다.

2) 삼강(三綱)에 대한 반대는 곧 강제권력에 대한 반대이다.

이석증은 삼강중의 군신(君臣) 관계가 나머지 두 관계(부자와 부부)를 결정한다고 생각했다. 그는 다음과 같이 말했다.

"군주와 신하 사이는 항상 명교(名敎)를 근본[體]으로 하고 이록(利祿)을 부수적인 것[用]으로 한다.… 군주는 신하를 부릴 때 꼭 예의를 차릴 필요가 없지만, 신하는 군주를 섬길 때 반드시 충성을 다해야 한다. 전제주의에서는 소위 국가란 없다. 짐이 곧 국가인 것이다. 그래서 전제국가의 백성은 집에서는 효도해야 하고 나라에서는 충성해야 한다. 이는 여자가 출가하지 않을 때에는 아버지에 따르고, 출가해서는 남편을 따른다는 것과 같은 원칙이다. … 군주와 신하 사이의 윤리의 원칙이 굳세게 서면 부자와 부부 사이의 그것도 따라서 정립되어 인간 삶의 핵심적인 도덕이 된다. 바로 이러한 점들이 삼강의 주장이 전제국가에서 성행한 이유가 된다. 전제국가는 제왕 한 사람의 사유재산이다."

"혁명은 공적인 이념에 의지한다. 공적인 이념에 가장 어긋난 것이 강제권력이다. 그래서 혁명은 강제권력을 배척한다. 강제권력이 가장 성행하는 곳이 정부이다. 그래서 강제권력을 배척하는 자는 정부를 전복시킨다."[52]

그는 '진(眞)'이라는 필명을 쓴 『삼강혁명(三綱革命)』에서 또 말하였다. "강제권력에 의지하여 타인을 복종시키는 것이 군주이다." "군주 또한 사람이다. 어째서 그만 홀로 특권(特權)과 특리(特利)를 누릴 수 있단 말인가?" "강제권력은 진리에 위배된다."

그는 "모든 사람은 평등하다."고 주장했다. 군주와 신하는 평등하다. 그러므로 "군위신강(君爲臣綱)"에 반대한다. 그리고 "아버지와 아들은 평등하다." 그러므로 "부위자강(父爲子綱)"에 반대한다. 또한 "남자와 여자는 평등하다." 그러므로 "부위부강(夫爲婦綱)"에 반대한다. 아버지와 아들이 평등하다는 주장은 고래로 보기 드문 것이다. 그는 여러 방면에서 아버지와 아들

---

52) 『普及革命』.

사이도 평등해야 한다는 것을 설명하였다.
 "과학적으로 말하면 아버지가 아들을 낳는다는 것은 오직 생리적인 문제로서, 하나는 먼저 생겨나고 하나는 나중 생겨난 차이일 뿐이다.… 하나는 존귀하고 하나는 비천할 이유가 없다. 사회적으로 말하면 인간은 각기 자유롭다. 누구의 예속물도 아니다. 논리적으로 말하면 … 아들이 아버지를 죽일 수 없다면, 아버지도 아들을 죽일 수 없다."
 "아버지도 사람이며 아들도 사람이니 아버지와 아들은 평등하다.… 그래서 부모와 자식은 의무도 평등하며 권리도 평등하다. 그들 사이에 평등하지 않은 것은 없다. 이것이 자연스러운 인간의 진리이다."
 부부 사이도 평등하다. 이에 대해서도 과학·사회·윤리 등의 각 방면에서 그러하다는 것을 입증할 수 있을 것이다.

3) 삼강 예교는 허위적인 도덕이다.

『삼강혁명』에서 그는 말했다.
 "소위 삼강(三綱)이라는 것은 교활한 인간의 창작이다. 거짓 도덕의 미신(迷信)으로 군주, 아버지 등의 강제권력을 보호하려는 것이다."
 "삼강이란 거짓 도덕"은 오직 "해악만 있고 유익함은 없는 것"이다. 그는 이외에도 『조종혁명(祖宗革命)』이라는 글에서 "거짓 도덕의 미신"을 반대한다고 하면서 조상(祖宗)을 미신하는 것과 하느님(上帝)을 미신하는 것은 같은 것이라 하였다. "그래서 조상을 숭배하는 것도 완전히 똑같은 하나의 종교적 미신이다."

남녀 불평등과 삼강의 잘못을 지적한 유사배(劉師培)와 하진(何震)

 유사배(1884~1919)는 강소(江蘇) 의징(儀徵) 사람으로, 대대로 유학자인 가문 출신이다. 1903년 채원배, 장태염 등과 친분을 맺고서 이름을 광한(光漢)으로 바꾸고 반청(反淸) 혁명에 찬성하였다. 뒤에 광복회·동맹회에 참가하였으며, 『경종일보(警鍾日報)』의 주필이 되었고, 『양서(攘書)』등 영향력 있는 반청(反淸) 선전물을 출판하였다. 그의 학문은 정밀하고 넓어, 장태염과 더불어 이숙(二叔:유사배와 장태염의 字가 각각 申叔, 枚叔인데서 연유)이라 칭송되었다. 그의 부인 하진(1887~?)도 같은 강소(江蘇) 의징(儀徵) 사람으로 채원배의 '암살종자(暗殺種子)' 애국여학교를 다녔다. 1907년 2월 유사배 부부는 일본 동경에서 무정부주의를 받아들였다.

하진은 '여자복권회(女子復權會)'를 세웠으며, 『천의보(天義報)』(후에 『衡報』로 개칭)를 출간하였다. 또 '사회주의강습회(社會主義講習會)'를 주관하였는데, 이 모임의 실제 주관자는 유사배였다. 그러나 1909년 유사배는 청(淸) 양강총독(兩江總督) 단방(端方)의 막하에 들어간 후 '왕정복고'를 주장하고 원세개의 칭제(稱帝)를 옹호하였으며, 만년에는 북경대학에서 강의하였다. 그들은 혁명의 때에 극렬하고 첨예하게 군주전제를 공격하였고, 공자를 비판했으며 삼강설(三綱說)을 비판하였다. 그 사람의 잘못된 행정 때문에 그 말을 폐하지 않는다면, 그들의 초기 언론은 분명 사상사에서 한자리를 차지한다.

1) 군주전제라는 재앙에 반대함

유사배는 임해(林獬)와 합작으로 1903년 여름 『중국민약정의(中國民約精義)』를 쓰기 시작하여 10월에 탈고, 다음해 4월에 인쇄하였다. 그는 거기에서 "술이부작(述而不作)"의 방법에 따라 『역(易)』으로부터 청(淸)의 학자인 대망(戴望)까지의 글들을 뽑았으며, 거기에 자신의 평론을 덧보태면서 루소의 『민약론』을 인용 비교하여 군주전제를 맹렬히 공격하고, '천부인권(天賦人權)'의 평등관을 선전하였다.

그는 먼저 군권신수(君權神授)의 주장을 배척하고, 국가와 군주의 기원에 대해 살폈다. 군주는 "국민이 세운 것"이며, "국가는 국민이 모여서 이룬 것이다." 사회계약론에 따라, 인민이 국가의 주체이며 군주는 국가의 객체이고 "인민의 종"이다. 그런데 뒤에 군주가 인민을 배반하여 반대로 주체가 된 것이다. "중국에서 제왕을 천자(天子:하늘의 아들)로 부른 것은 정치와 종교를 일치하는 것으로 여긴 증거이다." "신권과 군권이 합해서 하나가 되었으니 그 재앙이 어찌 말로 다 표현할 수 있겠는가!"53) 그는 봉건전제국가에서 입법권이 군주 한 사람, 한 가문의 수중에 있는 것을 비판하였다.

"소위 회요(會要)라는 것, 소위 율례(律例)라는 것, 그것들은 법률이 아니다. 다만 칙령일 뿐이다! 국법(國法)이 아니다. 다만 가법(家法)일 뿐이다! 법이 구차해지지 않으려 해도 그것이 어찌 가능할 것인가?"

다음으로 봉건군주는 인민에게 언론자유를 허용하지 않는다. "인민이 말하는 것을 틀어 막고 정치에 대해 논의하는 것을 금지하였다." 또 군주는 경제적인 면에서 교묘한 착취와 약탈을 일삼아 만족할 줄 모른다. "천하를 천하의 천하로 삼지 않고 천하를 자기 개인의 천하로 삼으며, 천하의 재화를 천하에 돌리지 않고 자기 한 사람의 욕심을 채우는 데 쓴다." '부(賦)'는 원래 인민이 국가에 내는 것이며, '공(貢)'은 군주에게 내는 것이지만, 탐욕스러운 군주는 '부'마저도 "훔쳐 자기 것으로 삼았다." 그래서 "인민의 재물을 무겁게 착취하고, 인민의 노동력을 가벼이 부리려는 것, 그것이 군주전제의 두 가지 큰 원인이다." 이외에도 그는 그 책에서 또한 종법세습의 폐단을 지적하였다.

"내가 『공양전(公羊傳)』을 읽을 때, '집안의 적장자를 세움에는 능력에 따르지 않고 나이에 따르며, 왕위를 계승할 태자를 세움에는 나이를 따르지 않고 신분에 따른다'는 부분에 이르러서 고인의 입법의 잘못에 대해 탄식하였다. 나이에 따라 적장자를 세우는 것은 한 가문에 관계되는 일이지만, 능력에 따라 군주를 세우는 것은 천하에 관계된 일이다. 천하는 본래 한 가문의 천하가 아니다. 어찌 한 가문의 제도에 따라 입법하여, 천하의 치란(治亂)은 돌보지 않는 것인가!"54)

유사배는 인민의 적인 독재자를 없애는 것은 "천하를 바로잡는 것"으로, "지극히 바르고 지극히 옳으며 지극히 사랑에 차 있고 지극히 용기 있는 일"이라고 생각하였다. 민약(民約:사회계약)을 실현시키기 위해서는 "반드시 먼

---

53) 『劉申叔先生遺書』제16책.
54) 위와 같은 책.

저 대중의 힘을 모아 국가를 보호하여야 한다. 국가를 보호하기 위해서는 반드시 먼저 대중의 힘을 모아 군주를 제거하여야 한다." 결론은 매우 명백하다. 군주전제는 반드시 전복되어야 한다는 것이다.

2) 공학(孔學)의 폐단에 반대함

권력가들의 성인(聖人)인 공자에 대해서 유사배는 많은 비판을 하였다. 그가 1903년에 쓴 『양서(攘書)』에는 「공로편(孔老篇)」이 있는데, 거기에서 그는 공자를 노자 이후에 두었으며, 그 뒤의 많은 문장에서 공자를 선진 여러 사상가 중의 한 사람 정도로만 평가하여 그에게서 성인의 지위를 박탈하고 한 학술가의 지위로 환원시켰다. 후세에 '경(經)'이라 칭해지는 것들을 유사배는 단지 공자가 편찬한 교과서 정도로만 생각했다. 『공자교와 중국정치는 관계가 없음을 논함』이라는 글55)에서 그는 공학(孔學)이 정치에 미친 영향 세가지를 지적하였다. 즉, "등급(等級)을 구분하고 존비(尊卑)를 나누었다." "실제적인 일은 경시하고 우활한 것을 높였다." "가족을 중시하고 국가는 경시하였다."56)

그는 또 『공자전(孔子傳)』에서 공학(孔學)의 결점 네 가지를 지적하였다. 첫째, 옛것에 빠짐이니, 중국이 변법(變法)을 게을리 한 것은 이 때문이다. 둘째, 우활함이니, 명분을 높이고 실제적인 힘을 경시하여 기술의 낙후를 가져왔다. 세째, 미신적인 요소이니, 공자는 귀신을 깊이 믿었으며 이는 후세에 좋지 않은 영향을 미쳤다. 네째, 배타적 자존심이니, 다른 학설을 배척하였다. 『중국백화보(中國白話報)』 10기와 13기57)에 실린 「공자학에 폐단이 없을 수 없다」란 글에서 그는 또 공학(孔學)의 가장 현저한 병폐 네 가지를 지적하였다. "첫째, 인사(人事)를 믿는 것과 함께 천사(天事)를 믿었다." 그 결과 "공자가 천변(天變)을 이야기한 이래로 서한(西漢)에서는 재이설(災異

---

55) 『劉申叔先生遺書』 제49책.
56) 『中國白話報』 제10, 13기.
57) 『警鐘日報』 1904년 12월12일, 13일.

說)이, 동한(東漢)에서는 참위학(讖緯學)이 유행하여 지금에까지 영향을 미치고 있다. 이는 인지의 발달에 중요한 장애로 기능하였다.""둘째, 인문학을 중시하고 실용학문은 경시하였다."그 결과 "오늘에 이르기까지 유학자들은 고담준론에만 빠져 과학을 경시하였다. 따라서 유물론적 학술은 중국 역사상에서 찾아보기 힘들게 되었다.""세째, 긍정만 할 줄 알지 부정하고 따지는 것을 하지 않는다."이는 논리사상이 결핍된 것과 공자 학파의 전제(專制)에 그 원인이 있다. "네째, 자기 견해만 고집하고 다른 주장은 배척한다."이러한 학술에서의 전제는 사람들이 "과감하게 행동하지 못하며" "과감하게 생각하지 못하게" 만들었다. 그는 『공학진론(孔學眞論)』58)에서 이점들에 대해 거듭 상세히 논하였다.

그렇다면 공자와 공학(孔學)이 그렇게 오랜 동안 숭배된 이유는 무엇인가? 유사배는 말한다. 첫째, 공자 자신의 학문이 당시의 다른 사상가들에 비해 전면적이었고 학생들도 많아 보급되기에 유리했다. 둘째, 한무제(漢武帝)가 "오직 공자의 학술만을 채택했다." "이는 공자의 말이 그들이 시행하는 전제정체(專制政體)와 매우 잘 맞아 떨어지는 점이 있었으며, 또한 그들의 명분론과 존비 차등론이 백성을 억압하기에 알맞았던 때문이다. 지식인들은 이러한 정부의 의도에 영합하여 공자를 숭배하는 데 열심을 다했다. 위진(魏晉), 당(唐), 송(宋) 시기에 이르러서도 황제들은 공자 높이기를 멈추지 않았다. 중국을 정복한 이족(夷族)들도 중국 인민들을 우롱하기 위해서 공자의 학술을 이용했던 것이다. 이렇게 해서 공자의 학술은 날로날로 흥기하였다. … 그래서 외국인들이 종교에 대해 이야기 할 때, 중국인들이 공교(孔敎)를 미신한다고 말하는 것이다."59) 『국학발미(國學發微)』라는 글60)에서도 그는 한(漢)이 유학을 숭상한 것은 황제들이 "유가가 전제정체에 유리하다는 것을 매우 잘 알았기"때문이라고 지적하였다.

공자와 공학(孔學)에 대한 견해에서 볼 때 유사배를 '일인자'라고 할 수는

---

58) 『劉申叔先生遺書』 제49책.
59) 「孔子傳」.
60) 『劉申叔先生遺書』 제13책.

없다. 예를 들어 강유위(康有爲)는 『공자개제고(孔子改制考)』에서, 공자를 당시의 다른 사상가들과 마찬가지로 "탁고개제(托古改制)"를 주장했던 한 사상가라고 말함으로써 공자를 삼대(三代) 도통(道統)의 계승자로 보는 견해를 사실상 부정했다. 또한 장태염은 『정공(訂孔)』에서 더욱 명백하게 중국의 낙후가 공자와 무관하다고 하는 주장에 반대하였다. 그는 애국학사(愛國學社)에서 가르칠 때, 학생들에게 "공자를 법으로 삼고 황제를 지킨다〔紀孔保皇〕"라는 두 관문을 때려 부수라고 하였다. 여하간 금세기의 일반적인 공자 비판의 풍조 속에서도 유사배는 비판서의 분량에서 정확히 제일인자라 하겠다. 10여 년 후 역백사(易白沙)는 「공자평의(孔子平議)」[61]에서 공자를 구가(九家) 중의 한 사람이라 말하고, "공자는 군권(君權)을 높이고 제한할 줄 모르기에 독재자의 전제를 가져오기 쉬운 폐단이 있으며", 가르침에 질문하는 것을 허락하지 않음으로 사상의 전제를 가져오기 쉽고, 절대적인 주장이 적으므로 사람들이 쉽게 핑계댈 수 있도록 하였으며, 관리가 되는 것은 중히 여기지만 민생을 돌보는 것은 중히 여기지 않으므로 백성들을 도탄에 빠뜨리기 쉽다고 평했다. 그가 지적한 이러한 네 가지 결점은 유사배의 그것과 사상에서 서로 유사한 것이다.

3) 삼강(三綱)의 죄를 비판함

『양서(攘書)』의 「죄강편(罪綱篇)」은 전적으로 유가의 삼강설을 비판하고 평등을 주장한 글이다. 유사배는 유가의 윤리를 비판하여 "사사로운 정을 중시하고 공적인 도덕은 경시한다"고 하였다. 그 원인은 "서양에서의 윤리가 사회에서의 개인의 윤리라면" 유가에서 "사회국가에 대한 윤리는 모두 가족윤리의 확장인"데에 있다. 그는 삼강설이 원래부터 있었던 것은 아니라고 말한다. 삼대(三代) 이전에는, "군주〔君〕는 군중〔群〕을 의미했고" "아들〔子〕은 번식〔滋〕한다는 의미였으며" "아내〔妻〕란 동등하다〔齊〕는 의미였다." "불

---

61) 『靑年雜誌』 1권6호, 2권1호.

평등의 내용이 그 말들 가운데 들어 있지는 않은 것이다." 그렇다면 삼강의 주장은 어디에서 유래하였는가? 그는 위서(緯書)들에 그 잘못을 돌렸다. "삼강설은 위서에 근본한 것이다. 거짓으로 첨가되고 부연된 것으로, 논할 가치조차 없다." 그는 계속 비판한다. "그러므로 삼강을 주장한 것은 억압하고 속박하려는 의도를 가진 것이었다." 시대가 흐를수록 그러한 시도는 더욱 격렬해져서 "삼대(三代) 이후로는, 진리는 버려두고 세력을 논하며, 세력을 진리로 삼게 되었으며" "옳고 그름은 젖혀두고 복종이냐 반항이냐만을 따졌고" "명분을 백성들의 마음속에 심어 강한 자와 약한 자가 서로 능멸하며 헛된 진리로 서로 다투게 함으로써 백성들의 마음을 얽어 매고 그들의 재능과 지혜를 속박하기에까지 이르렀다." 그는 "송대 유학의 가장 큰 오류는 여곤(呂坤)의 말, 곧 '부모가 자애롭지 못해도 자식은 효도하지 않을 수 없다. 군주가 인자하지 못해도 신하는 충성하지 않을 수 없다'는 말과 그리고 정자(程子)의 말, 곧 '굶어 죽는 것은 작은 일이나 정절을 잃는 것은 큰 일이다'와 같은 말"이라고 생각했다. 이를 어떻게 개혁해야 하는가? 그는 다음과 같이 제안했다.

"지금 평등을 실현하려면 묵가(墨家)가 주장한 겸애(兼愛)의 사랑[仁]에 근본하고, 유가의 서(恕:사랑의 확대 적용)를 실천 덕목으로 삼는 것이 가장 좋다." 문자는 모두 옛것이지만 그 내용은 새로운 것을 담고 있다. "서(恕)는 평등에 가장 가깝다. 그래서 유가에서 군신부자(君臣父子)를 이야기할 때는 다만 '베풂을 다한다[極施]'고만 하였다. 베풂을 다한다는 것은 곧 서양의 소위 권리의무의 관계이다. 따라서 서(恕)가 실천되면 삼강(三綱)은 폐지된다. 또한 중국민족이 삼강설에 빠진지 이미 천년에 가깝다. 묵자의 겸애를 함께 쓰지 않으면 굽은 것을 펴 바른 데로 돌릴 가망이 없다."

1905년에서 1906년 사이에 유사배는 『윤리교과서(倫理敎科書)』2책을 썼으며 안휘공학(安徽公學)과 환강중학(皖江中學) 등의 학교에서 가르쳤다. 그는 그 책에서 "윤리의 원리에 대해서는 알지 못하고, 다만 자기를 극복하고 사적인 것을 끊어버리는 것을 가르침으로 삼아 인민들에게 복종을 강요하는", "인간 본성을 말살하는" 학설들에 대해 비판하였다. 그 중에서 그는 삼강설을 지적하여 "진화의 진리에 어둡고" "인민을 속박하는 도구"라고 하였다. 삼강설이 생겨난 근원에 대해 그는 "서양이 사람을 본위로 하는 반면 중국은 가족을 본위로 하며", "서양의 가족윤리는 부부관계를 출발점으로 하는 반면 중국의 가족윤리는 부자관계를 가장 중요시 하였으므로 효(孝)를 가장 중심적이고 기본적인 덕목으로 삼았다. … 또한 가족윤리가 발달하면 할수록 명분도 날로 엄격해지고, 명분이 엄격해지면 억압도 더욱 심해졌다. 이것이 삼강설이 일어난 까닭이다"라고 설명하였다.62)

이는 곧 삼강설은 가족제도에 그 근거가 있다는 말이며, 가족제도 중에서도 효(孝)가 가장 중요하다는 것이다. 이러한 인식은 「죄강편(罪綱篇)」의 사상을 이어 더욱 심화시킨 것이며, "군주가 신하의 벼리"라는 "군위신강(君爲臣綱)"의 기초에 "아버지가 아들의 벼리"라는 "부위자강(父爲子綱)"이 있음을 지적한 것이다.

4) 남녀불평등의 해악을 비판함.

일본 동경에서 『천의보(天義報)』와 『형보(衡報)』를 펴낼 무렵, 유사배 부부는 "남녀평등과 함께 종족·정치·경제에 걸친 제반 혁명을 병행할 것"을 힘써 주장하였다. 하진(何震)은 '여자복권회(女子復權會)'를 조직하였는데, 그 취지는 "세계에 대한 여자의 직분을 확실히 다하고, 수천 년을 내려온 남존여비의 풍조를 돌이키려는"63) 데 있었다. 당시 세계의 남녀 불평등에 대해 그들은 다음과 같이 개괄하였다.

"확실히 동양에는 남존여비의 풍조가 있는 반면 서양은 남녀평등이라 말할 수 있다. 그러나 관리가 되고 정치에 참여할 수 있는 권한은 그 둘 모두에서 여자에게는 없다. 즉 여자가 소유한 권리는 천민만도 못한 것이다. 다시 중국으로 돌아와 살펴보면 남자가 아내를 여럿 둘 수 있는 반면에 여자는 재가(再嫁)할 수도 없다. 남편이 죽으면 삼년상을 입어야 하나 아내가 죽으면 일

---

62) 『劉申叔先生遺書』제64, 65책.
63) 『天義報』제1권.

년상을 입는다. 제사 받는 것도 남편이 먼저다. 혹 평등하다고 할 만한 것이 있다고 하더라도 시집을 간 후에는 시댁을 중시하고 친정을 멀리해야 하며, 낳은 아이들은 아버지의 성을 따르게 해야 한다. 그러고도 어찌 공평하다고 할 것인가?" 어떻게 공평하다고 말하겠는가?

"남녀 모두에게 똑같은 교양을 공급하며, 똑같은 권리를 주어야 한다. 그래서 여자가 남자보다 못한 것이 있지 않도록, 그리고 남자가 여자보다 더한 것이 없도록 해야 한다. 남자가 여자에 대해 어떠하면 여자도 남자에 대해 똑같이 어떠하도록 해야 한다. 만약 여자가 남자보다 못하고 남자가 여자보다 더한 것이 있다면 여성계는 함께 일어나 그것을 없애도록 해야 한다. 서로가 평등하게 될 때까지."[64]

그들은『천의보』를 통해 수많은 글을 발표하여 구사회 여자들의 비참한 처지를 강렬하게 고발하였다. 늙은 하녀, 기생, 여공, 농부의 아내 그리고 또한 첩과 민며느리에 이르기까지 그들 여자들이 받은 고난을 남김없이 속시원하게 그려내었다. 그들은 특별히 비판의 창끝을 공자의 유가에게 들이대었다. 하진은 말했다.

"유가의 학술은 남존여비를 그 종지로 삼는다." 그녀에 따르면 유가는 공자로부터 시작해서 한(漢)・송(宋)의 유학자들을 거치면서 "부위처강(夫爲妻綱)"을 핵심으로 하여 여자를 억압하는 하나의 학설로 정립되었다. 그녀는 분노에 차 외쳤다.

"유가의 학술은 사람을 죽이는 학술이다." "유학자들이 말한 예(禮)는 여자를 잔혹하게 죽이는 도구에 불과하다."[65]

이는 대진(戴震)이 송유들을 비판하여 "이(理)를 가지고 사람들을 죽였다!"고 외친 이래 유가 혹은 예(禮; 理)가 사람을, 특히 여자를 죽인다고 비판한 가장 강렬한 경우이다.

하진은 서구 자본주의 사회에서의 "근세의 혼인은 법률혼 제도"라고 생각했다. 그녀에 따르면 자본주의 혼인제도는 중국의 봉건 혼인제도보다 세 가

---

64)『天義報啓』참조.『復報』제10기.
65)『女子復仇論』참조.『天義報』제2~5권.

지 점에서 우월하다. "첫째, 결혼과 이혼은 모두 자유이며 재가할 수 있다. 둘째, 일부일처제이다. 세째, 남녀는 함께 교육을 받으며, 교제장에서 함께 사귄다." 그러나 그는 또한 그것이 다만 "육체의 해방"일 뿐 아직 "정신의 해방"에는 이르지 못했다고 생각했다. 서구의 혼인제도는 "첫째, 권리에 묶여 있고, 둘째, 도덕에 묶여 있으며, 세째, 법률에 묶여 있다"는 것이다. 그녀는 예를 들어 자본주의 사회에서의 혼인은 돈, 가문 등의 요소에 의해 결정된다고 말했다. "남자는 자신의 재력을 과시하여 여자를 유혹하며, 혹 여자도 자기 집안의 부를 끼고 남자의 환심을 산다." 이름으로는 일부일처제이지만 실제로는 다처제와 다부제가 존재한다. 이 때문에 "여자에게는 자유의 이름은 있지만 자유의 실제는 없으며, 평등의 이름은 있지만 평등의 실제는 없다." 그녀는 자본주의 사회에서의 남녀문제에서 "거짓 자유"와 "거짓 평등"이 있음을 지적한 것이다.[66)]

이는 상당히 타당한 관점이라 하겠다. 유사배도 역시 유사한 지적을 한 바 있다. "지금 기독교 국가들에서는 일부일처제를 실시하고 있다. 그러나 관직에 나갈 수 있는 권리, 정치에 참여할 수 있는 권리(최근에 여자가 이를 획득한 곳도 있다), 군대에 복무할 수 있는 권리 등은 마찬가지로 여자에게 주어지지 않고 있다. 평등이라는 이름은 주었지만 그 실제 권리는 주지 않은 것이다."[67)]

하진은 "남녀혁명"을 실현하여 중국이 수천 년 동안 지켜온 남존여비의 풍조를 깨뜨릴 것을 외쳤다. 그녀는 그를 위해 일곱 가지의 구체적인 제안을 하였다. 첫째, 일부일치제를 실행한다. 둘째, 결혼한 후에라도 남편의 성을 따르지 않고 "함께 각자의 부모의 성을 따르도록 한다." 세째, 아들과 딸을 똑같이 중시한다. 네째, 남녀는 태어나면서부터 동등하게 양육되어야 한다. 다섯째, 부부 사이에 불화가 있으면 이혼한다. 여섯째, 초혼의 남자는 초혼인 여자와 결혼한다. (재혼인 남자는 재혼의 여자와 결혼한다.) 일곱째, 창녀

---

66) 『女子解放問題』참조. 『天義報』제7~10권.
67) 『無政府主義之平等觀』참조. 『天義報』제4, 5, 7권.

를 없앤다.68)

이런 제안은 대부분 남권(男權)과 부권(夫權)의 억압에서 벗어나고자 하는 중국 여성의 소망을 담고 있다. 따라서 진보적이고 합리적이다. 그러나 "사회의 기존계급을 없애기 위해서는 반드시 남녀계급을 없애는 것으로부터 시작해야 한다"고 하여 여성해방을 사회해방의 선봉에 두고, 또 모든 남자를 여성의 "대적(大敵)"으로 본다거나, "폭력으로 남자들을 강제해야 하고", "억압을 달게 받는 여성들에 간섭해야 한다"는 등의 주장은 무정부주의의 영향을 너무 깊이 받은 것이다. 이론에서 평등을 절대화하며, 실천에서 도처에 적들을 만들어 좌충우돌하였다. 이런 면은 받아들이기 어려운 점이다.

그들은 처음에는 여자가 사회노동에 참여하는 것에 반대하였다. 그들은 여자의 노동이 여자를 "노리개"에서 "이용대상"으로 용도를 변경한 것으로, "그 몸을 굴복시키고 이제는 그 힘마저 갈취하는" 것이라 생각하였다. 그러나 후에는 "사유제도가 소멸하면 일체의 사창(私娼)제도도 자연히 사라질 것이며", "결혼이 남녀 사이의 계약으로 성립되지만 실제로는 모두 경제관계로부터 비롯된 것일 뿐이다"라고 인식하여, "여성이 해방되기 위해서는 반드시 경제혁명에서부터 시작해야 한다"고 주장하였다.69)

"반드시 남녀계급을 없애는 것으로부터 시작해야 한다"에서 "반드시 경제혁명에서부터 시작해야 한다"는 것으로 변화한 것이다. 이는 매우 큰 진보다.

총괄하면, 유사배와 하진은 군주전제, 공자 그리고 유가의 삼강설에 대해 폭로하고 공격하였으며, 구사회 여성의 고난에 동정을 보내었고, 자본주의 사회의 혼인제도에 대해 일면 긍정하고 일면 비판하였다. 그들은 남녀평등을 주장하고, 불평등을 제거하기 위한 다양한 구상을 제안하였다. 그 제안들에는 합리적인 일면도 있었으나 또한 무정부주의의 공상과 오류를 드러낸 일면도 있었다.

---

68) 『女子宣佈書』 참조. 『天義報』 제1권.
69) 『女子問題研究』 참조. 『天義報』 제16~19권 합책.

혼인가족 제도와 정치 경제에서의 강권주의의 폐지를 제안한 사복(師復)

사복(1884~1915)은 광동(廣東) 향산(香山:지금의 中山) 사람이다. 원래 성은 유(劉)이지만 후에 성을 버렸다. 광서(光緖) 때 수재(秀才)로 일본에 유학하여 동맹회(同盟會)에 가입하였다. 수사제독(水師提督) 이준(李准)에게 폭탄테러를 가하려다 상처를 입고 체포되어 1909년까지 감옥에 있었다. 출옥 후 홍콩에 가서 『신세기(新世紀)』를 연구하고 무정부주의를 선전하기에 힘썼으나, 폐병으로 고생하다 가난으로 의사의 치료도 받지 못한 채 죽었다. 저서에 『복호집(伏虎集)』, 『무정부주의토론집(無政府主義討論集)』, 『사복문존(師復文存)』 등이 있다.

어느 무정부주의자에 따르면 "사복은 건전한 무정부주의자로서 선후배 동지들 사이에서 존경받는 인물이었다. 그는 모범적인 혁명 실천가였다."[70]

사복이 전통, 종법, 예교사상에 대해 행한 비판은 주로 다음의 두 가지 문제에 집중되어 있다.

1) 경제와 정치에서의 강제권력을 폐지해야 한다.

사복은 말했다. "무정부주의는 강제권력〔强權〕을 배척하는 것을 근본으로 한다.
강제권력 중에서 사회에 가장 현저하고 크게 해악을 끼치는 것은 자본주의 제도이다. … 그러므로 모든 무정부주의 정당은 동시에 사회주의를 주장하는 것이다." 그러나 "사회주의가 경제에 대한 것이라면 무정부주의는 정치에 대한 것이다. 둘을 혼동해서는 안된다."[71]

무정부주의는 조직 기구와 당 강령을 가질 필요가 없다. "우리 당이 목표

---

70) 老梅, 『師復文存·弁言』.
71) 「無政府共産主義」.

로 하는 것은 오직 강제권력을 소멸시키는 데 있다. 강제권력의 괴수를 제거했다면 모든 일을 다 이룬 것이다."72)

여기에서 괴수란 정부와 자본가를 가리킨다. 그는 "사유재산 제도를 폐지하고" "모든 사람이 노동에 종사하며" "일체의 행복을 모든 사람이 공동으로 향수할 것"을 주장하였다.73)

2) 혼인과 가족제도에서의 강제권력을 폐지해야 한다.

사복은 혼인제도와 가족제도 역시 강제권력의 하나라고 생각하며, "혼인제도를 폐지하여 남녀가 자유롭게 결합하며, 출산할 때는 공공 출산원에서 출산하고, 낳은 자녀들은 공공 양육기관에서 양육할" 것을 주장했다.74)

혼인제도가 폐지되면 가족제도도 따라서 폐지될 것이다. 그는 가족제도의 여러 폐단을 지적하였다. "가족이 생기면서 사람들은 모두 자신의 가족을 사적(私的)인 것으로 삼았다. 그 결과 사회의 진화는 정체되었다. 가족이 생기면서 사람들은 모두 언제나 자신들의 사유재산을 늘리려고 고심하게 되었다. 그래서 지금과 같은 빈부의 격차가 생기게 되었으며, 비참한 암흑사회가 도래되었다. 가족이 생기면서 청춘남녀들은 모두 비굴하게 복종하여 독립된 인격을 회복하지 못하였다." 그는 중국 가정의 흑막을 벗겨 버렸다.

"중국의 가정은 가정이 아니다. 그것은 지독히 어두운 감옥일 뿐이다. 이 감옥은 그 주춧돌이 혼인이며, 족성(族姓)이 그 벽돌이고, 강상예절(綱常禮節)이 그 진흙이다. 그것들을 쌓고 붙여서 삼엄하고 견고한 감옥을 만든 것이다. 가장(家長)은 간수요, 다수의 가련한 청년남녀들은 죄수이다. … 남자로서 죄수 아닌 자 없으며 또한 간수 아닌 자 없다. 여자야말로 처음부터 끝까지 죄수의 죄수인 것이다."75)

---

72)「論社會黨」.
73)「無政府共産黨之目的與手段」.
74) 위와 같은 글.
75)『廢家族主義』.

그는 혼인제도를 "단지 강자가 약자를 기만하고 억압하는 도구일 뿐"이라고 생각했다. 일부일처제는 일부다처제에 비해 좀더 교활한 눈속임에 불과한 것으로 여자들은 그를 통해 영원히 어두운 노예 감방에 떨어지는 것이다. "이름만 그럴 듯할 뿐 실제로는 서로 견제하는 것이니 거기에 무슨 애정이 있겠는가?" "애정 때문이 아니라 강제 때문이니, 부부라는 것이 강제에 기원한 것이라면 부부란 것이 같이 있을 이유가 어디에 있는가?" "정절을 지켜야 한다"는 주장은 "양심을 다 잃어버린 남자들이 그것으로 여자를 기만하고 억압하려는 허튼소리이며 … 그것으로 여자를 속박하려는 도구"일 뿐이다. 그에 따르면 남녀가 결합하는 방식에는 세 가지가 있다. 첫째, 재력으로 사귐. 둘째, 강제권력으로 사귐. 세째, 애정으로 사귐이다. "세상 사람들은 사회의 거짓 도덕에 물들고 성현이라는 자들의 거짓 학설에 속아 강제권력에 의한 혼인을 정당한 것으로 생각하고 있다. 그리고 공의와 진리에 맞는 자유에 대해서는 오히려 온갖 불미스러운 이름으로 욕하고 더럽힌다." 그래서 "금전과 강제권력에 따르고, 공의와 생명에는 반대되는 일체의 결합"이 출현한 것이다. 이를 그는 "극력 반대"하였다. 그는 "반드시 체력·연령·성품·지식 등등에서 서로 맞은 후에 결합하는 것이 좋으며", 더욱 중요한 것은 "순수한 애정과 자유에 따른 결합이어야 한다. 절대로 강권이나 금전, 속임수 등이 끼여들어서는 안된다"고 주장했다. 그래야 그것이 진정으로 "이치에 맞는 연애"이다. "오직 한 사람과만 결합했는지 여부와 얼마나 오래 갔는지 하는 것" 등과 같은 것은 모두 "꼭 물어볼 필요가 없는 것"이다.[76]

무정부주의가 일종의 극단적인 공상이라는 것은 모두 알고 있는 것이므로 더 말할 필요는 없다. 무정부를 한다는 것은 당연히 사유재산·가족·혼인 등을 "폐지"한다는 것을 의미하며, 구전통의 삼강예교(三綱禮敎)는 그 제일 먼저 충돌하게 되는 바이다. 사복의 글들은 당시에 가장 심도 있게 중국 봉건 가족제도의 흑막을 벗겨내었다는 점에서 타의 추종을 불허한다.

---

[76] 『反對家族主義書後』.

제4장 중국유가 예교사상이 충격을 받기 시작한 시기 - 청말·민초(淸末民初) 333

부록: 오경항(吳敬恒)의 혼인관(婚姻觀)

오경항(1866~1953)은 강소(江蘇) 무진(武進) 사람이다. 원래 이름은 조(朓)이고 자는 치휘(稚暉)이다. 일본에 유학했다. 상해로 돌아온 후 채원배(蔡元培) 등과 함께 애국학사(愛國學社)를 창립했다. 『소보(蘇報)』에 원고를 썼으며, 『소보』사건이 일어나자 홍콩으로 피했다가 런던으로 갔다. 이석증(李石曾) 등과 파리에서 『신세기(新世紀)』주보를 창간하여 무정부주의를 제창했다. 무창기의(武昌起義) 후에 귀국했다. '이차혁명'이 실패하자 다시 유럽으로 가 파리에서 유법근공검학회(留法勤工儉學會)를 발기, 조직하였다. 오래지 않아 리옹대학교의 교장을 맡았다. 1924년 중국 국민당 중앙감찰위원에 피선되었다. 1927년 청당(淸黨)을 주장하였고 후에 대만으로 건너 갔다가 병으로 대만에서 죽었다. 『오치휘선생전집(吳稚暉先生全集)』이 있다.

오경항은 「하나의 새로운 신앙적 우주관과 인생관〔一個新信仰的宇宙觀及其人生觀〕」, 「국보군(鞠普君)의 남녀잡교설을 평가함」 등의 글에서 남녀의 혼인문제에 대해, "남녀의 사랑이란 순전히 오직 성욕일 뿐이다"라고 명확하게 말했다. 남녀 사이란 결국 "한쌍의 개 같은 년놈들"이요 "치정에 눈 먼 한쌍의 남녀"인데 불과한 것이다. 그는 또 현대의 인류가 진화하지 못하고 애정이 보급되지 못한 것은 실은 혼인제도가 없어지지 않았기 때문이라고 생각했다. "혼인이 폐해지고 남녀가 잡교(雜交)하는 것, 이는 인류사회가 반드시 겪을 한 단계이다." 이 단계가 바로 이른바 세계의 '대동(大同)' 시대라는 것이다. 호적은 오경항의 앞의 글을 극찬하였다.

제16절 신해혁명(辛亥革命) 십년 전에 시작된 반공(反孔), 반예교(反禮敎) 운동

신문화(新文化)운동은 실은 신해혁명 십년 전에 이미 시작되었다. 주요 인물로는 진독수(陳獨秀), 오우(吳虞), 노신(魯迅), 채원배(蔡元培) 등이 있다. 1909년 철애(鐵崖)가 「명설(名說)」에서 예교(禮敎)가 사람을 죽인다는 주장을 펴는 등 이 시기의 반공(反孔), 반예교(反禮敎)운동과 관련된 언론과 간행물은 일일이 손꼽을 수 없을 정도이다. 나는 일찍이 그것들을 다음과 같이 요약한 바 있다. '민주혁명'으로 군주전제에 반대한다. '여권혁명'으로 남권(男權)과 부권(夫權)에 반대한다. '가정혁명'으로 족권(族權)과 부권(父權)에 반대한다. '강도주의(强盜主義)'로 노예주의에 반대한다. '무신론'으로 각종 미신에 반대한다. '학술 자유'로 도통론(道統論)에 반대한다. '진화론'으로 상대론과 퇴화론에 반대한다. '신교육'으로 구교육에 반대한다. '신사학(新史學)'으로 구사학(舊史學)에 반대한다. '신문학'으로 구문학에 반대한다. 입헌파(立憲派)조차도 반공(反孔), 반전통(反傳統) 사상의 일면을 가지고 있다는 등등이다. 이에 대해서는 「신해혁명시기의 신사상운동—자산계급각파의 반공, 반봉건사상」에 상세히 기술되어 있다.[77]

제17절 존공(尊孔), 존예교(尊禮敎), 존고문(尊古文)을 배척한 황원용(黃遠庸)

황원용(1884~1915)의 원래 이름은 위기(爲基), 자(字)가 원용(遠庸)이다. 보통 자(字)로 부르며 호는 원생(遠生)이다. 강서(江西) 구강(九江) 사람으로 광서(光緒) 때 진사(進士)가 되고, 우전부(郵傳部) 원외랑(員外郞) 겸 편역국찬수(編譯局纂修)를 지냈다. 신해혁명 후에 관직에 뜻을 버리고 북경과 상해에서 정론(政論)을 발표, 당시 언론계의 유명인사가 되었다. 그는 청말(清末)을 이어 신문화 운동에로 길을 터준 반공(反孔), 반예교(反禮敎) 주창자이다. 스스로 말하길 "나는 청말(清末)에 신문기자가 되어 천자와 권력가들을 공격하면서 법률에 없는 자유를 만끽했지만 해를 입지 않았다. 민국(民國)에 들어와서 나는 법률상의 자유를 매우 존중하였다. 그러나 지금의

---

77) 졸저, 『中國近現代學術思想史論』

자유란 것은 청말(淸末)에 내가 누린 자유에는 훨씬 못미치는 것이다."
1915년 그는 제제(帝制)를 옹호하는 글을 써달라는 원세개(袁世凱)의 청을
거절하였다. 그는 미국 샌프란시스코에 피신하였으나 원세개가 보낸 자객에
암살당했다. 『원생유저(遠生遺著)』가 있다.

황원용은 1915년 다음과 같이 말했다. "우리나라 도학가(道學家)들은 '글
이란 도(道)를 담는 그릇'이라 말하기를 좋아한다." "소위 고문학자(古文學
者)라고 하는 사람들의 열에 아홉은 이런 견해에 묶여 있다. 교육을 논하면
반드시 공자를 높이고, 윤리를 말하면 반드시 예교(禮敎)를 높이며, 문장을
논하면 반드시 소위 고문(古文)을 높인다. 이 모두가 내가 말하는 소위 '오
로지 공자만을 받든다〔專制一孔〕'는 견해이다. 이 견해는 이제 내다 버려야
만 한다."78)

그는 이 세 가지 받드는 태도를 오로지 공자만을 받드는 견해라고 통렬히
배척하였는데, 참으로 담력과 식견이 있는 사람이었다!

황원용은 공자를 높이는 것에 힘써 반대하였다.

"한(漢) 이래로 중국에는 학설(學說)이란 없었다. 있다면 오직 공자이다.
공자만을 높이고 다른 사상은 배척하였다. 소위 백가지 사상들〔百家〕은 모두
이단으로 여겨졌다 … 중국인들은 다시 회의(懷疑)하지 않았고 다시 연구하
지 않았다. 백가지 사상들이 사라지자 공자의 정신 또한 그에 따라 함께 사
라져 갔다 … 그 결과 전국의 총명하고 지혜 있는 자들이 모두 '형식(形式)'
이라는 독단의 깊은 감옥에 갇히게 되었다. 모든 사람들이 지금까지도 그 해
독을 받고 있다."79)

황원용은 또한 구문학(舊文學)에 대해 극력 반대했다. 장사초(章士釗)의
『갑인잡지(甲寅雜誌)』가 유행할 때, 그는 장(章)에게 편지를 써서 신문학(新
文學)을 힘써 주창했다. "지금 정치를 논함에는 … 마땅히 먼저 신문학을 제
창하는 것에서부터 시작해야 합니다. 결론적으로, 마땅히 우리의 사조(思潮)
가 현대 사조와 접촉하고 반성할 수 있도록 해야 합니다. 그 요지는 반드시

---

78) 『遠生遺著・晩周漢魏文集序』.
79) 『國人之公毒』.

일반인들의 삶과 교섭할 수 있어야 한다는 것이며, 그를 위해서는 쉽고 가까운 문예(文藝)를 사방에 널리 보급하는 것이 필수적입니다."

공자와 구문학(舊文學)은 모두 예교(禮敎)와 밀접한 관련을 가지고 있다. 장사조야말로 존공(尊孔), 존예교(尊禮敎), 존고문(尊古文)의 전형적인 대표였다.

제18절 공자를 교주(敎主)로 높인 진환장(陳煥章) — 공자 최현대화설(孔子最現代化說)

진환장(1880~1933)의 자는 중원(重遠)으로 광동(廣東) 고요(高要) 사람이다. 광서(光緖) 때 진사(進士)이다. 초년에 강유위를 스승으로 섬겼으며, 1907년 미국에 유학하여 박사학위를 취득했고, 뉴욕에서 창교회(昌敎會)를 창립했다. 귀국 후에는 공교회(孔敎會)를 발기 조직하고 『공교회잡지(孔敎會雜誌)』를 출판하였다. 1913년 원세개 총통부의 고문이 되었고, 곧 안복(安福) 국회의원(國會議員)이 되었다. 오사(五四)운동 시기에는 국회에 존공법안(尊孔法案)을 상정시켰다. 1923년 북경 공교대학(孔敎大學) 교장이 되었는데, "공교(孔敎)를 선양하며 통유(通儒)를 기른다"는 것을 표방하여 평판이 몹시나빴다. 진환장은 1912년 「공교론(孔敎論)」을 발표해서 공자, 공교(孔敎)를 왜곡하여 치켜 세웠다. 그 요점은 다음과 같다.

1) 공자는 여자를 몹시 높였다.

"공자의 가르침은 남녀가 평등하다는 것이다." "공자는 여자를 몹시 존중했다. 공자는 여자의 인권을 존중하였다." "부모의 명령이나 중매장이의 말은 원래 의심스러운 점을 남기지 않으려는 것이오, 남녀 사이가 유별하다는 것을 밝히려는 것일 뿐이다." "결혼의 자유는 실은 중국이 최고이다." "공자의 가르침은 실은 일부일처제이다."

2) 공자는 혁명을 제창했다.

"군신(君臣)의 도(道)는 평등과 자유의 원칙을 훼손시키지 않는다." "함께 일하는 모든 사람에게 군신(君臣)관계의 이름을 붙일 수 있다." "공자는 공화(共和)를 갈망하고 전제를 깊이 미워하였으며, 혁명을 제창하고 또한 혁명을 몸소 실천하려 한 사람이다." "중국에서 민권(民權)을 존중한 자는 모두 공자의 의리(義理)를 속에 지녔기에 그럴 수 있었다." "공자의 법률은 모두가 중민(重民:백성을 중히 여김)을 중심으로 하였다."

3) 공교는 부자(父子)평등을 주장한다.

"공교(孔敎)에서 부자관계를 중시하는 것은 다른 종교에서는 찾아 볼 수 없는 점이다. 은혜에 보답하는 도리는 마땅히 그와 같아야 한다." "거기에 어떤 불평등이 있단 말인가?"

4) 공교는 민주를 가장 높였다.

"평등과 자유는 공교의 핵심이다. 반면 계급제도, 전제(專制)제도, 보호관세 등은 모두 공교가 배척하는 것들이다." "신체, 신앙, 언론, 출판, 집회 등의 자유는 공자의 경의(經義)에 일찍부터 등장한 것이다."

5) 공자는 최초의 사회주의자이다.

"공자는 진실로 사회주의의 비조이다." "공교는 현대사회에 적합하다." "공교는 현대에 적합할 뿐 아니라 미래에도 적합하다." "날이 갈수록 밝아져 영원히 폐지되지 않을 것이다."

진환장은 공자를 종교화, 민주주의화하였으며 심지어 그를 사회주의의 비조로 보았고, 또 영원불멸이라 생각하였다. 이런 생각은 사실과는 상반되는 것으로 반박할 가치조차 없는 것이다.

제19절 예교(禮敎)가 사람을 금수로부터 구별시켜 준다고
주장한 요평(廖平)

요평(1852~1932)의 자는 계평(季平)이며, 사천(四川) 정연(井研) 사람이다. 광서(光緖) 때 진사(進士)를 했다. 그의 학문은 여섯번 변하였지만 모두 공자를 높이고 유가 경전을 근본으로 삼는 데서 벗어나지 않았다. 1898년 무렵에 「지성편(知聖篇)」, 「벽유편(闢劉篇)」을 지었는데, 강유위는 이것들에 근거하고 부연하여 『신학위경고(新學僞經考)』와 『공자개제고(孔子改制考)』를 완성했다. 저서에 『사익관총서(四益館叢書)』, 『육역관총서(六譯館叢書)』 등이 있다.

경학가 요평은 1913년, "유가 경전은 영원한 법이며, 공교(孔敎)는 세계를 통일할 수 있다"고 주장했다.80) 다음해에는 또 『윤리약편(倫理約篇)』을 지어 존공복고(尊孔復古)를 주장했다. "예교(禮敎)는 사람이 자신과 금수가 다르다는 것을 알게 한다. 강국(强國)을 만들기 위해서는 윤상(倫常) 또한 결코 폐해서는 안된다."81)

제20절 신문화운동 이전의 존공(尊孔),
독경(讀經), 충군(忠君) 운동

1912년부터 1915년 『신청년(新靑年)』 잡지의 창간 이전까지 존공·독경·충군 운동에 관련된 자로서는 여러 차례 명령을 내렸던 대총통 원세개를 제외하고도, 군벌관료 장훈(張勳), 조대문(趙戴文), 서세창(徐世昌) 등과 문인

---

80) 『孔敎會雜誌』 제1권 제9, 10호.
81) 『天譯館叢書』.

(文人) 강유위, 진환장, 양계초, 엄복, 하증우(夏曾佑), 송육인(宋育仁), 장이전(張爾田), 장동손(張東蓀), 요평, 섭덕휘(葉德輝), 심증식(沈曾植), 양정분(梁鼎芬) 등을 꼽을 수 있고, 서양 선교사 관원 이제마태(李提摩太), 장사돈(莊士敦), 비희례(費希禮), 이가백(李佳白), 고덕낙(古德諾), 위서금(衛西琴) 등과 일본인 유하장웅(有賀長雄) 등등이 있었다. 또한 단체로서 종성회(宗聖會), 공도회(孔道會), 공교회(孔教會), 존공숭도회(尊孔崇道會), 공사(孔社), 환구존공총교회(寰球尊孔總教會), 경학회(經學會) 등등이 우후죽순 격으로 분분하게 출현하여 그 시대가 아직도 봉건사회 시대인가 어리둥절케 하였다.

제 5 장

중국유가 예교사상이 붕괴로 치달은 시대 ― 오사(五四) 시기

제1절 '오사' 시기 반공(反孔), 반예교(反禮敎)운동의 '총사령관'이었던 진독수(陳獨秀)

　신문화(新文化)운동은 1915년 시작되었고, 오사운동은 1919년에 일어났다. 사람들은 일반적으로 이 두 가지를 합하여 '오사신문화운동'이라고 부른다. 이 운동의 과정에서 수많은 이름난 계몽 사상가들이 배출되었는데, 그중 가장 중요하고 대표적인 인물은 여섯 사람이다. 영향이 가장 컸던 진독수, 분석이 가장 정확했던 이대초(李大釗), 가장 오래(10년대에서 30년대에 이르기까지) 공자에 반대했던 노신(魯迅), 가장 현저하게 공자에 반대했던 오우(吳虞), 백화문(白話文) 사용을 주창했던 호적(胡適), 학술의 민주화를 실천하고 운동의 기지(基地)를 제공했던 채원배(蔡元培)가 그들이다. 그들 중에서도 진독수는 운동의 가장 앞자리에 있었으며, '총사령관'과 같았다.
　진독수(1879~1942)의 자는 중보(仲甫), 호는 실암(實庵), 안휘(安徽) 회녕(懷寧:지금의 安慶) 사람이다. 1896년 수재(秀材)가 되었다. 1901년 일본에 유학했으며, 후에 여러 차례 일본에서 망명생활을 했다. 1904년 무호(蕪湖)에서 『안휘속화보(安徽俗話報)』를 창간하고 신해혁명의 반청(反淸) 투쟁에 참가했다. 1915년에는 『청년잡지(靑年雜誌)』(후에 『新靑年』으로 개명)를 창간했다.

신문화운동은 여기에서 시작되었다. 진독수는 이대초·노신·호적 등의 진보적 지식인들과 연합하여 '민주(民主)'와 '과학(科學)'의 기치를 내걸고, 공교(孔敎)·예법·구도덕·구문학에 반대하였다. 신도덕·백화문을 제창하고 북양(北洋) 군벌(軍閥)정부의 매국정책을 공격하였으며, 사상해방의 진군나팔을 불었다. 그는 1917년 북경대학(北京大學) 문과학장(文科學長:文學院院長)으로 초빙되었고 이로써 오사운동을 이끈 저명인사 중 한 사람이 되었다. 1919년 오사운동이 폭발하자 체포 구금되었다. 그후 마르크스주의를 받아들이고 선전하였다. 1920년 8월 이대초 등과 상해(上海)에서 중국 최초의 공산주의 조직을 만들었다. 1921년 중국공산당(中國共産黨)이 창립되었을 때 총서기(總書記)로 피선되었다.

1921년에서 1922년에 걸쳐 광주(廣州)의 관료와 향신(鄕紳)들에게, '효(孝)의 원수〔仇孝〕', '아버지를 토죄함〔討父〕', '아내를 공동소유함〔公妻〕' 등의 죄상으로 지목받고 성 밖으로 추방되었다. 진독수는 여러 차례 바르고 준엄한 논조를 펴 그에 반박하였다. 이어서 또 상해의 프랑스 조계(租界)에서 공산주의 서적을 편집하고 불온한 글을 썼으며, 사회안정을 해쳤다는 죄목으로 체포, 심문받았으며 벌금형을 받았다. 1923년 이후 범한 여러 가지 잘못 때문에 1927년 총서기 직책에서 해임되었다. 1929년에는 당적(黨籍)에서 제명되었으며, 1932년 국민당 정부에 체포되었다. 1942년 사천(四川)에서 병으로 죽었다. 그의 저술은 일찍 『독수문존(獨秀文存)』으로 편찬되었고, 또한 최근에 편찬된 여러 종류의 문집들이 있다.

오사(五四) 시기의 진독수에게서 가장 두드러진 것은 유가, 공학(孔學), 봉건예교사상에 반대한 것이다. 그 주요 내용은 아래와 같다.

1. 공교(孔敎)의 근본 핵심이 예(禮)의 '삼강(三綱)'에 있다는 것을 폭로함.

벌써 1916년에 진독수는 다음과 같이 말했다. "사회 도덕과 생활에 대한 유가의 주장 중 가장 큰 것은 예(禮)이다." "공교(孔敎)의 정화(精華)는 예교(禮敎)로서 우리나라 윤리·정치의 근본이다."[1]

그는 무엇이 예(禮)인지에 대해 구체적으로 분석하였다. "예란 무엇인가? … 군신 상하관계, 부자 형제관계는 예가 없으면 정해지지 않는다. … 이들 존비(尊卑)를 구분하고 귀천(貴賤)을 명확히 하는 계급제도는 곧 종법(宗法) 사회, 봉건시대에 공통된 것이다. … 유교는 한(漢)·송(宋) 양대의 발전을 거쳐 강상(綱常)의 조목을 확정 짓고, 그때 비로소 완전히 체계적인 윤리학설을 이루었다. 이것이 곧 공교(孔敎)의 특색이며 중국 고유의 문명이다."[2]

진독수는 한걸음 더 나아가 예교에서는 '삼강'이 가장 중요하다고 하여 '삼강설'을 공교의 근본 핵심으로 보았다.[3] "유교에서 삼강설은 모든 도덕, 정치의 큰 근원이다." 군주에 대해 백성, 아버지에 대해 아들, 남편에 대해 아내는 모두 "부속품일 뿐, 독립적이고 자주적인 인격이 없다." "이와 관련해서 금과옥조처럼 주장되는 도덕 조목이 곧 충(忠)이며 효(孝)요 정절이다. 이들은 모두, 자기에서 미루어 남을 대한다고 하는 추기급인(推己及人)의 주체적 도덕이 아니라, 자신을 남에게 예속시키는 노예의 도덕이다."[4]

진독수는 전력을 다해 유가 예교의 삼강설의 본질을 폭로하였다. 그 목적은 민중의 정치의식을 각성시키고, 제제(帝制)의 복벽(復辟)에 반대하는 데 있었다. 그는 준엄하게 지적하였다.

"분명히 공화(共和)라는 패찰을 달고 있기는 하다. 그러나 그들 국회의원들이 목청 돋우어 주장하는 것이란 의외로 바로 공교(孔敎)를 존중하자는 것이다. 그런데 공교의 가르침이란 곧 군주에 충성하고 아버지에 효도하고 남편에 따르라는 것이다. 바로 정치·윤리에 있어 계급을 차별한다는 삼강주의(三綱主義)에서 조금도 벗어난 것이 아니다."[5]

2. 근대 서양의 '해방의 역사'를 칭송함.

---

1) 『獨秀文存』1, 121쪽.
2) 위와 같은 책, 109~110쪽.
3) 위와 같은 책, 109쪽.
4) 위와 같은 책, 44~45, 150쪽.
5) 『獨秀文存』4, 150쪽.

그는 유가의 예교와 노예사상을 비판하기 위해 서양으로부터 '인권(人權)', '진화(進化)' 그리고 '사회주의'를 무기로 들여왔으며, 프랑스 부르조아 혁명의 '자유·평등·박애'라는 구호를 '근세 문명의 정화'라 하여 열정적으로 칭송하였다. 그는 또한 근대 서양의 네 가지 큰 해방의 역사를 상세하게 논술하였다.6)

그는 다음과 같이 말했다. "똑같은 사람으로서 각자는 자주권(自主權)을 가진다. 결코 타인을 노예로 삼을 권리가 없으며, 또한 자신이 노예가 될 어떤 의무도 없다. 노예라고 하는 것은 고대의 힘이 없어서 타인의 강제적인 침탈에 의해 자신의 자유와 권리를 잃게 된 자를 지칭한 말이다. 인권평등의 주장이 일어난 다음부터 노예라는 이름은 인정하여 받아들이기 어려운 것이 되었다. 세상에서는 근세 서구역사를 해방의 역사라고 한다. 군주권을 깨뜨림으로써 정치의 해방을 구했다는 것이요, 교권(敎權)을 부정함으로써 종교의 해방을 구했다는 것이요, 재산의 균등 배분을 주장함으로써 경제의 해방을 구했다는 것이요, 여성 참정운동을 통해 남권(男權)의 해방을 구했다는 것이다."7) 진독수는 또 지적하였다. "서양민족은 개인을 본위로 삼는데, 동양민족은 가족을 본위로 삼는다. 전자가 전적으로 개인의 자유와 평등을 중시하는 반면, 후자의 종법사회와 봉건정치는 아직까지 변화하지 않았다."

"종법사회는 가족을 본위로 삼으니, 개인에게는 아무런 권리도 없고, 집안 사람들은 모두 가장(家長)에게 복종해야 한다."

"종법사회는 가장(家長)을 존중하며 계급을 중시한다. 그래서 효도를 가르친다. 종법사회의 정치,… 국가조직은 가족에서와 마찬가지로 원수(元首)를 존중하며 계급을 중시한다. 그래서 충성을 가르친다. 종법사회와 봉건시대의 도덕은 반쪽만 개화된 동양민족에 일관된 정신이다."8)

진독수는 동서(東西)민족의 근본사상을 비교하여, 유가 공교의 민본주의(民本主義)와 근대 서방의 민주주의(民主主義)는 근본적으로 다른 것이라 하

---

6) 『獨秀文存』 1, 「法蘭西人與近世文明」 참조.
7) 『獨秀文存』 1, 4쪽.
8) 위와 같은 책, 36~37쪽.

였다. 또 프랑스 혁명을 근대문명의 선구로서 인류에 큰 공적을 세운 것이라 극력 찬양하였다. 더욱 그것은 "평등·박애·자유를 선양하여 천성(天性)에 뿌리를 내리고 풍속이 되도록 했다"고 보았다. 그는 다음과 같이 말했다.

"이로부터 말하면 인류가 사람답게 되고 노예로 전락하지 않게 된 것은 프랑스인들 덕분이 아니고 무엇이겠는가?" "프랑스인들이 없었다면 오늘 인류는 암흑인 줄도 모른채 여전히 어떤 처지에 있었을까!"[9]

분명히 이 시기의 진독수는 서방의 자본주의 정치와 문화를 통해서 중국 봉건종법 전통의 정치와 문화를 개조하려고 생각했다.

3. 과학과 인권을 함께 중시할 것을 주장함.

1915년 9월 진독수는 『신청년』에 발간사를 대신한 글 「공경히 청년에게 고함〔敬告靑年〕」이란 글을 실었다. 거기에서 그는 무엇보다 먼저 과학과 인권의 비할 바 없는 중요성을 주장하였다.

"근대 서구인이 다른 민족보다 우월하게 된 것은 과학의 흥기 때문이니, 그것의 공적은 인권설(人權說)에 못지 않다. 그 두 가지는 마치 수레의 두 바퀴와 같다." 그래서 그는 "나라 사람들이 몽매한 데서 벗어나 천박한 백성을 진작시키고자 한다면 급히 일어나 바로 과학과 인권을 함께 중시해야 한다"[10]고 하였다. 이것이 바로 그후 성행하였던 '민주'와 '과학'이라는 구호가 유래한 근원이다. 그는 1919년 1월 「『신청년』 죄안(罪案)에 답하는 글」에서 좀더 진보된 논의를 하였다.

"그 근원을 따져 본다면 오직 『신청년』이 민주와 과학을 옹호했기 때문에 본 잡지를 비난하는 사람들에게 이와 같은 몇 가지 죄목을 뒤집어 쓴 것이다. 민주를 옹호하기 위해서는 어쩔 수 없이 공교, 예법, 정절, 구윤리, 구정치에 반대해야 한다. 과학을 옹호하기 위해서는 어쩔 수 없이 구예술, 구종교에 반대해야 한다. 우리는 지금 오직 민주와 과학만이 중국의 정치, 도

---

9) 위와 같은 책, 11~15쪽.
10) 위와 같은 책, 9쪽.

덕, 학술, 사상에서의 모든 암흑을 걷어낼 수 있다고 생각한다."[11]
 진독수는 민주와 과학을 옹호하기 위해서는 일체의 정부의 압력, 사회의 공격과 조소를 두려워하지 않음을 흔들림 없이 말했으니, "머리가 잘려 피가 흘러도 결코 물러서지 않는다."

4. 미신과 우상숭배에 반대함.

 진독수는 자연과학의 원리를 운용하여 귀신이 존재하지 않음을 설명했다. 또 모든 군주, 효자와 열녀를 기리는 기념문들은 전부 우상이므로 마땅히 없애야 한다고 주장했다. 그는 또 말했다. "종교, 정치, 도덕에서 옛부터 내려오는 헛된 영예는 사람을 속이는 불합리한 신앙이다. 모두 우상이니, 모두 파괴되어 마땅하다."[12] 그는 우상은 10가지가 온전하지 못한 괴물이라고 신랄하게 풍자하고 조소하였다. "1)한마디 소리도 지르지 못하고, 2)두 눈에는 광채가 없으며, 3)세끼 식사도 하지 못하고, 4)사지(四肢)는 무력하며, 5)오관(五官)은 온전치 못하다. 6)의지할 육친(六親)이 없으며, 7)일곱 구멍은 통하지 않고, 8)그 팔면(八面)은 위풍당당하지만 9)오랫동안(九는 久와 音이 같다.) 꼼짝도 않는다. 10)실제로는(十은 實과 音이 같다.) 아무 쓸데 없는 것이다."[13] 진독수가 과학을 선전하고, 봉건 미신과 우상숭배에 대해 반대한 것은 사람들의 사상해방에 힘을 주었고, 봉건주의 반대투쟁을 자극하였다.

제2절 "공자주의(孔子主義)는 곧 강상명교(綱常名敎)임"을 지적한 이대초(李大釗)

 이대초(1889~1927)의 자는 수상(守常)이며, 하북(河北) 낙정(樂亭) 사람

---

11) 위와 같은 책, 362~363쪽.
12) 「偶像破壞論」, 『獨秀文存』 1, 226~230쪽.
13) 위와 같은 책, 같은 곳.

이다. 1913년 일본 와세다대학에 유학했다. 1916년 귀국, 일본에서의 반제 반원(反帝反袁) 운동을 이어서 더욱 적극적으로 정치투쟁에 참여했으며, 『신종보(晨鐘報)』(후에 『晨報』로 개명)의 총편집을 맡았다. 1917년 러시아 10월 혁명 후 글을 통해 마르크스레닌주의를 선전하기 시작했다. 1918년 북경대학 교수 겸 도서관 주임이 되었다.

『신청년』의 편집에 참여하여 적극적으로 반공(反孔) 반봉건(反封建)에 나섰으며, 신문화운동을 추진시켰다. 1919년 "오사"애국운동에 참여하여 앞장서 이끌었다. 또한 '문제와 주의〔問題與主義〕' 논쟁에서는 호적(胡適)의 개량주의(改良主義)를 강력히 비판했다. 1920년 북경대학 마르크스주의학설 연구회를 발기하였고, 북경 공산주의 소조(小組)를 조직했다. 1921년 중국공산당이 창당된 후 당의 북방구(北方區) 공작을 맡았다. 제2차에서 제4차까지 중국공산당 전국대표자 대회에서 중앙집행의원에 당선되었다. 국공합작(國共合作) 기간에는 적극적으로 손중산(孫中山)에 협조하여, 소련과 연합〔聯俄〕, 공산당과 연합〔聯共〕, 노동자 농민을 도움〔扶助農工〕이라는 3대정책을 확립하고 국민당을 개조했다. 1924년 중국공산당을 대표하여 공산국제(共産國際) 제5차 대표대회에 참석했다. 1927년 봉계(奉系) 군벌 장작림(張作霖)에 체포되어 살해당했다. 이대초는 중국 마르크스레닌주의 운동의 선구자이며 중국공산당의 창립인이다. 저작에는 『이대초선집(李大釗選集)』 등이 있다.

이대초는 오사(五四) 신문화운동 중에 적극적으로 반예교(反禮教) 투쟁을 빌였다. 그 주요한 관점은 아래와 같다.

1. 공자주의는 곧 강상명교(綱常名教)이다.

이대초는 공자의 중심사상이 '강상명교'에 있음을 명쾌하게 지적했다.[14] 공산주의는 곧 중국인이 말하는 이른바 '강상명교'이다. 그리고 강상명교란

---

14) 『李大釗選集』, 301쪽.

곧 충·효·정절이다. 그는 다음과 같이 말했다.

"공자학파의 윤리도덕을 총괄해서 말해보자. 군신관계에서는 오직 충(忠) 한 자를 쓴다. 이는 신하가 그 군주를 위해 일방적이고 완전한 희생을 해야 한다는 것이다. 부자관계에서는 오직 효(孝) 한 자를 쓴다. 이는 아들이 그 아버지를 위해 일방적이고 완전한 희생을 해야 한다는 것이다. 부부관계에서는 오직 순(順), 종(從), 정절(貞節) 등의 몇 가지 말만 쓴다. 이는 아내가 그 남편을 위해 일방적이고 완전한 희생을 해야 한다는 것이다. 결국 공자학파의 윤리란, 아랫사람이 윗사람을 섬기기 위해 자신을 완전히 희생해야 한다고 가르치는 윤리이다. 또한 공자학파의 도덕이란 통치자에게는 절대적인 권력을 주고 피치자에게는 일방적으로 의무만을 요구하는 그런 도덕이다."[15]

또한 그것은 처음부터 끝까지 개인적인 수양[修身]을 근본으로 삼는 도덕이다. "공자가 말하는 수신(修身)이란 사람들이 자신의 개성을 완성하도록 하자는 것이 아니라, 그들로 하여금 다른 개성을 위해 자신을 희생하도록 하자는 것이다. 희생의 첫걸음은 '효'이다. 군신관계에서의 '충'이란 완전히 부자관계에서의 '효'를 확대시킨 것이다."[16]

군주에 대한 충성은 아버지에 대한 효도의 확대이다. 이는 공자 자신이 말한 바에서도 증명된다. "가까이는 아버지를 섬길 수 있고 멀리로는 군주를 섬길 수 있다." "어버이에게 효도하는 것 때문에 충성을 군주에게 옮길 수 있다."

2. 공학(孔學)이 장기간 숭상되어온 원인.

"공자라는 사람이 있었지만, 그러나 우리 중국민족이 공자를 위해 생겨난 것은 아니며, 공자 또한 우리 민족을 위해 태어난 것은 아니다."

"공자가 나타나고 나서 우리 민족은 쇠약해졌다. 오늘에 이르기까지 이와 같은 문화와 역사가 깊은 나라에서, 또 그의 빼어난 재주와 누구에게도 뒤지

---

15) 위와 같은 책, 297, 300쪽.
16) 위와 같은 책, 296쪽.

지 않는 자질을 갖춘 인재들이 날마다 하는 일이라는 것이 폐허가 되어 해골이 뒹구는 이 땅에서 몸을 굽신굽신하며 예를 차리고 몸을 조아려 알랑거리는 일이다. 그들에게선 조금의 생기도 찾아볼 수 없다."[17]

중국이 공자를 낳았다는 것이 이와 같이 불행한 일이라면 그가 홀로 그리 오래 존숭된 것은 무슨 까닭인가? 이대초는 두 가지의 주요 원인이 있다고 보았다. 첫째 "공자의 학설이 이천여 년간 중국에서 행해진 것은 완전히 중국의 농업경제가 크나큰 변동없이 지속된 데에 그 원인이 있다. 그의 학설은 그러한 경제 상황에 적합한 것이었다." "경제에 그 기초를 가졌던 것이다."[18] 둘째 공자는 "역대 제왕 전제정치의 호신부였다."[19] "대체로 우리는 중국의 성인과 황제 사이에는 어떤 관계가 있다고 생각한다."[20]

3. 여자의 정조와 가족은 모두 변화한다.

이대초는 유물사관을 적용하여 도덕, 여자의 정조, 가족제도를 다음과 같이 분석하였다.

"도덕은 정신현상 중의 하나다. 정신현상은 물질의 반영이다. 물질은 옛것으로 돌아가는 법이 없으므로, 도덕 또한 옛것으로 돌아가야 할 이치는 없다. 물질은 반드시 빠르게 새로워지므로, 도덕 또한 그에 따라 새로워져야 한다. 물질과 정신은 하나이기 때문이다."

"여자의 정조문제 또한 물질의 변화에 따라 변화한다. 남자는 수렵하고 여자는 경작하던 시기에는 여자의 지위가 남자보다 높았다.… 그래서 정조문제는 결코 발생할 수 없었고, 또한 일처다부(一妻多夫)의 풍속이 있었다. 목축과 농업을 남자가 독점하는 시기가 되자 여자의 지위는 내려갔다.… 남자는 약자에서 강자로 변하였다. 그에 따라 여자의 정조문제가 발생하였고, 또한

---

17) 위와 같은 책, 42쪽.
18) 위와 같은 책, 302쪽.
19) 위와 같은 책, 77,80쪽.
20) 위와 같은 책, 244쪽.

절대적, 강제적, 일방적인 것이 되었다. 산업시대에 이르러 … 여자의 정조는 절대적인 것에서 상대적인 것, 일방적인 것에서 쌍방적인 것으로, 강제적인 것에서 자유로운 것으로 변화했다. 장래에 자본주의는 반드시 붕괴할 것이다. 붕괴한 후 경제에는 큰 변화가 생길 것이다. 남녀의 관계 또한 반드시 날로 자유와 평등의 상태로 나아갈 것이다. 오직 사람 사이의 관계만 있을 뿐 남녀의 구분은 사라질 것이다. … 가족제도의 변동 역시 이와 같을 것이다."[21]

도덕뿐만이 아니라 "사상에서도 반드시 큰 변화가 발생한다."[22] 그래서 그는 단정한다. "공자의 가르침은 오늘의 사회에 실행하기에 적당하지 않다. 자연적인 도태에 맡겨둔다면 그 세력은 조만간에 반드시 소멸될 것이다."[23] "오늘 중국의 여러 사상운동, 해방운동이 어찌 모두 한결같이 공자를 타파하는 운동이 아니겠는가?"[24]

4. 여권운동은 계급성을 가진다.

이대초는 다음과 같이 말했다. "여권운동은 여전히 계급적 성질을 지닌다." "중산계급 여성의 권력신장은 여성 전체의 해방이라고 말할 수 없다. 여성문제를 철저히 해결하기 위해서는 다음 두 가지 방법이 필요하다. 즉, 한편으로는 여성 전체의 역량을 모아 남성들이 전단하고 있는 사회제도들을 타도해야 하며, 다른 한편으로는 세계 무산(無産)계급 여성의 역량을 모아 (남녀를 포함한) 유산(有産)계급이 전단하고 있는 사회제도를 타도해야 한다."[25] 노동자인 여성은 "반드시 일종의 계급의식을 가지고, 남자 노동자 단체와 연합하여 일치된 행동을 취해야 한다."[26]

---

21) 위와 같은 책, 267~273쪽.
22) 위와 같은 책, 295쪽.
23) 위와 같은 책, 80쪽.
24) 위와 같은 책, 300쪽.
25) 위와 같은 책, 144~145쪽.
26) 위와 같은 책, 369쪽.

그는 "20세기는 피압박 계급의 해방 시대이며, 또한 여성해방의 시대이다. 여성들이 그들 자신을 찾는 시대이며, 또한 남성이 여성의 의의를 발견하는 시대이다."라고 단정하였다.27)

5. 매춘제도를 폐지해야 하는 다섯 가지 이유.

이대초는 창기(娼妓), 첩(妾), 여종(婢) 등의 사회제도를 여성에 대한 더할 수 없는 박해와 모욕이라고 생각했다. 그는 특별히 「폐창문제(廢娼問題)」라는 글을 발표하여 '매춘제도 폐지'운동을 현대 사회운동의 하나로 들었다. 중국인들은 일반적으로 여성을 인격으로 취급하지 않으려는 성향이 있다. 이는 매우 서글픈 현상이다. 이 때문에 그는 첩, 여종 등을 포함한 매춘제도를 폐지해야 할 다섯 가지 이유를 제시했다.

첫째 인간을 존중하기 위해서다. 그는 오늘날까지 인류사회에 아직도 창녀가 존재한다는 것은 "진정 서글프고 부끄러운 일이며" "진정 사람으로서는 참을 수 없는 일이고" "진실로 인간 생지옥과 마찬가지"라고 하였다. 이처럼 인권을 모욕하고 인간 가치를 배반하는 일을 철저히 금지하지 않고서 어떻게 인간의 가치와 자유를 말할 수 있겠는가? 자기를 속이고 또 남도 속이는 것이 아닌가?

둘째 남녀간의 사랑을 존중하기 위해서다. "남녀가 서로 사랑하는 것은 인생에서 가장 중요한 부분이다." 그런데 사회에서 매춘을 허용한다면 이것은 "인권을 모욕하는 것일 뿐 아니라 인생을 모욕하는 것이기도 하다."

셋째 공공위생을 존중하기 위해서다. 성병의 전염은 "당대 사회에 해를 끼치는 것일 뿐 아니라 태어날 후세들에게도 해를 끼치는 것이다." "더욱이 이는 인류의 존망과도 매우 큰 관계가 있다."

넷째 법률상의 인신(人身)의 자유를 보장하기 위해서다. "매춘제도는 인신매매와 완전히 똑같은 것이다." "매춘을 허가하는 것은 곧 인신매매를 허가

---

27) 위와 같은 책, 369쪽.

하는 것이며, 그것은 또한 법률상의 인신의 자유를 파괴하는 것임을 알아야 한다." "마찬가지로 첩과 여종을 사고 파는 풍습 그것도 일종의 매춘이다. 그것도 마찬가지로 폐 지되어야 한다."

다섯째 사회에서의 여성의 지위를 보장하기 위해서다. "사회에 창기가 있다고 하는 것은 사회에서의 여성 인격의 존엄을 크게 훼손시키는 것이다. 남자로 하여금 여성을 깔보고 희롱하는 마음을 가지도록 만든다. 중국 여성해방운동은 제일 먼저 이 여성계 최대의 치욕을 제거하여 다시 조금의 흔적도 남김이 없도록 해야 한다. 나는 중국의 정의파 남성들과 자각한 여성들이 연합하여 큰 운동을 일으키기를 간절히 희망한다. 사회에 다시는 창녀, 첩, 여종 등의 이름이 존재하지 않도록, 사회에 다시는 타인의 창녀, 첩, 여종이 되는 여성이 없도록, 사회에 다시는 타인을 창기, 첩, 여종으로 삼는 남성이 없도록 하자." 그는 엄중하게 지적하였다. "이 문제를 근본적으로 해결하자면 또한 여성이 자신의 몸을 팔지 않고는 생활할 수 없도록 되어 있는 사회구조를 근본적으로 개조하지 않으면 안된다."28)

이대초 자신이야말로 진실로 정의파 남성이요, 여성을 가장 동정했던 한 남성이었다.

제3절 "공자의 상점을 타도한 노영웅(老英雄)"으로 이름 높던 오우(吳虞)

오우(1872~1949)는 학자이며 시인이다. 그의 원래 이름은 영관(永寬)이며, 자(字)는 우릉(又陵)이고, 사천(四川) 성도(成都) 사람이다. 어렸을 때는 전통학문만을 배웠지만 "출세에는 뜻이 없어 과거는 보지 않았다." 무술변법(戊戌變法) 후에 신학문을 접하고 사상이 일변하였다. 1906년 일본에 유학, 일본정치대학(日本政治大學) 속성과에 입학하였다. 귀국 후 성도부중

---

28) 위와 같은 책, 168~170쪽.

학당(成都府中學堂)의 교습(教習:관립학교의 교사)이 되었다. 한동안 『촉보(蜀報)』의 주편(主編)으로 있었고, 또 남사(南社)에 가입했다. 1917년부터 『신청년(新青年)』에 「가족주의가 전제주의의 근거가 됨을 논함〔家族主義爲專制主義之根據論〕」, 「설효(說孝)」, 「사람을 잡아먹는 것과 예교〔吃人與禮教〕」, 「예론(禮論)」, 「유가가 계급제도를 주장한 해독〔儒家主張階級制度之害〕」 등의 글을 발표하여 공학(孔學), 예교(禮教)와 효도(孝道)를 맹렬하게 공격하였다. 스스로 자신의 "주장은 모두 왕충(王充)과 이탁오(李卓吾)로부터 나온 것"이라 하였다. 그의 이러한 언론은 당시 사상계에 큰 영향을 주었다. 1921년 북경대학 교수가 되었고 북경사범대학, 중국대학 등에서도 강의했다. 만년에는 사천대학(四川大學), 성도대학(成都大學)에서 가르쳤다. 그의 사상은 시간이 가면서 점점 침체되었고, 점차 현실의 사회투쟁에서 떠나 은거에 가까운 생활을 보냈다. 저작에는 『오우문록(吳虞文錄)』, 『오우문록속록별록(吳虞文錄續錄別錄)』, 그리고 『오우일기(吳虞日記)』, 『추수집(秋水集)』 등이 있다.

오우는 '오사시기' 반공(反孔)을 주장한 급진적인 인물이었다. 호적(胡適)은 그를 가리켜 "사천성(四川省)에서 한 손으로 공자의 상점을 쓰러뜨린 노영웅"이며, "공자가 남긴 먼지와 찌꺼기"를 쓸어버린 "중국 사상계의 청소부"라고 하였다. 오우가 유가(儒家) 공학(孔學)과 봉건예교(封建禮教)에 반대한 사상의 주요 내용은 다음과 같다.

1. 예교(禮教)는 사람 잡아먹는 것임을 준엄하게 폭로함.

오우는 먼저 봉건 전제 통치하에서는 예교가 일체를 포괄하는 것임을 지적했다. "예(禮)를 통해 분수(分殊)를 확정하고, 분수를 확정함에 의해 진리를 확정했다."29) "예(禮)를 법(法)으로 삼았다."30)

"이천년 이래로 유학자들은 중국이 예의(禮義)의 나라임을 자부하여 그 노

---

29) 『吳虞文錄』卷下, 68~69쪽.
30) 『吳虞文錄』卷上, 60쪽.

선을 변화시키지 않았다. 증국번(曾國藩)의 무리들에 이르러서는, '옛날 학자들은 이른바 경세술(經世術)이라는 것을 일삼지 않았다. 오직 예(禮)를 배웠을 뿐이다'라고 말하기까지 하였다. 종교, 법전, 풍습, 의문(儀文) 등을 예에 속한 것으로 돌렸을 뿐 아니라 천문, 지리, 군사정책, 관제(官制), 염전(鹽田), 조운(漕運), 세금제도, 과학, 역사 등등 그 안에 포함시키지 않은 것이 없었다. 예라고 하는 것의 범위가 이와 같이 크고 넓으니 어찌 황당무계하지 않겠는가!"31)

예(禮)는 하늘과 땅의 법칙이요, 성인이 제정한 영원불변의 제도로 이해되었다는 것이다. 오우는 한걸음 더 나아가 역대 군주들이 공자와 예를 존중한 이유를 분석하였다.

"유가(儒家)는 고심을 다하여 인민의 적들을 위해 법을 만들었다. 그들은 자주 군주와 아버지를 함께 존중해야 한다고 하고 충, 효 두 글자를 이어서 한 단어로 사용했다. 충, 효 두 글자는 전제정권과 전제가정을 이어주는 비결이었다."32)

그는 『효경(孝經)』에서 말하는, "효로써 군주를 섬긴다." "부자 사이의 올바른 관계는 하늘이 정해준 것이며, 군주와 신하 사이의 의리 관계와 동일하다." "군자는 아버지를 섬길 때 효도한다. 그 때문에 군주에게는 충성할 수 있다" 등을 근거로 해서, 그리고 『논어(論語)』에 나오는 "효도를 제대로 하면 그것이 또한 정치를 잘하는 것이다" 등의 말을 근거로 해서, 유가에서는 "집안과 나라의 구분이 없다", "아버지와 군주는 다르지 않다"고 단언하였다.33)

"곧 충과 효를 함께 쓰고 아버지와 군주를 하나로 묶는 애매한 화법을 구사하여, 전제(專制)하고자 하는 그들의 사사로운 욕심을 채우려는 것이다. 군주는 이것을 자신의 명령으로 삼고, 성인(聖人)은 이것을 자신의 학설로 삼았으며, 가장(家長)은 이것으로 자신의 호신부로 삼았다."34)

---
31) 위와 같은 책, 62쪽.
32) 『吳虞文錄』卷下, 78쪽.
33) 위와 같은 책, 2~4쪽.
34) 『吳虞文錄』卷上, 16쪽.

오우는 또 복택유길(福澤諭吉), 몽테스키외의 언론을 방증으로 삼아 다음과 같이 말했다.

"중국에서 예를 중시하는 것은 하늘이 정한 분수의 다름을 엄격히 하고, 안과 밖의 방비를 신중하게 하며, 중국과 오랑캐의 구분을 확실하게 하는 데 그 목적이 있다. 그것이 백성에게 요구하는 것은 분수를 아는 것이었다. 분수를 안다는 것은 곧 전제(專制)의 정신에 가장 가깝다. 분수를 안다는 것은 전제(專制)에서 나온다. 우리나라의 예라는 것의 목적은 그로 미루어 알 수 있다."35)

오우는 또한 구체적인 역사적 사실들을 들어 예교가 사람 잡아먹는 것임을 폭로했다. 그는 1919년 8월 노신(魯迅)의 「광인일기(狂人日記)」를 읽고 자극을 받아, 「사람을 잡아먹는 것과 예교〔吃人與禮敎〕」라는 글을 썼다.

"이 일기는, 예교가 겉으로는 인의도덕(仁義道德)을 내세우지만 속으로는 사람들을 잡아먹고 있다고 하는 것을 아주 명료하게 응시하였다. 예교라는 가면을 뒤집어 쓰고서 사람들을 잡아 먹고 있는 그것의 교활한 술책이 그에 의해 남김없이 폭로된 것이다!"

"우리 중국인들이 가장 교묘하게 해 낸 것은, 한편으로 사람을 잡아먹으면서도 한편으론 예교를 말할 수 있었던 일이다. 이 두 가지는 본래 서로 매우 모순된 일이지만 그 시대에 그들은 함께 하여도 별 문제가 없다고 생각했다. 이는 진실로 기괴한 일이다!" 그는 역사적 사실들을 들어 「광인일기」의 실증으로 삼았다. 예를 들어 제환공(齊桓公)은 사람고기를 먹었으며 그의 누이 일곱 사람을 시집보내지 않았다. 한고조(漢高祖)는 자기 아버지의 고기 국을 먹겠다 했으며, 팽월(彭越)을 젓담궈 제후들에게 보냈다. 장홍(臧洪)과 장순(張巡)은 그 애첩을 죽여 병사들에게 먹게 하였다 … 는 등등.

오우는 결론적으로 말했다. "절정에 이르른 공씨에 둘째(孔二: 공자를 말함) 선생의 예교 강의는, 곧 사람을 죽여 먹지 않으면 성공할 수 없다는 것으로 결론 맺고 있다. 진실로 참혹한 이야기이다! 역사의 속사정을 더듬어

---

35) 위와 같은 책, 58~59쪽.

보면, 도덕을 강의하고 인의를 논하던 사람들은 때가 이르자 직접 간접으로 모두 사람고기를 먹었던 것이다."

그는 또한 사람들에게 권고하였다. "우리는 깨달아야만 한다. 군주를 위해 우리가 태어난 것이 아님을! 성인군자(聖人君子)를 위해서 태어난 것도 아님을! 또한 강상예교(綱常禮敎)를 위해서 태어난 것도 아님을! 무슨 놈의 '문절공(文節公)'이요, '충절공(忠節公)'인가? 그것들은 모두 사람 잡아먹는 자들의 개수작이다. 우리를 기만하려는 술책이다! 우리는 지금 명확히 알아야 한다! 사람을 잡아먹는 것이 곧 예교를 강의하는 것이다! 예교를 강의하는 것은 곧 사람을 잡아먹는 것이다!"

어떤 학자들은 자주 예교(禮敎)와 예의(禮儀)를 혼동하여 한 가지로 말한다. 그러나 오우만은 두 가지를 명확히 구분하였으니, 그는 예의에는 찬성했지만 예교에는 반대했다.

"우리가 지금 공격하는 것은 예교이지 예의가 아니다. 예의는 문명인이나 야만인이나 구분없이 모두가 가진 것이다. 세 번 머리를 조아리든 그렇지 않고 세 번 몸을 구부리든 그것은 별로 큰 문제가 아니다. 그러나 예교는 그렇지 않다. 유가(儒家)는 예로써 분수를 확정하고, 분수로써 진리를 삼는다. 정해진 분수를 넘는 것은 범죄 행위로서 형벌에 처해진다."[36] 이러한 분석은 매우 정확한 것이다.

2. 힘을 다해 봉건가족제도에 반대함.

오우는 봉건예교(封建禮敎)에 대해 반대했는데, 특히 두드러진 점은 봉건가족 제도에 대해 반대하였다는 것이다. "서구가 종법사회에서 벗어난 것은 이미 오래되었다. 그러나 우리나라는 끝내 그에서 벗어나지 못하고 있다. 그 원인을 살펴보면 실로 가족제도가 그것을 막아서고 있기 때문이다."[37]

그는 예리하게 지적했다. "유가는 효제(孝弟) 두 글자를 이천년 이래 전제

---

36) 『吳虞文錄』卷下, 68쪽.
37) 『吳虞文錄』卷上, 1쪽.

정치와 가족제도를 연결하는 근간으로 삼고 있다.""그 해악은 진실로 홍수나 맹수에 못지 않다."38)

오우가 종법사회, 대가족제도와 유가(儒家) 사이의 상호관련을 지적한 것은 매우 안목이 있는 것이었다. 그는 또 전기(前期)의 엄복(嚴復)에 동조하여 "정치, 유교, 가족제도 셋이 결국 하나로 연결되므로 모두 개혁하지 않으면 안된다는 사실을 안 것은 엄복 등이었다"고 하였다.39) 그래서 그는 강조하기를 "유교를 혁명하지 않고 유학을 전환시키지 않으면 우리나라에 신사상(新思想), 신학설(新學說)이 있을 수 없게 된다. 무엇으로 국민을 새롭게 할 것인가? 만 가지 일들이 있지만 오직 이 일이 중대하다! 아!"40)라고 하였다.

오우는 고금중외(古今中外)의 다양한 도덕 풍속을 분석했다. 예를 들어 복장에는 머리를 밀고 옷을 벗는 것이 있는가 하면, 신발을 신고 가죽 겉옷을 입는 것이 있고, 관을 쓰고 치마를 입는 것 등의 다양함이 있다. 또 같은 효제(孝弟)라고 하여도, 맏아들을 잡아 먹는다거나, 죽은 자의 아내는 같이 살지 않고 내다 버린다거나, 부모의 시체를 썩게 내버려 둔다거나, 부모의 시체를 태운다거나 하는 다양함이 있다. 또 혼인에서도, 한 남편에 여러 아내를 두거나, 형제지간에 한 아내를 두거나, 한 남편에 한 아내를 두거나, 남편이 죽으면 아내도 따라 죽는 등 다양하다. 그래서 "인의도덕(仁義道德)은 시비(是非)를 가리는 표준이 될 수 없다."

"도덕은 나라에 따라 사회에 따라 자연히 같지 않은 부분이 있게 마련임을 알 수 있다." 여기에서 가장 진화하였고 가장 일반적인 관습도덕을 표준으로 삼을 필요가 생긴다.

"세계는 서로 교통하며 인류는 진화하고 있다. 과거 단절된 시대에는 풍토에 따라 각자의 관습이 있었고, 각자의 도덕이 있었지만 이제 그것들은 타파되어야 한다. 세계에서 가장 일반적으로 통행되는 그리고 가장 인간의 생활에 적합한 관습과 도덕을 채택하여 과거의, 오류에 차 있고 어리석으며 잔혹

---

38) 위와 같은 책, 6쪽.
39) 『吳虞文錄』卷下, 12쪽.
40) 『吳虞文錄』卷上, 78~79쪽.

하고 야만적이었던 '토인관습(土人慣習)'과 '토인도덕(土人道德)'을 개혁해야 한다."41)

오우는 남자와 여자, 부모와 자녀가 모두 마땅히 평등하고 독립된 인격을 가져야 한다고 주장했다. 그는 많은 유가 경전들의 내용을 개괄해서 다음과 같이 말했다. "그것들은 남자와 여자가 태어날 때부터 다르다는 것이다. 아내가 되는 여자에게 가장 비천한 지위를 부여하였다."42)

그는 특별히 오증란(吳曾蘭)의 「여권평의(女權平議)」에 이렇게 부록을 붙였다. "『역(易)』에 의하면 여자는 안이고 남자는 밖이다. 하늘은 높고 땅은 낮은 것과 같다. 남자는 높아 위에 있고, 여자는 낮아 아래에 있다. 평등이란 없다." 또한 이른바 "남자는 무겁고 여자는 가볍다. 이는 형(刑)과 예(禮)의 관계와 같다"고도 한다. 이에 대해 오우는 지적하였다.

"예(禮)와 형(刑)은 그 근본 취지가 모두 유교에서 나왔다. 하물며 공씨(孔氏:공자)는 항상 여자를 소인과 함께 칭하였다. 어찌 남녀평등을 주장한 사람이라 하겠는가? … 하늘은 높고 땅은 낮다고 하며, 양(陽)은 높이고 음(陰)은 억누른다고 하고, 귀천과 상하의 계급을 두며, 삼종(三從:여자가 따라야 할 세 대상) 칠출(七出:여자를 내쫓을 수 있는 일곱 가지 이유) 등의 거짓된 말을 한다. 그것들은 모두 인도주의(人道主義)에 크게 어긋난 것이다. 마땅히 쓸어버려야 할 것이고 왜곡되게 변명해 주어서는 안된다." 분명히 중국의 예교는 남자와 여자를 현격히 차별하는 것이요, 인도주의에서 가장 벗어나 있는 것이다. 제거하지 않으면 안된다!

오우는 또한 부모와 자식도 마땅히 평등하고 독립된 인격을 가져야 한다고 주장했다. "자녀들도 자신의 인격을 가지고 있다는 것을 인정한다면, 모든 사람이 '사람'의 길을 걸어가게 될 것이다."43)

3. 묵가, 도가, 농가(農家), 법가, 이탁오의 학설을 구별하고 대립시켰다.

---

41) 위와 같은 책, 28~30쪽.
42) 위와 같은 책, 21쪽.
43) 위와 같은 책, 24쪽.

오우는 엄격히 등급을 차별하는 유가의 예교에 반대하고, 묵자(墨子)의 평등사상과 스스로 노동해서 먹는다〔自食其力〕는 사상 및 허행(許行), 진중(陳仲)의 '스스로 노동해서 먹는다〔自食其力〕' 주장에 찬성하였다. 그런데 묵자가 적극적인 학파였다면, 허행은 소극적인 학파에 속한다고 말하고, 오우는 다음과 같이 말했다. "오늘의 우리는 적극파인 묵자를 배워야지 소극파인 진중, 허행을 배워서는 안된다."[44]

도가(道家)의 노장(老莊)은 소극적 혁명파였다.[45] 그러나 도가와 법가(法家)는 구도덕(舊道德)에 대해 모두 크게 반대했다.[46] 오우는 근대의 학자 중에서 고대의 반공전사(反孔戰士) 이지(李贄:卓吾)를 가장 높이 평가한 이들 중의 하나였다.[47]

현대의 존공(尊孔)주의자들은 공학(孔學)을 비판하는 것을 '문화허무주의(文化虛無主義)'라고 공격한다. 그러나 그들은, 자기들이 묵가, 도가, 농가, 법가, 이지 등에 반대하는 것이야말로 더 심한 문화허무주의임을 알지 못하고 있는 것이다.

제4절 '공자 상점〔孔家店〕'과 사람 잡아먹는 예교 타도에 찬동한 호적(胡適)

호적(1891~1962)의 자는 적지(適之), 안휘(安徽) 적계(績溪) 사람이다. 1910년 미국에 유학하여 철학박사 학위를 취득했고, 1918년 귀국하여 북경대학(北京大學)의 교수가 되었다. 『신청년(新青年)』을 편집, 백화문(白話文)의 사용을 힘써 주장했다. 1919년 『매주평론(每周評論)』을 주편(主編)하였고, 「문제에 대한 연구는 많이 하고 주의(主義)에 대해서는 적게 말한다」라

---

44) 『吳虞文錄』권하, 80~83쪽.
45) 위와 같은 책, 15~20쪽.
46) 『吳虞文錄』卷上, 25~41쪽.
47) 『吳虞文錄』卷下, 20~51쪽.

는 글을 발표하여 개량주의(改良主義)를 선전하였다. 1928년 양실추(梁實秋) 등과 월간지『신월(新月)』을 창간하였다. '구일팔'사변 후에『독립평론(獨立評論)』을 창간, 서화(西化)를 주장하고 민주정부를 수립할 것을 계속 주장하였다. 1938년 주미대사(駐美大使)를 지냈으며, 1946년 북경대학(北京大學) 총장이 되었다. 저서에는『중국철학사대강(中國哲學史大綱)』,『백화문학사(白話文學史)』,『호적문존(胡適文存)』,『호적논학근저(胡適論學近著)』등이 있다.

그가 쓴「오우문록서(吳虞文錄序)」는 그의 반공(反孔) 주장을 담은 대표적인 명문이다. 그는 오우의 반공(反孔) 정신과 업적을 극히 추숭하고 높이 평가하였다. 오우를 열렬하게 칭송하여, "사천성에서 한 손으로 공자의 상점을 쓰러뜨린 노영웅"이며, "공자가 남긴 먼지와 찌꺼기를 깨끗이 쓸어버린 중국 사상계의 청소부"라 하였다. 서문에서 그는 공자 우상의 간판을 깨뜨려 버릴 것을 강력히 주장하였다. "이천 년간 사람을 잡아먹은 예교(禮敎) 법제(法制)는 모두 공구(孔丘:공자)의 간판을 내걸고 있었다. 그러므로 전통 있는 오래된 상점이든, 위장 상점이든 가릴 것 없이 그들의 간판을 뜯어내려 부수고 태워버리지 않을 수 없다."

'오사(五四)' 시기에 호적은 또한 공자와 맹자의 가르침을 핵심으로 하는 구윤리(舊倫理), 구도덕(舊道德)에 대해 맹렬하게 공격하고, 봉건주의의 '절개〔節烈〕'과 '효도'를 비판하였다. 그는「정조문제(貞操問題)」,「미국적 부인(美國的婦人)」,「'굶어죽는 일은 작고 절개를 잃는 일은 크다'를 논함」등의 글을 차례로 발표하여 유가 이학(理學)의 거짓을 비판하였다. 그는 "열녀(烈女)가 되라고 권하는 것은 그를 고의로 죽이는 것과 죄가 똑같다"[48]고 예리하게 지적했다.

제5절 반공(反孔), 반도교(反道敎)가 "민주와 과학"의 범주에 속한다고 생각한 전현동(錢玄同)

---

48) 이상은 내가 전에 쓴「胡適在新文化運動中的歷史作用」이라는 글에서 뽑았다. 원문은『靑海社會科學』1989년, 제3기에 실려 있다.

전현동(1887~1939)의 원래 이름은 하(夏), 자는 덕잠(德潛), 중계(中季)이며, 절강(浙江) 오흥(吳興) 사람이다. 초년에 일본에 유학가서 장태염(章太炎)을 사사했으며, 동맹회(同盟會)에 참가했다. 1916년 북경고등사범학교와 북경대학의 교수로 부임했다. 『신청년』의 편집인으로서 신문화운동을 주도한 인물들 중 한 사람이다. 그는 유반농(劉牛農) 등과 함께 「통일국어진행방법(統一國語進行方法)」안을 제출했다.

그는 의고(疑古:옛것을 의심함)를 주장하여, 스스로를 의고현동(疑古玄同)이라 서명하기까지 한 적도 있다. 호적, 고힐강(顧詰剛) 등과 함께 사학계(史學界)의 대표적인 의고파이다. '오사(五四)' 이후에는 점차 혁명활동에서 떠났다. 1928년 국민정부의 초빙을 받아 국어통일주비위원회(國語統一籌備委員會) 상위(常委)가 되어, 『국어상용자회(國語常用字匯)』를 주편(主編)했고, 여금희(黎錦熙)와 함께 『중국대사전(中國大辭典)』의 총편찬을 담당했다. 칠칠사변 이후 병 때문에 북경에 남았지만, 일본침략 왕래를 거절하였다. 문자와 음운에 관한 저작이 많다.

전현동은 신문화운동 시기의 가장 격렬한 반전통론자였지만, 또한 '민주와 과학'의 주장에서 벗어나지 않았다. '민주'를 주장했기에 공자학파의 전제에 반대하고 백가쟁명을 주장했으며, '과학'을 주장했기에 도교의 여러 미신들에 반대했다. 그는 공자의 불평등사상을 규탄하고 그 외의 여러 사상가들의 평등사상을 높였는데, 장주(莊周:장자), 묵적(墨翟:묵자), 송견(宋鈃), 허행(許行) 등이 모두 평등설을 주장했다고 생각했다. 또 "묵가의 세력이 몰락하고, 유가가 발흥한 것"은 "황제(黃帝)가 치우(蚩尤)를 패배시킨 탁록(涿鹿)에서의 싸움 이후의 일대 사건"이라고 본 하증우(夏曾佑)의 견해를 "참으로 정확하고 탁월한 견해"라고 보았다.[49] 그가 중국 고전을 읽지 말 것을 제안한 것 역시 '민주와 과학'에 그 이유가 있다. 그는 다음과 같이 말했다. "제자백가의 학설이 발흥한 이후 한자(漢字)는 비로소 학술에서의 쓰임새를 발휘하기 시작했다. 그러나 한(漢) 이후로는 유가 이외의 학설은 모두 추방되

---

[49] 1917년 6월 1일 陳獨秀에게 보낸 편지 참조.

었으며 이천여 년간 이른바 학문, 도덕, 정치라고 하는 것은 공이(孔二:공자)선생 한 사람의 학설을 확장 적용시킨 것에 불과하다."

"삼강오륜이라는 노예도덕을 제거하기 위해서는 공학(孔學)을 폐지하는 것 이외의 방법은 없다." "요괴, 귀신, 연단(煉丹), 부적(符籍) 등의 야만사상을 제거하기 위해서는 도교(道敎)-이때 도(道)는 도사(道士)의 도이고, 노장(老莊)의 도는 아니다-를 소멸시키는 것 이외의 방법은 없다." "왜냐하면 중국 서적의 천에 구백구십구는 모두 그 두 계통의 것이기 때문이며", "중국문자도 본래 오로지 유교와 도교의 학설을 발휘하는 데 쓰여졌기 때문이다."50)

그는 노장(老莊)의 도가(道家)와 도사(道士)의 도교(道敎)를 명확하게 구별하고, 도교는 반대하되 도가는 반대하지 않았다. 요즈음 어떤 사람들은 신문화운동을 전개한 전현동 등이 '문화허무주의'에 빠진 것이라 비난한다. 그러나 오직 존공(尊孔)할 줄만 알고 묵가, 도가, 농가 등을 배척하는 것이 공학(孔學)만을 남겨 두고 다른 제자백가는 모두 말살시키는 것과 마찬가지로 문화허무주의자들이라는 점을 스스로 알지 못한 것이다.

제6절 여자도 독립된 인격을 갖추어야 함을 논한 섭소균(葉紹鈞)

섭소균(1894~1987)은 강소(江蘇) 소주(蘇州) 사람이다. 자(字)는 병신(秉臣)인데, 후에 성도(聖陶)로 고쳤다. 교육과 편집, 출판 분야에 오래 몸담았다. 50년대 후에는 교과서편찬위원회 주임(主任), 출판총서(出版總署) 부서장(副署長), 교육부 부부장, 중앙문사연구관(中央文史硏究館) 관장 등을 역임했다.

섭소균은 1919년 2월 「여자인격문제(女子人格問題)」라는 글을 『신조(新潮)』에 발표했다. 거기에서 그는 "여자도 독립된 인격을 갖추어야 한다. 그도 사회 속의 한 성원으로서 '사람[人]'이기 때문이다"라고 했다. 그러나 남

---

50) 「中國今後之文字問題」(1918년) 참조.

자들은 "그들이 자기들과 똑같은 '사람'임을 인정하지 않는다. 이 때문에 그들의 인격을 인정하지 않는 것이다." 섭소균은 말했다. "무슨 '강상(綱常)', 무슨 '삼종사덕(三從四德)'.… 모두 여자를 유혹하기 위한 그럴 듯한 도구들일 뿐이다. 군주가 신하의 벼리이기 때문에 남편은 아내의 벼리가 된다.… 저 유가는 또한 인격을 필요로 하지 않는다. 그가 오로지 생각하는 것은 한 왕실의 충신이요, 한 가족의 좋은 아들인가 하는 것 뿐이다. 자기를 중심으로 해서 남에게까지 적용시키니 자연히 이와 같은 가르침이 나오게 된 것이다." "여자가 다만 '현모양처'가 되어야만 한다면 남자도 또한 '양부현부(良父賢夫)'가 되어야 한다. …여자는 '어머니'와 '아내'라고 하는 새장에 갇혀 있다. 그래서 인격을 쉽게 포기하는 것이다."

"또 하나의 영향력 있는 유혹은 곧 '정조(貞操)문제'와 '절개문제'다."

"사람들은 말한다. 여자는 마치 한 틀의 기계와 같다고.… 기계는 생명이 없는 물질이다. 자유로운 의지와 정서를 갖고 있지 않다. 지금 여자와 그것을 비교한다면, 그것은 단도직입적으로 그들도 같은 한 '사람'이라는 것을 인정하지 않는 것이다.

"공자가 '여자와 소인배는 기르기 어렵다'고 말한 이래로… 역대의 남자들은… 남자와 여자 사이에는 오직 '음(淫)'의 관계만 있는 것으로 생각했다. 그래서 여자 보기를 독사나 맹수 보듯이 하여 가까이 하지 않으려 했다. 그 가운데서 하나의 생각을 엿볼 수 있으니, 곧 여자로 태어난 것이 바로 죄악이라고 하는 것이다. 그 죄악의 판정은 그녀의 의지와 행위에 의해 결정되는 것이 아니라 그가 남자와는 다른 모양으로 태어났다는 사실에 근거한다. 그는 계속해서, '천부인권'의 '민권론'(民權論)도 "동시에 여자의 참정권(參政權)은 승인하지 않고 있으므로" "그 '인격'이라고 하는 것도 '남권(男權)'의 변용 형태라는 것을 알 수 있다"고 주장했다.

마지막으로, 섭소균은 한편으로는 여자들이 자각할 것을 외쳤다. 자신도 한 '사람'임을 알아야 한다. "'사람'으로서 해야 할 일을 한다. '사람'이라면 진리에 복종하고, 저 황당하고 거짓에 찬 '명분'과 '거짓 도덕'은 내던져 버려야 하며 파괴해야 한다는 것을 알아야 한다." 다른 한편으로 남자들에게 다음과 같이 권고했다. "다른 사람의 인격을 존중하지 않는 것은 자기의 인격을 훼손하는 것이다.⋯ 그와 같은 이기적인 오류와 편견은 상하고금(上下古今)의 수많은 여자들을 해쳐왔으며 인류의 진화를 방해해 왔다.⋯ '유혹'과 '세력'들을 빨리빨리 물리쳐라."

제 6 장

'오사' 이후 공자와 예교를 높이는 진영과 반대하는 진영의 끝없는 투쟁(上)

제1절 앞으로의 세계에서 유가의 예악을 완전히 고쳐 쓸 수 있다고 긍정한 양수명(梁漱溟) – "공자는 실로 모든 것을 조감할 수 있었다."

양수명(梁漱溟:1893~1988)은 광서(廣西) 계림(桂林) 사람으로 중학교 출신이다. 일생 동안 한 일은 세 가지가 있다. 첫째는 교육활동으로 북경대학 강사를 역임하였고, 둘째는 향촌활동으로 산동향촌건설연구원 원장 등의 직을 맡은 바 있으며, 셋째는 정치활동으로 50년대 전후에 가장 많이 활동하였다. 뒤의 두 가지를 위해 활동한 기간은 첫번째 기간보다 길다. 그의 저작 또한 적지 않으며 『동서문화와 그 철학』, 『중국민족 자립운동의 최후의 각성』, 『향촌건설이론』, 『중서문화요의』 등의 네 권이 가장 대표적인 것이다. 그는 공자, 불교, 그리고 양명학을 가장 숭배하여 신육왕파(新陸王派)로 일컬어졌는데, 양명학에 대하여 연구한 것은 확실히 매우 훌륭하다. 그는 지금도 일부의 학자들에 의해 신유가의 스승으로 존경받는다. 이른바 신유가의 스승은 만년의 양계초인데, 두 양씨는 모두 유가를 존중하고 서양의 물질문명을 반대한 사람들이다. 양계초의 『구유심영록(歐遊心影錄)』은 『동서문화와 그 철학』보다 앞서 저술된 것으로 양수명에게 큰 영향을 주었다. 내가 최근에 양수명에 대해 쓴 원고가 있는데 바로 찾을 수 없기 때문에 다만 아주 개괄적으로 간단하게 몇 마디 말하고자 한다. 내가 그의 사상에 동의하지 않는 것은 다음과 같다.

첫째 문화가 경제보다 중요하다고 한 것은 유심주의를 벗어나지 못한 것이다.

둘째 그는 "세계문화 중에 동양의 정신문명은 서양의 물질문명보다 우수하다. 서양으로부터 변화되면 중국이 되고, 중국이 다시 변화되면 인도에 이르게 된다"고 말한다. 나는 이런 것은 시대를 역행하는 불가능한 변화로서, 앞을 향해 가는 가능한 변화가 아니라고 생각한다.

셋째 그는 한 사람의 사상이 그의 부친의 자살에서 볼 수 있듯이 연령의 노쇠에 따라 쇠퇴하는 것이라고 생각한다. 그러나 이것은 다만 일부분의 사람에게 해당하는 말로 엄복, 강유위와 같은 사람은 그러했지만, 오옥장(吳玉章), 노신 등과 같은 사람들은 반대로 날로 더욱 전진하여 늙어서도 "청춘기의 정신으로 태어나서 청춘기의 정신으로 죽는다"는 청춘기의 정신을 견지할 수 있었다.

네째 그는 항상 "선비는 차라리 죽을지언정 치욕을 당해서는 안된다"는 말이 중국의 가장 우수한 정신적 전통이라고 선전하기를 즐겨한다. 이것은 시종일관 변하지만 않으면 가장 절개가 있는 것이라는 의미로, 이른바 절개라는 것도 시대성과 계급성을 가진다는 것을 모른 것이다. 예컨대 이대초·채화삼(蔡和森) 등이 죽음으로 지키고자 한 절개는 혁명의 절개였으며, 섭덕휘(葉德輝) 등이 죽음으로 지키고자 한 절개는 반동의 절개였다. 만약에 불변의 것을 지키는 것을 절개라고 한다면 그것은 혁신과 보수를 나눌 수 없는 것이다.

다섯째 그의 일생에 걸친 사상은 중국 쪽에서는 주공과 공자를 가장 신봉하여, "중국문화의 정수 중 첫번째는 주공의 예악이고 그 다음은 공자의 도리이다"고 생각하였으며, 묵가를 가장 반대하여 그것은 서양에 비교적 가깝다고 생각하였다. 세계 인류 전체와 관련하여 그는 공자에 대하여 "진실로 모든 것을 살펴볼 수 있었다." "이후 세계는 예악으로 법률을 대체하여, 유가의 근본 취지에 완전히 부합해야 할 따름이다"고 생각한다. 그는 이후 세계는 모두 공자가 지향한 세계가 될 것이라고 예측한다. 주공과 공자는 모두 예악을 지향했으며, 이점에 있어서는 이른바 첫째와 둘째의 차이가 없다. 양수명은 서양의 자본계급의 학설을 매우 반대하였으니, 무산계급의 학설에 대해서는 더 말할 필요도 없다. (주: 원문을 알고 싶으면 졸저 『중국전통의 총비판 보편(補編)』을 참고하기 바란다.)

제2절 자유롭게 혼인하고 이혼하는 여성을 '공공의 아내'라고 비방한 노신(盧信)

노신(盧信:1873~?)은 호가 신공(信公)이고, 필명은 준공(梭功)이며, 광동(廣東) 순덕(順德) 사람이다. 처음엔 일본에 유학했다가 다시 미국으로 유학하였다. 귀국 후 기자가 되어 오랫동안 신문사에 종사하였다. 1926년 이후 사법총장(司法總長), 상업부장(商業部長), 정부고문(政府顧問) 등의 직책을 맡았다.

노신은 민국 이전의 4년간 압박을 받을 때 『인도(人道)』를 저술하였는데, 무정부주의를 선전하면서 군주제도과 민주제도는 모두 문명화된 것이 아니며, 여권을 회복해야 한다고 생각하였다. 1927년 『불철저원리(不徹底原理)』를 저술하여 자유결혼을 반대한 것은 이미 시대에 크게 역행하는 것이다. 이제 그의 후기의 예교와 관련된 언급을 약술하기로 한다.

1. 삼강오상의 예교는 일상의 음식과 용변이 필요한 것과 같다.

노신은 삼강오상의 예교를 일상의 음식 용변과 비교하여, "예교에는 정해진 이치가 없다. 대세가 예교를 따르면 사람은 예교를 도외시하고 살 수 없으며, … 대세가 음식 용변을 따르면 사람은 음식 용변을 도외시하고 살 수 없다"고 말하고, 또 "인류가 음식과 그 배설에 속박을 받는 것은 바로 삼강오상의 명분이나 예의겸치에 속박을 받는 것과 같다"[1]고 말한다. 사람의 대

---

1) 『不徹底原理』.

소변은 필수불가결한 것으로 시간성과 공간성도 없고, 계급성·종족성도 없다. 그러나 삼강오상의 예교는 그렇지 않다. 두 가지를 혼동하여 하나로 말한다면, 진실로 비교할 수 없는 것을 견주는 것이다.

2. 전제결혼과 전제정체(政體)는 모두 장점이 있다.

노신은 또 전제결혼과 전제정체를 서로 비교하여 "전제결혼은 한편으로는 개인의 자유를 포기하지만 다른 한편으로는 낡은 도덕의 통제 덕분에 매우 옳지 못한 일을 범하는 경우가 드물다. 그것은 전제정체가 걸, 주, 유왕(幽王), 여왕(厲王)를 제외하면 소강(小康)의 기상을 얻은 것에 비유할 수 있다"[2]고 말한다. 원래 그는 전제결혼 뿐만 아니라 전제정체도 찬성한 사람이다. 이런데도 그는 청말에 또 어찌 동맹회에 참가하여 광동지부장을 맡아 군주전제를 반대하였는지 모를 일이다.

그는 자유결혼은 구식결혼보다 못하다고 생각하였다. 예컨대 그는 "윤리에 의해 유지되므로 피차가 서로 이해하기 쉽기 때문에, 부부의 도가 비록 괴롭다고 해도 그 관계는 오래 지속된다. 그에 비하여 자유로운 연애는 만나고 헤어지는데 일정한 도리가 없기 때문에 자유연애는 일시적인 쾌락에 불과하지만, 윤리에 의한 관계는 오히려 수십 년을 유지할 수 있다." "자유연애로 결혼하는 사람이 적지 않지만 가정에 만족하는 사람은 많이 볼 수 없다. … 요즈음 여자들은 전제결혼 이야기를 들으면 분노하고, 자유연애 이야기를 들으면 즐거워한다. … 한번 발을 잘못 디디면 천년의 한이 된다"[3]라고 말한다. 심지어 자유롭게 만나고 헤어지는 것을 '공공의 아내'로 배격하며, "근대의 청년남녀가 뜻에 따라 일시적으로 만나고 헤어지는 것에는 '공공의 아내'라는 악명을 가해야 한다"고 말한다. 노신(盧信)은 "두뇌가 완고한 사람은 연애자유론을 들으면 반드시 '이것은 공공의 아내이다'라고 말할 것이다"

---

[2] 「不徹底原理」 제13장.
[3] 同上.

고 말한 적이 있다. 그러나 그 자신은 어떠한가? "공공의 아내라는 악명을 가해야 한다"고 생각하는 이상 그의 두뇌 또한 완고하다는 것을 알 수 있다. 완고함은 봉건사회의 '백년해로', '한번 결혼하면 변하지 않는다', '자신의 소유가 된다.'는 관념을 머리 속에 오래도록 가지는데서 말미암는다.

노신은 남녀평등으로 여자가 "옛날보다 몇 배나 남자의 기만과 모욕을 받을 수 있다"고 생각하였다. 그래서 "예교에 의한 억압은 그 행위가 분명하여, 지나치게 잔인하고 사나우면 사회에서 또한 제재를 가한다. 요즈음 여성들은 자유를 회복하기는 했지만 지식과 심성의 차이에 따라 남자의 기만과 모욕을 받기 쉽다"고 하였다. 서양의 여성들은 중국 여성에 비하여 좋은가? 그는 "서양 여성의 지위는 비교적 높고 또한 법률상의 보장도 받지만, … 대다수의 여성이 남자에게서 받는 기만과 모욕은 실로 우리나라 여성과 같다"[4]고 생각하였다. 이것은 전혀 터무니 없는 말이다. 자유결혼이 전제결혼만 못하고, 서양의 여성이 중국의 여성과 같다는 것은 전혀 사실과 맞지 않는다.

제3절 동서고금을 통해 예교는 반드시 있어야 한다고 주장한 대계도(戴季陶)

대계도(1890~1949)는 이름이 전현(傳賢)이고 호는 천구(天仇)이다. 본적은 절강(浙江) 오흥(吳興)으로 사천(四川) 광한(廣漢)에서 태어났다. 일찍이 일본에 유학하여 1911년에 동맹회에 가입하였으며, 1920년에 증권교역에 종사하였다. 1925년 손문 서거 후 서산회의파(西山會議派)에 적극 참여하였다. 1927년에 남경의 국민당 정부가 성립된 후 중산대학교장, 국민정부위원, 고시원 원장, 국사관 관장 등의 직책을 역임하였다. 오랜 기간 동안 공자를 존경하고 경전을 읽으며 예악을 제정할 것을 주창하였다. 아울러 그는 불교에 귀의하여 '아미타불대전현(阿彌陀佛戴傳賢)'으로 일컬어졌다. 1949

---

4) 「不徹底原理」 제4장.

년 2월 광주에서 자살하였다. 그의 주요 저작으로는 『손문주의의 철학적 기초』, 『청년의 길』, 『학예록(學禮錄)』 등이 있다.

그의 예교사상 중 가장 중요한 것은 다음과 같다. 첫째 "동서고금을 막론하고 예교가 없는 국가가 없고 예교가 없는 민족이 없다." 둘째 중국의 사천여 년의 문명은 완전히 예교에 의존한다. 셋째 "육경이 모두 예이다." 네째 "예는 우리 대씨 집안의 조상이신 대대(大戴: 載德을 말함)와 소대(小戴: 戴聖을 말함)께서 홀로 전수하신 학문이다." 다섯째 유가의 도통은 바로 예교의 도통이다. 여섯째 손문의 "모든 제도와 저술은 하나도 주례에 바탕을 두지 않은 것이 없으며", 또한 공자의 도를 가장 잘 전하고 있다. 일곱째 청말 민국시대의 공자를 반대하고 예교를 반대하는 모든 사상운동을 반대하였다. 이 점에 대해서는 이미 따로 논의한 졸저 『중국근현대학술사상사론』에 상세하다.

제4절 『전국책(戰國策)』파의 파쇼 여성관

『전국책』파는 항전기(抗戰期)에 활약이 매우 컸다. 40년대 초에 『전국책』이라는 전문 잡지를 10여 회 발간하였는데, 임동제(林東濟)를 수석대표로 간주할 수 있다. 또 진전(陳銓)이라는 인물이 있어 『쇼펜하우어에서 니체에 이르기까지』라는 저서를 썼는데 여성문제를 크게 다루었다. 그들은 독일, 이탈리아 등의 파쇼주의를 선전하는 데 주력하였다. 이제 예교와 관련된 관점을 간략하게 서술하겠다.

1. 임동제(林東濟)의 '아빠'와 '당신'의 설

임동제(1906~1980)는 중국인과 서구인의 문화의 근본적인 차이점은 서구인은 성적 사랑의 욕구를 나타내는 반면, 중국인은 후손을 두고자 하는 욕구를 나타낸다고 생각한다. 그래서 그는 "서양 사람은 '당신'으로 상징되며,

중국인은 '아빠'로 상징된다." "서양 사람은 죽을 때 애인을 찾는데, 중국인은 죽을 때 자식을 찾는다." "동서가 이런 두 가지 방향에 따라 나뉘면서 각기 고유한 문화적 환경을 이끌어 왔다"5)고 말한다.

2. 여권운동의 가치를 배척하는 진전(陳銓)의 이론

진전은 니체가 "남자는 힘을 대표하고, 여자는 정감을 대표한다"고 말했으며, 또 "남자의 임무는 전쟁에 있고, 여자의 임무는 남자를 정서적으로 안정시켜 전쟁할 수 있는 힘을 유지시켜 주는 것이다"고 생각한다고 말한다. 또 여자는 "그 역할이 그 자신의 독립적인 행위를 하는 데 있지 않고 보조적인 행위를 하는 데 있다." 그래서 "남자의 쾌락은 그 자신이 욕구하는 데 있으나, 여자의 쾌락은 남자가 욕구하는 데 달려 있다." "결국 여자가 남자를 도와 그가 바라던 목표를 성취하면, 그녀의 마음에는 가장 큰 쾌락을 느끼게 되는데, 이런 쾌락은 그녀 자신이 성취했을 때의 쾌락보다 훨씬 크다." 니체시대에는 여성해방, 여성자유운동 등이 이미 서구 전역에 유행하였다. "니체는 이런 운동은 근본적으로 잘못된 것이라고 생각하는데, 왜냐하면 이런 운동은 자연을 위반하는 운동이기 때문이다." "근대의 여성운동은 실제로는 남성운동이다. 여성이 남성이 되고자 하는 것은 생리적으로 불가능하며, 사실상 허위이다." 진전은 니체의 학설을 상세하게 설명한 이후에 "니체의 학설은 진실로 매우 치우친 점이 있지만, 그가 남녀의 차이를 구별하여 쌍방의 책임을 규정한 것은 또한 가치 있는 의견이라 할 수 있다"고 결론내린다. 진전이 니체의 의견에 동의한다는 것을 알 수 있다. 나는 니체나 진전이나 모두 여전히 남성을 중시하고 여성을 경시하는 봉건사상에 빠져 있다고 생각한다. 진전의 논조는 전국책학파의 여성관을 가장 잘 대표한다고 하겠다.

3. 현모양처가 진리라는 윤급(尹及)의 학설

---

5) 「爸爸與情哥」「戰國策」 제5기를 보라.

윤급은 근대의 여권운동은 근본을 버리고 말단을 쫓아서 고생만 하고 공이 없는 운동이라고 생각한다. 여성의 참된 위치는 가정 속에 있다. "이것은 부인할 수 없는 진리이다." "종래 중국의 현모양처라는 상투적인 용어는 크게 비난할 수 없다." "부인이 되고 어머니가 되어 '어질고' '선하게' 되면, 여성의 진정한 평등은 성취되는 것이다."⁶⁾ 이것 또한 전국책파 여성관의 대표 중의 하나로 생각할 수 있다.

제5절 세계문화중 육예(六藝)가 최고라는 마부(馬浮)의 이론

마부(1883~1967)는 자가 일부(一浮), 또는 일불(一佛)이며, 어릴 때 이름은 복전(福田)이다. 호는 담옹(湛翁), 피갈(被褐)이고, 만년의 호는 견수(蠲叟), 견희노인(蠲戱老人)이다. 절강 소흥(紹興) 사람이며 청말의 거인(舉人)이다. 1901년 마군무(馬君武) 등과 함께 상해에서 『번역세계』를 주간하였다. 그후 일본에 유학했다가 다시 독일로 갔다. 귀국 후 무명 옷에 긴 머리를 하고 항주에 칩거하였다. 배운 것은 육예를 근본으로 하고 또 서예에도 정통하였다. 항전기에는 절강대학 교수로 초빙받았다. 학문을 강론할 때『태화회어(泰和會語)』『의산회어(宜山會語)』를 간행하였다. 1940년 여름 복성서원 원장에 임명되어 경전의 의리를 설명하고 강론하였으며, 『복성서원강록(復性書院講錄)』이 있다. 50년대 이후에 절강문사연구관 관장, 중앙문사관 부관장 등의 직책을 맡았다. 그 밖에 『이아대답문(爾雅臺答問)』과 속편 등의 글이 있다.

마부는 여러 나라의 어학에 통달했지만 오히려 공자·맹자·정자 그리고 주자의 옛 전통사상을 견지하였다. 가장 두드러진 것으로 그는 첫째 세계인류의 문화 가운데 육예를 최고로 생각하여, 육예는 앞으로 나아가며 날로 새

---

6) 「論婦女」「戰國策」第11期.

로운 것이며 보편적이고 평민적인 것이라고 생각하여, "해방을 말하고자 하면 여기에 진정한 해방이 있고, 자유를 말하고자 하면 여기에 진정한 자유가 있으며, 평등을 말하고자 하면 여기에 진정한 평등이 있다. 서양 철학자가 말하는 진·선·미가 모두 육예 가운데 포함되어 있다"고 말한다. 둘째 그는 육예의 가르침은 "전 인류에 베풀어 행하고, 사해에 이르기까지 모두 표준으로 삼게 할 수 있다"고 말하였다. 그는 "이런 문화가 전 인류에게 보편적으로 파급되게 하고자"하면서, "세계 인류의 모든 문화의 최후의 귀결점은 반드시 예로 돌아간다"[7]고 단언한다. 마부의 이와 같은 말은 양수명, 전목(錢穆) 등의 의견과 궤를 같이 한다.

제6절 "사람을 잡아먹는 예교"라는 구호를 반대한 사유위(謝幼偉) - "모든 것이 예를 근거로 한다"는 이론

사유위는 1946년 12월에 『효와 중국문화』를 출판하였는데, 요점은 예는 모든 것의 근거라는 것이다. 그는 "우리 중국은 이전부터 예의의 나라로 평소 예절을 숭상하며, 공자와 맹자가 사람을 가르칠 때도 먼저 예를 중시하였다. … 어느 것이나 예를 근거로 하지 않는 것은 없다. 대개 예는 천리의 절도 있는 규범이기 때문에 덕을 완성하는 표준이 된다. 우리들이 가지고 있는 덕성이 예에 맞지 않으면 모두 폐단이 생기게 된다. … 오사운동 때 신문화운동을 제창한 사람들은 "사람을 잡아먹는 예교"라는 구호로 우리나라 진래의 예를 공격하는 데 주력하였다. 청년 학생들은 … 마침내 함께 옛날의 예를 헌신짝 버리듯이 버렸다. … 이처럼 예의가 전혀 없는 사회에서 우리들은 하루라도 살 수 있을까를 물어보고 싶다"고 말하였다. 그는 이와 같이 공자와 맹자의 예교로 오사운동 때 제시한 "사람을 잡아먹는 예교"라는 구호를 반대하였다.

---

7) 『泰和會語·論西來學術亦統於六藝』.

중국문화는 효를 근본으로 한다고 보아, 그는 "이야기가 시대의 흐름을 따를 수 없다고 해도 오직 이치에 맞느냐의 여부에 기준을 두어야 한다. 만약 이치에 합당하면 시대의 흐름에 역행한다고 해도 개의할 필요가 없다"라고 말하였다.

도덕사관으로 유물사관을 반대하였다. 그는 제정 러시아가 혁명에 의해 전복된 것은 부도덕에 말미암은 것이라고 생각한다. 영미 자본가들은 "도덕의 힘을 이용하여 그 조직을 유지하였기 때문에 혁명이 발생할 수 없었다." 곧 "도덕은 혁명의 궁극 원인이며 혁명의 위대한 원동력이다"라는 것을 알 수 있다. 그는 『관자(管子)』의 말을 거꾸로 전도시켜 "영욕을 안 이후에 의식이 풍족하게 된다는 것은 또한 도덕이 있은 연후에 의식이 풍족하게 된다는 것을 의미한다"고 말한다. 그래서 도덕은 경제 생활에 비하여 훨씬 결정적인 성격을 갖는다. 그는 결국 도덕은 계급성이 없으며, 시대성도 없고, 모든 것을 초월한 것이라는 점을 긍정하였다.

사유위는 시대의 조류를 거스르는 주장을 선전하였으니, 참으로 손색없는 완고파이다. '오사' 신문화운동의 반공자, 반예교에 반대한 사람은 사유위 혼자만이 아니며, 그외에도 양수명, 장군매(張君勱), 노신, 엽청(葉靑), 전목 등 여러 사람이 있다.

제7절 시종일관 유가의 예교를 찬양한 전목(錢穆) - 예교가 사람을 잡아먹는 것은 연애가 사람을 잡아먹는 것과 같다는 설

전목(1895~1990)은 자가 빈사(賓四)로 강소(江蘇) 무석(無錫) 사람이다. 일찍이 연경, 북경, 절강, 화서, 제노(齊魯)대학 역사학 교수를 역임하였다. 후에 대만, 홍콩으로 갔다. 당대인 중에 저술이 가장 많다고 할 수 있다. 『선진제자계년(先秦諸子繫年)』『국학개론(國學槪論)』『국사대강(國史大綱)』『중국근삼백년학술사』『공자와 논어』『주자신학안』『문화와 교육』등이 대표적인 저작이다. 전목의 저술이 많기는 하지만 그의 사상은『중국문화와 중국

청년』한 편의 글로 대표될 수 있다. 이 글은 1941년에 발표되었는데 그 요점은 두 가지이다.

첫째 세계문화는 크게 세 가지 부류로 나뉘는데, 중국은 인도, 서양보다 우월하다. 그 이유는 "중국의 교육은 청년에 달려 있지만, 서양은 장년(壯年)에 달려 있고, 인도는 노인에 달려 있기" 때문이다. 청년은 항상 효를 행하는 것을 보여주므로 중국은 효의 문화가 형성된다. 장년은 항상 사랑을 행하는 것을 보여주므로 서양에서는 사랑의 문화가 형성된다. 노인은 항상 자애로움을 보여주므로 인도에서는 자애의 문화가 형성된다. 사람의 일생 중 청년기와 장년기는 오래 지속된다. '오래 지속된다'는 것은 하나의 장점이다. 청년이 "부모에게 효도하는데 어찌 배우자를 사랑하지 않으며, 자식들에게 자애롭지 않겠는가?" "그러므로 서양은 효를 말하지 않고 인도는 사랑을 말하지 않으니, 중국이 온전함을 얻었다면 서양과 인도는 부분적인 것만을 얻은 것이다." '온전하다'는 것은 두번째 장점이다. 중국문화는 다만 공자의 『논어』를 대표로 할 따름이다. 그래서 그는 "공자는 청년의 모범이요, 『논어』는 청년의 귀중한 경전이다"고 결론맺는다.

둘째 예교에는 큰 공이 있다. 전목은 청년들이 유가의 예교를 반대하여 "우리 중국인은 오랜 기간 동안 유가의 예교에 속박되어 인성을 말살함으로써 그로 하여금 지쳐서 생기가 없게 하였다"고 말하는 것을 듣고, 전혀 그렇지 않다고 생각하여 "예교가 사람을 잡아먹을 수 있다고 한다면, 젊은 베르테르가 자살한 것은 연애가 사람을 잡아먹은 것이 아닌가? 인도 불교에서 제자들이 많이 몸을 버려 법을 따르는데 이것은 자비가 사람을 잡아먹는 것이 아닌가?"라고 반박한다. 전목은 중국의 예교가 사람을 잡아먹는 것을 서양에서 연애가 사람을 잡아먹는 것과 불교의 자비가 사람을 잡아먹는 것에 비유한다. 이 늙은 사학자는 같은 종류가 아닌 것을 비교하는 데서 크게 벗어나지 못했다. 진보하는 인류에게 중국의 예교는 없어도 되지만, 연애하지 않거나 자비를 베풀지 않을 수는 없다는 것을 모르고 어찌 섞어서 하나로 말할 수 있는가? 전목은 오히려 "중국인이 효를 말하지 않으면 오천 년간 면면히 끊이지 않고 이어져 온 문화의 근원이 어디에서 오겠는가?"라고 말한다. 이것은 "불효는 세 경우가 있는데 후손이 없는 것이 가장 무겁다"고 제창한 맹자에게 그 공이 돌아간다. 중국인은 자식을 많이 낳아 대를 전하는 것을 효로 생각한다는 것은 원매(袁枚)가 이미 평가한 것이다. 진과부(陳果夫), 사유위 등도 모두 전목과 마찬가지로 효는 중국이 서양과 특히 다른 우수한 문화라는 점을·강조한다.

전목은 오사 신문화운동 때 공자와 예교를 반대한 이론들을 적극적으로 비판하면서, "중국의 학문이 본체라면 서양의 학문은 응용이다"라고 하는 견해는 다시 주장할 만한 가치가 있다고 생각한다.[8] 그는 "이후의 중국과 전 세계는 실로 공자의 핵심적인 가르침을 제창할 필요성이 있다"[9]고 단언하여, 공자는 일체의 분별을 떠난 위대한 스승임을 널리 제창하였다.[10]

제8절 구식의 예교가 규범을 쇄신시킨다는 하린(賀麟)의 주장 - 삼강은 실로 오륜의 핵심이다

하린(賀麟:1902~)은 자가 자소(自昭)이며 사천(四川) 금당(金堂) 사람이다. 1926년 청화학교 고등과를 졸업하고, 같은 해부터 1931년까지 미국의 오백림(奧柏林), 시카고, 하버드대학에서 공부하였다. 1930년 독일에 유학하였다. 귀국 후에는 북경대학 철학과 교수로 임명되어 서양의 합리론 철학을 중국의 송명이학과 상호 연관시켜 자신의 신헤겔 철학을 형성하였다. 50년대 이후 여전히 북경대 철학과 교수를 맡았다. 1955년 철학과 사회과학의 학부를 결합하여 서양철학과 과장을 맡았다. 일생 동안 헤겔철학을 중국에 전파하는 데 전력하였다. 저서에는 『근대유심론간석(近代唯心論簡釋)』『문화와 인생』『현대서양강연집』등이 있다.

하린은 서양철학을 잘했지만, 항전 초기에는 유가의 예교를 자세히 언급하

---

8) 「文化與敎育·東西人生觀之對照」에 상세히 보인다.
9) 「儒家思想新論」.
10) 「孔子思想與世界文化新生」에 상세히 보인다.

였는데, 『오륜관념의 새로운 검토』[11]라는 글이 가장 중요하다. 우리는 하린의 장점도 인정해야 하니, 그는 유가의 오륜 특히 삼강은 유가 예교의 핵심이라는 것을 과학적으로 지적하였다. "오륜관념의 가장 기본적인 의의는 삼강설이며, 오륜관념의 최후의 가장 높은 발전단계 또한 삼강설이다." "삼강설은 실로 오륜관념의 핵심이다." 유가 예교를 신봉하는 다른 사람에 비하면 더욱 노력한 편이다. 곧 그는 "삼강설의 참된 의미를 파악하여 새로운 해석과 발전을 더한다." "구식 예교의 유물과 폐허 속에서 손상되지 않는 영원한 초석을 찾아내어, 이런 기초 위에 새로운 인생과 새로운 사회의 행위규범과 규칙을 세운다"고 하였다.

그의 새로운 해석은 결국 어떤 것인가? 나의 견지에서 볼 때 이것은 곧 예교의 이념설이라고 하겠다. "삼강설에서 군주가 신하의 벼리가 된다고 하는 것은, 군주라는 이 보편자, 군주의 이념이 신하라는 직위의 기강이 된다는 것을 말한다. 군주가 어질지 않는데도 신하는 충성을 다해야 한다고 하는 것은 신하된 사람 또는 신하의 직분을 가진 사람은 반드시 군주의 이념, 군주의 명분을 존중해야 하며, 또한 충심으로 충성하며 그 자신의 직분에 충성함을 말하는 것이다. 이것은 완전히 명분과 이념에 대해 충성을 다하는 것이며, 포악한 군주 개인의 노예가 되는 것은 아니다. 사람마다 자신의 직분 안에서 한결같은 마음으로 그 자신의 절대적인 의무를 다할 때 사회와 집단의 기강이 유지될 수 있는 것이다."

"삼강설은 항구적인 이념 또는 보편적인 덕에 대해 충성을 다하는 데 중점을 두며, 항싱성이 없는 개인을 위해 노예로 봉사하는 것이 아니다." 이것이 그의 예교이념설이다. 바꾸어 말하면 이것은 예교 목적설이니, "삼강설은 '도덕은 그 자체가 목적이고 수단이 아니다.' '도덕은 곧 도덕 그 자신을 댓가로 한다.' 등의 윤리적인 식견을 권위화하고 제도화하여 예교의 신조로 삼은 것이다." 중국의 예교 이론은 선진 유가의 삼정(三正), 삼순(三順)으로부터 서한의 동중서에 이르러 삼강이 신학화되었고, 주희에 이르러 삼강이 이

---

[11] 이 글은 원래 「戰國策」(제3기, 1940년 5월 1일)에 게재되어 있으며 「近代唯心論簡釋」과 「文化與人生」 등의 책에 수록되어 있다.

학화되었다. 다시 발전을 거듭하면서 서양 학문이 전래됨으로 말미암아 예교는 다시 서학화되었다. 나는 그런 가장 구체적인 사례가 바로 하린의 예교이념설 또는 예교목적설이라고 생각한다. 민국시대에 이르기까지 하린의 이 학설은 실로 예교의 정상에 서 있어 유학과 예교를 존중하는 다른 사람들이 미칠 수 없었다. 이것이 중국 예교발전사의 대강이다. 유가 예교에 관한 하린의 구체적인 논점은 대개 다음과 같다.

첫째 예교의 옳고 그름에는 정설이 없다는 주장이다. 오륜관념은 사람을 잡아먹는 예교라고 말할 수 없다. 왜냐하면 "자유, 평등관념도 사람을 잡아먹는 일이 있기 때문이다. 이는 지나친 궤변이다." 둘째 예교의 공적과 죄과는 알 수 없다는 주장이다. 그는 "쓸모가 있는가 없는가 또는 공이 되는가 죄가 되는가 하는 점은 이천여 년의 역사에 달려 있기 때문에 한번의 흐리멍텅한 계산으로 분명하게 계산할 수 없다. 비록 분명하게 계산하더라도 별다른 의미가 없다"고 말한다. 그러나 공과 죄가 분명하여 한 손으로 세상 사람들의 이목을 모두 가릴 수 없다. 셋째 목에 걸린다고 하여 먹기를 그만둘 수 없는 것처럼 예교의 "말단적인 폐단 때문에 근원을 폐기할 수 없다"고 주장한다. 본말과 인과는 전체적으로 보아야 한다. 네째 자본주의 사회는 삼강의 예교가 더욱 필요하다는 주장이다. "산업혁명으로 생산을 사회화하는 사회 속에서도 신하가 더욱 충성하고, 자식이 더욱 효도하며, 부인이 더욱 정숙한 것은 이론적으로나 실제적으로나 매우 가능한 것이다." 이 설은 전혀 사실적인 근거가 없다. 다섯째 삼강설이 있었기 때문에 역사 속에서 "수많은 충신 효자가 마음을 괴롭히고 외롭지만 의리와 공적에 비장한 행적을" 산출할 수 있었다는 것이다. 이 설은 첫째, 둘째 설과 서로 모순된다. 왜냐하면 그것은 분명히 예교는 옳으며 잘못되지 않고, 공이 있으며 죄가 없다고 생각하기 때문이다. 여섯째 "오륜개념을 실천하는 것에 대하여 말하려면 반드시 차등애를 표준으로 해야 한다." 평등한 사랑, 독점적인 사랑, 순서를 어긴 사랑 등은 "차등적인 사랑이 아니므로 오륜의 올바른 발전을 방해할 수 있다." 이것은 묵가나 유협이 자신을 깎아 타인을 이롭게 하고, 빈천한 사람들에게 먼저 베푸는 것이 유가의 친한 이를 앞세우고 먼 사람을 소홀히 하는 것보다 훌륭한 점이 많다는 것을 모르는 것이다. 일곱째 "오륜에서 발전되어 삼강이 되었다." "한대 유가 동중서에 이르러 최고봉에 도달하였다"는 것이다. 이것은 송대 예교가 신학화로부터 발전하여 이학화되었으며 한대 유가가 최고봉이 아니라는 것을 모르는 것이다. 여덟째 하린은 제갈량이 아두(阿斗)에게 충성을 다한 것을 "삼강 중에 군주가 어질지 못해도 신하는 충성하지 않을 수 없다고 하는 조목"을 예로 들었다. 이 설은 사람들에게, 걸과 주가 어질지 않아도 탕왕과 무왕은 신하로서 충성하지 않을 수 없으며, 이것이 합리적인데도 반대로 탕왕과 무왕이 군주에게 충성하지 않았던 일을 연상시킨다. 아두는 군주로서 현명하지는 않았지만 결코 어질지 않은 것은 아니었으며, 그가 여전히 제갈량을 신임할 수 있었던 것은 확실히 만년의 제환공보다 훨씬 현명했다. 아홉째 하린은 삼강이 오륜에 비하여 훨씬 이치에 맞는다고 생각하지만 다른 사람이 보기에는 정 반대다. 곧 유가사상 중에 삼강은 확실히 오륜보다 중요하지만, 민중이 받는 해독도 삼강이 오륜보다 더욱 크다.

제9절 공자와 중국사학은 예를 핵심으로 한다는 유이징(柳詒徵)의 이론
(부록: 주나라 정치의 핵심이 차별적인 예제에 있다고 생각한 왕국유)

유이징(1880~1956)은 사가 익모(翼謀), 호는 구당(劬堂)으로, 강소 진강(鎭江) 사람이다. 청년기에 일본에 유학하였다. 신해혁명 때 군벌이 권력을 훔쳐 나라를 그르친 것을 통탄하면서 관리가 되지 않겠다고 맹서한 이후, 교편을 잡고 저술하면서 맑고 바르게 스스로를 지켰다. 남경고등사범, 동남대학, 동북대학, 북경여자대학, 북경고등사범, 절강대학, 귀주대학, 중앙대학 문학역사교수를 역임하고, 아울러 오랫동안 남경국학도서관 관장을 맡았다. 중앙연구원 원사(院士)와 국사관 찬수(纂修)에 선출되었다. 항일전쟁과 해방전쟁 기간 동안 팔천권루(八千卷樓) 소장의 송·원·명·청대 선본(善本)을 보존하여 문화적으로 귀중한 유물이 해외로 반출되지 못하게 하였다. 저서에는 『역대사략』『중국문화사』『국사요의』등이 있으며, 『국학도서관총목』을 편집하였다.

1. 중국의 역사는 예를 핵심으로 하고, 윤리는 예의 근본이라는 설

유이징은 말하였다. "『춘추』는 오직 예를 목표로 삼는다. …『삼전(三傳)』이 『춘추』를 해석하는 데는 각기 방법이 있어 모두 같지 않지만, 예에 맞는가 예가 아닌가 하는 점에 중점을 두는 것은 동일하다. … 후대의 역사서는 그것을 계승하여 칭찬하고 비판하며 폄하하고 억제한다. 반드시 주대의 법도에 따르지는 않지만 반드시 군신, 부자, 부부, 형제의 예에 근본을 두고 시비를 결정하고자 한다. 수식어구 중에 예에 맞지 않는 것은 후대의 역사가 반드시 그것을 바르게 고친다. 그러므로 예는 우리나라의 수천 년에 걸친 전 역사의 핵심이다. … 예를 핵심으로 간주하는 우리나라의 역사는 영웅, 종교, 물질사회 등 시대의 변천에 의존하는 것을 모두 예로 다스려 인간의 이성에 귀속시키니, 한갓 사실의 기록만은 아니다.… 사학자의 모든 글의 근본은 예에 연결된다. … 그러므로 윤리는 예의 근본이고, 예의와 절차는 예의 형식이다. …

『춘추』를 장자보다 잘 아는 사람은 없다. 그는 그 요지를 들어 '『춘추』는 명분을 말한다'고 하였다. 명분은 무엇인가? 예이다. … 명은 사람이 다스린다고 할 때의 사람으로 옛날 사람들은 사람을 예에 따라 다스렸다. 예로써 안되면 역사에 의존하여 정치를 도왔다. 명교의 목적은 사람들을 묶어 단속하는 수단으로 삼기 위한 것으로 수천 년에 걸쳐 바뀌지 않았다. 예의와 명교에 기초하지 않은 타민족의 정치나 오직 공리만을 숭상한 역사 서적과 비교하면 서로 상충하여 용납되지 않는 것이다. … 노장의 학문은 역사를 가장 깊이 이해했는데, 유가와 사학자들이 헛된 명분을 견지하다가 간악한 사람에게 도적맞는 것을 걱정하여 예의 명교도 믿을 만한 것이 못된다고 생각하였다. … 그러나 노장이 간악한 무리를 배척하여 대도(大盜)라는 말을 썼는데 대도는 명교 때문에 있게 되므로 노장이 대도를 싫어하는 것은 『춘추』와 다르지 않다."12) 그가 일찍이 중국 역사는 예를 핵심으로 하며, 윤리는 예의 근본이라고 지적한 것은 실로 공자사상의 핵심을 토론한 많은 후배들이 미치지 못한 점이다. 그는 또 "역사가가 견지하는 것은 명교이다." "중국인은 명교를 익힌다."13) "공자가 정명을 중시하고, 『춘추』가 명분을 말하는 것은 모두 이런 의미이다"14)라고 말하였다. 예교와 명교는 이름은 다르지만 내용은 동일한 것이다.

2. 공자 예교사상의 기본원칙 시종불변설

유이징은 다음과 같이 말하였다. "공자는 '은나라가 하나라를 따른 것을 보면 덜고 더한 것을 알 수 있고, 주나라가 은나라 예를 따른 것을 보면 덜고 더한 것을 알 수 있다. 혹시 주나라를 계승하는 나라라면 백세 후라도 알 수 있을 것이다'고 하였다. 던다는 것은 개혁한다는 것이다. 시행된 지 오래되어 따라야 할 원칙에 맞지 않는 것을 바꾸는 것이다. 또 당대의 요구에 따라 약간이라도 원칙에 부합하는 것을 부가하는 것이다. 그러나 따라야 하는 원칙은 변한 적이 없기 때문에 이것이 백세 후라도 알 수 있는 까닭이다."15)

"도량형을 확립하고, 법률제도를 고찰하며, 달력을 고치고, 복색을 바꾸며, 휘호를 달리하는 동시에, 기계를 개량하고, 의복을 구별하는 것 등은 백성들과 함께 변혁시킬 수 있는 것이다. 변혁시킬 수 없는 것이 있다면 친척을 가까이 하고, 지위가 높은 사람을 존경하며, 어른을 높이고, 남녀에 구별을 두는 것 등은 백성들과 함께 변혁시킬 수 없는 것이다. 이것은 역사의 변화를 살피는 사람이 깊이 되새겨 보아야 할 일이다."16)

공자의 사상은 근본과 지엽의 두 부분으로 나뉘는데 근본은 불변하지만 지

---

12) 『國史要義・史原』.
13) 『國史要義・史統』.
14) 『國史要義・史義』.
15) 『國史要義・史化』.
16) 同上.

엽은 변해야 한다. 근본적인 문제를 말해보면 그의 예교는 불변하는 것으로 모든 변화에 대응하는 것이다. 이 점은 양계초에서 주여동(周予同)에 이르기까지 모두 보지 못한 것이다. 또 『국사요의제요』에서 그는 "우리나라 역사는 명분을 판단하고, 시비를 구별하며, 예를 목표로 삼으니, 영웅을 칭송하여 노래하고 종교를 서술하는 타국의 역사에 비할 바가 아니다"라고 말하였다. 중국은 예교를 중시하는 반면 서양은 종교를 중시한다는 지적은 매우 타당하다. 나는 다시 중국은 예교를 집안의 가르침으로 여기지만 서양은 종교를 예교로 생각한다는 것을 알았다. 두 가지는 비록 다르지만 그 작용은 동일하다. 웅십력(熊十力)은 유이징에게 보낸 편지에서 그가 "예에 정통해 있으며 역사는 한결같이 예에 뿌리를 두고 있다고 한 것은 독창적으로 도달한 부분이다"고 칭찬하였다.

3. 역사는 예(禮)에서 나온다는 설

유이징은 왕국유의 『은주제도론(殷周制度論)』에 대하여 이렇게 설명하였다. 왕국유는 '주나라가 천하의 기강을 확립한 취지는 상층과 하층에게 도덕을 받아들이게 하여 제후, 경대부, 사, 서인을 화합하여 도덕적 단체를 이루게 하는 것이었다'고 정밀하게 말하였다. 또 '옛날의 국가라고 하는 것은 정치의 중추일 뿐만 아니라 도덕의 중추이기도 했다. 천자·제후·대부·사 등이 상층에서 각각 제도와 법률을 준수하면서 친척을 가까이 하고, 지위 높은 사람을 존경하며, 현자를 어질게 여기고 남녀의 구별을 분명히 하며, 하층에서 민중들이 감화될 때 이것을 '다스림'이라고 말하고, 이것에 반할 때 '어지러움'이라고 말한다. 그러므로 천자·제후·경대부·사는 민중의 모범이 되고, 제도와 법률은 도덕을 담는 그릇이다. 주나라 정치의 핵심은 실로 이 점에 달려 있었다'고 말하였다.(『관당집림(觀堂集林)』 권10) 왕씨는 주나라의 제도를 정통으로 연구하여 중국의 정치와 문화의 변혁이 은주 교체기보다 극적인 때는 없었으며, 또 제도를 세운 본래의 뜻을 살펴 보면 만세도록 편안히 다스리고자 하는 큰 계획에서 나온 것인 만큼, 그 생각과 규모는 아득히 멀어 후세의 제왕들이 꿈에서도 볼 수 없는 것이었다. … 주나라의 제도는 특히 융성하여 … 주나라가 멸망한 이후에도 그 핵심은 그대로 후세에 계승되어 주나라의 일대에 국한되지 않았다. … 그러므로 수 천년에 걸친 공통의 목표는 오직 이 도덕적 단체에 있었다. … 역사는 예에서 나왔다고 하는 나의 말도 자세히 살펴보면 왕씨가 말한 주나라 정치의 핵심이 예라는 논의에 다름아니다.… 다만 한 가지는 종종 요즘 사람들에 의하여 인식되지 않는데, 대개 예는 차등적인 지위를 분별하는 것보다 중요한 것이 없으니, 요즘 사람들의 평등 개념과 상충한다. 순자는 예에 가장 정통하여, 예의를 제정하여 직분을 정하는 것을 지극히 평등한 것이라고 극언한다.(『순자』「영욕편(榮辱篇)」) … 평등하지 않은 것을 억지로 평등하다고 하니, 지혜롭고 어리석은 사람, 그리고 현명하고 현명하지 못한 사람을 차등지우는 것이 평등한 것과 비교할 때 어떠한가? … 다른 민족이 말하는 평등은 대다수가 천부인권설에 바탕을 둔다. 우리나라에서 말하는 평등은 … 예에 따라 계층으로 질서지워지는 것이기 때문에 서로 차등이 있으며 평등하지 않은 것이다."[17]

---

17) 『國史要義・史化』.

제 7 장

'오사' 이후 공자와 예교를 높이는 진영과 반대하는 진영의 끝없는 투쟁(中)

제1절 여성중심사회를 제창한 장경생(張競生), 유인항(劉仁航)

민국시대에 여성중심사회를 제창한 사람이 두 사람 있는데, 장경생과 유인항이 그들이다. 그들의 공통점은 모두 마르크스의 계급투쟁설을 반대하며, 인류에게 가장 중요한 문제는 빵의 문제가 아니고, 이상사회 정부에서의 비중은 백분비로 따져 볼 때 여성이 남성보다 커야 한다고 말한다. 장경생은 여자가 남자의 두배 수가 필요하다고 하고, 유인항은 여자가 십에 육칠, 남자가 십에 삼사 정도 필요하다고 한다. 이 둘은 모두 남자를 매우 모욕하며 여성중심사회를 주장한다. 그들의 차이점은 장경생의 여성중심사회는 서양화된 것으로 특히 프랑스화된 것인데 반하여, 유인항의 여성중심사회는 동양적인 것으로 특히 불교적인 것이다. 장경생은 미국화를 강조하는데 반해 유인항은 이런 측면의 요구가 없었다.

장경생의 프랑스화, 미국화된 여성중심사회

장경생(1894~1932)은 광동 요평(饒平) 사람이다. 1912년 프랑스에 유학하여 리옹대학에서 철학박사학위를 획득했다. 1920년 귀국하여 차례로 조안(潮安)중학교장과 북경대학교수에 임명되었다. 그는 공개적으로 '성학(性

學)'을 연구할 것을 제창하였다. 또 미적서점(美的書店)을 개설하여 성학서적을 판매하다가 검열에 걸려 항주로 피해 살았다. 1931년 모처의 절에서 불경을 독송하며 참회의 뜻이 있음을 말하였다. 얼마 후에 파리에 가서 자치와 농촌사회의 기초문제를 연구하였고, 귀국 후에는 옛 마을에 집을 짓고 전원에서 번역사업에 종사하였다. 저작에는 『성사(性史)』『미(美)의 인생관』『미의 사회조직법』과 여러 종류의 번역서가 있다.

장경생은 프랑스에서 유학하면서 깊은 영향을 받아 프랑스인을 찬미하면서, 영국·미국·독일·러시아 그리고 동양인을 매우 비난하였다. 그의 사상은 위에서 말한 몇 권의 책에서 자세히 볼 수 있는데 가장 두드러진 것은 대략 아래와 같은 몇 가지 점이다.

1. 남녀관계가 경제보다 중요하다며 정감(情感) 투쟁으로 계급투쟁을 대신하였다.

2. 좋아하는 애인과 결혼하는 제도로 모든 것을 소유하고 주는 혼인제도를 대체하였다.

3. 남자는 20세 이하 55세 이상, 여자는 18세 이하 46세 이상으로 시집가고 장가들 수 없는 시기를 규정하였다.

4. 여자 중심의 정권을 구체적으로 "미의 정부"라고 말하면서 여덟 부서로 나누었다. 구성원은 "애미원(愛美院)"으로부터 선출되고 "미의 정부는 애미원에 대하여 책임을 진다." "애미원의 정원은 여자를 남자의 두 배로 하여 여자를 사회의 중심으로 하는 요구에 부합하게 하여야 한다." 여자가 외교를 맡게 하고, 여자가 특수한 직업을 갖게 하며, 남자는 천하고 여자는 고귀한 직업분배를 시행한다.

5. 여자중심의 도덕과 종교는 "종법사회의 꼭둑각시 관념"으로부터 "영웅과 미인의 숭배로 나아가고", "애인의 종교로 모든 다른 종교를 대체한다"고 하였다.

6. 여자중심의 교육에 관하여 그는 남녀의 교육은 "서로 같아서는 안된다"고 생각하며, 여자의 지혜는 남자의 지식에 비하여 "천만 배나 고귀하기 때문에" "여학교는 독립하여야 하며, 남학교에 부속해서는 안된다"고 하였다.

7. 세계 대동(大同)의 국제 혼인제도를 제창함. 그는 "이것은 혼혈화이며 동화가 아니다." "전 세계인이 모두 친구가 될 뿐만 아니라 사해 안의 사람이 모두 동포가 된다"고 하였다.

8. "미는 선과 진을 포괄할 수 있다." "미는 인간의 모든 행위의 근원이다."

나는 1929년 『윤리혁명』을 저술하면서 그의 이론에 내재한 많은 결점을 지적하기 시작했다. 이제 관련된 조목을 들어보자. 먹는 것을 중시하는 것과 정을 중시하며 먹지 않는 것과는 모순이 있고, 절욕·종교·공자를 반대하면서 불교와 공자를 찬양하는 모순과 남녀 강유의 모순이 있고, 여자는 여전히 남자의 노리개이다. 모든 사람이 애인에게만 정신을 쏟는 것은 무의미하며, 지나치게 여성의 미덕을 과장하는 것은 여전히 봉건사회와 자본주의 사회의 계층과 계급의 구관념이고, 종족제도의 색채를 띠며, 사유재산제도의 사회를 유지하기 위한 것이다. 이것은 구예교에 비해 여자에 대해 더욱 가혹한 신예교이면서도, 대외적으로는 강력한 군대의 직임을 다할 수 있다는 공상과 남녀간의 정신적인 교제법 등등을 선전한다. 위에서 서술한 각각의 관점은 많은 경우 자본계급의 낭만적인 문인들의 흥미거리로서 다만 구예교에 반대하는 점에서 취할 만한 점이 없지 않을 뿐이다.

유인항의 동양화되고 불교화된 여성중심사회

유인항은 자가 영화(靈化)이며, 강소 하비(下邳)인이다. 담사동의 『인학(仁學)』을 처음 읽고 대동사회에 절실한 뜻을 두었다. 후에 동쪽으로 일본에 유학하다가 모친이 집에서 돌아가셔서 마침내 불교를 연구하였다. 1915년 상해에서 낙천(樂天)수양관을 창설하고, 톨스토이파라는 새로운 집단을 창립하였다. 1917년에는 모범자치강학소의 민치(民治)학회를 세우고 아울러 서주(徐州)제7사범의 교장이 되었다. 1919년에는 강소교육청의 장학관으로 임명되었으며, 또한 주로 동제(同濟)대학에서 강의하였다. 1926년 『동방대동학안』을 썼다. 1926~1927년에는 세계여성폐병회(廢兵會)를 창립하여 『천하

태평서』를 지었다. 1928년에는 광서촌치(廣西村治)학원 원장과 내무부 고문을 역임하였다. 그는 또 중화촌치학회를 창립하였으며, 세계곤화학원(世界坤化學院)을 발기하였다. 『낙천각병시(樂天卻病詩)』를 출판하였다. 항전시기에는 내륙으로 들어갔으나 의창(宜昌)에서 일본 비행기의 폭격을 맞아 죽었다. 그의 주요사상은 다음과 같다.

1) 불교화와 여성화의 관계

유인항은 "본서(『천하태평서』를 가리킨다.)의 원리는 동방의 세 이론으로 불교, 도교, 예수교, 그리고 서양의 세 사상가로 톨스토이, 크로포토킨, 웰즈를 취하였다"[1]고 항상 말하였지만, 그러나 주요한 것은 불교이다. 그는 불교는 대자대비를 인연으로 하여 관음보살이 화신으로 되어 세상에 노모(老母)로 일컬어진다고 생각하였다. 불상은 장엄하지만 자비로운 여성상을 닮은 것이 많다. 동아시아 각국의 여성은 만년에는 대개 모두 불교에 귀의한다.[2] 더욱이 스스로 "나는 불제자이다"[3]라고 말하면서 지금 전 세계가 서로 왕래하니 서로 죽이는 것을 제거하고 서로 사랑하는 시대로 대체할 수 있다고 단정한다. 불교의 대장경은 지극한 보배로서 끝없이 이용할 수 있다.

2) 동물과 인류의 예증

그는 동물을 관찰하여 세 가지 일반 규칙을 얻었다. (1) 숫놈과 암놈은 싸우지 않는다. (2) 암놈끼리는 싸우는 경우가 극히 적다. (3) 숫놈끼리는 만나기만 하면 싸운다. 예를 들면 수탉, 수캐, 황소, 숫양, 수말, 수메추라기와 같은 유가 이것이다. 또 모든 동물들은 동류끼리는 싸우는 경우가 매우 드물다. 앵무새, 비둘기, 들오리 등의 동물은 전혀 싸우지 않고 자신들의 동

---

1) 「天下太平書」 卷末 8쪽.
2) 同上書 卷10 第3節.
3) 同上書.

류를 아끼는 도덕이 인류보다 훨씬 뛰어나다. 온갖 계책으로 크게 전쟁을 일으켜 서로 죽이는 것과 같은 이런 야만적인 행동은 호랑이, 뱀, 이리나 승냥이도 행하지 않는 것이다. 그는 인류에 대하여 하나의 예를 들어 "코카서스산의 민족의 관습법에 따르면 남자가 싸우면 여자가 와서 반드시 수건 등을 진영의 앞에 던져주어야 하며, 세력이 강하면 곧 칼을 칼집에 넣고 전쟁은 행하자마자 멈춘다. 코카서스 민족만 그러할 뿐 아니라 세르비아인도 모두 이런 관습의 재판법이 있다"고 말한다. 그는 또 "태국, 남양과 고대 서역과 중앙아시아 인민의 풍속을 고찰해 보면 대개 여권이 발달한 지역은 모두 전쟁이 적었으며, 예컨대 티벳 여성의 지위는 매우 높은데 이전부터 전쟁으로 외국을 침략하는 경우가 적었다. 그러므로 전쟁을 면하여 진정으로 문명화될 수 있었으며, 전쟁은 참으로 야만적이다"고 말한다. 그는 결론적으로 "인류가 남성의 손에 의하여 태평을 이루기를 기대하는 것은 수탉이 알을 낳기를 기대하는 것이나 다름없으니 영원히 가능성이 없는 일이다"[4]고 말한다.

3) 세계를 여성이 다스리는 화평한 대연방으로 만들 것을 제시함.

그 주요논점은 다음과 같다.

첫째, 먼저 세계여성폐병회(여성이 정치를 하며 전쟁을 폐지하는 회의)를 세우고 전 세계인의 대화합의 연방을 이룬다.

둘째, 촌락과 도시 이상부터는 입법, 행정, 사법의 모든 정치조직은 퍼센트로 따질 때 남자가 삼사십, 여자가 육칠십 퍼센트를 점하는 것을 표준으로 삼는다. 최후의 의결 또한 여전히 여성이 위주가 된다.

셋째, 세계의 육해공군의 병기공장과 살인무기를 제조하는 크고 작은 공장을 개조하여 세계인류를 위한 생산공장으로 만든다.

네째, 우생학을 실험하고 교통기관을 이용하여 각지의 우수한 남녀를 운송해서 자유롭게 결혼시켜 새로운 인종을 형성시켜서 아주 자유로운 진화의 새

---

[4] 「坤村主義發明家劉仁航小傳」.

로운 집단을 이룬다. 인구가 과다한 지방은 해마다 인구가 적은 지방으로 이동시켜야 한다.

다섯째, 첨단의 과학기술과 우주의 탐사와 왕래를 권장한다.[5]

유인항의 공상에는 매우 유치하고 사실에 부합하지 않아 비웃음을 살 만한 요소가 있다. 첫째, 그는 공자를 매우 존경하면서도 공자가 가장 남자가 귀하고 여자가 천하다고 주장한 사실은 몰랐다.

둘째, 불교화와 여성화가 관계없다는 사실을 몰랐다. 불교가 남자를 귀하게 여기고 여자를 천시하며, 비구승을 귀하게 여기고 비구니를 천시하는 것은 비록 출가했다고 해도 오히려 유가의 삼강사상보다 엄격하다.[6]

세째, 동물들은 완전히 동일하지 않으며, 사람과 동물 또한 완전히 동일하지 않지 않은가? 모든 남자들은 동일하지 않으며 모든 여성들 또한 동일하지 않지 않은가? 그는 이러한 문제를 혼동했을 뿐 아니라 또한 동일시했다. 동성끼리 싸우지 않는 경우가 여자에게 있지만 남자에게도 있고, 동성끼리 서로 싸우는 것이 남자에게 있지만 여자에게도 있다. 내가 어린 시절 농촌에 있을 때 닭, 오리, 그리고 양 등을 기르는 것을 부업으로 했기 때문에 닭에 대해서 매우 잘 알고 있다. 서로 다른 지역에서 온 두 마리 어미 닭은 처음 만나면 서로 머리를 쪼면서 피를 흘린다. 나는 고래로 질투를 여자만의 전유물로 생각하는 잘못된 학설을 반대하는데, 미혼의 남녀가 애인을 다툴 때는 모두 질투를 하며, 기혼 남녀도 결혼 후에 한 쪽이 외도를 하면 다른 한 쪽은 모두 질투심을 가진다고 생각한다. 동물 가운데 오리는 닭과 같지 않다. 두 마리의 숫오리는 서로 싸우지 않는다. 네째, 그는 결국 어떤 것이 "여권"과 "문명"의 표준인가에 대하여 아직 분명하게 판단하지 못하고 있다. 결국 여자 한 사람이 오면 남자는 전쟁을 곧 멈춘다고 하는 말은 문제를 지나치게 간단히 본다는 비난을 면하지 못한다. 다섯째, 그는 일체의 혹은 근본적인 원인은 남녀의 성을 구별하는 데 달려 있으며, 많은 경우는 남성문제이며, 모두가 빵의 문제는 아니라고 생각한다. 이 이론은 실로 비과학적이다. 유인

---

5) 『天下太平書』卷末.
6) 이점은 拙作「佛教的三綱思想」(『社會科學戰線』 1979년 3기)에 상세히 보인다.

항은 "당신은 두 마리의 수탉을 하나의 곡식 항아리 속에 집어 넣고 그들을 싸우지 않게 할 수 있는가?"라고 말한다. 나는 수탉의 싸움은 다만 먼저 싸운 후에 먹을 수 있는 것이며, 먹기 위해 싸우는 것이지 싸우기만 하고 먹으려고 하지 않는 것이 결코 아니라고 생각한다. 두 마리 어미 닭이 함께 있어도 또한 서로 밀치며 먹이를 다투는 것이다. 일반적으로 말해 남녀문제는 모두 먹고 마시는 것 다음의 문제이다. 사람과 동물에게는 모두 양성간의 관계를 모르거나 남녀관계가 불필요한 때도 있지만, 음식은 언제나 먹지 않을 수 없는 것이다.

제2절 고홍명(辜鴻銘), 반광단(潘光旦)의 남성우월주의

고홍명의 봉건예교사상 - 삼강주의가 삼민주의보다 우수하다는 주장

고홍명(1857~1928)은 근대사상가, 번역가이며 보황파(保皇派)의 대표적 인물 가운데 한 사람이다. 이름은 탕생(湯生)이지만 주로 자로 불리었으며 필명은 한빈독역자(漢濱讀易者)다. 스스로 "위대한 중국의 최후의 대표"라고 일컬었다. 복건 동안(同安:지금은 厦門에 속한다.) 사람이다. 모친은 서양인이며, 본처와 첩이 있었는데 첩은 일본여자다. 남쪽 빈랑(檳榔)섬에서 출생하였다. 조금 성장해서 영국 에딘버그대학에 유학한 이후 차례로 독일 라이프찌히대학과 프랑스 파리대학을 졸업하고 다시 이탈리아, 오스트리아 등의 나라를 거쳤다. 일생 동안 획득한 박사학위는 13개에 달한다. 영어·독어·불어·일본어·범어·말레이어 등의 문자와 희랍어, 라틴어에 정통하였다. 특히 그의 영어문장은 영국 사람들도 그를 매우 존경하였다. 독일에는 고홍명연구회와 고홍명구락부가 있다. 청말과 민국시대의 중국학자 중에서 서양인의 존경을 받은 사람은 고홍명이 최고의 위치를 차지한다. 고홍명은 국학을 모르는 것을 부끄럽게 여겨 30세에 귀국하여 『사서』『오경』 등의 유교 경전을 다시 학습하였다. 이후 그는 바로 공자를 가장 숭배하면서 그를 세계의 누구보다도 훌륭한 사상가라고 생각하였다. 그리고 그는 또 중국의 문화는 광대하고 깊이가 있어 영국이나 독일 등의 문화보다 뛰어나다고 생각하였다.

엄복(嚴復)이 서양문화를 중국에 수입한 반면, 고홍명은 오히려 중국문화를 서양에 수출하였다. 정치적으로 그는 청의 호광(湖廣) 총독인 장지동(張之洞)의 비서를 20년간 맡았다. 장지동이 군기처에 들어가면서 고홍명의 관직은 외무부좌승에 이르렀다. 엄복, 오광건(伍光建)과 함께 선통제(宣統帝) 때의 3명의 문과 진사이다. 민국시대에 들어와서 청의 황제가 퇴위하자 더욱 울분과 회한을 품고 변발을 보존하면서 황제를 보호하는 데 주력하였다. 북경대학에서 영어를 가르쳤으며, 신문화운동과 오사운동을 반대하였다. 1924년 일본으로 가서 동경문화학원(회)에서 강의하였다. 1927년에 귀국하여 장작림(張作霖)의 대원수부 고문을 맡았으나 그 다음해에 생애를 마쳤다. 저술은 중문으로『독역초당문집(讀易草堂文集)』,『막부기문(幕府紀聞)』,『몽양현가(蒙養弦歌)』,『치한기마가(痴漢騎馬歌)』가 있고, 영문으로는『존왕편』,『춘추대의』(곧 중국인의 정신)와 영역『논어』,『중용』 등이 있다. 그리고『문단괴걸고홍명』 등의 책은 모두 그의 언행과 관련된 것으로, 매우 중요하며 반드시 우리가 인용하여 참고해야 한다.

고홍명은 극단적인 봉건적 국수론자다. 그의 사상의 핵심은 곧 중국의 옛 봉건적 전통은 아주 훌륭한 것으로 모두가 세계 어느 나라의 것보다 우수하며, 모든 것은 공자와 맹자의 도로 그 준칙을 삼아야 한다는 것이다. 그는 일생 동안 예교를 선양하고 공자를 높이고 군주에게 충성하였다. 그의 주요 주장은 다음과 같은 것이 있다.

1) 예교는 풍속의 손상을 막을 수 있다

고홍명은 예교가 있어야만 사회의 풍속을 손상시키는 일을 막을 수 있다고 생각한다. 그는 "매춘과 도박은 풍속을 해치는 일인데, 예교만이 그것을 멈추게 할 수 있다"[7]고 말한다. 그는 중국의 예교는 세계가 서로 경쟁하는 불

---
7)『張文襄幕府紀事』上.

행까지도 제거할 수 있다고까지 생각하였다. "서양은 강력한 권력을 위주로 하면서 외적인 제도에 힘쓰는데 반하여, 중국은 예교에 주력하여 정신을 다스리게 한다. 서양의 정치학으로 중국을 변화시키려는 것은 중국을 어지럽히는 것이다. 앞으로 세계 열강의 경쟁이 치열해질 때 중국의 예교가 아니면 이 재난을 완화시킬 수 없을 것이다."[8] 결국 중국은 다만 영구히 봉건예교가 통치하는 국가로 남을 수 있을 뿐 "서양의 정치학으로 중국을 바꾼다"고 하는 것은 불가능하다는 것이다.

2) 일부다처론

고홍명은 일부다처제를 주장하면서, 일부일처제를 반대하고 일처다부제도 반대한다. 그의 말은 여러 곳에서 드문드문 보이는데 개괄하면 다음과 같다. 첫째, 남자와 여자는 성질이 같지 않다. "남자의 특성은 확실히 일부다처적인데 반해, 여자의 특성은 일처다부적이 아니다. 왜냐하면 일처다부는 어머니가 있다는 것은 알 수 있지만, 아버지가 있다는 것은 알지 못하기 때문이다. 이것은 다만 개화되지 않은 시대나 자유연애 시대에나 부합하는 것이다." 둘째, 남자와 여자는 생식능력이 같지 않다. "남자는 죽을 때까지 종족을 번식시킬 수 있지만, 여자는 40, 50세에 이르면 그 능력을 상실한다." 즉 더이상 생육할 수 없다. 셋째, 남자와 여자는 수명의 길이가 다르다. "각종의 어려운 일을 남자가 하는 일이 많기 때문에 남자가 죽는 일이 많아 여자가 많고 남자가 적게 되는 것이다." 네째, 남자와 여자는 낳아 기르는 수가 다르다. "생리학적인 견지에서 볼 때 세계의 통계상 남자 아이 100명당 105명의 여자 아이를 낳기 때문에 여자가 언제나 남자보다 많다." 만약 일부일처제를 행하면 수 많은 '과부'가 생길 수 있기 때문에 남자는 당연히 첩을 두어야 한다. 다섯째, 부부는 마치 찻병과 찻잔이나 자동차와 그 바퀴의 관계와 같다. 하나의 찻병은 많은 찻잔에 차를 따를 수 있으며, 하나의 자동차에도 네 개의 바퀴가 있다. 여섯째, '첩(妾)' 자를 '옆에서 돕는 여자〔立

---

[8] 『淸史稿·林紓傳』 附: 夏敬觀 『辜湯生傳』.

女)'로 해석하여 "남자가 피로할 때 여자가 그 옆에서 도움이 되는 일을 할 수 있다. 그러므로 남자는 여자가 없어서는 안되며, 도움의 손길을 주는 '옆에서 돕는 여자'가 없어서는 더욱 안된다"고 생각한다. 일곱째, 또 첩을 '편안하게 잠드는 약'으로 생각한다. 하룻밤이라도 첩이 그 옆에 없으면 밤새도록 잠을 못이룬다. 총괄하면 고홍명은 여성을 남성과 평등하게 보지 않고, 여자에게 독립적인 인격이 있다는 것을 인정하지 않았다.

3) 전족은 '문화의 정수'이다.

청말에서 민국시대에 걸친 비교적 진보적인 인사들은 모두 이미 전족을 한 여성들은 전족을 풀고, 전족하지 않은 여성은 다시 전족하지 말 것을 주장하고 여기에 찬성하였다. 고홍명만이 도리어 전족을 '문화의 정화'로 여겨 반드시 보존해야 한다고 생각하였다. 그는 전족을 잡고 냄새맡기를 좋아하였다. 서재에서 문장을 지을 때 특별히 전족한 여자를 책 옆에 앉게 한다. 그는 오른 손으로는 붓을 쥐고, 왼손으로는 전족을 잡아 염주를 가지고 노는 것처럼 냄새를 맡았다. 그의 표현에 의하면 글의 구상이 마치 샘이 솟는 것과 같았다고 하니 전족을 가지고 장난하는 것이 결국 강렬한 흥분제가 되었던 것이다. 고홍명은 "발이 작은 여자는 특히 신비하고 미묘한데, '수척하고, 작으며, 뾰족하고, 완만하며, 향기 있고, 부드러우며, 바르다'고 하는 일곱 가지의 비결을 갖추고 있는지 잘 살펴야 한다. 여자의 살에서는 향기가 나는데 다리도 그 하나이다. 이전 시대에 전족한 것은 실로 가혹한 정치가 아니다." 사실 전족에 관련된 관능적 즐거움은 일종의 변태적 성욕이다. 고홍명은 이와 같은 봉건예교를 옹호한 학자로서 실로 거짓된 군자임을 알 수 있다.

4) 절대군주전제론

고홍명은 절대군주전제제도는 천하를 태평하게 할 수 있다고 생각하였다.

그는 『춘추대의』를 영문으로 저술하여 서양의 당면한 전쟁의 재난을 대헌장을 잘못 확립한 소치라고 통박하였다. "현재 난국을 타개하려면, 서양인은 모든 헌법을 폐지하는 동시에 우리 중국에서 법을 취하고 마음으로 복종하는 공자의 가르침을 신성한 것으로 받들어서 자유의 대헌장을 충효의 대헌장으로 바꾸어야 한다. 국민은 군주와 재상이 하는대로 맡기고, 정치의 선악을 막론하고 결코 언론행위로써 간섭하지 않는다면 그 나라는 다스려지고 화평을 기약할 수 있다."9)

고홍명은 오히려 군주독재가 명교 강상의 큰 뜻에 부합한다고 생각한다. 진독수는 "고씨는 정치에 있어 군주독재의 대권을 힘써 주장하면서 공화제를 반역으로 지적하였을 뿐 아니라, 영국식의 군주입헌제 또한 옳지 않은 것으로 여겼다. 그는 나라에는 윗사람들의 유시(諭示)만 있으면 되고 헌법이 있을 필요는 없다고 생각했으니, 헌법은 군주의 신성함 뿐만 아니라 군주의 도리와 신하의 절개, 그리고 명교 강상을 파괴하는 괴물이라고 여겼다"10)고 비판한다.

군주에게 충성한다는 고홍명의 사상은 이미 정점에까지 발전하였다. 그는 황제가 없으면 윤리와 학술도 없다고 생각한다. 예를 들면 "지금처럼 황제가 없으면 윤리학과 같은 이런 과목은 강의하지 않아도 좋다"11)고 말한다. 그는 학생운동을 완강히 반대하고 대학생의 정치참여를 반대하였으며, 전국의 국민이 모두 문맹이 될 것을 희망하였다. "중국인 열 명 중에 아홉 명이 글자를 모르는 것은 우리가 상제에게 감사해야 할 일이다. 사억인 모두 책을 읽고 글자를 알 수 있다고 하면 그렇게 할 수 있겠는가?"12)

그는 심지어 청의 왕실에 충성하는 것이 중국에 충성하는 것이라고 생각한다. 그는 "많은 외국인들은 내가 청의 조정에 충성하는 것을 비웃는다. 그러나 내가 청의 왕실에 충성하는 것은 우리 가문이 대대로 황제의 은혜를 받은

---

9) 章士釗의 「說憲」(1915년 8월)의 글에서 재인용.
10) 陳獨秀, 「質問東方雜誌記者」.
11) 「前鋒」(1923년 제2기, 寸鐵) 참고.
12) 「每週評論」(1919년 8월 24일) 참고.

왕실에 충성하는 것일 뿐 아니라 중국의 정치에 충성하는 것이며, 중국의 문명에 충성하는 것이다."13) 그는 중국 고대의 모든 것을 '중국의 문명'으로 간주한다. 수천년 동안 길이 전해 내려 온 충군사상은 자연히 '중국문명'의 두드러진 현상 중의 하나로 받아들여졌다.

5) 삼강주의론

삼강주의는 고홍명의 일관된 주장이다. 그는 『춘추대의』에서 서양인들은 중국의 더없이 귀중한 보배인 '삼강'(군위신강, 부위자강, 부위처강)을 주목해야 한다고 권고한다. 그는 공자의 가르침에서 "효도와 공손함이 어진 것의 근본이 된다"는 것이 '인'이고, "부인은 남편에게 충성해야 하고 백성은 군주에게 충성해야 한다"는 것이 '의'라고 생각한다. 군주에게 충성하고, 부친에게 효도하며, 남편에게 순응하는 것이 곧 '군자의 도이다.'14)

진독수는 고홍명이 『춘추대의』를 쓴 목적은 "이천오백년 이래 군주의 도리, 신하의 절개, 그리고 명교 강상 등의 고유한 문명을 스스로 과시하는 한편, 군신예교의 윤리관념이 없는 서양인을 비판하려는 데 있다"15)고 하였다.

1926년 북벌전쟁에서 점차 승리할 때 고홍명은 도리어 삼강주의로 삼민주의에 저항하였다. 그는 청도대학에서 의론을 개진하였는데, 예를 들면 "남쪽에서는 삼민주의를 주창하지만 나는 삼강주의를 주장한다. 삼강주의의 어떤 견해가 삼민주의보다 못하며, 삼민주의의 어떤 견해가 삼강주의보다 우수하다는 말인가?"16)라고 하였다.

6) 몇 가지 평가

나는 고홍명의 결점이 다음과 같은 점에 있다고 생각한다.

---

13) 「人世間」第12期 참고.
14) 曾毅가 번역한 「春秋大義」의 節錄. 『亞洲學術雜誌』 第3期에 보인다.
15) 陳獨秀, 「再質問東方雜誌記者」.
16) 拙作 『倫理革命』 第28쪽을 참고할 것.

첫째, 그가 서양으로 전파한 중국문화는 예교, 충군, 다처(첩을 들이는 것), 전족, 불결함 등과 같이, 많은 것은 중국문화의 찌꺼기이고 그 정수가 아니다. 이것은 그의 잘못이지 공로가 아니다.

둘째, 그는 중국의 언어와 문자에 대하여 몇 사람이 말하는 것처럼 결코 정통하지 않았다. 예컨대 칠판에 늘 오자를 쓰고, 한 학교의 교장인 채원배(蔡元培)를 그 학교의 황제라고 말하며, 그의 복직을 황제의 복위로 말하는 것 등이 그것을 증명해 준다.

셋째, 그는 황제를 보호하는 사람이 '기골이 있는 사람'이라고 굳게 생각하며, 스스로 "문양공(文襄公) 장지동과 함께 청조의 관리를 한 이후 지금까지도 황제를 보호한다"고 말한다. 사람에 따라서는 그가 '기골이 있는 사람'이라고 말한다. 그러면 채원배, 오옥장(吳玉章) 등과 같이 청말에서 민국시대에 이르기까지 줄곧 혁명을 주장한 사람들은 기골이 없는 사람이라는 말인가? 고홍명의 근본 문제는 시종일관 봉건예교사상을 선전하고, 긴 변발을 지키며, 황제의 복위를 주장하고, 퇴보의 태도를 견지하는 데 있다.

고홍명은 결점이 있지만 몇 가지 우수한 점도 포함하고 있다.

첫째, 그는 영어, 독일어, 불어 등 여러나라의 언어에 능통하여 세계적으로 이름이 나 있다.

둘째, 매춘은 빈궁함 때문에 일어난다고 생각한 점이다. 그는 서양인에게 상해의 매춘은 "매춘이 좋아서가 아니라 궁핍함 때문에 하는 것"이라고 말한 적이 있다. 이것은 사물의 본질을 말한 것이다.

셋째, 그는 서태후(西太后)가 장수하는 것에 대하여 면전에서는 그녀를 존경하면서도 다른 곳에서는 그녀를 풍자하는 면도 있다.

넷째, 그는 예교를 숭배하지만 남녀문제에 있어서는 멋대로 예교를 위반한다.

다섯째, 그는 어릴 때 화교사회에서 성장하면서 외국인의 차별대우를 받았기 때문에 귀국 후에 외국인에 대하여 비웃고 분노하면서 불편한 심기를 드러냈다.

반광단의 봉건예교사상 - '여성은 사람이 아니다'는 주장

반광단(1899~1967)의 별호는 중앙(仲昂)이며 강소성 보산현(지금의 상해시 寶山縣) 사람이다. 우생학자이며 사회학자로서 미국 콜럼비아대학에서 석사를 했다. 광화, 동오, 청화대학교에 차례로 재직했었으며, 중앙민족대학에서 교수, 교무장, 원장, 과주임, 그리고 도서관장 등의 직책을 맡았다. 우생학, 유전학, 가정문제, 그리고 유가철학 등을 주로 연구하였다. 저서에는 『중국의 가정문제』『중국악관(樂官)의 혈연관계 연구』『근대 소주(蘇州)의 인재』『가보학』『인문사관』『민족특성과 민족위생』『우생개론』『우생원리』『우생과 항전』『자유의 길』『정학죄언(政學罪言)』등이 있고, 번역서에 『성의 도덕』『성의 심리』등이 있다.

학자와 교육자로서 반광단은 인재를 양성하는 데 노력하였다. 그러나 그의 학술적 관점과 사회사상은 남자를 중시하고 여자를 소홀히 하는 봉건예교 관념으로 가득찼다. 이것은 현대의 학자 중에서 가장 두드러진 점이다. 주요 사상은 다음과 같다.

1) 유전사관

반광단의 봉건예교사상은 유전사관을 이론적인 기초로 삼는다. 그는 인간의 모든 것은 유전에 의해 발생한 것이라고 생각한다. 생물로서의 인간에 대해서는 누구도 그 개체의 선천적인 유전적 작용을 부인하지 못한다. 그러나 만약 일체 모든 것을 유전적인 요소에 귀결시킨다면 이것은 인간의 사회성을 근본적으로 부정하는 것이다. 반광단의 유전사관이 바로 이런 것이다. 그는 "형태와 구조는 '체(體)'이고 생리, 지적(知的)능력, 그리고 성질은 '체'의 '작용'이다. '체'의 변이가 유전될 수 있다면 '작용'의 변이도 또한 마찬가지로 유전될 수 있는 것이다"[17]고 말한다. 반광단의 유전사관은 주로 지적능

---

17) 潘光旦 : 『人文史觀』(商務印書館, 1937년판 제12쪽).

력의 유전과 종족의 유전 두 가지를 포함한다.

지적능력의 유전에 관하여 반광단은 "상류층의 직업을 가진 부모에게서 태어난 자녀들의 지적능력이 대부분 높은 것은 그들의 성장 환경이 어떠한가와 무관하다"[18]고 말한다. 그는 또 "대개 선조에 유명한 부모들이 있으면 후손에 훌륭한 자녀들을 낳는 경우는 흔하다. 그러나 전혀 명성을 드러내지 못한 부모들이 훌륭한 자녀를 낳는 그런 기회는 상대적으로 적은 경우가 많다"[19]고 말한다. 이렇게 볼 때 사회환경의 영향은 본래 "관련이 없다"고 할 수 있으며 교육의 기능조차 하나로 언급할 가치가 없다. 일체가 모두 부모로부터 받은 유전에 의해 결정된다.

종족의 유전에 관하여 반광단은 "종족은 차등이 있기 때문에 각종의 다른 종족으로 이루어진 민족 또한 차등이 있는 것이다. … 종족과 민족간에는 모두 후천적인 환경으로는 해석할 수 없는 정도상의 많은 차이가 있다"[20]고 생각한다. 심지어 공공연하게 "중국인의 사심과 이기심의 기형적인 발전"[21]이라는 문제를 제시하는 등, 유전사관에서 출발하여 듣는 사람을 놀라게 하는 결론을 내리기도 했다.

2) 남녀불평등론

남자를 중시하고 여자를 가벼이 여기는 남녀불평등의 시각은 반광단의 봉건예교사상의 핵심이다. 반광단은 유전사관에 근거하여 남자와 여자는 절대로 평등할 수 없다고 생각한다. 이유는 다음과 같다.

남자와 여자는 유전자가 같지 않다. 반광단은 남녀의 심신, 품성, 교육과 같은 측면에서의 차이는 모두 유전자의 내용상 차이로 말미암는다고 보았다. "남자를 이루는 유전자는 여자와 다르다. 만약 보통의 생물 분류를 표준으로

---

18) 반광단, 『優生原理』(觀察社 1949년판 제6쪽).
19) 반광단, 『優生原理』(觀察社 1949년판 제16쪽).
20) 반광단, 『優生原理』(觀察社 1949년판 제201쪽).
21) 반광단, 『人文史觀』(商務印書館, 1937년판 제165쪽).

말한다면 남녀는 간단히 두 가지 다른 종류로 나눌 수 있다."22) 남녀는 결국 '다른 종류'로 변할 수 있다. 이 얼마나 기괴한 말인가? 그러나 반광단은 오히려 근대에 여성해방운동에 종사하면서 남녀평등을 주장하는 사람을 '사리사욕에 눈이 멀었다'고 비난한다.

남자와 여자는 인격적으로 다르다. 남자와 여자는 같지 않은 '두 종류이며' '여자의 생존목적은 아무리 높이 평가해도 종족 번식에 대한 의의조차도 없으니, 다시 말하면 생식을 담당하는 기구일 뿐이다.'23) 그래서 반광단은 "여성은 인간이 아니고 오직 여성일 따름이다!"24)고 결론내린다. 이처럼 여자의 인격을 모욕한다면 반드시 자신의 모친, 부인, 그리고 자매도 사람대접하지 않아야 할 터이니, 반광단은 자신을 어떤 위치에 둘 수 있겠는가?

남자와 여자는 능력이 다르다. 반광단은 영국인 윌리암 부드의 『여성해방신론』에서 제시한 '능력에 따른 사회관'을 힘써 선전하였다. 윌리암 부드는 "사회적인 능력은 자연적 능력을 기초로 하며, 그 중에 가장 현저하여 알기 쉬운 것은 남녀의 능력의 분명한 차이이다." 반광단은 여성해방을 반대하는 이런 이론에 갈채를 보내면서, 독자에게 "시의에 적절하지 않지만 실정과 경험에 맞고 과학적인 사실에 부합하는 견해를 받아들일 것을"25) 권장하였다.

남자와 여자는 업적이 다르다. 반광단은 "남자의 변이성은 크고 여자의 변이성은 적기 때문에" "문화에 대한 여성의 직접적인 공헌은 이전부터 남자처럼 크지 못했다"26)고 생각한다.

남자와 여자는 직분이 다르다. 반광단은 우리나라 봉건사회에서 운위되었던 "남자는 밖의 일을 하고 여자는 집안일을 한다"고 하는 남녀분업론을 극찬하면서, "이런 분업론은 대체로 그다지 잘못되었다고 말할 수 없다"고 생각한다. 그는 "남녀간에 함께 협조해 가는 분업이 없을 수 없는 것은 첫째 그 생물의 본성에 맞기 때문이고, 둘째 사회 구성원으로 하여금 그것을 이용

---

22) 반광단, 『優生的出路』.
23) 반광단, 『人文史觀』 제85, 183쪽.
24) 陸士嘉, 「潘光旦先生一貫侮蔑婦女, 敵視婦女的解放」, 「批判潘光旦先生的反動思想」(1952년 6월, 淸華大學).
25) 반광단, 『人文史觀』 제181~183쪽.
26) 同上 제10쪽.

하여 전체적인 경쟁력을 증진시켜 주기 때문이다"27)고 말한다.
 이상의 여러가지 차이에 따라 반광단은 남녀 사이는 절대로 평등할 수 없다고 생각한다. 반광단의 입장에서 볼 때 "평등의 철학은 소극적인 철학이다."28) 그래서 그는 고래의 평등을 주장하는 모든 이론을 반대했으며, 남녀평등은 더욱 반대하였다. 그는 "대개 평등하지 않은 사람이 평등한 기회를 누리게 되면 이런 기세는 반드시 갑의 경우에는 재능을 발휘하지 못하게 하고, 을의 경우는 사물의 이로움을 얻지 못하게 한다. 이것은 헛되이 평등이라는 이름을 과장하는 것으로, 경제적이지 않고 공정하지 못한 실상을 초래하게 되는 것이니, 이해를 따지는 사람이라면 누가 이런 일을 하겠는가?"29)라고 말한다. 반광단의 결론은 "평등관념이 깊어지면 질수록 사회의 효율성은 더욱 저하되고, 사회의 불공정한 현상은 더욱 현저하게 되는 것으로 진실로 루소, 오웬 등의 무리가 꿈에도 생각지 못한 것이다. 생물학적인 사실을 고려하지 않고 인류의 경험에 의존하지도 않으면서 터무니 없이 사회학설을 구성하는 것에 따른 재앙을 나는 평등론에서 본다"30)라는 것이다. 반광단은 이처럼 20세기의 봉건예교를 담당한 구시대 도덕의 옹호자였다. 이것은 아마도 그 자신이 '꿈 속에서 생각한 것'이 아니었겠는가!

3) 봉건혼인관

 봉건혼인관은 반광단의 봉건예교사상의 중요내용이며 남녀불평등관의 필연적인 결과이다. 반광단의 봉건혼인관의 중심사상은 '혼인하는 남녀의 집안이 비슷할 것'과 '일부다처'를 요구하는 것으로서 봉건귀족의 혼인과 가정관계를 계속 유지하는 것이다. 그는 자신이 지은 『명청양대의 가흥(嘉興)지방 명문귀족』에서 "명문귀족의 신분을 유지하자면 앞으로는 반드시 자각적인 노력을 해야 한다"고 말하였다. 어떻게 노력해야 하는가? 먼저 부귀한 사람들

---

27) 반광단, 『中國之家庭問題』(1929년 新月書店초판 제307쪽).
28) 同 1) 제96쪽.
29) 반광단, 『人文史觀』 제97쪽.
30) 同上 제95쪽.

이 행하는 다처제의 합리성을 인정해야 한다. 반광단은 "처와 첩을 많이 취할 힘이 있는 사람은 황실이 아니면 부귀한 집안인데, 황실과 부귀한 집안의 혈통이 일반인보다 우수하다는 것은 서양에서 우생학을 연구하는 자들에 의해서 이미 실증된 것이다"[31]고 말한다. 부귀한 사람은 처와 첩을 많이 취하는데, 특히 첩의 출신에 주의해야 한다. "처의 선택이 비교적 용이한 까닭은 문벌과 그 명망의 정도가 품성과 자질의 간접적인 보장이 되기 때문이다." 그러나 첩의 내력은 "십중팔구는 살펴볼 방법이 없기" 때문에 신중히 선택해야 하며 중매자에 의존할 수 없다. 바로 이런 원인 때문에 반광단은 부모가 정해주는 독단적인 혼인이 스스로 결정하는 혼인보다 좋다고 생각하여 "부모의 명령으로 정해지는 혼인이 자녀의 자유의사에 따른 혼인보다 좋다"고 말한다. 왜냐하면 부모는 자녀보다 상대 가문의 세부적인 면을 더 잘 알기 때문이다. 반광단의 혼인관이 명백히 봉건혼인관을 달리 말한 것에 불과하다는 것을 어렵잖게 볼 수 있다.

어떤 사람은 반광단이 "매판자본계급의 입장에 서 있다"고 말하고, 어떤 사람은 그가 "봉건파쇼지배의 착취제도를 옹호하려 한다"고 말한다. 사실 그의 봉건사상은 많은 경우 자본주의 사상보다 훨씬 엄격하다. 반광단은 봉건사상과 제국주의 사상을 모두 전반적으로 수용하여 매우 심하게 중독되었으며, 원래의 모습 그대로 둘 뿐만 아니라 나아가 본래보다 더욱 엄격하게 하여 스스로 빠져 나올 수가 없었다. 예컨대 공자는 항상 여자를 경멸하여, 여자들을 '소인' - 어느 정도는 역시 사람이다 - 으로 보았다. 그러나 반광단은 남자와 여자는 같지 않은 '종자'이며, '여자는 사람이 아니다'고 말한다. 이처럼 반광단은 이천년 이전 봉건사상의 늙은 스승인 공자보다 못하게 되었다. 결과적으로 반광단이 여자를 모욕한 것은 바로 남자를 모욕하기에 족했다. 남자들은 모두 여자들에 의해 태어났다. 여자들이 이미 사람이 아닌데, 남자가 어찌 사람일 수가 있겠는가? 여자를 존중할 때 비로소 진정으로 남자를 존경하게 되고 남녀평등을 실현할 수 있는 것이다. 남성 우월주의와 남성 전제주의는 허용될 수 없는 것이다.

---

31) 반광단, 『優生槪論』(商務印書館, 1928년판, 제45쪽).

제 8 장

'오사' 이후 공자와 예교를 높이는 진영과 반대하는 진영의 끝없는 투쟁(下)

제1절 시종일관 공자와 예교에 반대하는 투쟁을 한 노신(魯迅)

　　노신(1881~1936)은 본래의 이름이 주수인(周樹人)이고 자는 예재(豫才)인데, 필명으로 통용되었다. 절강성 소흥(紹興) 사람이다. 1898~1901년 남경 수사(水師)학당에서 공부하였다. 1902년 일본에 유학하였다. 1909년에 귀국하여 먼저 항주 절강 두 사범학당에서 학문을 가르쳤다. 후에 교장이 바뀌어 '충군' '독경(讀經)'의 구호를 내걸자 노신 등의 진보적인 교사들은 반대하였다. 다음 해 고향으로 돌아와서 소흥부 중학교에서 교사를 맡았고, 1912년에는 교육부 첨사를 맡았다. 오사운동 때 신문화운동의 주요한 영도자의 한 사람이었다. 30년대에 이르기까지 시종일관 공자와 예교를 반대하는 투쟁을 하였다. 1920년 이후는 북경대학, 북경고등사범학교, 북경여자고등사범학교 강사를 역임하였다. 1926년 다시 하문대학 교수를 맡았으며, 1927년에는 중산대학 문학과 주임 및 교무주임을 맡았다. 같은 해 10월에는 광주를 떠나 오랫동안 상해에서 혁명적인 문학활동에 종사하였다. 1929년 이후 좌익작가연맹사업에 참가하였으며, 1932년에는 송경령, 채원배 등과 중국민권보장동맹을 발기하였다. 1936년 상해에서 생애를 마쳤다. 일생 동안의 저술과 번역은 약 천만자에 이르며, 『노신전집』으로 편찬되었다.

　　민국시대에 노신은 공자, 예교, 그리고 봉건제도를 반대하는 주요 대표자

중의 한 사람이었다. 이 방면에 대한 그의 글은 매우 많고 제기한 것은 매우 심각하며 영향은 매우 컸다. 이제 그 중의 일부 내용만을 약술하겠다.

1. 사람을 잡아 먹는 예교의 본질을 심각하게 제기함

노신은 신문화운동에 몸을 던진지 얼마되지 않아 단번에 일약 봉건제도를 반대하는 '맹렬한 장수'와 저명한 계몽사상가가 되었다. 1918년 5월 그는 『신청년』에 백화문으로 쓴 한편의 소설 『광인일기』를 발표하여 가족제와 예교의 폐해를 깊이 있게 폭로하고 사람을 잡아 먹는 봉건도덕의 본질을 가혹하게 비난하였다. 광인의 말을 빌려 "내가 역사를 한번 살펴보니 이 역사에는 연대가 없고, 삐뚤어진 책장에는 모두 '인의도덕'이라는 몇 글자를 썼다. 나는 아무튼 밤늦게까지 자세히 보고 글자와 글자 사이의 내용을 보았다. 온 책 가득 '흘인(吃人)'이라는 두 글자가 쓰여 있었다"[1]고 말한다. 다음해 오우(吳虞)는 이것에 근거하여 '흘인과 예교'를 발표하면서 역사상의 근거를 들어 노신의 견해를 실증하였다. 몇몇의 학자들은 지금까지도 아직 이런 도리를 이해하지 못하면서 '예교가 어찌 사람을 잡아 먹는가?'라고 말한다.

노신은 당시 북경대학의 몇몇 봉건 문인이 『국수학보(國粹學報)』와 『국수회편(國粹匯編)』을 복간하여 『신청년』과 대응하여 논쟁하려는 것을 보고, 전현동(錢玄同)에게 글을 보내 "중국민족의 정수는 방귀와 같은 것인데도 일군의 파괴 분자들은 총람을 간행하려고 합니다. … 여전히 사람을 잡아 먹으려고 하며 마침내는 사람 고기를 파는 간교한 사람을 받들어 제사관을 삼으려고 하는 것에 불과합니다"고 지적하였다. 이 서신은 1918년 7월 5일에 썼다. '인육을 파는 간교한 사람'은 유사배(劉師培)를 가리키며, '제사관'은 여기서 두목을 뜻한다.

1925년에 노신은 또 "공자를 높이고 유가를 숭상하며, 경전에 전념하면서 옛것을 회복하는 일은 그 유래가 매우 오래 되었다. 황제와 대신들은 본래부

---

1) 『魯迅全集』卷一, 제13쪽, 1957년판, (下同).

해치는 어리석음과 사나움을 제거할 것"을 요구하며, "인류가 모두 정당한 행복을 누리기를"10) 바랐다. 1925년 노신은 또 여성의 삶은 사회의 최저층을 형성하는데 왕은 최고의 지위에 있어 타인의 지배를 받지 않으며, 부인은 최하의 지위에 있어 타인을 지배할 수 없음을 지적하였다. 그 이외의 남자들은 "귀천, 대소, 상하가 있다. 스스로 다른 사람의 모욕과 학대를 받을 수도 있고, 다른 사람을 모욕하고 학대할 수도 있으며, 자신이 다른 사람에게 먹히지만, 다른 사람을 먹을 수도 있다."11) 같은 해 그는 상해에서 악독한 시어머니가 양가의 부인을 핍박한 것을 통렬히 비난하고, 북경여사대 교장이 여학생들을 탄압하여 하고 싶은 대로 하는 것은 '조금의 가치도 없다'12)고 비판하였다.

30년대에 이르러 노신은 다시 "현대에 있어서도 강도와 불량배 무리들은 여성을 사람으로 대우하지 않는다"고 지적한다. 여자에 대한 남자의 박해는 점차로 '진화'하였으니, "강간의 본성은 사람이 이미 금수에 비하여 일보 진화하였음에도 불구하고 아직도 여전히 반개화 상태에 있다." "돈이라는 보물이 출현한 후부터 남자의 진화는 실로 대단한 것이 되었다"고 말한다. 남자는 몇 푼의 돈만 있으면 여자를 짓밟을 수 있다. "이것이 금수가 할 수 있는 일이겠는가? 그래서 기생과 노니는 것은 남성 진화의 매우 높은 단계인 것이다."13)

노신은 한 걸음 나아가 부모의 명령과 중매인의 말에 따른 구식혼인은 오히려 기생과 노는 것보다 훨씬 더 진화한 것이라고 지적한다. "그대가 좋아하든 않든 성인이신 주공과 공자의 이름 하에 그대가 한 사람을 따라 평생을 마치면 그대는 정절을 지킬 수 있다. … 절부, 정녀, 열녀가 된다. 여기서 예교혼인의 진화적인 의미를 생각해 알 수 있다."14)

예교가 여성을 박해한다는 노신의 비판은 창끝을 바로 공자에게 겨누었다.

---

10) 『魯迅全集』卷一, 제238~244쪽.
11) 『魯迅全集』卷一, 제314쪽.
12) 『魯迅全集』卷七, 제388~389쪽.
13) 『魯迅全集』卷五, 제224~225쪽.
14) 『魯迅全集』卷五, 제224~225쪽.

으로 지적하였다.

노신은 청년세대에 희망을 걸면서 구전통사상 세력을 제거하는 것을 청년 장부들의 임무라고 생각하였다. 일찍이 1918년에 노신은 "이른바 중국의 문명이란 사실 부자에게 그들이 즐겨먹는 사람고기를 제공하는 연회석에 지나지 않는다.… 사람을 먹는 인간을 소탕하고 이런 연회석을 엎어 버리며, 이런 주방을 허무는 것이 지금 청년들의 사명이다"[8]고 지적한다. 그는 구 사회 및 구세력과의 투쟁에 대하여 단호하고 지속적일 것과 또한 힘을 갖출 것을 요구한다. 구사회의 뿌리는 매우 견고한 것이라서 새로운 운동이 큰 힘을 가지지 않는다면 그것을 어떻게든 움직일 수 없기 때문이다. 그래서 노신은 "모든 전통사상과 방법을 파괴하는 대장부가 없으면 중국은 진정한 신문화를 가질 수 없다"[9]고 강조한다.

3. 여성에 대한 봉건예교의 잔혹한 억압을 강렬하게 비판함

노신은 신문화운동에 한번 몸을 던진 후 여성을 위하여 불평을 토로하면서 공자와 맹자의 도가 여성에게 준 정신적인 박해에 대해 강하게 비판하였다.

1918년 노신은 『나의 절개관』이라는 책자를 발표하였는데, 이 글은 봉건윤리도덕을 비판하는 전투의 격문으로, 여성의 '절개'는 보편성이 없기 때문에 일방적인 수절은 도덕이 아니라고 지적하였다. 수절을 상실하는 것은 "반드시 남녀 모두가 관계될 때 비로소 성립되는 것이다." 그런데 "종래 정숙하고 음탕한 것의 기준이 완전히 여성에게 달려 있다고 생각"되었으니, 이는 공평하지 않은 것이다. 글 가운데서 그는 '절개'는 "매우 어렵고 괴로운 것으로 직접 겪기를 원하지 않는다. 그리고 자신과 남에게 불리하고 사회와 국가에도 무익하며 장래 인생에도 또한 전혀 의미가 없는 행위로서 이제는 이미 그 생명력과 존재가치를 상실하였다"고 지적한다. 그는 봉건예교에 짓눌려 죽은 "가련한 사람들"을 깊이 동정하면서, "세상에서 자신과 남을 함께

---

8) 『魯迅全集』 卷一, 제315~316쪽.
9) 『魯迅全集』 卷一, 제332쪽.

의미이다. 권력가의 성인이 되었고, 결국은 '출세의 수단'으로 바뀌었다"5)고 말한다. 노신은 또한 지적하였다. 몇몇 달리 꿍꿍이가 있는 외국인들은 중국의 구문화를 존중하지 않지만 이용은 하는데, 이것은 우리나라 국민들이 매우 경계해야 하는 것이다. 그는 "그들이 만약 우리들보다 총명하다면, 그 경우 우리들은 그들을 동화시킬 수 없을 뿐만 아니라 도리어 우리들의 부패한 문화는 그들에 의해 이처럼 부패한 우리 민족을 다스리는 데 이용될 것이다. … 지금 또 외국인 중에는 중국의 옛문화를 매우 존중하는 사람이 있다. 어찌 진실한 존경이겠는가! 이용에 지나지 않는다"6)고 말한다. 중국의 구문화에 대한 몇몇 외국인의 찬미는 바로 문화적인 침략을 행하는 '음험한 수단'이다.

1919년 노신은 『지금 우리는 어떻게 아버지 노릇을 하는가』에서 자연과학적인 규칙을 이용하여 효도하고, 은혜에 보답하며, 후손을 두고 처를 여럿 두는 등의 일련의 문제를 분석하여, '부모는 자식의 기강이다'라고 하는 봉건적인 구예교를 비판하고 유학과 신학(神學)은 모두 과학에 대해 불구대천의 적이라고 지적한다. 노신은 중국에서 친권은 중요하지만 부권은 더욱 중요하다고 생각한다. 공자와 맹자의 도에 따르면 부친은 자식에 대하여 절대적인 권력과 위엄을 가진다. 사실 아들 딸을 낳아 기르는 것은 자연적인 생명을 이어가는 현상으로 '누가 누구의 은혜를 받았다고 할 수 없다.' 서로 비교를 해 볼 때 서양 가정에서의 전제는 중국에 미치지 못한다. 그것에서 해방될 때만 서로 친하게 된다. 그러나 중국의 사회는 "서로 사랑하고 서로 돕는 마음이 크게 결여되어 있다. 곧 '효'나 '열'과 같은 도덕은 모두 제 3자는 조금도 책임을 지지 않고, 단순히 어린 사람과 약자를 혼내주는 방법이다." 그는 "중국의 옛 학설과 수단은 실제 예로부터 결코 좋은 효과가 없었으며, 다만 나쁜 사람에게는 허위를 조장하게 하고, 좋은 사람에게는 이유없이 너나 할 것 없이 받는 많은 무익한 고통을 받게 할 따름이다"7)고 단정적

---

5) 『魯迅全集』 卷六, 제252~254쪽.
6) 『魯迅全集』 卷七, 제423~426쪽.
7) 『魯迅全集』 卷一, 제245~256쪽.

터 항상 그 단서를 취하고자 했는데 혹자는 '효로 천하를 다스리고' 혹자는 '충으로 천하를 다스렸으며.' 또한 정절로 천하를 고무시켰다"²⁾고 지적한다. 군주에게 충성을 다하고, 부모에게 효도를 다하며, 남편에게는 정절을 지키는 이것이 예교의 '삼강'이다. 노신은 매우 심각하게 역대의 봉건 왕조는 모두 '삼강'으로 천하를 통치하였다고 지적한다.

2. 공자를 높이고 경전을 읽는 복고적인 퇴보 행위를 배척함

노신은 우선 공자를 높이고 경전을 읽는 학파의 허위적인 면모를 파헤치면서, "한편으로 예악을 제정하고 공자를 높이며 경전을 읽어 '사천 년간의 문물의 나라라고 말하는 것'은 진실로 훌륭한 능력인 것 같다. 그러나 다른 한편으로는 태연하게 방화와 살인을 하고 강간하고 노략질하여 야만인이라도 동족에 대하여 하지 않을 일을 하였다. ⋯ 온 중국이 이와 같은 하나의 큰 연회장이다!"³⁾고 지적한다. 그는 공자를 높이고 경전을 읽는 것이 반대되고 퇴보하는 행위라는 것을 강조하여 지적하며, "지금 중국의 보수반동파의 복고주의는 공자와 예교를 모두 끌어냈다. 그러나 그들이 끌어낸 것은 좋은 것인가? 만약 좋지 않은 것이라고 한다면 반동적이며 퇴보적인 것이니, 이후는 아마 퇴보하는 시대가 될 것이다"⁴⁾고 말한다.

어떤 사람이 공자와 중국의 구 전통문화를 이용하는가? 노신은 매우 심각하게 공자는 봉건통치자들이 받들어 온 사람이라고 지적한다. 그는 "공부자는 중국에서 권력가들이 받들어 온 사람이다. 저들 권력가들 또는 권력가가 되려는 사람들의 성인이며, 일반민중과 전혀 아무런 관계가 없다. ⋯ 공부자는 특별히 뛰어난 치국의 방법을 계획한 적이 있다. 그러나 그것은 모두 민중을 다스리는 사람을 위한 것으로 권력가가 구상하는 방법이다. 민중 자신을 위한 것은 전혀 없다. 이것이 '예는 서인에게까지 미치지 않는다'는 말의

---

2) 『魯迅全集』 卷一, 95쪽.
3) 『魯迅全集』 卷三, 제245쪽~246쪽.
4) 『魯迅全集』 卷七, 제456쪽.

공자는 "여자와 소인은 기르기 어렵다. 가까이 하면 버릇이 없고 멀리하면 원망한다"15)고 말하였다. 공자의 유가에서는 '소인'을 문화가 없는 혹은 도덕이 없는 노예로 본다. 공자가 '여자'를 '소인'과 동일하게 본 관점은 대부분의 여성을 경멸적으로 노예로 간주하는 것이다. 노신은 비분하여 공자가 "여자와 소인을 동일한 범주 속에 두는게, 그의 모친을 포함시키는 것이 옳은지 그른지도 몰랐다"16)고 책망한다. 문책한 것이 너무나 훌륭하고 묘하다. 공자의 모친이 여자가 아닐 때 예외가 있을 수 있는 것이다. 이점에 있어 노신은 정곡을 찌른 최초의 사람이라고 할 수 있다.

노신은 전족한 여자에 대하여 특별한 동정심을 가졌다. 중국에서 환관과 전족은 인성을 말살시킨 두 가지 폐습이다. 1904~1906년 노신은 일본의 선대의전(仙台醫專)에서 학문을 탐구할 때 중국여성의 작은 발을 치료하고자 뜻을 세워, 그들의 발을 본래대로 회복시키고자 하였다. 그후 그는 실제 인체해부 과정을 통하여 그것이 불가능하다는 것을 알고 절망하였다. 그는 절망하면서 송대 이후 역대로 여자를 잔혹하게 다룬 무심함을 통탄하여, 그의 저작에서 전족을 묘사할 때마다 글자에 슬픈 눈물이 스며들었다.17)

노신은 1919년에 "전족은 토인의 장식방법 가운데서도 가장 새로운 발명이 될 것이다. 그들도 육체에 각종 장식을 하는 것을 좋아하지만 … 전족이라는 이 좋은 방법을 미처 생각하지 못했다. … 세상에 이처럼 육체적인 고통을 모르는 여성과 이처럼 잔혹한 것을 즐겁게 생각하고 추악한 것을 아름답게 여기는 남자가 있다니, 이것은 실로 괴상한 일이다"18)고 말한 적이 있다. 이보다 일년 전에 노신은 "송대에 이르러 저 한 무리의 전문 유학자들이 '굶어 죽는 일은 사소하지만 정절을 잃는 것은 중대하다'는 말을 하자, 역사상 '중적(重適)'이라는 두 글자를 보면 크게 놀라는 이상스러운 일이 시작되었다"19)고 말한 적이 있다. '중적'은 두번 시집가는 것이다. 노신은 이미 여

---

15) 『論語·陽貨』篇.
16) 『魯迅全集』卷四, 제460쪽.
17) 許壽裳의 『魯迅的生活』.
18) 『魯迅全集』卷一, 제402~403쪽.
19) 『魯迅全集』卷一, 제240쪽.

성 전족의 육체적인 고통을 지적했으며, 또한 예교에 박해당할 때의 정신적인 고통을 지적하였다. 남송의 주희에 와서는 전족이 예교에 매우 도움이 되기 때문에 두 가지를 더욱 밀접하게 결합하였다. 전족은 '자물쇠를 채운 발'과 다름 없다. 전족의 방법은 잔인하고 무정한 것이다. 그것은 여자의 발가락의 두 번째 관절을 꺾어 발바닥에 닿게 하고 다시 포로 묶어 가죽신의 크기가 10센티가 안되게 하는 것이다. 본래의 한쌍의 발이 이렇게 기형적인 발이 되는 것이다. 이것은 봉건예교가 여자가 밖으로 나도는 것을 막고자 한 잔혹한 수단이었다.

노신은 만년에 사회가 해방되어야만 여자도 철저하게 해방될 수 있다고 인식하였다. 1933년 노신은 여성해방은 반드시 "'기르고' '길러지는'것의 한계를 없애고", "남자와 동등한 경제권을 얻어야 하며" 반드시 남녀의 "지위가 동등해진 이후에" "비로소 참된 남녀 관계가 확립되어 탄식과 고통이 없어질 수 있다"고 지적한다. 단순히 여성만이 가지는 현존하는 질곡을 위해 투쟁하는 것도 당연히 필요한 것이지만, 여성은 "사회를 해방시켜야 자신도 해방된다"[20]는 것을 인식해야 한다.

제2절 봉건예교에 대해 폭로한 역백사(易白沙)

역백사(1886~1921)의 원명은 곤(坤)이고 호남 장사(長沙) 사람이다. 신해혁명 전후에 안휘에서 사범학교를 창립하고 동맹회 인물들과 많이 교류하였다. 원세개가 공화제도를 파괴한 것을 반대한 일 때문에 할 수 없이 일본으로 망명하였다. 귀국 후 봉건예교에 반대하는 『신청년』의 투쟁에 참가하였으며, 남개, 북경, 복단 등 세 대학의 국문과 교수를 지냈다. 1921년 사회의 암흑상을 불만스럽게 여겨, 일생 동안 우러러 보았던 명대 이학가 진백사(陳白沙)의 옛마을 신회현(新會縣) 백사촌에서 바다에 투신하여 자살하였다. 선진 제자 중에 묵자의 학설을 논하기 좋아하였으며 무정부주의적 경향이 있

---
20) 『魯迅全集』 卷四, 제461~462쪽.

었다. 저서에는 『제왕춘추(帝王春秋)』가 있다.

역백사는 『제왕춘추』라는 한 권의 책에서 수 천년에 걸친 중국역사에서 봉건 통치자의 각종 죄악상을 낱낱이 열거하였다. 어떤 사람은 이 책이 별다른 가치가 없다고 여기지만 나는 오히려 그것이 매우 가치 있다고 생각한다. 이 책을 읽어보지 않으면 각종의 죄상을 알 수 없다. 그것은 역사적인 사실을 드러낼 뿐만 아니라 역사에 대한 저자의 결론이기도 하다. 예교 방면과 관련된 이론에는 주로 다음과 같은 것이 있다.

1. 남자의 다처제를 반대함.

역백사는 역사상 제왕의 다처제가 인민을 홀아비와 과부로 만들고, 공처제를 실행하게 했으며, 가정을 음란하게 하고, 잉혼제가 생기게 했으며 임금에게 바치는 규칙을 만들고 조혼을 권장하게 했다는 사실을 열거한 후, "나는 기균(紀昀)의 명(明) 『의태황후(懿太皇后) 외전(外傳)』에서 명대에 여성을 선발하는 제도를 서술하고 평가한 것을 읽고 제왕이 온갖 방법으로 여자의 인격을 유린한 점을 탄식하였다. … 홍헌(洪憲) 시대에 서양인 위서금(衛西琴)은 다처제를 주장하였는데, 이것은 실로 국민의 마음에 영합하는 것이다. 우리나라는 반드시 제왕이라야 처를 많이 들일 수 있었던 것은 아니었으니, 대신이나 거실도 눈을 들어보면 모두 그러했다. 관중은 세 성(姓)의 여성을 얻었으며, 한나라의 승상 장창(張蒼)은 처첩을 백여 명 두었다. … 제나라 사람은 걸식하면서도 처 한 사람에 첩 한 사람이 있다. 제국주의자들은 그들 본국인들을 향해 일부다처제를 선전하지 아니하면서, 오히려 중국인의 다처제를 지지하였는데, 이것은 다름아니라 중국인을 영원히 낙후하게 하여 그들의 식민지 노예로 삼고자 한 것이다"라고 말하였다.

2. 남편이 여럿인 것은 악덕이 아니라는 설

역백사는 여자가 "남편을 여럿 취하는 것은 진실로 악덕이 아니다"라고 생각한다. "각기 그 제도가 생겨난 유래를 살펴보아야" 하는데 '지리, 정치와 관련된 것'이 있고, 어떤 것은 '남녀 인구의 불균형'으로 말미암은 것이 있으며, 어떤 경우는 '정치적인 의도'에서 말미암으며, 어떤 때는 '다처제의 반향으로 발생'하는 경우가 있다. 이밖에 "중국과 일본의 빈곤층이 처를 둘 수 없을 경우 공동 아내를 두기로 약속하는 것은 생계가 부족하여 부득이 그렇게 하는 것이다." 그는 중국역대에 "제왕의 후궁 수가 수천 수만에 이르렀는데도 도리어 여자의 정절을 장려한 것은 말과 행동이 이보다 어긋나는 것이 없다"고 통렬하게 비판한다. 나는 외국의 가장 부유하고 사치스러운 제왕 중에 그의 후비가 백명에 이르는 왕이 있다는 기록을 읽은 일이 있다. 모르기는 해도 중국의 봉건제왕 중에는 그의 후비와 궁녀가 육만 인에 달하는 왕도 있었다. 외국의 제왕은 중국제왕에 비하여 어찌 다만 작은 무당이 큰 무당을 만난 것과 같을 뿐이겠는가?

3. 수절은 형태를 바꾼 순장(殉葬)이다.

역백사는 말한다. "내가 보기에 지금 사람들이 수절을 중시하는 것은 순장의 변형된 형태이다. 죽여도 모두 죽여서는 안되니 너무 많이 죽이면 눈뜨고 볼 수 없을 정도로 비참하여 여성이 놀라움을 느끼기 때문에 이에 수절로 변형시켜 종신토록 집에 틀어 박혀 고민하고 번민하게 하며 죽으려고 해도 할 수 없게 하니 순장보다도 훨씬 어질지 않은 것이다. 수절의 고통은 길고 순장의 고통은 짧을 따름이다." 백사가 수절은 형태를 바꾼 순장이라고 지적한 것은 하나의 새로운 견해이며 매우 사실에 부합한다. 최초의 순장에는 남자도 있고 여자도 있었는데, 남자가 귀하고 여자가 천시되며, 부처간에 주종관계가 생김에 따라 남편이 죽으면 부인은 곧 순장하였다. 순장에는 두 가지가 있다. 하나는 처와 첩이 압박을 받아 자살하여 남편을 따르는 경우와 타의로 순장되는 경우가 있다. 그 뒤에 여자는 다시 남편을 따라 죽지 않고, 죽은 이를 위하여 수절하는 것으로 바뀌었다. 수절하는 것은 실제로는 순장보다 훨씬 고통스러운 것이다.

4. 군주전제의 죄악

이 방면의 논술은 매우 많다. 독자가 만약 흥미가 있다면 『제왕춘추』를 대강 읽어보면 된다.

제3절 여자 자신이 권리를 지키고 외쳐야 한다고 주장한
풍비(馮飛), 만박(萬璞)

예교와 종교가 여성의 적이라고 지적한 풍비

풍비의 『여성론』은 1920년에 출판되었다. 『예언(例言)』에 따르면 중국에서는 당시 여성문제와 관련된 전공서적이 출판된 일이 없었다. 풍비가 이 책을 저술할 당시 그는 동경에 유학하고 있었다. 그 중요 내용은 다음과 같다.

1) 예교와 종교는 여성의 적이다.

풍비는 "역사상에서 중국사회를 지배한 중심이념은 유교이다. 유교의 여성관이 완전히 '남존여비'라는 관념을 고수하는 것은 숨길 수 없는 사실이다."
"유교의 정수는 예이다. 이 말은 일찍이 척생(滌生)이 말했다. 예는 지위의 높고 낮은 것을 분명하게 정하고 귀천을 구별하며 남녀를 구분하는 것이다. '존비', '귀천', '남녀'의 구분이라는 여러 신념을 고수하는 까닭은 특권계급을 옹호하고 여성을 하나의 재산으로 생각하며 엄하게 지켜 집안 깊숙이 숨겨 눈에 띄지 않게 하여 타인이 약탈하지 못하게 하려는데 지나지 않았다"고 지적한다.

이 밖에 불교 기독교 등도 모두 여성의 적이다. 풍비는 "불교는 우주의 모든 만물을 평등 위에 둔다. 그러므로 부인에 대해서 본래 존비 고하가 없으니,… 본래의 고대 인도와 비교하여 큰 차이가 있다"고 말한다. 불교에서는 남녀간에 실로 존비 고하의 구분이 있어서 남승과 여승조차도 불평등하니 어떻게 다른 것을 말할 수 있겠는가? 이러한 불평등관은 본래부터 그러하니, 결코 불교 말류의 여성관에 국한되는 것이 아니다.

2) 남녀의 도덕적인 조건은 합의가 없으면 권력이다.

풍비는 "남녀의 도덕적 조건이라는 것은 양성간에 동등한 입장에서 합의한 일종의 공공 생활 규칙으로서 마땅히 해야할 본연의 의무를 연역한 규범 외에 다른 것이 아니다. 그러므로 정의로운 도덕은 조금이라도 공적인 합의를 폐기할 수 없다"고 생각한다. 남녀의 도덕은 반드시 남녀간의 합의 즉 평등이 수반되어야 한다. 만약에 양자간의 합의가 없는 것은 남자 쪽 일방의 권력으로서 도덕이 아니라는 것이니, 이 말은 매우 훌륭하다.

3) 여성해방의 중요문제

풍비는 "근세 문명에서 사상이 동요된 이후 도덕을 개선하고 교육을 정비하며 경제 등을 조절해야 한다는 요구가 발생하기 시작하였으며, 드디어 오늘날의 매우 중대한 문제인 여성의 문제가 대두되었다"고 지적한다. 그러나 세 가지 문제 중에서도 "가장 중요한 것은 실로 경제문제"이며, "도덕과 교육의 두 가지 문제도 경제적인 문제에 영향을 받아서 비로소 성립되는 것이다"고 지적한다. 또 "해방이라는 것은 모든 일에서의 해방을 의미하지만, 크게 세 가지로 나눌 수 있다"고 말한다. 곧 도덕·경제·교육이 그것이다. 그는 "부인이 경제적으로 독립하지 못하면 부인이 가정에 들어가는 것은 실로 단지 대를 전하기 위한 것이다"고 생각한다. 이렇게 부인은 곧 남자의 자식을 낳아 대를 전하는 도구가 되어 버리는 것이다.

여자가 '인간으로서의 지위'를 쟁취해야 한다고 주장한 만박

만박은 1922년에 「여성의 정치 참여와 국가문제」[21]라는 글을 발표하였다. 여성해방을 위하여 크게 외친 글로, 요점을 개괄하면 다음과 같다. 첫째, 주공이 예를 제정하여 여자를 억압하였다. "모든 국가의 큰 일과 사회에서의 일에서 여성을 제외했을 뿐만 아니라 가사 일에 있어서도 그 일을 완전히 주관하지 못하게 하였으며, 심지어는 한마디의 말이나 행동도 구속 하에 있게 하였다." 둘째, "중국의 여성은 비인도적인 생활 속에서 세월을 보낸 것이 거의 수천 년이 되었다. 이것이 현재까지 이어져 관습이 되어 견고하여 거의 깨뜨릴 수 없을 것처럼 보인다. 여성이 압박받는 계급이 된 것은 그렇게 될 성질을 가졌기 때문이라고 생각한다." 현재 여자들이 여전히 압박계급 으로 생활하는 것이 어찌 그리스의 노예계급이나 서구의 노동계급과 같지 않겠는가? 셋째, 중화민국은 "여자가 4억 인구의 반을 차지하니 당연히 국가를 보존할 책임이 있으며, 또한 이는 국민으로서 다해야 할 천직이다." 네째, 지금 "여자는 천부인권, 인도주의, 그리고 공리에 바탕을 두고 자결주의 조류에 따라 당연히 인권을 회복할 필요가 있다. '인간으로서의 지위를 쟁취한다'는 이러한 운동은 실제로 정정당당하고 명백한 일이다." 다섯째, "우리들이 근본적으로 문제를 해결하기 위하여 의견을 제기해 본다면, 먼저 여성의 정치 참여를 요구하지 않을 수 없다." "재산제도와 법률상의 권리는 더욱 불평등하다. 예를 들어 여자의 선거권과 피선거권, 유산상속권, … 기타 여러 가지 법률규정에 있어 여자의 인격을 박탈한 것은 일일이 열거할 수 없을 정도이다."

제4절 상경여(向警予)의 여성해방사상 — 종법예교의 여성박해

여성해방운동은 오사 민주애국운동의 중요 내용이다. 오사운동의 전개에

---

21) 1922년 10월 22일 『民國日報. 覺悟』에서 인용.

따라 여성해방운동도 진보적인 지식인과 광범한 청년 계층에서 전개되었다.

상경여(1895~1928)는 여성해방을 주창한 무산계급 혁명가이며 중국여성운동의 선구자이다. 호남 서포(溆浦)인으로 토가족(土家族)이다. 본래 이름은 상준현(向俊賢)이며 필명은 진우(振宇)이다. 1915년 겨울 장사(長沙) 주남(周南)여학교를 졸업하고 후에 서포 주판(籌辦)현립여학교로 돌아와서 교장에 임명되었다. 1919년 학생을 이끌고 오사운동에 참가하였다. 후에 장사의 신민학회에 참가하여 '호남여자류법근공검학회(湖南女子留法勤工儉學會)'를 발기 조직하였다. 같은 해 말에 프랑스에 가서 일하면서 공부하였으며, 다음 해 채화삼(蔡和森)과 결혼하였다. 중국학생에 대한 박해를 반대하는 투쟁에 참여하여 1921년 말 본국으로 송환되었다. 1922년초 상해에서 중국공산당에 가입하여 중공중앙제일위여위원에 임명되었고 중공중앙제일부녀부부장 그리고 중공중앙부녀운동위원회서기 등의 직을 맡았다. 일찍이 『부녀주보』를 편찬하였고 상해섬유공장의 여공과 담배공장 노동자의 파업투쟁을 주도하였다. 1925년 말 채화삼과 함께 모스크바로 가서 동방대학에 들어가 공부하였다. 1927년 귀국하여 무한총공회(武漢總工會), 중공한구시위(中共漢口市委), 중공호북성위에서 일하며, 『대강보(大江報)』를 편찬했다. 1928년 한구 검찰에 체포되었다. 옥중에서도 투쟁을 계속하여 같은 해 5월 1일 영웅적인 용기로 의리를 취하여 '중국의 채특금(蔡特金)'으로 명성을 날렸다. 남긴 저작은 현재 『상경여문집』으로 편집되었다.

상경여는 1920년 5월 26일부터 「여성해방과 개혁에 대한 상론(詳論)」을 발표하여 여성운동에 관한 글만을 논한 이래, 이어서 여성해방과 관련한 다수의 논저를 저술하여 강력한 반향을 불러 일으켰으며 현대 여성해방운동을 위하여 탁월한 공헌을 하였다. 1911년부터 1928년까지 상경여의 여성해방 이론과 사상은 주로 아래와 같은 몇 가지 측면을 포함한다.

1) 여성에 대한 봉건예교의 박해를 폭로하고 비판함.

상경여는 먼저 "중국의 공장이나 농사에 종사하는 여성은 군벌, 제국주의,

그리고 가정과 사회의 봉건적인 잔재라고 하는 삼중의 압박을 받고 있다"[22] 고 지적하였다. 이른바 '봉건잔재'가 의미하는 것은 봉건적인 종법예교를 말한다. 그녀는 말한다. "오래된 예교 관념은 여전히 깊이 뿌리내려 견고한 지반을 가지고 일반 사회에 존재한다." "젖통처럼 숨통을 죄는 구예교는 이미 여전히 기세 높게 전국에 만연해 있는데 고루한 훈장들(정신이 몽롱하고 천박하고 고루한 사람)의 머리에 가득차 있는 것은 삼황오제, 도덕인의, 건강곤유, 남존여비 등과 같은 말들이다. 그 속에 어떤 틈이 있어서 근대사조와 과학지식을 받아들일 수 있겠는가?"[23] 봉건예교의 잔학한 박해 밑에서 구시대의 여성들은 '남성의 부속품' '노예적인 희롱의 대상' '죄수'가 되었다. 상경여는 "우리 여성들의 현재의 고통은 실로 3년 6개월을 모두 센다고 해도 다할 수 없다. 사회에서 여자는 지위를 가지지 못한다. 여자는 재산권도 없고, 상속권도 없다. 여자는 결혼과 이혼도 자유롭게 할 수 없고 직업도 남자와 평등할 수 없다. 여자는 정치에도 참여할 수 없다. 그래서 여자에게는 법률적인 지위가 없다"고 개탄한다. 그 원인을 살펴보면 "원래 종법사회의 여성은 자연에 의해 만들어진 남성의 부속품이기 때문이다."[24]

바로 이 때문에 "중국여성은 수 천년간에 걸친 종법사회의 예교에 중독되어 순종, 복종하는 천성을 길러 왔으며 나약하고 두려워하며 피하는 습관을 길러 왔다." 상경여는 오히려 유물주의 관점으로 여자가 장식을 좋아하는 원인을 분석한다. 그녀는 원시사회 이후부터 여자는 경제적인 지위를 상실했기 때문에 결혼이나 심지어는 매음으로 여자가 삶을 도모하는 유일한 수단으로 삼았다고 생각한다. "그래서 용모의 아름다움이 언제나 여자 일생의 운명을 결정하기에 족하다." 이 때문에 여자가 장식을 좋아하는 마음이 결국 보편화된 것이다.[25] 그녀는 온갖 악을 낳는 매춘부 제도를 강력하게 비판하여 "매춘부 제도는 여자의 인격을 더럽힐 뿐만 아니라 인류의 수치"[26]라고 지적한

---

22) 『向警予文集』 제233쪽.
23) 同上, 제160~164쪽.
24) 『向警予文集』 제171, 178쪽.
25) 同上, 제122~123쪽.
26) 同上, 제144쪽.

다. 상경여는 유일하게 경제적인 근원으로부터 여성의 성격, 심리를 분석하여 매춘부 제도의 발생을 폭로하였다. 그 견해는 확실히 일반적인 견해와는 다르다.

상경여는 한걸음 나아가 중국 전통사회의 여성교육 또한 여성에 대해 봉건 예교가 가한 일종의 박해라고 지적한다. 그녀는 "수천 년 동안 중국의 잔학한 예교사회는 여자에게 '여성의 도리'를 반드시 행할 것을 요구하였다. 여성 자신도 '여성의 도리'에 습관이 되어서 '여성의 도리'를 교육하는 것에 대하여 결코 수치심을 느끼지 않고 오히려 달갑게 받아들였다. 이것이 십 수 년 간의 중국여자교육의 모습이며 북경여자사범대학의 본 모습이다. … 우리들은 불행하게도 중국의 여성이 되어 다시 이 불행한 중국의 여자교육을 받아야 하니, 그러면 죽은 나무와 같이 생기 없는 노예로서 희롱의 대상이 되는 것을 벗어날 수 없단 말인가?"[27]

옛부터 남자는 하늘로부터 오고 여자는 땅에서 왔다고 했으니, 남자는 떨어진 지점이 저절로 고귀하고 여자는 태어난 몸 자체가 낮고 비루하다. 상경여는 이러한 남녀간의 불평등한 현상에 대해서도 비평과 의견을 제시하였다. 그녀는 "보통 남자도 수 천 년간의 예교에 중독되어 여성에 대하여 전래의 관념을 벗어나지 못하니, 여권이라는 두 글자는 그들이 매우 싫어하는 것이다"[28]고 말한다. 그녀는 이런 현상은 전적으로 종법사상에 물들어 있는 남자들의 무지하고 가련한 태도라고 생각한다. 상경여는 여성들이 의연히 일어나서 남자에게 머리를 숙여서 안된다고 외치면서 "우리들이 그들에게 대응하는 방법은 오직 첫째, 행위에 있어 때와 장소에 맞게 우리들도 인간이며 국민이라는 정신을 표시하며, 둘째, 사상적으로 종법사상의 오류를 공격하며, 셋째, 스스로 절대로 힘 없고 연약한 태도 - 이러한 태도는 수치스러운 여자의 태도이다. - 를 갖지 않는 것이다"[29]고 지적한다. 상경여는 나아가 "새로이 남녀평등 법률을 제정하고 또 여학교의 발전을 특별히 권장해야 한다"[30]고

---

27) 『向警予文集』 제196~197쪽.
28) 同上. 제184쪽.
29) 同上. 제221쪽.
30) 同上. 제178쪽.

주장한다.

2) 여성운동은 반드시 국민운동과 결합해야 한다.

역사적인 경험을 총괄하여 상경여는 『오사』 이래의 여성운동을 고찰하면서 당시 중국의 여성운동은 세 파로 구분할 수 있다고 생각하고 평가도 병행하였다. 첫째는 노동 여성운동으로 1922년에 시작하였으며 "우리나라 여성의 전에 없던 대규모의 거사로 간주할 수 있다." "이것은 조직을 갖추고 용감하게 투쟁할 수 있는 새로운 여성 노동군을 지탱하며, 여성해방의 선봉일 뿐만 아니라 외국 약탈자에 항거하는 국민혁명의 전위이다." 둘째 여권신장과 정치참여운동이다. 이 파는 "여성운동은 다만 정치 참여에 중점을 두어야 한다"고 생각한다. "여성들은 머리를 조아리는 식의 청원과 애걸 및 전통사회에 대하여 감히 반항하지 못하는 태도를 버려야 한다." 그러나 심지어 이런 것은 "오히려 극소수의 여성에게서 볼 수 있는 것"이며, 대다수의 직원과 회원들은 오히려 "인격이 없는 부속품, 부끄러운 놀이감, 그리고 무용한 기생충과 같은 것이 되는 것을 달갑게 여기는 것 같다." 셋째 기독교 여성운동이다. "이 파의 운동은 지금 비교적 업적이 있기는 하지만 결국 외국자본의 도구가 되어 중국 국민운동에서 요구되는 독립적인 여성운동이 되지 않을까 두렵다."[31]

당시 여성운동에 대한 구체적인 분석을 통하여 상경여는 여권운동은 여성 대다수에 눈을 돌려야 한다고 생각한다. 소수의 여성이 비록 관료가 된다고 해도 이것은 여권과는 무관한 것이다. "여러 나라에서 관료가 되는데 몰두하는 여성들을 한번 살펴보면, 이들은 일반 여성과 서로 전혀 관계가 없다." 그래서 "여권운동의 단체 혹은 개인은 반드시 때와 장소에 따라 여성 자신의 이익을 돌아보아야 한다. - 더욱이 대다수의 여성에 눈을 돌려야 여권운동의 의의가 있는 것으로 간주할 수 있다."[32]

---

31) 『向警予文集』 제82~89쪽.
32) 同上, 제118~119쪽.

상경여는 한걸음 나아가 "여권운동은 여성의 인권운동이며 여성의 민권운동이기도 하다. … 여권이 무시되는 사회는 이미 병든 사회이다." 그래서 여성운동은 반드시 국민운동과 결합하고 여성해방을 사회정치혁명과 결합해야 진정으로 자기의 목표를 실현할 수 있다. "만약 여성이 주목하는 것이 '여권' 한 가지에 지나지 않아서, 국권에 대해서는 전혀 무관심하여 서양인이 나라를 공동관리 해도 좋고 군벌이 전횡해도 좋다고 한다면, 이는 스스로가 자신의 인격과 국민으로서의 자격을 박탈하면서 뻔뻔스럽게 여권을 요구하는 것이니, 이것이 어찌 천하에 큰 어리석음으로 부끄러워할 만한 일이 아니겠는가?"33)

상경여는 "역사적으로 고찰할 때 여성운동과 민권운동은 언제나 서로 결합하는 것이다. 여성운동은 국민운동에 뒤이어 발생하는 것이다. 국민운동이 없으면 여성운동이라는 것도 없다"34)고 생각한다. "그래서 우리들이 여권회복을 위해 투쟁하고자 한다면 다만 보편적인 민권운동의 일환으로 해야 한다."35) "중화민국이 자유와 평등을 이루기 이전에는 여성은 단독으로는 결코 자유와 평등에 이르지 못한다."36) 상경여는 분명히 "국제적인 제국자본주의를 타도하고 북방의 정통적인 봉건 군벌을 타도하는 것이 우리 해방운동의 당면 목표이다"37)고 말한다. 오사 전후로 적지 않은 진보적인 여성이 여성운동과 사회, 정치운동과의 관계를 논술했는데 여성운동의 정치적인 목표를 이처럼 분명히 제시하지는 못하였다. 이런 점에서 그녀는 추근(秋瑾)보다 탁월하다고 하겠다.

3) 여성해방은 모든 인류 사회의 문제이다.

어떻게 하면 여성해방의 정치적인 목표를 이룰 수 있는가? 상경여는 전 인

---

33) 『向警予文集』 제214쪽.
34) 同上, 제186쪽.
35) 同上, 제200쪽.
36) 同上, 제218쪽.
37) 同上, 제141쪽.

류의 모든 사회의 힘을 동원하여 여성해방을 전 인류의 모든 사회에 해당하는 문제로 생각한 후에야 비로소 여성의 진정한 해방을 이룰 수 있다고 생각한다. "여성해방 문제는 새로운 사조 중의 중요한 문제 중의 하나이며 사회개혁의 근본적인 문제 중의 하나다."[38] 상경여는 줄곧 "정치와 여권은 긴밀한 관계가 있다. 만약 정치문제가 해결되지 않는다면 여성문제는 영원히 해결할 수 없는 것이다"[39]고 주장한다.

그러나 정치의 기초는 경제다. "옛부터 정치조직은 완전히 경제적인 기초 위에 세워져 있는 것이며, 결코 성적(性的) 기초 위에 세워져 있는 것이 아니다. 경제적인 특권계급은 자연이 만들어준 정치 지배자이다."[40] 여성들의 인권과 인격이 박탈되는 것도 노동자와 같이 먼저 경제적으로 약탈되는 데서 말미암는 것이다. 역사는 "원래 여성과 노동자가 노예의 지위로 떨어진 까닭이 전적으로 경제제도에 있다"[41]는 사실을 분명히 해 준다. 이리하여 상경여는 "남자 중에서 사상과 학식이 매우 성실하고 진지한 사람을 포함하여" "억압받는 사람은 억압받는 사람과 연대해야 한다"고 요구한다. 모든 인류의 전 사회는 연합하여 공동으로 노예처럼 부려지며 착취당하는 지위를 벗어나기 위하여 투쟁해야 한다.

상경여는 "남녀는 사회진화의 두 수레바퀴"[42]라고 생각한다. 다만 두 수레바퀴가 함께 사회의 발전을 이끌어 가기 위해서는 반드시 남녀평등과 결혼의 자유를 실현해야 한다. "결혼이 자유로울 수 있느냐의 여부는 여성해방의 핵심적인 관건이다."[43] 결혼의 자유를 실현하기 위하여 그녀는 "혼인자결동맹"을 조직하여, 소수의 자각적인 여성들로부터 여성 자매들의 투쟁을 이끌어낼 것을 제시하였다.

상경여의 여성운동 이론은 역사적인 조건으로 말미암아 완전하지 못한 측

---

38) 『向警予文集』 제14쪽.
39) 同上. 제126쪽.
40) 同上. 제104쪽.
41) 同上. 제155쪽.
42) 同上. 제20쪽.
43) 同上. 제20쪽.

면이 있는 외에도, 모든 가정제도를 타파할 것을 주장 – 전통 가정이나 새로운 가정을 막론하고44) – 한 것과 같은 것은 분명히 공상적인 요소를 지닌다. 단점을 가리울 수 없다고 해도 상경여의 여성해방사상은 확실히 오사운동 당시 여성운동의 빛나는 기치이다.

제5절 도행지(陶行知)와 양현강(楊賢江)의 반예교적(反禮敎的) 교육사상

도행지

도행지(1891~1946)는 안휘성(安徽省) 흡현(歙縣) 사람이다. 원래 이름은 문준(文濬)인데, 뒤에 지행(知行)이라고 고쳤다가 나중에 행지(行知)라고 고쳤다. 1914년 미국으로 유학하여 듀이(John Dewey 1859~1952)와 먼로우(James Monroe 1758~1831)에게 배웠다. 1917년 귀국하여 남경(南京)고등사범학교(高等師範學校) 교원으로 임명되었다. 1919년 대리를 거쳐 정식 교무주임으로 임명되었다. 1922년 중화교육개진사(中華敎育改進社)의 주임간사로 초빙되었다. 남경 고등사범학교로 돌아와 동남대학(東南大學) 후임교수와 교육과주임·교육계주임을 겸하였다. 다음 해에는 안양초(晏陽初) 등과 중화평민교육촉진회를 조직하였다. 1925년 주기혜(朱其慧) 등과 중화여자교육촉진회를 준비하였다. 1927년 효장(曉莊)사범을 창설하고, 1932년 상해(上海)에서 산해공학단(山海工學團)을 창설하였다. 1935년 상해 각계(各界) 구국연합회를 발기하여 항일(抗日)구국활동을 전개하였다. 다음 해 국난교육사(國難敎育社)가 설립되어 이사장으로 추대되었다. 전국 각계 구국연합회의 위탁으로 유럽·아메리카·아프리카 각국으로 가서 항일구국운동을 선전하고 교포들로 하여금 함께 국난(國難)에 임하도록 촉진하였다. 1937년 강소성

---

44) 同上, 제17~18쪽.

(江蘇省) 고등법원에서 나라를 위해(危害)한다는 죄명(罪名)의 통고를 받고, 유럽과 아메리카 지역을 방문·시찰하였다. 다음 해 귀국하여 생활교육총사(生活教育總社) 이사장으로 추대되었고, 1939년 육재학교(育才學校)를 창설하였다. 1945년 중국민주동맹 상임위원 겸 교육위원회 주임위원으로 선임되었으며, 1946년 민주적·대중적·과학적·창조적이라는 생활교육의 사대방침(四大方針)을 제출하였다. 같은 해 7월 상해에서 병으로 서거하였다. 단행본 저작이 많은데 현재『도행지전집』으로 편집되었다.

도행지는 일생 동안 여러 가지 유명한 구호들을 제출하였는데, '생활이 교육이다' '사회가 학교다' '가르치는 것과 배우는 것이 하나로 되어야 한다' '노력하는 가운데 생각해야 한다' '행동은 사상의 어머니다' 등이 그것이다. 그의 교육사상 중 가장 두드러진 내용은 사람을 잡아먹는 예교와 인욕(人欲)을 압박하는 천리(天理)를 반대하는 것이다. 이것은 오랜 기간 동안 지속되어 온 유가 봉건예교교육에 대한 반격으로 역사적으로 진보적인 의미를 지닌다. 구체적 내용은 다음과 같다.

1) 사람 잡아먹는 예교를 타도하자.

도행지는 1929년 '생활이 교육이다'는 강연 중 사람을 잡아먹는 예교에 관하여 분석적으로 설명하였다. "현재 많은 사람들이 '예교가 사람을 잡아먹는다'고 주장한다. 그 논조(論調)는 적확(的確)하다. 예교가 잡아먹은 사람의 뼈를 모으면 태산을 이룰 수 있을 것이며, 피를 합하면 파양호(鄱陽湖)가 될 것이다. 우리들은 예가 무엇인가를 안다. 옛날 어떤 사람이 예는 삶을 길러주는 것이라고 말하였다. 이러한 예는 '생활이 교육이다'라는 주장과 서로 통한다. … 사람을 해치는 것이 예라면 예를 행하게 하는 것은 사람에게 족쇄와 수갑을 채우는 것과 마찬가지다. 그러한 예는 우리들의 주장과 충돌되니, 우리들이 타도하지 않으면 안된다. 왜냐하면 '생활이 교육이다'는 주장은 인류를 해방시키려고 하는 것이기 때문이다."[45]

---
45)『도행지전집』제2권 184쪽.

2) 천리로써 인욕을 압박하는 것을 반대하다

도행지는 지적한다. "중국이 지켜 온 구문화는 '생활이 교육이다'라는 우리의 주장과 충돌된다. 종전의 중국문화는 족쇄와 수갑 이상의 것이었다. 분석하자면 사람의 마음을 천리와 인욕으로 나누고 천리로써 인욕을 압박하여 무슨 일이나 천리를 제일로 여겼다. 그것은 천리를 한 가지 일로 여기고 인욕을 또다른 한 가지 일로 여겨, 인욕은 옳지 않은 것이고 중요성도 없는 것이라고 한다. '생활이 교육이다'는 원칙 하에서는 인욕도 중요한 것이니, 우리들은 천리로써 인욕을 압박하는 것을 주장하지 않는다. 이 점에서 우리는 도리어 대동원(戴東原:1723~1777. 이름은 震, 동원은 그의 자다.) 선생의 철학과 하나로 통한다. 그는 말하였다. '이(理)는 욕망 바깥에 있는 것이 아니고 높이 하늘에 걸려 있는 것이 아니다. 또한 욕(欲)은 매우 나쁜 것이 아니고 조리가 있어야 하는 것이다.' 우리들이 여기서 주장하는 '생활이 교육이다'는 것은 교육적 역량으로써 인민의 정서를 이끌고 인민의 뜻을 순조롭게 하여 천리를 인욕과 하나로 만들어, 대동원 선생의 철학과 연합하자는 것이다."[46]

천리는 인욕 가운데 있다. 그래서 남녀관계와 먹고 마시는 것은 모두 천성에서 나온 것이다. 인욕을 끊을 것을 제창하면서 정이(程頤)와 주희(朱熹)는 왜 결혼을 하였는가?

3) 아이들을 해방하자

도행지는 생각하였다. "이제까지 중국에는 좋지 않은 관념이 있었으니, 어린아이들을 중시하지 않는 것이다. … 바꾸어 말하자면 어린아이들의 지위(地位)가 없다는 것이다. 우리들은 '생활이 교육'일 것을 주장하니, 아동들의 생활은 곧 아동의 교육이어야 하며, 성인들의 학대로부터 아동들을 해방

---

[46] 『도행지전집』 제2권.

시켜야 한다."⁴⁷⁾ 그는 말한다. "태어나서 자유로워야 한다. 태어나서 자유로워야 한다. 무엇이 참된 혁명인가. 먼저 어린 친구들을 받들어라."⁴⁸⁾

4) 연애교육도 생활교육의 하나다.

1929년 도행지는 말하였다. "사람이 살아가는데 어떤 것이 필요하면 곧 어떤 것을 가르쳐야 한다. 사람이 살아가는데 빵이 필요하면 빵에 대한 교육을 받아야 한다. 사람이 살아가는데 연애가 필요하면 연애교육을 받아야 한다. 여기에 준하여 유추해 보면, 교육이 어떠해야 하는지 알 수 있다."⁴⁹⁾

5) 특수 세력이 '가짜 지식계급'을 조성함

노자·공자·맹자·장자·묵자·양자(楊子)·순자(荀子) 같은 선진(先秦) 시대의 제자(諸子)는 자신의 경험에 따라 문자로 발표하였기 때문에 각자는 독자적 주장이 있다고 도행지는 생각하였다. 그런데 맹자와 한유(韓愈)는 공자 일파의 존재만 허락하였다. 정이, 주희, 육구연(陸九淵), 왕양명(王陽明) 네 사람은 대부분 공자에게 근거를 두었다. 주희가 주석(註釋)한 『사서(四書)』가 성행하면서 "중국의 지식은 거의 파산 지경에 이르렀다." "경험에서 발생하지 않은 문자는 모두 가짜 문자지식이다. 가짜 문자지식은 지불준비금이 없는 수표와도 같아, 사람만 해치지 아무런 가치도 없다." "가짜 지식 계급은 특수 세력이 조성한 것인데, 이러한 특수 세력이란 중국의 경우에는 황제이다."⁵⁰⁾

6) 공자·안연(顔淵)·증삼(曾參)·맹자만을 고려하는 교육에 반대하다

---
47) 위의 책 제2권 184쪽.
48) 위의 책 제3권 154쪽.
49) 위의 책 제2권 181쪽.
50) 위의 책, 제2권 85~96쪽.

도행지는 공자와 공자에게 배향된 네 사람의 적계(適系) 자손만 고려하고, "자기 마을 앞의 거리에서 추위에 얼어 죽어가거나 굶어 죽어가는 연성공(衍 聖公:공자의 후예)의 가난한 집과 그 가난한 집의 괴로와하는 어린아이를 돌아보지 않는"51) 교육에 반대하였다.

7) 중국 교육 보급 문제의 대부분은 여자교육 문제다.

도행지는 지적한다. 시어머니는 며느리에 대하여, 남편은 아내에 대하여 어머니는 딸에 대하여 그들이 학교에 진학하는 것을 전혀 바라지 않는다. 이것은 모두 그들이 글자를 알면 "부리기 쉽지 않을 것"이라고 생각하기 때문이다. "중국의 여자교육은 이러한 사람들에 의하여 희생되었다."52) "중국 교육 보급 문제의 대부분은 여자교육 문제이다." "여자교육은 교육보급운동 중에서 최대의 난관이다."53)

도행지는 '세치의 쇠로 된 연꽃〔三寸金蓮〕'과 '세치의 쇠로 된 머리〔三寸金頭〕'에 반대하였다. '세치의 쇠로 된 연꽃'이란 여자의 발을 싸서 작게 한 전족이며, '세치의 쇠로 된 머리'란 "중국의 어린이와 청년 대중의 두뇌를 굳게 감싸고 있는 것으로, 세치의 쇠로 된 머리는 문화의 노예를 만든다. 이러한 머리를 감싸고 있는 것이란 대중의 머리 위에 있는 일체의 문화적 압박을 가리킨다." 중국이 해방되면 '세치의 쇠로 된 연꽃'은 다시 있을 수 없겠지만, '세치의 쇠로 된 머리'는 여전히 오랫동안 존재할 것이다. 도행지는 옛날의 두뇌를 여자의 전족에 비유하였는데 참으로 멋진 비유이다.

도행지는 또 굽높은 구두와 장갑을 타도하자고 하였다. "이전에 여자들은 발을 쌀 때 베로써 감았다. 현재는 외국의 새로운 방법을 배워 발을 싼다. … 이 가죽구두를 신으면 달리기도 쉽지 않고 활동하기도 쉽지 않으며 넘어지려고 한다. 이러한 여성 국민이 일본과 싸울 수 있겠는가? 굽높은 구두를

---

51) 위의 책, 제2권 773쪽.
52) 위의 책, 제2권 699쪽.
53) 위의 책 제2권 785쪽.

신은 자가 많으면 나가 싸울 자가 적게 되니, 굽높은 구두를 타도하지 않으면 안된다. 또 손을 해방시키려면 장갑을 타도하지 않으면 안된다."54)

굽높은 구두를 전족에 신던 궁혜(弓鞋)에 비유하였으니, 어떤 점에서는 "50보 달아난 자가 백보 달아난 자를 비웃는" 비유와 비슷하다. 굽높은 구두와 궁혜는 모두 남자의 여성에 대한 잘못된 심미관(審美觀)에서 나왔다. 왜 남자는 굽높은 구두를 신거나 전족을 하지 않아 여자들로 하여금 미적 감각을 떨어지게 하는가? 현재 중국 여성들은 굽높은 구두를 신는 것을 유행이라고 생각하는데, 이것은 중국의 전족을 서양의 전족으로 바꾼 것이요, 온전한 전족을 반(半)전족 내지는 준(准)전족으로 바꾼 것이다. 여인들이 진정으로 철저한 해방을 이루고자 한다면 굽높은 구두를 신지 않는 것이 좋을 것이다.

양현강

양현강(1895~1931)은 절강성(浙江省) 여요현(餘姚縣) 아래의 점교(塾橋: 지금은 慈溪에 속함) 사람이다. 자는 영보(英甫)요, 가명(假名)은 이호오(李浩吾)다. 절강성 성립(省立) 제일(第一)사범학교를 졸업하였다. 1919년 소년중국학회에 참가하여, 1920년 그 회의 평의원에 피선되었다. 1921년 사회주의청년단에 가입하였으며, 1923년 중국공산당원이 되었다. 1923~1926년 문교(文敎) 공작(工作)에 힘써 『학생잡지』의 편집을 주관하고 또 기타 간행물의 편집을 아울러 맡았다. 1924년 개조(改組)된 뒤의 국민당 상해시당부(上海市黨部) 청년부장을 맡았다. 1927년 무한(武漢) 국민혁명군 총정치부(總政治部) 『혁명군일보』 총편집을 맡았다. 대혁명이 실패한 뒤 협박당하여 일본으로 건너가 엥겔스의 『가족·사유재산과 국가의 기원』을 번역하고 『교육사ABC』를 지었다. 1929년 일본 경찰의 감시와 박해로 상해로 돌아와 중국 최초의 마르크스주의 교육이론서인 『신교육대강(新敎育大綱)』을 저술하였다. 박해로 말미암아 다시 일본으로 건너가 1931년 8월 장기(長崎)에서 병으로 죽었다.

---

54) 위의 책 제3권 80쪽.

양현강과 도행지는 모두 중국 근현대 교육방면의 전문가다. 도행지는 양현강에 비하여 실천하려고 노력한 점에 있어서 유명하며, 양현강은 도행지에 비하여 교육이론에 있어서 정확하다. 근대 중국에 있어서 양현강은 확실히 보기 드문 교육가이다.

1) 교육은 공자를 높이고 옛날로 돌아가려는 경향을 반드시 반대하여야 한다.

1926년 양현강은 강연집인 『교육문제』라는 책을 출판하여, 먼저 당시의 교육형세를 분석하며 선명한 기치로 복고주의(復古主義)를 반대하였다. 그는 민국시기의 복고운동을 세 시기로 나누었다. 제1시기는 민국성립 초에 발생하였는데, 공자교회는 당시 복고운동의 중심이었다. 원세개(袁世凱)가 황제의 보좌(寶座)에 오르기 위하여 공자교회를 이용하려고 크게 '공자교회에 대한 존경'을 선양하고, '충효절의'를 제창하고, 학교에 '독경과(讀經科)'를 증설하도록 요구하였다. 바로 민국 7년(1918)이 되자 안복계(安福系) 국회는 정식으로 '공자교'를 '수신의 커다란 근본'이라고 선포하였다.

제2 시기는 민국 7~8년(1918~1919) 사이에 발생한다. "중국의 신문화운동은 이러한 신문화를 제창하는 『신청년(新青年)』의 출판과 동시에 발생하였다." 구파(舊派)에는 임금남(林琴南), 서세창(徐世昌) 등이 있었다.

제3 시기는 민국 13년(1924)에 발생하였다. 북방의 무인(武人) 왕지상(王芝祥) 등은 북양정부(北洋政府)로 하여금 각 성(省)의 학교에 강희장(江希張)의 『사서백화해설(四書白話解說)』을 읽도록 명령하게 하였다. 양현강의 결론은 이와 같다. "새로운 운동이 있으면 옛날 것이 따라서 반동한다." 복고운동이 비록 끊임없이 흙탕물을 휘저으며 떠올라 신사조의 발전을 막아도 "옛날 것은 결국 새로운 것에 지고만다"고 그는 단정한다. 양현강의 강연 내용은 1926년 이전 상황에 한정된다. 30년대가 되면 다시 공자를 높이는 독경운동이 일어난다. 40년대 전기에는 내지에서, 후기에는 상해에서 공자를 높이고 유학을 존숭하는 운동이 일어났다.

2) 구(舊)예교와 기독교에서 여자를 사람으로 취급하지 않는 것을 반대하다

양현강은 교육발전사를 사회발전사와 결합하여 연구해서, 그 연변(演變)의 역사적 특성을 지적하였다. 원시사회에서는 남녀 모두 교육받을 기회를 가졌다. 야만시기에는 여권이 우월한 지위에 있었지만, 남자가 교육상 불평등한 대우를 받지는 않았다. "그러나 목축과 농업이 점차 발달하여 남자의 노력이 여자를 훨씬 능가하게 되자 아내가 가졌던 가옥까지도 자기의 소유로 삼게 되고, 재산을 전할 수 있는 자기의 아들을 보게 되었을 때는 아내에게 절대적인 정조(貞操)를 요구하기 시작하였다. 이렇게 해서 부계제도가 모계제도를 대신하여 일어났다. 부권(父權) 아래서의 여자의 지위는 가축·농지·가옥 등과 마찬가지로 남자재산의 일부분이었다. 이때는 사유재산제의 문명시대로 남자노예가 존재하기 이전에 여자는 이미 노예상태에 빠져 있었다."

양현강은 계속해서 지적한다. "사회의 발전에 따라 교육역사에도 커다란 변화가 발생한다. 여자는 이때부터 남자와 같은 교육을 받지 못했을 뿐 아니라, 차별적 교육을 받아야만 했다. 그리고 곧장 학문을 단절하고 교육과 인연을 끊게 되었다."

중국의 구예교는 여자를 인간으로 대우하지 않았다고 양현강은 생각한다. "집에서는 아버지를 따르고, 시집가서는 남편을 따르고, 남편이 죽으면 자식을 따른다. 이것이 중국 여자의 사회적 지위였다. 여자는 재능이 없는 것이 곧 덕이다. 이것이 중국의 여자교육방침이었다."

기독교를 보자. "상제가 아담이라는 남자를 만들고, 여자 하와는 아담의 갈비뼈 한 개로 만든 것이다. … 6세기에 결국 '여자는 사람이 아니다'는 문제까지 제기되었다." 이렇게 본다면 서양사회도 중국사회와 마찬가지로 남녀가 진정으로 평등하지 않은 것인가? 그의 결론은 이렇다. "자산계급이 결혼의 자유를 얻기는 하였으나, 여성이 남성의 특권 아래 예속되는 점에서는 별로 커다란 변화가 없다."[55]

---

55) 이상의 인용문은 『신교육대강』 33~36쪽 사이에 다 나온다.

3) 여성의 경제적 지위가 정치나 교육문제에 비하여 더욱 중요하다.

여자의 교육문제는 고립된 사회현상이 아니다. 이것은 전체적인 사회문제, 특히 여성의 경제적 지위와 밀접한 관계가 있다. 양현강은 경제적 시각에서 남녀평등문제의 실상과 그 해결방법을 지적한다. "여자가 경제적으로 독립할 수 있기 이전에는 남자의 지배를 벗어날 수 있는 방법이 없다. 여자 뿐 아니라 일반 노동군중도, 소수인들이 경제적 지배권을 장악한 경우 역시 예속적 지위를 벗어날 수 없다. 여성문제와 노동문제가 서로 연결되는 점도 여기에 있다." 이 때문에 그는 생각한다. "여자의 교육문제를 해결하려면 여성의 경제적 문제 해결을 전제로 삼지 않으면 안된다. 실제적으로 말한다면 여성의 참정권과 여자의 교육문제는 그 다음으로 요구되는 문제다."56)

제6절 중국 여권운동사의 최고봉 송경령(宋慶齡) - 중국은 공자의 예교사상을 깨끗이 쓸어버려야 한다

송경령(1893~1981)은 광동성(廣東省) 문창(文昌) 사람으로 상해에서 태어났다. 1908년 미국 웨슬리 여자대학에 유학하였고, 1913년 귀국하여 손중산(孫中山·孫文)의 비서가 되었다. 1924년 손중산이 국민당을 개조(改組)하는데 협조하고 손중산의 러시아와의 연합·공산당과의 연합·공업과 농업의 부조(扶助)라는 삼대정책(三大政策)을 지지하였다. 1925년 손중산이 서거한 후 중국공산당과 긴밀하게 합작하였다. 국민당 제2차~제6차 중앙집행위원에 당선되고, 무한(武漢)국민정부위원이 되었다. 1927년 제일차 국내혁명전쟁 실패 후 소련으로 갔다. 1927~1931년 소련과 유럽에서 국제 반제동맹대회(反帝同盟大會) 명예주석(名譽主席)으로 두 차례 피선되고, 뒤에 또 반파쇼위원회의 중요한 영도자(領導者)가 되었다. 1931년 귀국하여 중국공산당의 정치주장을 지지하였다.

---

56) 같은 책 35쪽에 나옴.

1932년 채원배(蔡元培)·노신(魯迅) 등과 중국민권보장동맹을 조직하여 함께 주석으로 피선되어 많은 공산당원과 민주인사를 보호하고 구출하였다. 1934년 하향응(何香凝) 등과 공동으로 서명하여, 중국공산당이 제출한 「중국인민 대일(對日)작전 기본강령」을 발표하였다. 1938년 보위중국동맹(保衛中國同盟)을 조직하였다.

1945년 중국 복리기금회(福利基金會)를 조직하였으며, 1949년 중국국민당 혁명위원회 명예주석에 피선되었다. 50년대 후, 중앙 인민정부 부주석·중화인민공화국 부주석·전국인민대상임위원회 부위원장·정협(政協) 전국위원회 부주석을 역임(歷任)하였다. 1981년 중국공산당에 가입하고, 중국인민공화국 명예주석을 수여받았다. 저서에 『새로운 중국을 위한 분투(奮鬪)』가 있다.

1. 현대 중국은 반드시 공자의 예교를 깨끗이 쓸어버려야 한다

송경령은 1937년 '유교와 현대중국'이라는 글을 발표하였다. 먼저 그녀는 중국에 공자를 존경하는 파와 공자를 반대하는 두 파의 투쟁이 존재한다는 사실을 지적한다. 과거 20년 동안 많은 학자와 정치이론가와 정치가는 공자의 학설을 부활시키려고 기도하였다. 그러나 그 밖의 많은 학자와 교육가는 현대 중국이 생존하려면 모든 교과서에 나오는 유교사상을 숙청해야 한다고 생각했다.

둘째, 그녀는 공자 예교의 중심이 다음과 같은 데에 있다고 생각한다. "그들은 봉건사회를 위하여 예교를 창조하였다. 이러한 봉건질서를 강화하기 위하여 그들은 역사적 전통에 근거하여 그들의 학설을 창립하였다." "그들은 복종이 일체 인류사회의 일반원칙이라고 가르친다. 아내는 남편에게 복종해야 하며, 자식은 부모에게 복종해야 하며, 모든 개인은 통치자와 제왕에게 복종해야 한다. 인민들을 복종시키기 위하여 공자는 예의를 창조하여 봉건질서를 강화하였다. 그는 부권(父權)을 변호하였다. 유도(儒道)를 실행하는 나라에서는 주권이 가정의 부권에 구축되어 있다. 가부장제의 가정은 봉건통치의 세포요 하층구조다." 그래서 공자가 가르친 오상(五常) 중에서 부자(父子)·부부(夫婦)·형제(兄弟)·붕우(朋友) 네 항목은 가족과 관계가 있는 것이다. 공자가 가족에 대한 의무를 강조하고 국가와 전체 민족에 대한 의무를 별로 제시하지 않았기 때문에 중국인들의 가족관념은 깊지만 국가관념은 천박하다. 송경령은 예교의 중심이 임금·아버지·남편의 삼권(三權)과 가족임을 확실하게 간파하였다.

셋째, 공자학설의 계급성은 '철두철미하게 봉건적이며 전제적'이라고 지적하였다. "사회는 지주라는 통치계급과 농민이라는 피통치계급 두 계급으로 나누어지고, 두 계급의 사이에 있는 것이 사대부(士大夫)다." "공자의 유교(儒敎)는 전제 압박과 인민의 고통을 대표한다." 공자 학설의 세력과 위해성(危害性)은 매우 크니, "유교는 중국인의 사상을 통치하였다." "줄곧 봉건제도의 존재를 요구하며, 줄곧 공자의 도를 필요로 한다. 그것은 학자들의 지능을 속박하고 학문의 범위를 제한하고, 또 대중으로 하여금 우매함에 빠지게 한다."

마지막으로 그녀는 공자의 보수주의는 우리들의 새로운 시대에는 적합하지 않으므로 깨끗하게 없애야 한다고 지적하였다. "우리들은 시대에 합당하지 않은 유교를 회복해서는 안된다. 우리들에게 매우 중요한 것은 농촌경제와 도시생활 가운데 있는 각종 봉건주의적 잔재를 숙청하는 것이다." "우리들의 예술과 문학과 사회과학과 도덕 영역에 유가적 영향의 뿌리가 얼마나 깊고 꽃받침이 얼마나 튼튼한지, 우리들은 분명하게 인식해야 한다. 우리들은 최대 역량을 발휘하여 우리들의 생활과 사상의 모든 면에서 이러한 사상의식을 뿌리채 없애야 한다." 더욱 기이한 것은 "중국의 지식분자들은 현대에도 여전히 열심히 유교의 부활을 제창한다"는 사실이며, 어떤 자들은 공자를 신격화 하는 것이다. "오랜 시간이 지나는 동안 유가사상은 중국 지식분자의 두뇌에 깊이 침투하였다." 송경령의 공자예교에 대한 이해는 실로 많은 학자들을 뛰어넘어선 것이다.

2. 중국혁명과 여성해방의 밀접한 관계

송경령은 1927년 중국 여성해방과 중국혁명은 운명을 같이 한다고 지적하였다. "중국혁명의 주요 임무 가운데 하나는 2억 이상의 여성들을 반(半) 봉건적이며 중세적인 사회의식과 관습의 속박에서 해방시키는 것이다. 중국 인구의 반을 차지하는 여성들이 단 하루도 해방을 맞이하지 못하고 있으니, 국가의 조직뿐만 아니라 바로 일반 인민과 사상에 있어서도 진정한 혁명적 변화를 하루도 일으키지 못하는 것이다."57)

송경령은 중국 여성들의 전망에 대하여 두 가지 견해를 가지고 있었다.

그녀는 그 해에 중국여성과 중국국민당 좌파의 대표자로서 소련의 여성들에게 다음과 같이 경의를 표시하였다. "여러분들은 이미 새로운 시대의 탄생을 눈앞에 두고 있습니다. 여러분들은 한 사람의 자유로운 노동자일 뿐 아니라 한 사람의 자유로운 여성이기도 합니다. 우리 중국 사람들에게는 소련 여성들의 해방은 놀랍고 부러운 일입니다. 우리들도 지금 우리 스스로를 위해서 여러분들과 같은 해방을 쟁취하기 위해서 노력하고 있습니다."58) 이것은 바로 소련의 오늘이 중국의 내일이라고 말한 것과 같다.

1942년에 그녀는 「중국여성의 자유를 쟁취하기 위한 투쟁」이라는 글을 발표하였다. "옛부터 몇몇 여성들이 나라의 운명을 지키는 사업에 적극적으로 참여했다." "중국의 서방과의 교류와 민족혁명운동의 발생은 중국 여성들에게 미래에 대한 새롭고도 광범위한 청사진을 갖게 한다." "여성 혁명가들은 청나라 왕조를 뒤집는 투쟁에서 매우 큰 작용을 했다." 제1차 세계대전 때에 비로소 여성들이 공화국을 세우기 위한 투쟁에서 영웅적인 활약을 보이기 시작했다. "국민혁명이 시작되자 여성해방이 혁명의 기본적 요구 가운데 하나가 되었다. 우리나라 여성들에게 법률적, 교육적, 사회적인 평등을 쟁취하게 하였다." 항일전쟁 몇 년 전에 상해여성구국연합회가 성립되었다. 그 구호 가운데 하나는 "여성들이 항일전쟁에 참여해야만 해방을 얻을 수 있다"는 것이었다. 이에 송경령은 다음과 같이 말했다. "민주주의를 확대하고 그 안에

---

57) 『婦女與革命』.
58) 『向蘇聯女性致敬』.

여성들의 권리를 포괄해야만 비로소 항일전쟁에서 진정으로 승리한다. 이렇듯 인민 모두가 노력하여 얻은 승리에서는 어떠한 비민주적인 제도도 용납되지 않을 것이다."

그녀는 또 서북지방과 후방의 새로운 유격 근거지에서의 여성들 활동을 알고 있었으며, 지금 변방에 있는 여성들이야말로 진정한 전사들이며 남성들만큼 활동했을 뿐 아니라 늘 그들보다 뛰어났다고 생각했다. 민주적인 자치제도 아래에서 여성들은 여러 행정적인 사업에 참여했는데, 그들은 마을의 남녀들이 직접 선출했다. 그곳에서는 모두 변방의 오늘날의 상황이 바로 내일 전국적으로 실현될 수 있을 것이라고 생각하였다.

3. 제국주의와 봉건주의 아래 여성과 아이들이 받은 가한 핍박을 폭로하다.

송경령은 다음과 같이 지적하였다. "인민의 한 부분이 되기 위해 힘쓰는 인민 모두에게 공동의 적이 있다. 이 적은 바로 외국의 제국주의와 그들이 조성한 식민주의 및 국내에 남아 있는 봉건주의와 지배층의 매판주의이다."59) 제국주의는 봉건주의와 함께 거대한 인민 대중들을 가난에 빠뜨렸는데 여성들과 아이들이 언제나 제일 먼저 이 재난을 맞게 된다. "여성은 사회 정치적으로 노예의 상태에 떨어져 있으므로 아무리 자신의 역량을 키운다고 해도 결국 2등 국민 밖에 안된다. … 여성을 교육이나 노동에는 어울리지 않는 열등한 인간으로 취급한다. 이것은 전형적으로 봉건적이며 파쇼적인 생각이다." "돈 많은 남성에게 있어서 여성은 하녀이거나 심부름꾼일 뿐이다."60)

그녀는 비장하게 말했다. "중국 여성은 세계에서 가장 핍박받는 나라의 가장 압박받는 계층이다."61)

---

59) 『爲新中國鬪爭』 167쪽.
60) 앞의 책, 167~168쪽.
61) 『爲新中國奮鬪』 12쪽.

4. 국가의 공업화는 민족과 여성이 제국주의와 봉건주의의 압박에서 탈출하는 선결조건이다.

송경령은 다음과 같이 말하였다. "내가 앞에서 인용했던 마르크스의 말이나 그 밖의 저술과 그의 혁명 문헌, 그리고 우리들 자신의 경험에 비추어 보건대, 우리들에게 가장 시급한 일은 낙후된 우리나라를 공업화하는 것임을 알 수 있다. 이것이 이루어지지 않고서는 우리민족 전체는 말할 것도 없고, 우리들 여성 모두가 외국의 제국주의나 우리나라 봉건제도의 족쇄에서 벗어날 수 없다. 그러므로 우리들은 반드시 우리의 과학지식과 노동의 기술수준을 높여야만 한다. … 우리들은 반드시 우리나라의 공업화를 앞당겨야 하며, 이것과 관계있는 각 방면의 여러 사업에도 참여해야만 한다. 우리들은 남성들과 함께 이러한 건설적인 기본지식을 익혀야 한다. 그렇지 않으면 우리들에게 발전과 해방은 있을 수 없다."[62] 이것은 송경령이 평생토록 간직했던 혁명정신의 총체다. 송경령 같은 이는 중국의 여권운동사에서 일찍이 없었다!

제7절 예교화된 중국미술계의 문을 깨부순 반옥량(潘玉良)

반옥량(1902~1977)의 원래 성은 진(陳)이며, 이름은 수청(秀淸)이고, 양주(揚州) 사람이다. 프랑스에서 죽었다. 어려서 부모를 잃고 외삼촌과 함께 여러 곳을 떠다녔는데, 14살 때 외삼촌이 무호(蕪湖) 지방의 기생집에 팔아버렸다. 어느날 민국정부의 감독관인 반찬화(潘贊化)가 와서 술을 마시는데, 기생 어미가 수청에게 잠자리를 모시게 하자, 수청은 명령을 거역하고 들보에 목을 매어 죽으려고 하였다. 반찬화가 불쌍하게 여겨 즉석에서 은돈 200냥을 주고 그녀를 기생집에서 빼내주었다. 그녀는 자기를 구하여 준 것에 감사하며 이름을 반옥량으로 바꾸고 자진해서 그의 첩이 되었다. 반찬화는 그

---

62) 위의 책, 180쪽.

녀가 총명한 것을 알고 그녀를 공부시켰다.

원세개를 몰아내려는 운동이 한창일 때, 반찬화가 원세개를 몰아내는 논의를 위하여 진독수와 약속하였다가 잡히자 옥량은 꾀를 내어 그들을 구하였다. 뒤에 반찬화는 옥량을 데리고 상해로 가서 당수(唐嫂)의 집에서 지내며 혼자 원세개를 몰아내는 운동에 참여하였다. 옥량은 7살 때 어머니에게서 배운 자수(刺繡)로 그들의 생계를 이어갔다. 이웃에 살던 상해미술전문대학 교수인 홍야(洪野)가 그녀의 자수 솜씨가 좋은 것을 보고, 학생으로 받아들였다.

그녀는 서양화를 열심히 배웠다. 그 때는 여자중학교 교장이나 다섯 성(省)의 연합군 총사령관인 손전방(孫傳芳) 같은 사람조차도 모델을 놓고 그림 그리는 것을 엄격하게 금하였다. 그녀는 여자 목욕탕에서 여자 모델을 두고 그림을 그린 적이 있었는데, 이 때문에 그녀는 '매춘부' '첩년' '몹쓸년'이라는 욕을 먹었다. 한번은 건장한 남자의 알몸을 그렸다. 이 때는 사람들이 '기생년이 기둥서방을 흠모하는 그림'이라고 헐뜯었다. 그래서 그녀는 자신의 모습을 거울에 비추어서 그렸는데, 이번에는 그녀의 애인이 그만두라고 하였다. 이런저런 어려움을 겪고도 그녀는 미술을 열심히 공부하였고 끝내는 남편을 설득시켰다. 전문대학을 마친 다음 그녀는 빠리에 가서 더욱 전문적인 연구를 하였고, 다시 로마에 가서 조각을 배웠다.

프랑스에서 그녀의 그림을 사들이자 그녀의 명성이 더욱 올라갔다. 중국에 돌아와서 미술전문대학 교수가 되었고, 나아가 세계적으로 이름난 조각가이자 화가가 되었다.

나는 중국의 미술이 세계 어디에 내놓아도 전혀 손색이 없지만, 솔직히 말하여 유가 예교의 오랜 영향 때문에 회화나 조각에 인체의 아름다움을 다룬 것이 없다는 것이 흠이라고 생각한 나는 1930년에 발표한「예교화된 중국미술」이라는 글에서 이러한 문제에 대하여 논한 적이 있다. 그러나 예교화된 중국 미술은 지금까지도 여전히 변한 것이 별로 없다. 미술계에 있어서 반옥량 같은 이는 참으로 우리 모두가 존경할 만한 인물이다.

반옥량을 석남(石楠)의『장옥량전(張玉良傳)』에서는 '장옥량'이라고 하였으며, 1986년 6월 상해의 주간 텔레비전 방송에서는 '반옥량'이라고 하였다. 나는 「중국문화의 훌륭한 전통, 미술교육을 위한 단호한 투쟁」에서 반옥량에 대해 자세하게 논한 적이 있는데, 간단하게 몇 마디만 보충하고자 한다.

미라는 것은 전면적인 것이며 남성과 여성이 서로 보완하는 것이다. 중국 미술에서 인체의 아름다움을 다루지 않은 것은 커다란 잘못이다. 서양 미술에서는 대개 여성의 아름다움을 중시하는데, 이것은 남자들의 요구에 맞추기 위한 것이다. 그 이유는 봉건사회나 자본주의사회나 모두 남성중심의 사회이기 때문이다. 동물이나 사람이나 남성과 여성이 각각 반을 차지한다는 것은 누구나 다 아는 사실이다. 사람들은 '문화에 국경이 없다', '과학에 국경이 없다'는 식의 말만 부질없이 외칠 뿐, '미술에 남녀의 구분은 없다', '도덕에 남녀의 구별은 없다', '정치에 남녀의 구별은 없다'는 식의 구체적인 말은 할 줄 모른다.

제8절 예교문화를 다시 일으키는 것에 반대한 두국상(杜國庠)

두국상(1889~1961)의 자(字)는 수소(守素)이며, 광동(廣東) 징해(澄海) 사람이다. 1907년 일본으로 유학갔다가 1919년부터 북경대학교 등에서 가르쳤다. 오사 신문화운동에 적극적으로 참여하여, 1927년 민국정부로부터 지명수배되었다. 다음 해에 중국공산당에 가입하였다. 항전시기에는 선전대에서 일하였다. 50년대 후반에 중국과학원 철학사회과학부 위원, 광동분원의 원장이 되었다. 평생 동안 묵자를 존중하고 공자를 반대하는 것으로 일관하여 곽말약과는 입장을 달리했다. 저서로는 『두국상문집』이 있다.

두국상은 1944년 「예악의 기원과 중국예악의 발전에 관한 간략한 논의」를 써서 당시에 몇몇 사람들이 예학을 다시 일으키려는 것을 비판하였다. 가장 먼저 이익작(李翊灼)의 견해를 비난하였다. 이익작은 다음과 같이 강조하였다. "중국민족을 다시 일으키는 것은 중국의 고유문화를 다시 일으키는 것에서부터 시작해야 한다." 그리고 중국의 고유문화는 "대개 예보다 중요한 것이 없으며", "오늘날 중국민족의 고유문화를 다시 일으키는 데도 예악을 다시 일으키는 것보다 급한 것은 없다"고 주장하였다. 이익작의 자는 증강(證剛)이며, 내가 북경대학교 대학원에 다니던 20년대에 나의 지도교수였다. 그는 공자학과 불교학을 이야기하며 다니기를 좋아하였다.

두국상은 연(燕), 왕(王), 왕(王), 양(楊) 등의 잘못된 논리들도 비난하였다. 그의 마지막 공격 대상은 임동제(林同濟)였다. 두국상은 임동제가 주장한 논조가 청말에 장지동(張之洞) 등이 주장하였던 "중국학이 바탕이 되고 서양학이 쓰임이 되어야 한다〔中學爲體, 西學爲用〕"는 것과 같은 것이라고 하였다. 장지동 등의 이러한 주장은 아직까지도 따르는 사람들이 없다.

두국상은 '예의 기원', '예의 범주', '공자가 주례(周禮)를 발전시킨 것', '공자 예치주의의 보수성', '예의 귀하고 천한 것에 대한 차별성' 등에 대해서도 논하였다. 그는 다음과 같이 결론지었다. "무비판적으로 어떤 '예학'을 제창하는 것은 옛사람의 노예로 만들려는 것과 마찬가지다. 어떤 '예학'에 근거하여 또 다른 예악을 만드는 것도 시대의 조류에 역행하는 것이다. 그것들은 이미 과학적이지도 민주적이지도 않은 것으로 지금의 중국에는 어울리지 않는다."

예학은 민주적이지도 과학적이지도 못한 것이며, 당시의 중국에서 가장 부족한 것은 민주와 과학이었다. "우리들은 우리나라를 하루 빨리 현대화시켜야 한다. 민주화하고 과학화해야만 비로소 즐거이 우리의 임무를 완성할 수 있다." 그는 마지막으로 다음과 같이 말하였다. "나는 여러분께 충고한다. 낡은 것을 선전하여 청년들에게 나쁜 영향을 끼치는 문장은 짓지 않는 것이 좋다. 한 시간만이라도 내어서 중국의 3000년 역사를 연구하여 보아라. 한 번이라도 바람직한 예악을 만든 때가 있는가.… 매우 드문 일이지만 옛것에만 얽매이던 고리타분한 안습재(顔習齋)는 고지식하게 '주자가례(朱子家禮)'에 집착하여 계속 주장하다가 죽을 지경에야 크게 깨닫고 이학(理學)을 결사적으로 반대하였다. 아, 예악을 만들면 그 결말은 뻔할 뿐이다." 그는 예학은 민주화와 과학화에 어긋나는 것이며, 현대화는 곧 민주화와 과학화라고 주장하였다. 이것은 오사 신문화운동의 정신을 말한 것으로, 오늘날에도 학술계나 정치계에서 되새겨 볼 만한 말이다.

제9절 공자사상체계의 여러 덕목이 모두 예에 종속되어 있다고 주장한 조기빈(趙紀彬)

조기빈(1905~1982)의 필명은 향림빙(向林冰), 기현빙(紀玄冰)이며, 하남성(河南省), 내황현(內黃縣) 사람이다. 여러 대학과 중앙당의 고급당직자 연수원의 교수를 지냈다. 일찍이 그는 나에게 학교에서 장태염(章太炎)을 연구하고 있다고 말한 일이 있다. 저서에는 『중국철학사상』, 『중국지행학설간사(中國知行學說簡史)』, 『곤지록(困知錄)』 등이 있고, 후외려(侯外廬) 등과 함께 『중국사상통사』를 편찬하였다. 1948년에 『논어신탐(論語新探)』을 저술하였는데, 『고대유가철학비판』이라는 이름으로 출판했다가 1958년에야 비로소 원래의 이름으로 다시 출판하였다. 조기빈은 『논어』의 몇 가지 문제에 대하여 진지하게 연구하여 상세하게 분석하였다. 초순(焦循) 등과 견해가 다르며 곽말약이나 전목과도 비교할 수 없다. 여기서는 그 책의 제3판에 의거하여 조기빈의 예에 관한 관점들을 간략하게 서술한다. 조기빈은 「위령공」「태백」 등의 편에 근거하여 "예를 떠난 인(仁)은 선이 아니다"라고 하였다. 또 "공자사상체계의 여러 덕목은 '예'에 종속되어 있으며, '예'가 가장 중요한 것으로 '인'은 그 다음이다." "인으로써 예를 개조하는 것이 아니라, 예로써 인을 규정한다." 또 청대 경학가인 능정감(凌廷堪)의 「예로 돌아감」「순자를 찬양함」「전효정(錢曉征) 선생에게 답하는 글」 등을 들어서 논증하였다. 『논어신탐』에 자세히 나온다.

제10절 그 밖의 주장들

제국주의가 중국인들에게 '공자를 존중하고 경서를 익힐 것'을 강요한다고 주장한 소초녀(蕭楚女)

소초녀(1893~1927)는 호북(湖北) 한양(漢陽) 사람이다. 1911년 무창(武昌)의 봉기에 참여하였고, 1920년 혼대영(惲代英)이 창립한 군서사(群書社)에 참여하였다. 1922년 중국공산당에 가입하였으며, 1924년 중국공산당 사천성(四川省)의 특파원이 되었다. 1925년 광주(廣州)에 가서 모택동 주석의 국민당 중앙선전부에서 일하면서『정치주보(政治週報)』의 편집에 참가하였으며, 광주 농민운동강습소의 전임교원도 맡았다. 1926년 황포(黃浦)군관학교 정치담당교원이 되었다. 1927년 광주에서 살해되었다.

소초녀는 1924년 영국 제국주의자들이 중국인들의 '공자를 존경하고 경서를 익히는 것'을 반대하지 못하도록 한데 대하여 다음과 같이 비난하였다.

"중국은 '부모에게 효도하고 어른에게 공손한 자가 되어야 한다'거나 '임금은 임금답고 신하는 신하다워야 한다'거나 '순종만이 바른 도리'라고 하는 아녀자의 도에 빠져 서구 자본주의의…… 노예가 되어버리고 말 것이다."[63]

제국주의자들은 중국이 몰락하여 그들의 영원한 노예가 되어주기를 바란다는 사실을 중국의 몇몇 보수파들은 끝내 깨닫지 못하였다. 다음 해에 노신은 「문득 생각하니」라는 글에서 "몇몇 외국인들은 중국이 거대한 골동품으로 영원히 남기를 간절히 바라고 있다"고 말하였다. "외국인들이 중국인이 보는 신문을 만들어 준다", "결국 그들은 오사운동 이래의 몇 가지 개혁들을 반대하게 될 것이다"는 것도 이러한 생각에서 한 말이다.

고홍명(辜鴻銘)의 '동양의 문화로 서양의 문화를 바로잡아야 한다'는 주장을 반박한 당월(唐鉞)

당월(1891~1987)의 원래 이름은 당벽황(唐擘黃)이며, 복건성 민현(閩縣)

---

63)「孔聖學術與英國底機關槍」,『중국청년』제85기에 나옴.

에서 태어났다. 1914년 미국으로 유학갔다가 1921년에 돌아와 북경대학교와 청화(淸華)대학교의 교수를 지냈다.

당월은 1923년 고홍명이 "동양의 문화로 서양의 문화를 바로잡아야 한다"고 주장한데 대하여 다음과 같이 반박하였다. 오늘날 몇몇 사람들이 "서양의 문화는 이미 끝났으니 중국의 문화로 구해야 한다"고 말한다. 이것은 중국 자신이 이미 이러한 지경에 빠져버렸다는 것을 모르고 하는 말이다. 중국문화 가운데 어느 것 하나 끝장나지 않은 것이 있는가? 중국문화가 이 지경에 이르렀다고 말하면 그것이 중국문화 때문이 아니라고 한다. 서양이 어지럽게 된다고 해서 그것이 그들의 문화 때문이라는 것을 어찌 알겠는가!" 그는 다음과 같이 단언하였다. "우리나라에서 서양에 선교사를 파견한다거나 서양 사람에게 공자나 맹자의 도리를 신봉하게 한다고 말하는 것은 모두 쓸모없는 일이다."[64]

공자의 '여인네 같다'거나 '소인배 같다'는 말 때문에 중국인이 멍청하게 되었다고 주장한 탕제창(湯濟蒼)

탕제창은 1920년 『신여성』의 「여성과 공자」라는 글에서 이렇게 말하였다. 공자가 '여자는 다루기 어렵다'는 식으로 말하였는데, 이 말의 범주에 속하지 않는 여성은 없다. 우리 같은 지식인들의 2,000년 동안의 눈빛이 이 말로 말미암아 멍청하게 되었다. … 이것은 공자를 무작정 믿었기 때문이다. 지금까지도 이 말이 완전히 사라지지 않았다. 여러분은 좀 생각해 보라! 놀랄 만하지 않은가. … 공자가 살았던 때에 아내를 내쫓은 사실이 교훈이 될 만한 것인가? 아! 많은 사람들은 공자가 중국에서 가장 위대한 인물이라고 말하지만, 그가 '남성을 중시하고 여성을 무시하는' 내용의 말들을 한 점에 있어서는 아무 말도 하지 않은 보통 사람들에 비하여 해악이 훨씬 크다."

나는 이 글을 읽고 가장 좋다고 느낀 두 구절이 있다. 첫째는 "우리 같은

---

64) 「吾國人思想習慣的幾個弱點」『동방잡지』 20권 7호에 나옴.

지식인들의 2,000년 동안의 눈빛이 모두 말로 말미암아 멍청하게 되었다"는 것이다. 독서를 하여도 이치를 깨닫지 못하였으니, 2,000년 동안 지식인으로 자처했던 자들에게 부끄러움을 깨닫게 해준다는 것이다. 다른 하나는 "이 말의 범주에 속하지 않는 여성은 없다"는 것이다. 모든 여성이 모욕을 당하고 웃음거리가 되었으니, 조(曹)씨 이후의 여성 지식인들에게 부끄러움을 깨닫게 해 주는 것이다.

○ 부 록

본서 저자의 유가종법예교에 대한 장기간의 분석과 비평

저자의 경력이 결코 간단하지 않고 또 다른 사람들이 오해할까 두려워 스스로 대요를 서술, 책끝의 부록으로 삼고자 한다.

채상사(蔡尙思)는 복건성 덕화(德化) 사람으로 1905년에 태어났다. 그는 북경대학 연구소에 있는 것으로는 만족하지 못해 남경 국학도서관에서 상주하며 독서하였는데, 그러고서도 스스로는 죽을 때까지 공부를 그만 둘 수 없다고 하였다. 상해 무창 등 7개 대학의 교수를 역임하였다. 주요저작으로는 『중국사상연구법』, 『중국전통사상총비판』(正補篇), 『중국문화사요론』, 『공자사상체계』, 『왕선상사상체계』, 『중국학술사상사론』(상·하), 『중국예교사상사』 등이 있다. 민국시대 채상사의 비평은 유가의 예교를 위주로 했으며, 대략 3기로 나눌 수 있는데 세 권의 전문서가 이들을 대표한다.

제1기는 1929년에 써서 1930년에 출판한 『윤리혁명』이 대표한다. 주된 내용은 대인류관으로 유가의 소인류관을 대체하는 것이다. 그는 1936년 『천뢰(天籟)』에 발표한 「30년 동안의 중국사상계」라는 글에서 자기 자신을 이렇게 평가하였다. "채상사가 지은 『윤리혁명』에서는 인간의 사회에는 세 가지 근본문제가 있다고 하였다. 첫째는 남녀가 가지고 못가지는 소유권 문제이며, 둘째는 경제적 빈부에 관한 계급문제이며, 셋째는 정치적인 귀천 등급의 문제이다. 일체의 불평등하고 자유롭지 않은 사상에 대하여 먼저 공격한 다음 자기의 사상을 제시하고 있다. 그는 사람을 구분하지 않는〔混人〕데서 시작하여 이익을 같이 나눌 것〔同利〕과 권리의 평등〔平權〕을 주장하는데, 사람을 구분하지 않는 것을 출발점으로 삼는다. 사람을 구분하지 않으면 그에 따라서 어떤 것도 사적인 것이 아니게 된다고 생각하였다. 그의 목표는 대인류관 즉 '지구가 한 집안이어서 가정 아닌 곳이 없고, 인류가 모두 친척이어서 친척 아닌 사람이 없는 것'이었다. 나중에 그는 상해에서 무한(武漢)으로 가서 강의하고 새로운 학설과 새로운 방법을 새롭게 연구하여 사상이 크게 변하였으며, 지금까지의 사상에 상당히 커다란 잘못이 있다고 생각하였다. 첫째는 현실을 소홀히 하고 최후의 결과만을 중시한 것. 둘째는 실행방법에 있어서 경제에서부터 시작하는 것을 모른 점. 셋째는 이렇게 하면 곧 힘들이지 않고 평화롭게 해결할 수 있다고 생각한 점이다. 참으로 말하기는 얼마나 쉬운가! 총괄하여 말하자면 당시의 약점은 중국과 외국의 일반적인 사회사상가들과 마찬가지로 모두 공상이 지나치고 지나치게 평화적이었다는 것이다. 당시 그는 강유위(康有爲)의 『대동서』 완본을 읽은 적이 없었지만, 그 이상은 결국 별 차이가 없었다. 대체적으로는 그에 비하여 철저하였으며 안목도 취할 만한 점이 있는 듯 하였다. 사상은 공상적인 것에서 과학적으로 변하였으며, 방법은 다원적인 것에서 유물적인 것으로 변하였으니, 이것이 그의 사상과 방법상 변화의 특징이다. 과학적으로 변한 뒤에는 이전의 공상적인 『윤리혁명』의 관점을 제시하지 않았다."

여기서 대략 설명하고자 하는 것은 '인류가 모두 친척'이라는 것이다. 전 인류에 대하여 자기에게 대하듯이 남을 상대하라는 것이다. 선배에 대해서는 자기의 부모와 같이 대하고, 비슷한 나이끼리는 형제 자매처럼 대하고, 후배에 대해서는 자기의 자녀와 같이 대하며, 남의 부부를 자기부부처럼 보라는 것이다. 그는 종족을 넘어서 혼인의 자유와 자유로운 교제를 찬성하였다. 그는 이러한 '인류는 모두 친척'이라는 사상으로 전통 유가의 '오륜'을 반대하였다. 오륜이란 임금과 신하, 아버지와 아들, 형제 사이, 부부 사이와 친구 사이에 대한 것이다. 오륜은 매우 부분적이고 불평등하다. 예를 들면 임금을 높이고 신하를 억제하며 남편을 높이고 부인을 억제하는 것은 지나치게 불평등하지 아니한가! 아버지로서 어머니를 대신하고 형제로써 자매를 대신하며 남자를 귀하게 여기고 여자를 천하게 여기며, 남자는 있고 여자는 없는 것은 지나치게 부분적이 아닌가! 그 다음 것인 이익을 같이 나누는 것[同和]은 재산을 공유하는 것이고, 권리의 평등[平

權]은 민주이다. 몇 마디로 종합한다면 중국은 몇 천년 동안 유가만을 높여 종법예교라는 구관념을 깨뜨릴 수 없게 되었다. 그것은 매우 불평등하기 때문에 그것을 비판하는 것을 위주로 이 책을 쓰게 되었다.

제2기는 30년대의 『중국사상연구법』이 대표한다. 이것은 저자의 사상을 가장 잘 반영하는 대표작품의 하나이다. 그 내용은 봉건적인 구전통사상에 반대하는 것인데, 주요한 표현은 이하의 몇 가지이다.

1) 종법혈통관념을 반대함

저자는 지적하였다. 우리들이 눈을 크게 뜨고 과거로 거슬러 생각해보면 나와 남이라는 인류는 본래 근본이 하나였다. 나와 남이 이미 근본이 하나이므로 모두 박애를 실행하여야 한다. 자기만 중요시하고 자기만 이롭게 한다면 근본을 잊고 조상을 잊는 것이다. 채상사는 청년시절부터 공자의 사상이 종법혈통관념을 가장 강하게 가지고 있으며 묵자는 유일한 종법혈통관념 타파자라는 사실을 깨달았다. 그래서 평등애를 주장하고 차등애를 반대하였다. 모든 것에 대하여 시비와 곡직(曲直)만을 논하고 친소(親疎)와 나와 남을 구별짓는 것을 반대하였다. 사람들의 칭찬을 가장 많이 받는 장재(張載)의 「서명(西銘)」도 여전히 유가의 종법혈통관념이라고 생각하였다. 예를 들자면 "임금은 우리 부모의 맏아들이며, 대신은 맏아들의 집안 총재이다"와 "명령을 어기는 것을 덕을 어그러뜨리는"것이라고 말하는 것과 순(舜), 신생(申生), 증삼, 백기(伯奇) 등의 효자를 찬미한 것 등이다. 이것은 바로 공자의 "효제(孝悌)는 인을 행하는 근본이다"와 "사해 안이 모두 형제이다"와 서로 통하는 것이다.

2) 군권과 부권에 반대함

저자는 사회에 대한 큰 충효를 주장하고 임금과 아버지에 제한된 작은 충효에 반대하여 뒤의 것으로 앞의 것을 대체하려고 하였다. 국가와 사회와 타인에 대해서도 똑같이 충이라고 말할 수 있으며, 다른 사람에 대해서도 효라고 말할 수 있다고 생각하였다. 충이 신하가 임금에 대해 하는 것만 가리키고 효가 자식이 부모에 대해 하는 것만 가리킨다면, 이것은 구식의 충효이다. 임금과 아버지는 소수이고 제한적이고 위에 있는 자이며 고귀한 자이다. 앞으로는 다수이고 무제한적인 것으로 바꾸어야 하니, 여러 사람들과 사회와 의지할 데 없는 불쌍한 사람과 같은 대상이 바로 이것이다. 바꾸어 말하면 사람들 가운데서도 의지할 데 없는 불쌍한 사람들이야말로 우리들이 충효해야 할 사람들이다. 이것은 충효 두 글자에 대한 저자의 첫번째 새로운 견해이다. 우리들은 사회와 사람들을 대가정 대부모로 보아야 한다. 보통 말하는 가정과 부모는 자기 개인의 가정과 부모이다. 여러 사람들과 사회란 우리들 개인의 부모와 가정의 큰 부모요 가정이다. 부모의 부모와 가정의 가정이 없다면 어떻게 자기의 소부모와 소가정이 있겠는가! 존재할 수 없는 것이다. 이 때문에 우리들은 효를 확충하여 대효를 해야 한다. 임금이 신하에 의하여 '크고 높으신 분'이라고 불리워진다면 일반 민중과 인민은 '크고 높으신 분'의 '가장 크고 높으신 분'이다. '크고 높으신 분' 한 사람만 보고 '가장 크고 높으신 분'인 민중을 보지 못한다면 기껏해야 종에게 충을 행하고 주인에게는 충을 행하지 않는 것이다. 그래서 우리들은 돌이켜 사회와 민중에게 충을 행하여 참된 충과 큰 충을 행하여야 한다. 이것이 충효 두 글자에 대한 저자의 두번째 새로운 견해이다. 그는 구시대의 충효는 소충효일 뿐 아니라 거짓된 충효이어서 충도 효도 아니라고 생각하였다. 이것은 유가예교에 대한 비판이다.

3) 남녀문제의 중요성

저자는 첫째 남녀 사이의 사랑은 모든 것의 근본이며 그 중요성은 경제 다음 가는 것이며 절욕이란 살아 있는 사람이 할 수 있는 것이 아니라고 생각하였다. 둘째 남녀 사이의 사랑은 나누어 가져야지 어떤 자는 가지고 어떤 자는 못가지며, 어떤 자는 많고 어떤 자는 적어서는 안된다. 자기만 여색을 탐하고 욕정을 드러내어 천하에 과부와 홀아비가 많게 한다면 가장 부덕한 사람이다. 셋째 남녀의 일은 심하게 막고 엄하게 금지하면 도리어 아주 나쁜 위험을 불러온다. 넷째 남녀의 일을 습관적으로 '악'이라고 일컫는데, 실제적으로 말한다면 악이라고 지목해서는 안된다. 다섯째 남녀 사이의 사랑과 정치, 종족, 윤리 등의 중대문제는 모두 서로 관계가 있다. 여섯째 개인의 연애는 사회사업의 수단이며 사회사업은 개인 연애의 목적이어야 한다.

4) 남녀 평등의 요점

저자는 이 문제에 대한 총결론으로 남녀는 각기 인류의 반이므로, 서로 합하여야 비로소 전체 인류가 된다고 생각하였다. 둘은 서로 필요로 하므로 하나가 없어서는 안된다. 이러할 뿐 아니라 남자 가운데도 여성적 부분이 있으며, 여자 가운데도 남성적 부분이 있다. 1) 남녀는 경제적으로 평등해야 한다. 2) 남녀는 사랑에 있어서 평등해야 한다. 3) 남녀의 교육이 평등해야 한다. 4) 남녀의 도덕이 평등해야 한다. 5) 남녀는 정치적으로 평등해야 한다.

그는 먼저 남녀가 평등할 수 없다는 옛날의 여러 가지 잘못된 이론들을 열거한 다음, 선천적으로 부족하기 때문에 후천적으로 더 넉넉하게 하여야 함을 전혀 모른 것에 대해 말하였다. 의사가 병을 고치듯이 후천적으로 넉넉하게 함으로써 선천적인 부족함을 보충해야 한다는 것, 이것이 첫째이다. 구사회는 이미 과거이니 어찌 신사회의 표준이 될 수 있겠는가! 이것이 둘째이다. 전족을 해방하자 곧 자연 그대로의 발만 못함을 알게 되었듯이, 과거의 여자에 관한 일체의 표현은 모두 수천 년 동안 구사회에서 내려온 관습의 해독이며 대부분은 구사회와 남자 자신이 조작한 것이다. 머리가 똑똑한 남자라면 자책하는 것이 마땅하며 함부로 여자를 책망해서는 안된다. 요컨대 원시공산사회 시대에는 남자가 여자에 미치지 못하는 점이 많았으며, 노예제 사회로부터 자본주의 사회 시대까지는 여자가 남자에 미치지 못하는 점이 많았으며, 사회주의 사회 시대에는 남녀가 서로 같다. 모든 것은 사회적인 양성(養成) 때문이지 성(性)에 따른 차등 때문이 아니다. 남녀를 평등하게 하려면 반드시 먼저 평등한 사회가 이루어져야 한다. 이것이 셋째이다.1)

제3기에는 유가사상에 대하여 더욱 호된 비판을 하였다. 채상사는 1940년 전후에 이미 호강(滬江)대학에서 『중국전통사상신비판』을 강의하였다. 내용은 유가, 이학(理學), 도가, 불교의 네 부분으로 나누어졌다. 40년대 중후기에는 존공파(尊孔派)와 구전통사상파의 선전을 겨냥하여 공자유학에 대한 총결론을 맺었다. 1949년 그는 이 시기에 발표한 관련 논문들을 모아 『중국전통사상총비판』이라는 책으로 만들었다. 그중 가장 두드러진 글들은 1946년에 발표하려던「공학(孔學) 총비판」, 1947년의「공자사상연구강요」, 1948년의「정주파철학 비판」,「송명리학의 상동적(相同的) 결점」, 「전통사상의 진면목-유가학설의 큰 결점과 나쁜 영향」,「양수명사상의 비판」, 1949년의「도통의 파벌과 비판」,「공자학과 신시대는 양립될 수 없다 -전통사상의 결점을 재론함」,「중국전통사상개론-전통사상의 3단계」등이다. 그는 공자학은 여성의 적이며 남성의 은인이요, 사회와 국가의 적이며 가정과 종교의 은인이요, 자유와 민주의 적이며 군주독재의 은인이요, 문명시대 인도(人道)의 적이요 야만적인 예교의 은인임을 드러내었으며, 사람을 잡아먹는 정주(程朱)학의 이론과 송명리학의 천리를 보존하고 인욕을 끊는 학설을 비판하였다. 혜문보(嵇文甫), 하강농(夏康農), 범문란(范文蘭), 제사화(齊思和), 여주(黎澍) 등의 학자는 모두 봉건전통에 반대하는 사상을 고무 격려하고 찬성하였다.

---

1) 이상은 모두『中國思想研究法』7장에 자세하다.

● 지은이 : 채상사(蔡尙思)
　1905년 복건성 덕화 출생.
　북경대학교 대학원을 졸업하고 대하(大夏) 등 7개 대학에서 교수 역임.
　호강(滬江), 복단(復旦) 대학 부총장, 국무원 고적정리출판소조위원,
　중국철학사 학회 등 고문, 중국사학회 손중산 연구학회 이사직 역임.
　특히 중국사상사와 문화사연구에 조예가 깊음.
　저서 :『중국사상연구법』『중국전통사상총비판』『중국문화사요론』
　　　『공자사상체계』『왕선산사상체계』『중국학술사상사론』등 다수.

● 옮긴이 : 이광호(李光虎)
　서울대학교 철학과 졸업.
　서울대학교 철학과 대학원(석사, 박사) 졸업.
　민족문화추진회 4년, 태동고전연구소 5년 한문연수.
　태동고전연구소 교수, 한림대학교 철학과 교수 역임.
　현 연세대학교 철학과 교수.
　논문 :「이퇴계의 학문론의 체용적 구조에 대한 연구」
　　　　「도학적 문제의식의 전개를 통해서 본 퇴계의 생애」외 다수.
　역서 :『대동천자문』

중국예교사상사

재발행 / 2010년　3월 13일
지은이 / 채 상 사
옮긴이 / 이 광 호
펴낸이 / 김 근 중
펴낸곳 / 법인문화사
110-100 서울특별시 종로구 교남동 47번지
전　　화 : 720-8004~6
팩시밀리 : 736-2325
등록번호 / 제2-459호(1988. 1. 22.)
ⓒ 法仁文化社, 2000
ISBN 978-89-7896-151-6-03150
값 17,000원

※ 落張이나 破本은 교환해 드립니다.
※ 이 책의 한국어판 저작권은 법인문화사에 있습니다. 인지는 생략합니다.
　　http://www.bubinbooks.co.kr　　E-mail:bubinbooks@bubinbooks.co.kr